Chronique de l'année 1987

Chronique du 20e siècle "1987"

a été conçu et réalisé sous la direction de Jacques Legrand

Direction éditoriale	Anik Blaise
Rédacteur en chef	Jean des Cars
Comité de rédaction	Yves de Saint-Agnès, Frédérique Hatt, Jean-Philippe Réthacker, Pascale Thumerelle, Jean-Pierre Wauters
Informatique	*Direction :* Catherine Balouet *Conseiller :* Dominique Klutz *Assistantes :* Martine Colliot, Véronique Gronnier, Eléonore de Saint-Agnès
Recherches et documentation	Isabelle Fessard, Brigitte Huguet
Conseiller éditorial	Robert Maillard
Secrétariat de rédaction	Denis Coursin, Bernard Rousselot
Direction artistique	Henri Marganne
	Maquette : Nicole Zadorogny *Cartes et tableaux :* Christian Baude *Composition :* BERGER-LEVRAULT *Photogravure :* Expression Graphic *Fabrication :* Maud Escalona et Martine Toudert

I.S.B.N. 2-03-503226-1
Dépôt légal : janvier 1988
N° Série Editeur 14402

Imprimé en France (Printed in France)
Imprimerie MAURY, 45330 Malesherbes
Reliure SIRC, Marigny-le-Châtel

Chronique de l'année 1987

Larousse

Janvier

Sem. 1 et 2 1987

Lu	Ma	Me	Je	Ve	Sa	Di
			1	**2**	**3**	**4**
5	**6**	**7**	**8**	**9**	**10**	**11**
12	13	14	15	16	17	18
19	20	21	22	23	24	25
26	27	28	29	30	31	

1er. CEE : le gouvernement belge de Wilfried Martens préside à son tour le conseil des ministres des Douze.

1er. USA : le déficit du commerce extérieur atteint 19,2 milliards de dollars.

1er. America's Cup : le voilier « French Kiss » est éliminé dans la 4e régate par « New-Zealand » (→ 14).

1er. Manche : le porte-conteneurs allemand « Kini-Kersten » échoue sur une plage de Rozel. Le plan Polmar-Terre est déclenché. (→ 18).

2. Var : les GI's américains nettoient et reboisent un millier d'hectares brûlés l'été dernier.

4. France : le champion de F1 Niki Lauda rapatrie dans son avion personnel des vacanciers bloqués par les grèves SNCF. →

4. Tchad : raid libyen contre Arada, située en-dessous du 16e parallèle (→ 7).

5. Belgique : le groupe Hersant rachète 24 % du capital du « Soir ».

7. Tchad : en riposte au raid libyen du 4, l'aviation française bombarde la base de Ouadi-Doum (→ 21).

8. URSS : fait sans précédent, un responsable du KGB est destitué pour abus de pouvoir.

8. Hollywood : à l'instar des stars du cinéma, King Kong aura son étoile géante sur le Sunset Boulevard.

9. Cameroun : nouvelles explosions au lac Nios, heureusement sans victime, la zone ayant été évacuée (→ 22.8.86).

9. Iran-Irak : nouvelle offensive iranienne. Téhéran annonce 6 500 morts irakiens (→ 14).

11. Cyclo-cross : à Camors, Morbihan, Yvon Madiot remporte son 3e titre de champion du monde.

DECES

2. Jean Laplaine, dit « Lap », dessinateur au « Canard enchaîné ».

2. Jean de Gribaldy, connu dans le monde du cyclisme sous le pseudonyme du « vicomte » (*18.7.1922).

La France reste gelée par les grèves

Gares paralysées : le voyage se terminera à pied!

11 janvier. Depuis que le 12 décembre des guichetiers-receveurs des gares de Lyon et Saint-Lazare se sont mis en grève parce qu'ils critiquaient la suppression d'une prime de saisie d'ordinateur, l'arrêt de travail s'est étendu à l'ensemble de la SNCF pour devenir le plus long depuis 1968. RATP et EDF-GDF lui ont emboîté le pas. Et la patience du public se craquelle. C'est cette boulangère du Val-de-Marne qui déverse dans les locaux d'EDF une fournée avortée à la suite d'une panne de courant. Un peu partout en France, des agents des services publics sont injuriés, voire molestés. Si la France profonde n'avait trop osé manifester sa déception de voir les vacances de Noël gâchées, elle proteste lorsque les fonctionnaires l'empêchent de travailler. Selon un sondage, 59 % des Français considèrent les agents des services publics tels des « privilégiés ». La presse rappelle leurs avantages : 31 heures de travail hebdomadaire à la RATP, courant quasi gratuit pour les employés d'EDF.

Le Dow Jones passe la barre des 2 000

8 janvier. A la bourse de Wall Street, l'indice industriel franchit la barre des 2 000. C'est la première fois que les financiers enregistrent une telle hausse. Le Dow Jones est la jauge économique la plus ancienne (créé en 1897 par le « Wall Street Journal ») et la plus observée de tous les marchés : il regroupe les trente plus célèbres entreprises américaines dont la santé révèle celle des Etats-Unis et, par conséquent, influe sur l'atmosphère des grandes places financières. A la clôture de la séance (à 16 heures, à New York), l'indice atteignait précisément 2 002,25, ce qui marquait une progression de 8,30 points. Cette poussée nerveuse peut paraître incongrue aux profanes. La lutte entre l'inflation et les taux d'intérêt inquiète certains experts, qui redoutent ces poussées de fièvre suivies d'un affaissement grave. Wall Street cherche à se calmer mais redoute une tempête.

La TV brésilienne est l'affaire d'un seul homme

11 janvier. Après les trois géants de la télévision américaine, Globo TV occupe le 4e rang mondial. C'est dire qu'avec 50 millions de téléspectateurs brésiliens assidus, la chaîne peut à volonté faire ou défaire un homme politique. Son maître absolu, Roberto Martinho, 83 ans, est un homme redouté qui ne cache pas une conception toute personnelle de la liberté d'information. M. Martinho décroche chaque matin son téléphone à 8 h 30 à l'issue d'un journal dont l'audience frise les 80 %. Avec la minutie d'un horloger, il commente et critique. Il déclare volontiers : « Nous fournissons toutes les informations nécessaires mais les opinions exprimées reflètent mon caractère et mon patriotisme. » M. Martinho n'a pas que des amis : M. Brizola, gouverneur socialiste de Rio, lui imputa sa défaite électorale en 1986.

La colère des étudiants chinois

6 janvier. Sur le campus de l'université de Pékin, plusieurs centaines d'étudiants ont mis le feu à une centaine d'exemplaires du « Quotidien du Peuple » pour protester contre la version donnée par la presse officielle de leur mouvement. Le journal avait mis en doute la sincérité des étudiants qui, sur la place T'ien an Men, avaient notamment proclamé leur soutien aux réformes, à Deng Xiaoping et aux « quatre principes » (la direction du parti, la voie socialiste, la dictature démocratique du peuple, la pensée de Mao et la pensée marxiste-léniniste). « Leur illusoire démocratie, disait le journal, ne vise qu'à faire régner l'anarchie. »

La presse chinoise conteste la sincérité du mouvement étudiant.

Retour sur scène triomphal pour Michel Sardou au Palais des Congrès.

Bruxelles s'offre un musée de l'Auto

Delaunay-Belleville 1911, de la collection « autoworld » de M. G. Mahy.

1er janvier. Le musée de l'Automobile, qui vient d'être inauguré à Bruxelles, est le fruit du travail d'un passionné, Ghislain Mahy, 79 ans, un garagiste. Il a pu réunir, en quarante ans, un millier de voitures anciennes et historiques, telles par exemple des Daimler provenant de la cour d'Angleterre, une des Cadillac qui, à Dallas, suivait celle de Kennedy le jour tragique, la voiture que Léopold II avait offerte à sa célèbre maîtresse, la baronne Vaughan, la Minerva du roi Albert, une Rolls qui, en vingt ans, n'avait roulé que six mille kilomètres... Les voitures sont restaurées avec un soin si minutieux que cinq cents d'entre elles se trouvent en parfait état de marche. Il leur suffirait d'un bidon d'essence et d'une batterie bien chargée pour reprendre la route.

Sherlock Holmes enquête depuis un siècle

9 janvier. Cent ans après sa première apparition dans l'énigme « Etude en rouge », la première œuvre de Conan Doyle, Sherlock Holmes reste le plus distingué des détectives privés. Dans l'Angleterre victorienne, des brouillards londoniens aux landes écossaises, l'astucieux M. Holmes traque le crime accompagné de son fidèle ami et mémorialiste, le Dr Watson. Avec sa loupe, son chapeau, sa cape et sa pipe courbée, Sherlock Holmes fascine toujours les amateurs d'investigations logiques fondées sur un extraordinaire sens de l'observation et des connaissances scientifiques très avancées pour l'époque. Si Conan Doyle ne connut le vrai et durable succès qu'avec son second roman « Le Signe des quatre », ses admirateurs continuent d'écrire à l'adresse de son héros. On leur répond toujours que « le locataire est actuellement dans le Sussex ». Elémentaire, mon cher Watson...

L'Aquitaine se raconte à Bordeaux

9 janvier. Le musée d'Aquitaine vient de s'ouvrir à Bordeaux. L'histoire régionale y est présentée à ses différentes phases par des documents vivants, souvent des œuvres d'art, mais également divers objets de la vie quotidienne. On y trouve aussi bien l'activité du port de commerce au temps de l'expansion coloniale que les grands courants littéraires, de Michel de Montaigne à François Mauriac. Il aura fallu dix-sept ans pour que l'idée de ce grand musée se réalise. S'étalant majestueusement sur une superficie de 28 000 m^2, ce musée sera l'un des plus grands de province. Actuellement, seul le troisième niveau (de 1715 à nos jours, ainsi que la section arts et traditions populaires) est inauguré. Le second le sera en 1988. L'ensemble est élégant, harmonieux, et facile d'accès pour les chercheurs.

L'aéroport de Beyrouth à nouveau fermé

8 janvier. L'aéroport international de Beyrouth a été fermé jusqu'à nouvel ordre après un bombardement d'origine inconnue qui a détruit complètement un appareil de la Middle-East Airlines (MEA). En près de douze ans de guerre, c'est la onzième fois que l'aéroport est fermé au trafic. Le bombardement a commencé vers 8 h. Pris de panique, des centaines de passagers et d'employés de l'aéroport se sont rués en tous sens pour tenter de se mettre à l'abri. Les obus labouraient de cratères la piste d'atterrissage, mais le terminal aérien était épargné, sauf un Boeing 707 de la MEA, qui a été atteint de trois obus et a pris feu immédiatement. L'appareil était en cours d'entretien. Trois femmes de ménage qui se trouvaient à bord ont pu s'enfuir, mais un mécanicien a été grièvement brûlé. Pour la milice chiite Amal, le bombardement a été effectué par les milices chrétiennes. Pour la radio phalangiste « Voix du Liban », la responsabilité en incombe à l'artillerie palestinienne, retranchée sur les hauteurs proches de l'aéroport. Il y a longtemps que les Forces libanaises réclament que soit ouverte une piste à Halate, en zone chrétienne, dont les habitants ne peuvent se rendre à l'aéroport de Beyrouth sans franchir la ligne est-ouest et traverser la banlieue occupée par les chiites.

Pulvérisé par trois obus lors du bombardement de l'aéroport de Beyrouth, ce Boeing 707 de la Middle-East Airlines n'est plus qu'un amas de ferrailles.

L'honneur de Monsieur Pinay

2 janvier. Surprise gênante dans la liste des décorations proposées en ce début d'année. Antoine Pinay vient de refuser la Légion d'honneur. « C'est trop tard! qu'on me laisse tranquille » répond, agacé, le sage de Saint-Chamoud qui a toujours son franc-parler et tient, plus que jamais, le langage du bon sens. Il faut dire que cette décoration à un ancien président du Conseil et légendaire ministre des Finances qui a redressé le franc, à l'âge de 95 ans, apparaît comme un geste ridicule, une gaffe inutile. M. Pinay est à l'honneur des Français depuis longtemps.

« Y'en a qu'une, c'est la Une! » Pour promouvoir TF1, voici Kermit, du « Bébette Show ».

Janvier

Sem. 3 1987

Lu	Ma	Me	Je	Ve	Sa	Di
			1	2	3	4
5	6	7	8	9	10	11
12	**13**	**14**	**15**	**16**	**17**	**18**
19	20	21	22	23	24	25
26	27	28	29	30	31	

12. Paris : Rhoda Scott à l'Olympia pour trois soirs avec deux cents choristes.

12. CEE : le mark et le florin sont réévalués de 3 %, le franc belge de 2 %. Le franc français n'est pas dévalué.

12. Liban : Terry Waite, l'émissaire anglican, reprend ses démarches pour la libération des otages (→27).

12. France : les instituteurs se mettent en grève contre le statut de maître-directeur (→31).

13. Porto-Rico : l'incendie de l'hôtel Dupont-Plaza était d'origine criminelle. Un employé est arrêté (→31.12.86).

13. France : Jean-Claude Killy organisera les Jeux d'hiver de 1992 (→29).

14. America's Cup : 2e défaite consécutive de « New Zealand » face à « Stars and Stripes » (→16).

14. France : le travail reprend à la SNCF et la RATP.→

14. Iran-Irak : nouvelle offensive iranienne, Kerbala 5, au nord-ouest de Bagdad (→10.2).

15. Liban : l'ONU renouvelle le mandat de la FINUL jusqu'au 31 juillet.

15. CEE : les associations offrant des repas aux pauvres auront accès aux surplus agricoles.

16. Chine : victime de la crise étudiante, Hu Yaobang est remplacé par Zhao Ziyang à la tête du PCC (→6).

16. America's Cup : « New Zealand » prend sa revanche sur « Stars and Stripes » dans la 3e régate (→31).

16. Sida : un second virus est dépisté en France.

18. Manche : le « Kini-Kersten » est enfin remis à flot (→1er).

DECES

12. Jacques Herold, peintre français (* 1910).

14. Douglas Sirk, cinéaste d'origine danoise (*26.4.1900).

18. Renato Guttuso, peintre italien (*1912).→

Le froid prend le relais des grèves

15 janvier. Douze cm dans les rues de Paris, une circulation paralysée et des trottoirs aussi dangereux pour les piétons qu'une piste verglacée. Les usagers des trains de banlieue et du RER se trouvent dans une situation identique à celle qu'ils connurent lors des grèves car en de nombreux endroits les aiguillages ont gelé. Electricité de France arrive difficilement à fournir et doit procéder à des délestages afin de partager la pénurie pour tous les usagers à tour de rôle. EDF se trouve à la merci du moindre incident comme celui qui a frappé lundi la centrale thermique de Cordemais, en Loire-Atlantique, perturbant l'alimentation en électricité de la Bretagne et des pays de Loire. A Paris, le plan antineige s'est soldé par un échec. La raison en est que le salage du sol se révèle inefficace lorsque les températures sont trop basses. 1 900 soldats de la 2e division blindée sont venus prêter main-forte aux 2 500 employés du nettoiement. Le nombre des morts est estimé à une soixantaine pour l'ensemble du pays. Les stations de métro Sentier et Mabillon sont restées ouvertes pour loger les sans-abri. A Marseille, ville peu équipée contre le froid, dix centimètres de neige sur la Canebière ont paralysé la circulation. Dans les parkings souterrains, le gaz carbonique des pots d'échappement d'automobiles ont incommodé de nombreuses personnes.

Situation dramatique dans le Sud, où les routes sont impraticables.

Le froid, le clochard et le nouveau-né

14 janvier. Parce que ses lèvres étaient bleuies par le froid lorsqu'un clochard la découvrit au beau milieu d'un terrain vague, la petite fille abandonnée une demi-heure après sa naissance portera le prénom de Violette. Ainsi en ont décidé le professeur Nemitz du SAMU et son équipe qui sont parvenus à mettre hors de danger le malheureux bébé. C'est à un clochard que Violette doit d'avoir échappé à la mort. Agé de 53 ans, Ramdane Korchef, un ancien harki, passait dimanche à 14 h 30 sur un terrain situé en bordure de l'étang de Rivery. D'un sac en plastique partent des cris aigus. Ramdane Korchef court prévenir le propriétaire d'un magasin de meubles voisin. M. Fox et sa secrétaire, Mme Duval, accourent et découvrent dans l'emballage un bébé qui a encore un morceau de cordon ombilical. C'est dans la boutique même que le SAMU a procédé à la réanimation de l'enfant.

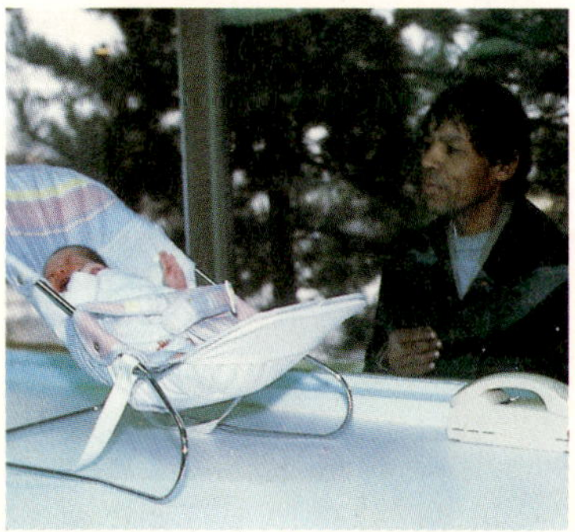

L'émouvante rencontre de deux êtres en marge du bonheur.

Isabelle Adjani : "Je ne suis ni morte ni malade"

18 janvier. Ce dimanche soir, le journal de 20 heures sur TF1 a reçu une invitée que la rumeur disait morte ou gravement malade : Isabelle Adjani. Depuis des mois, la vedette était, disait-on, invisible. On affirmait qu'elle était perdue. Le Tout-Paris du spectacle et certains milieux médicaux avaient propagé d'inquiétantes « informations » alimentées par le silence de la vedette. Aux côtés de Bruno Masure, qui présentait la vedette éclatante de santé, Isabelle Adjani a fait face, avec humour, avant d'embrasser le journaliste.

Le pape reçoit la Pologne de Jaruzelski

12 janvier. « Deux Polonais peuvent toujours se comprendre », a déclaré le général Jaruzelski à l'issue d'un entretien de soixante-dix minutes en tête à tête avec le souverain pontife. Il est hors de doute que pour des raisons de politique intérieure tout comme pour ses relations avec l'étranger, Varsovie recherche le dégel avec le Vatican. La Pologne souhaite l'établissement de relations diplomatiques et attend la visite de Jean-Paul II à Sceczin et Gdansk. Mais le laissera-t-on rencontrer Lech Walesa, président de Solidarité?

Est-ce une amorce de dégel entre Varsovie et le Vatican?

L'automobile française retrouve la santé

La Peugeot 205 GR a séduit de très nombreux Français.

15 janvier. La France est redevenue en 1986 le deuxième marché européen de l'automobile : 1,91 million d'immatriculations. L'année précédente, la Grande-Bretagne lui avait pris la place. Le marché global a enregistré une progression de 8,3 %. On note aussi une reprise pour les marques françaises. Peugeot, Citroën et Renault, ensemble, ont représenté 63,6 % du marché. La pénétration étrangère a reculé de 0,2 %. C'est la première fois, puisque les étrangers, depuis 1978, n'avaient jusque-là cessé d'augmenter leur part du marché. Quant à Renault, le lancement de la R21, en mars, a marqué le début d'un renouveau que les chiffres de l'année ont couronné. C'est, comme l'a dit la direction, « un succès posthume pour Georges Besse ». Les ventes ont été bien réparties entre le bas et le haut de gamme. Citroën attend beaucoup du lancement de sa petite dernière, l'AX (seulement lancée en octobre). PSA s'attend à un accroissement des ventes avec un marché global de 1,95 million d'immatriculations pour 1987.

Le peintre Renato Guttuso meurt à 75 ans

18 janvier. Chef de file du courant néo-réaliste de l'après-guerre en Italie, Renato Guttuso (né à Bagheria, près de Palerme, en 1912) occupait une position déterminante qui tenait autant à la vigueur de ses engagements dans la vie sociale (peindre était pour lui un acte politique et il avait adhéré en 1940 au Parti communiste italien clandestin) qu'à la puissance de son art, élaboré à partir des leçons de Courbet et de Van Gogh, de Cézanne et des Fauves. Peintre de grandes scènes narratives sur « L'Occupation des terres dans l'Italie méridionale » (1946-1948) ou sur la révolte étudiante de mai 68, il est aussi l'auteur de paysages et de natures mortes, d'un métier complexe et savoureux, fondé sur un dynamisme du dessin et une violence des contrastes colorés.

« Journal mural : mai 1968 » de Renato Guttuso (1968, Aix-la-Chapelle).

L'anniversaire de "Droit de réponse"

17 janvier. L'animateur le plus controversé de la télévision célèbre, ce soir, les cinq ans de son émission qui déchaîne toutes les passions. Insupportable procureur ou avocat courageux, Michel Polac continue son réquisitoire-spectacle qui semble devenu indispensable. Audience moyenne : 16 %.

Polac terminera la soirée à l'hôpital, victime d'un malaise cardiaque.

Un nouvel otage français au Liban

13 janvier. Roger Auque, 31 ans, correspondant au Liban de « La Croix », de RTL et de l'agence photographique Gamma, a été enlevé devant son domicile. Il était l'un des derniers journalistes français à être resté dans le secteur contrôlé par les milices musulmanes de Beyrouth. Des témoins ont vu Roger Auque aux prises avec des gens barbus et armés de revolvers et de mitraillettes. Ils l'ont contraint à monter à bord d'une Volvo qui a démarré en trombe, suivie d'une Mercedes. Aucune des deux voitures n'avait de plaque d'immatriculation. Le journaliste français venait de prendre des clichés de Terry Waite, l'émissaire de l'archevêque de Cantorberry, qui a entamé une nouvelle mission en faveur des otages du Liban. Le négociateur britannique était arrivé la veille à Beyrouth (→24).

Le vrai-faux passeport d'Yves Chalier

Janvier. Le scandale du Carrefour du développement change de nature et d'état d'esprit. Plusieurs campagnes font dériver l'opinion et compromettent un maximum de personnalités politiques. Plus on parle de Yves Chalier, moins on parle de l'ancien ministre Christian Nucci... Aujourd'hui, une nouvelle rumeur évoque une rencontre entre Charles Pasqua et Yves Chalier. Le ministre de l'Intérieur a immédiatement démenti tout contact avec l'ancien chef de cabinet de M. Nucci. Il reste que le détournement des fonds publics est occulté par la délivrance d'un « vrai-faux » passeport à Yves Chalier pour s'enfuir au Brésil. Par qui?

Atterrissage, sur la base américaine d'Edward, de Loïs McCollin qui vient de battre le record du monde en avion à pédales en parcourant la distance de 10 miles.

Janvier

Sem. 4 **1987**

Lu	Ma	Me	Je	Ve	Sa	Di
			1	2	3	4
5	6	7	8	9	10	11
12	13	14	15	16	17	18
19	**20**	**21**	**22**	**23**	**24**	**25**
26	27	28	29	30	31	

19. France : mise en vente de Paribas, dont le prix des actions a été fixé à 405 F (→ 1.2).

19. France : la firme Dassault en difficulté : -2,4 milliards de chiffre d'affaires et 833 suppressions d'emplois en 1986.

20. CEE : sir Henry Plumb est élu à la présidence du Parlement.

20. Espagne : grève des étudiants et des lycéens pour obtenir le libre accès à l'université.

20. Bobigny : cinq représentations d'« Affabulazione » de Pasolini, mis en scène et joué en italien par Vittorio Gassman, avec son fils Alessandro.

20. Paris : inauguration aux Invalides d'une partie du futur musée des Plans-Reliefs.

21. Corse : Charles Pasqua remplace les deux préfets et dissout le MCA, lié à l'ex-FLNC (→ 28).

21. Tchad : l'armée tchadienne prend le contrôle de Zouar (→ 15.2).

21. Basket : Orthez bat Kaunas (URSS) 94 à 80.

22. Philippines : 12 morts lors d'une manifestation des paysans contre la réforme agraire.

23. Paris : exposition à la Bibliothèque nationale des gravures de Rembrandt (jusqu'au 3 mai).

23. Automobilisme : Mikki Biason remporte le 56e rallye de Monte-Carlo.

24. Somalie : enlèvement d'une équipe de Médecins sans frontières (→ 6.2).

24. Tennis : Hanna Mandlikova et Stefan Edberg remportent les Internationaux d'Australie.

25. Hippisme : à Vincennes, le cheval français Ourasi remporte pour la 2e fois d'affilée le prix d'Amérique.

25. Cyclo-cross : en Tchécoslovaquie, l'Allemand Klaus-Peter Thaler remporte pour la 4e fois le championnat du monde.

DECES

25. Lamine Diakhate, écrivain et ancien ministre sénégalais (*18.9.1928).

Terry Waite, le négociateur, pris en otage

24 janvier. L'archevêque de Cantorberry s'est dit « sérieusement préoccupé » par le sort de Terry Waite. Il ne fait plus de doute aujourd'hui que l'émissaire britannique chargé de négocier la libération des otages a été pris en otage à son tour, et l'inquiétude s'exprime franchement. Le 20, Terry Waite a quitté son hôtel de Beyrouth sans son escorte habituelle du Parti socialiste progressiste (PSP). Le jour même de sa disparition, il avait décidé d'interrompre sa mission et de rentrer à Londres, avant de revenir sur sa décision. Il avait un jour déclaré qu'il savait très bien qu'il ferait lui-même un très bon otage (« pretty good »), et il avait révélé qu'au cours de ses précédentes négociations avec les ravisseurs, il avait dû, fréquemment, mener la discussion « avec un pistolet dans le dos ».

Terry Waite, à Beyrouth, encadré par ses gardes du corps.

Le film "Blue Velvet" primé à Avoriaz

24 janvier. C'est le long-métrage de David Lynch, « Blue Velvet », qui remporte le grand prix du XVe Festival du film fantastique d'Avoriaz. Les amateurs d'horreur ont pu aussi apprécier « La Mouche » de David Cronenberg, remake spectaculaire d'un film réalisé en 1958 avec Vincent Price, spécialiste du genre, et « American Way » de Maurice Phillips. Un suspense imprévu : l'acteur Jack Palance, qui devait présider la manifestation, ayant été retenu à cause d'une tornade, c'est le metteur en scène français Philippe de Broca, d'habitude rompu à de délicieuses et ravissantes comédies, qui l'a remplacé. Un intérim qui n'est pas de tout repos!

Premier prix du festival d'Avoriaz, avec Isabella Rossellini.

En RFA, victoire serrée d'Helmut Kohl

H. Kohl en campagne électorale.

25 janvier. Court triomphe mais victoire quand même pour les démocrates-chrétiens du chancelier Helmut Kohl. S'ils enregistrent un tassement, 45,1 % des voix et 227 sièges contre 48,8 % des voix et 244 sièges en 1983, c'est surtout leur parti associé à la CSU bavaroise et droitière qui fait les frais de la consultation. L'activisme de son chef Franz Joseph Strauss a effrayé les modérés. Les socialistes reculent de 7 sièges; les « verts » poursuivent leur ascension et gagnent 15 sièges.

Moscou à l'heure du hard-rock

Le groupe « Rock Atelier » au parc Gorki, à Moscou.

20 janvier. Les premiers disques de hard-rock, entrés d'abord sous le manteau, ont fait maintenant leur apparition publique dans les discothèques de Moscou, où ils font un triomphe. En jeans et vestes « gonflées », comme à l'Ouest, la jeunesse moscovite s'agite désormais sur les mêmes rythmes, sans que personne ne pense plus à un déviationnisme ni à une dégénérescence quelconque. Certains groupes de hard-rock, venus de RFA, annoncent même des concerts dans la capitale soviétique.

Les Français et le football américain

25 janvier. Ils étaient, estime-t-on, trois millions de Français à veiller pour suivre sur le petit écran le match de football américain entre les Giants de New York et les Broncos de Denver. On n'est pas sûr qu'ils ont tous compris les règles, mais ils ont assisté à un beau spectacle. Les Giants (qui jouaient si mal dans les années 70 que leurs supporters avaient publiquement brûlé leurs billets) l'ont emporté brillamment par 39 à 20.

Le football américain fait une entrée triomphale à la télévision française.

Cacophonie sur la bande FM

25 janvier. Le tumulte provoqué par l'attribution des nouvelles concessions de chaînes de télévision ne couvre pas complètement l'invraisemblable désordre qui règne dans les fréquences des radios. La Commission nationale de la communication et des libertés (CNCL) a fort à faire pour assurer la police des ondes sur la bande FM (modulation de fréquence). Les treize « sages » se heurtent, d'abord, à un problème technique : les émetteurs les plus puissants mordent sur la longueur d'onde des plus modestes. Aussi, les auditeurs de France Musique se plaignent d'entendre les jeux sur Europe 1 ou RTL...

Suicide en direct à la TV américaine

22 janvier. Budd Dwyer, trésorier de l'Etat de Pennsylvanie, avait été reconnu responsable de corruption par un grand jury. La veille de sa condamnation, il a réuni une conférence de presse pour dénoncer le verdict qui allait le frapper. Il a lu lentement son communiqué. Puis, devant les appareils photographiques et les caméras, il a sorti son revolver, a demandé aux journalistes de s'écarter, a poussé le canon de son arme en bouche et a pressé la détente. La mort a été instantanée. Elle a pu être suivie en direct par des milliers d'Américains, qui ont tous eu le même commentaire : c'était horrible.

Michèle Barzach s'attaque au Sida

20 janvier. Michèle Barzach vient de révéler les premières mesures qui seront prises pour tenter de stopper la progression du fléau : elle estime qu'une campagne d'information est urgente. La diffusion, à dix millions d'exemplaires, d'un dépliant destiné au grand public, sera accompagnée d'un film télévisé réalisé par Jean-Jacques Beineix. Le slogan prévu est : « Le Sida ne passera pas par moi. » En complément : une banque de données sur Minitel.

Vatanen-Giroux rois du Dakar, Auriol casse, Neveu triomphe

22 janvier. Ari Vatanen, Bernard Giroux, Cyril Neveu et Hubert Auriol ont été les héros heureux et malheureux du IXe Paris-Dakar, qui vient de s'achever. Ce Dakar est d'abord un triomphe pour Peugeot, dont c'était la première participation. La 205 Turbo 16 de Vatanen, le pilote finlandais, et de Bernard Giroux, le journaliste, a dominé l'épreuve automobile. Mais il convient de rendre également hommage aux motards : à Gaston Rahier, le Belge, brillant troisième, et surtout à Cyril Neveu (sur Honda), dont c'est la cinquième victoire dans le Paris-Dakar. On ne peut cependant oublier de citer, au tableau d'honneur des motards, le malheureux Hubert Auriol, qui était en tête de l'épreuve la veille de l'arrivée et qui semblait avoir course gagnée lorsqu'une terrible chute le mit hors de combat. Victime de fractures aux chevilles, Hubert Auriol a été ramené à Paris d'urgence et opéré par le professeur Letourneur, qui avait déjà guéri Pironi et Laffite. Auriol parle d'abandonner la compétition.

Bernard Giroux, Ari Vatanen et Cyril Neveu, les trois vainqueurs du 9e Paris-Dakar. Peugeot est une nouvelle fois à l'honneur.

Hubert Auriol, terrassé par la douleur après son accident.

La course mondiale vers le fabuleux marché de l'espace

Janvier. Ariane est en lice pour prendre la meilleure part du marché des lancements de satellites, mais l'URSS casse les prix. Dès la fin de 1987, une version Ariane IV devrait voir le jour et rester en service pendant près de dix ans en gardant son avance. Le marché à prendre est important : avant l'accident de Challenger (→28.1.86), il était prévu que la NASA programmerait entre 1986 et 1990 un total de soixante-dix-huit missions, au cours desquelles seraient placés en orbite plus d'une centaine de satellites commerciaux. La défection de Challenger a déplacé l'intérêt. Ariane reste bien placée. Mais il lui faudra compter non seulement avec les Américains, capables malgré tout d'un sursaut d'orgueil, mais également avec les Soviétiques, dont la Proton permet des prix très bas. Moscou a fait dresser l'oreille à la clientèle internationale, et trois contrats commerciaux ont déjà été signés.

	Ariane 4 (Europe)	Ariane 5 (Europe)	Proton (URSS)	H-II (Japon)	Longue Marche III (Chine)	Titan 34 D (USA)	Navette spatiale (USA)
Masse au décollage	460 t	500 t	691 t	400 t	420 t	757 t	2.040 t
Capacité en orbite géostationnaire (36.000 Km)	2,6 t	4 t	4,5 t	3,6 t	1,4 t	1,9 t	2,3 t
Capacité en orbite basse (200 Km)	15 t	20 t	22 t	15 t	3,6 t	18 t	20 t

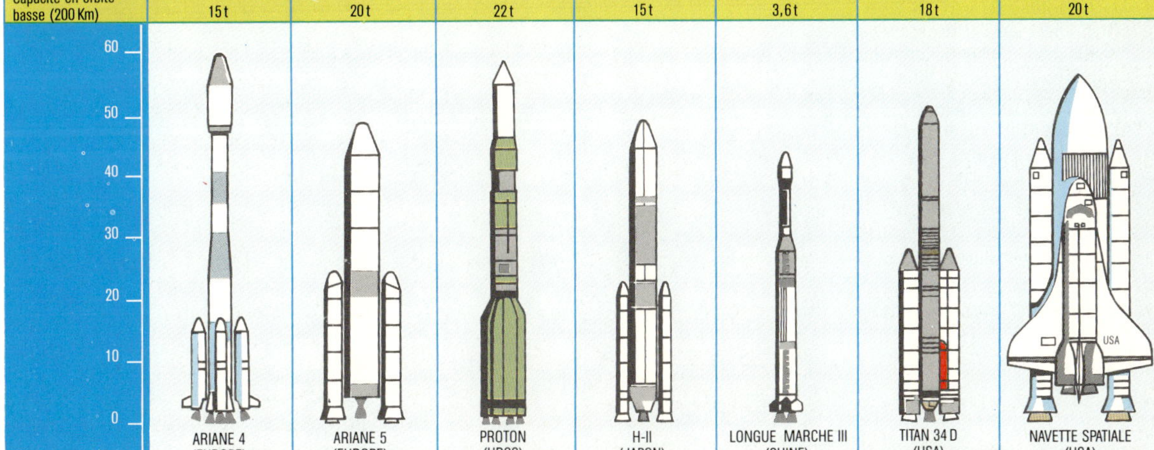

Janvier

Sem. 5 1987

Lu	Ma	Me	Je	Ve	Sa	Di
			1	2	3	4
5	6	7	8	9	10	11
12	13	14	15	16	17	18
19	20	21	22	23	24	25
26	**27**	**28**	**29**	**30**	**31**	

26. Koweit : ouverture du sommet islamique (→29).

26. Italie : Fiat annonce 6 milliards de bénéfices en 86.

27. France : un voltigeur de la police, Christophe Garcia, est inculpé dans l'enquête sur la mort de Malik Oussekine (→6.12.86).

27. Liban : Terry Waite serait « assigné à résidence » par les ravisseurs des otages avec qui il négocie (→2.2).

28. Forbach : grève pour la sauvegarde du bassin houiller.

28. Corse : Marcel Morin est nommé préfet de police (→28.2).

29. Koweit : la Conférence islamique s'achève par une résolution sur la guerre du Golfe, immédiatement rejetée par l'Iran.

29. Paris : entrée à l'Académie française de Bertrand Poirot-Delpech (→10.4.86).

29. Paris : Régis Schleicher et les frères Halfen sont renvoyés devant une cour d'assises de professionnels (→3.6).

30. Philippines : arrestation d'un général et de trois officiers accusés d'avoir participé à la tentative de coup d'Etat.→

30. Grande-Bretagne : lancement de Superchannel, nouvelle chaîne par satellite.

30. Paris : 138 gardiens de la paix auxiliaires expérimentent le nouveau service militaire dans la police.

31. America's Cup : dans la 1re régate, « Stars and Stripes » devance « Kookabura III » (→4.2).

31. Angoulême : Enki Bilal et Hugo Pratt sont primés par le jury du XIVe Salon international de la BD.

31. Boxe : à Montpellier, le Mexicain Gilberto Roman remporte le championnat du monde des super-mouches contre le Français Antoine Montero.

31. Bretagne : manifestation des instituteurs (→4.2).

DECES

31. Yves Allégret, cinéaste français (*13.10.1907).→

Des démissions spectaculaires au PCF

27 janvier. C'est officiel : Marcel Rigout, ancien ministre de la Formation professionnelle, et Claude Poperen, membre du bureau politique et du comité central, ont démissionné. Le départ du premier apparaît d'autant plus symbolique qu'aux législatives de 1986, il avait en Haute-Vienne obtenu 20,8 % des suffrages, score miraculeux si on le compare à la moyenne nationale tombée de 28,6 % en 1948 à 9,8 % l'an dernier. Loin d'assouplir les positions du secrétaire général, Georges Marchais, cette chute libre les ont radicalisées. Tout ce qui dégage un parfum de rénovation encourt ses foudres. Le 14 janvier, il déclarait au journal d'Antenne 2 : « Rénovateurs? Non! Liquidateurs? Oui! » Du coup, le feu est mis aux poudres. De Limoges, Marcel Rigout fait parvenir un message place du Colonel-Fabien : « La déclaration de Georges Marchais m'a profondément surpris et choqué. »

Marcel Rigout : en désaccord avec Georges Marchais.

Le dollar a perdu 41 % en deux ans

28 janvier. La monnaie américaine continue sa dégringolade. Pour la première fois depuis 1982, le dollar est passé à Paris sous la barre symbolique des 6 francs, et il s'est établi, à Francfort, à son plus bas niveau depuis 1980, 1,7754 mark, bien plus bas que le « seuil douloureux » de 1,85 mark défini par le gouvernement allemand. Les banques centrales ne sont même pas intervenues pour faire cesser le mouvement. Il semblerait pourtant que Bonn, Paris et Washington souhaitent une réunion du groupe des Cinq (RFA, Japon, Grande-Bretagne, Etats-Unis et France). Mais cette réunion serait une arme à double tranchant. Son échec serait plus dommageable encore au billet vert en difficulté.

Killy n'organisera pas les Jeux d'hiver

29 janvier. Il y a dix-sept jours, Jean-Claude Killy avait été choisi comme président du comité d'organisation des Jeux olympiques d'hiver 1992, qui doivent avoir lieu à Albertville. Aujourd'hui, Killy vient d'annoncer qu'il abandonnait cette présidence, en raison de la violente contestation des stations des Menuires et de Tignes auxquelles Killy avait annoncé qu'elles n'accueilleraient pas de disciplines olympiques. La décision de Jean-Claude Killy est très regrettable, compte tenu de la personnalité de l'homme qui fut un extraordinaire triple champion olympique en 1968.

Jean-Claude Killy.

La mort du cinéaste Yves Allégret

31 janvier. Yves Allégret, frère cadet du réalisateur Marc Allégret, est décédé à 79 ans. Né à Asnières en 1907, il forme une œuvre de vingt-cinq longs métrages dont les plus célèbres datent de la Libération : « Dédée d'Anvers » (1948), « Une si jolie petite plage » (1949) et « Les Orgueilleux » (1953) avec Michèle Morgan et Gérard Philipe, d'après un scénario de Jean-Paul Sartre. Il avait été marié, en 1946, à Simone Signoret.

« Crocodile Dundee ». L'Australien Paul Hogan devient un héros d'aventures international.

La Suisse se paye du chocolat belge!

Un chocolat de grande renommée.

28 janvier. Emotion à la bourse de Bruxelles : une Opa d'envergure a été lancée contre la chocolaterie belge Côte d'Or. L'acheteur est le géant Interfood, par le biais de sa filiale suisse Jacobs-Suchard. Côte d'Or a un chiffre d'affaires légèrement supérieur à 6 milliards de francs belges (960 millions de francs), 1 600 salariés, et a huit filiales en Europe et aux USA. Comme tous les chocolatiers, Côte d'Or a subi ces dernières années le contrecoup de l'augmentation du prix des matières premières.

Compte à rebours pour l'an 2000

François Scali et Alain Domingo, les créateurs, devant le Génitron.

31 janvier. La nouvelle vedette de Beaubourg, c'est le Génitron, une horloge du futur qui indique sur neuf écrans géants le temps qui nous sépare du prochain millénaire. Un calculateur établit en permanence le nombre de centaines de millions de secondes avant l'an 2000, et l'affiche toutes les secondes sur neuf écrans (un par unité décimale : une seconde, dix secondes, cent, etc, jusqu'à la centaine de millions). En dix ans, le centre Georges-Pompidou, tant décrié à son ouverture, a accueilli 74 millions de visiteurs. 24 000 par jour en moyenne. Il occupe 1 200 employés, dont 120 agents de sécurité et 20 pompiers. Dans sa bibliothèque sont rangés 320 000 volumes, dans sa discothèque 14 000 disques et cassettes. Son budget de fonctionnement est d'un million de francs par jour.

Cory Aquino baillonne les rebelles

27 janvier. « Dame de fer » des antipodes, Corazon Aquino vient de juguler un putsch ourdi par le général José Lumel et le colonel Rolando Abadilla. Selon toutes probabilités, les militaires œuvraient pour le compte du dictateur déchu Ferdinand Marcos, lequel se préparait à quitter Hawaï où il vit en exil. 13 officiers, 359 soldats et 137 civils ont été arrêtés sur ordre de la présidente. En moins d'une semaine, il s'agit de la seconde épreuve de force victorieuse du gouvernement de Manille. Le 22 janvier, un premier coup lui avait été porté par la gauche : sous la conduite du Mouvement des paysans philippins (inféodé au Parti communiste), 12 000 manifestants massés près du palais Malacanang s'étaient heurtés aux gouvernementaux. Ces derniers ouvrirent le feu et l'on releva 16 morts et une centaine de blessés chez les manifestants. Il n'est pas exclu que certains militaires aient, au même titre que les marxistes, participé à la provocation. Toutes deux hostiles aux négociations, les factions extrémistes poursuivent un but identique : reprise des combats jusqu'à l'obtention d'une victoire totale sur le terrain. Il convient d'ajouter que Kadhafi fournit des armes à la minorité islamique.

Deux « rebelles » philippins.

Le Dé d'or est attribué à Nina Ricci

29 janvier. C'est le talentueux Gérard Pipart, styliste de la maison Ricci, qui gagne le Dé d'or de la haute couture. Gérard Pipart avait tenu bon face aux assauts de la tempête féministe ou stupidement passéiste. Il a toujours refusé d'habiller les femmes en mauvais garçons ou en créatures fatales pour films de série B. Il les a considérées comme des femmes, d'hier, d'aujourd'hui, de toujours et vêtues comme telles. Sa récompense précède la sortie, prévue le 15 avril, du nouveau parfum conçu par Robert Ricci, « Nina », tandis que, à chaque seconde dans le monde, il se vend un flacon de « L'Air du Temps ».

Style « Autant en emporte le vent ».

"L'or de Tarente" a fasciné Paris

« Néréide chevauchant un monstre marin » (musée de Tarente).

8 février. L'exposition au musée Jacquemart-André, à Paris, des bijoux hellénistiques de Tarente touche à sa fin et aura connu une affluence considérable. Il est vrai que l'événement en lui-même est exceptionnel : c'est la première fois que ces chefs-d'œuvre d'orfèvrerie, à la demande de l'UNESCO, qui fêtait aussi son 40e anniversaire, sortent d'Italie. Fondée en 706 av. J.-C., Tarente fut l'une des premières colonies grecques en territoire italiote. La plupart des pièces exposées datent de la fin du IVe ou du IIIe siècle av. J.-C. et témoignent de l'importance de cette cité maritime dont la richesse semble avoir reposé sur le commerce de l'étain de Cornouailles. Parmi les trésors exposés, l'un des plus remarquables est un coffret en forme de coquille marine, en argent doré orné d'une Néréide portée par un serpent de mer.

La guerre civile ravage le Sri Lanka

28 janvier. 200 membres de la communauté tamoule auraient été tués au cours d'une opération de police menée dans le nord de l'île. Le fait que Sathasiwam Krislnakumar, chef de la milice tamoule « Tigres », crée un parti politique a envenimé une situation rendue déjà explosive par le fait que les Tamouls disposent d'une force armée de 6 000 hommes contre 16 500 soldats cinghalais gouvernementaux. Ils réclament la création d'un Etat indépendant.

Triste record sur les routes de France

31 janvier. Si, apparemment, les limitations de vitesse et les sanctions plus dures infligées pour faute grave ont donné certains résultats, puisque de 1981 à 1985 le nombre de tués sur la route était passé de 12 428 à 10 448, rien n'est joué. Le nombre d'accidents corporels a encore diminué de 5,5 % si l'on compare la période décembre 1985-novembre 1986 à la même période de l'année précédente. Mais le nombre de tués a recommencé à augmenter, de 1,8 % cette fois.

Février

Sem. 6 1987

Lu	Ma	Me	Je	Ve	Sa	Di
						1
2	**3**	**4**	**5**	**6**	**7**	**8**
9	10	11	12	13	14	15
16	17	18	19	20	21	22
23	24	25	26	27	28	

1er. Médecine : production aux USA d'un nouveau médicament contre le Sida, la dideoxy-cytidine.

1er. Maroc : affrontements à Melilla, enclave espagnole, entre musulmans et policiers.

2. Feu vert pour « Hélios », premier satellite espion militaire français.

2. Médecine : à l'hôpital Henri-Mondor de Créteil, un malade subit une greffe du cœur après avoir reçu un Jarvik-7 durant quatre jours.

2. Liban : l'enlèvement de Terry Waite est confirmé (→24.1).

2. Paris : la Gaumont fête ses 90 ans par une exposition de 200 affiches de films à la Conciergerie.

2. Philippines : 76,29 % des votants sont favorables au projet de nouvelle constitution.

2. USA : démission de William Casey, directeur de la CIA, compromis dans l'Irangate. Il est remplacé par Robert Gates (→3.3).

3. France : publication des décrets de maîtres-directeurs.→

3. Archéologie : une équipe japonaise détecte de nouvelles cavités dans la pyramide de Khéops.

4. Genève : fin des travaux du LEP, le plus grand accélérateur de particules du monde.

5. URSS : envol des cosmonautes Youri Romanenko et Alexandre Laveikine pour la station orbitale MIR (→8).

6. Somalie : libération des 10 membres de Médecins sans frontières (→24.1).

8. Espace : les cosmonautes soviétiques accrochent leur capsule Soyouz TM-2 à la station MIR (→5).

8. URSS : libération de 140 détenus politiques (→10).

DECES

2. Alessandro Blasetti, cinéaste italien.

4. Michel Baroin, PDG de la FNAC (*1930). (→12).

5. Josep Vincenc Foix I Mas, poète catalan (*1893).

L'America's Cup revient aux USA

A San Diego, on célèbre la victoire du challenger américain.

« Stars and Stripes » devance l'Australien « Kookabura III ».

4 février. La Coupe de l'America est retournée aux Etats-Unis, après trois ans d'exil en Australie succédant à cent trente-deux ans de suprématie américaine. Le principe de l'épreuve est celui du défi. Les challengers (représentés par des yacht-clubs) s'affrontent en une série de duels pour déterminer le meilleur d'entre eux. C'est celui-ci qui s'attaque alors au détenteur, dans les eaux de ce dernier. L'épreuve se déroule tous les trois ans. C'est qu'il faut de lourds investissements. Dennis Conner, barreur de « Stars and Stripes », du New York Yacht-Club, a soumis cinq mille projets de bateaux aux ordinateurs, fait essayer quarante-deux maquettes en bassin de carène, construit quatre douze-mètres et dépensé dix-huit millions de dollars pour reprendre le trophée qu'il s'était fait arracher par le club de Freemantle le 26 septembre 1983. Le club australien, pour sa part, avait dépensé seize millions de dollars. Pour l'organisation de la régate, suivie par le monde entier, les détenteurs du trophée avaient construit deux ports, des hôtels. Avec tout de même un résultat, puisque Freemantle, petite ville de vingt mille habitants, est aujourd'hui sortie de l'oubli. Dennis Conner et l'équipage de « Stars and Stripes » ont infligé à « Kookabura III » une défaite sévère, par quatre victoires à zéro.

La grève de l'acier aux USA a duré 6 mois

2 février. La grève qui se termine est la plus longue de l'histoire de l'acier aux Etats-Unis. L'US X, l'ex-US Steel, et le syndicat des métallurgistes américains sont arrivés à un accord qui met fin à une grève de six mois. 22 000 métallos avaient cessé le travail le 1er août 1986 pour protester contre les projets de réduction de salaire et d'effectifs prévus par la direction. L'United Steel Workers a concédé une baisse d'environ deux dollars du salaire horaire moyen, de 12,50 dollars, et le licenciement de 1 300 métallos. En échange, le syndicat a obtenu que soit limitée l'embauche d'ouvriers non syndiqués et sous-payés. Selon le syndicat, cette clause, qu'il considérait comme prioritaire, devrait permettre à 2 000 à 4 000 métallurgistes de retrouver du travail. Il a aussi obtenu que l'US X s'engage à ne pas fermer deux de ses installations. En revanche, deux autres disparaîtront. « Dans cet accord, disent les économistes, tout le monde est perdant. » La grève a coûté à l'US X 500 millions de dollars.

Le plus gros saphir pour dix dollars!

4 février. Quand il s'est finalement décidé à faire expertiser la « grosse pierre » qu'il avait achetée pour dix dollars, Roy Whestine, un habitant de l'Arizona, ne s'attendait pas à la surprise de sa vie. En fait, la pierre est sans doute, d'après l'expert, le plus gros saphir qui ait jamais été découvert dans le monde. Sa valeur est estimée à quinze millions de francs, mais un amateur pourrait très bien en proposer trente millions, ou même plus...

France-Galles ou le succès sans gloire

7 février. Le Quinze de France a commencé le Tournoi 1987 en remportant au Parc des Princes une victoire sans gloire ni brio (16-9) face au Pays de Galles. Les Français ont connu de gros problèmes en touche, où ils furent privés de bons ballons. Après vingt minutes de jeu, les Gallois menaient 6-0, puis 9-3 à la mi-temps. Après le repos, un essai de Bonneval et deux coups de pied de Bérot sauvèrent les Tricolores de la défaite sur leur propre terrain. Mais ce premier match doit servir d'avertissement à une équipe dont les brillantes lignes arrières méritent d'être plus souvent sollicitées.

Au Parc des Princes, les Tricolores sauvés de justesse de la défaite.

Les instituteurs français sont en crise

4 février. Graphisme hitlérien pour le double « s » de suppressions de postes, allusions surréalistes aux préservatifs et au Sida mental, la grande manif des « instits » hostiles à la création de maîtres-directeurs dans les écoles a tourné au happening. Combat dénué de soutien populaire puisque, effectué par la Sofres, un sondage a établi que 70 % des Français étaient favorables à l'augmentation des pouvoirs du directeur d'école. Toujours est-il que ce poujadisme pédagogique n'est que le reflet d'un malaise réel. En 1986, sur quelque 5 000 places offertes en France aux concours de recrutement d'instituteurs, 750 postes sont demeurés vacants. Cercle vicieux qui entraîne une chute de qualité. Certains candidats ont été repêchés avec une moyenne de 7 sur 20. C'est contre cette dégradation que voulait lutter l'établissement d'un statut de maître-directeur en organisant une promotion interne. Mais attachés à la méthode de cooptation, les instituteurs nourrissent de l'aversion pour le vocable « directeur ».

A Paris, manifestation colorée et bon enfant des instituteurs hostiles au projet de création de « maîtres-directeurs » proposé par M. Monory.

L'Albanie a voté comme un seul homme

1er février. C'est avec quelque fierté que l'agence de presse officielle albanaise a annoncé que 100 % des électeurs albanais inscrits avaient participé aux élections législatives, les premières organisées depuis la mort du chef du parti, Enver Hodja, en 1985. Surprise : aucun électeur n'a voté contre les candidats proposés par le Front démocratique. Comme le commente lyriquement l'agence Ata, les masses ouvrières d'Albanie ont soutenu avec « une unité d'acier » le parti. Au total, deux cent cinquante députés ont été élus à la nouvelle assemblée populaire. Le Front démocratique est la seule organisation de masse. Elle dépend du Parti communiste et est présidée par Mme Nexhimje Hodja, la veuve d'Enver Hodja. L'agence précise les résultats en ajoutant qu'il y a eu un bulletin nul. On peut être certain qu'il ne s'agit ni du bulletin d'un opposant, ni de celui d'un indécis, mais bien plutôt d'un bien peu civique distrait.

Les skieurs suisses étaient imbattables

8 février. Les championnats du monde de ski viennent de se terminer à Crans-Montana, en Suisse, sur le triomphe des skieurs helvétiques qui ont dominé les épreuves, remportant quatorze médailles sur les trente mises en compétition : huit médailles d'or, quatre d'argent et deux de bronze. Les héros de ces championnats ont été, chez les hommes, Pirmin Zurbriggen (vainqueur des slaloms géant et supergéant, deuxième en combiné et en descente) et, chez les dames, Erika Hess (première du combiné et du slalom spécial) et Maria Walliser (or en descente et en supergéant). Les skieuses helvétiques ont réussi l'exploit unique de remporter les cinq médailles d'or mises en jeu. En revanche, le ski français a vécu l'un des plus grands désastres de son histoire. Pas une seule médaille sur l'ensemble des compétitions, ce qui ne s'était pas vu depuis les Jeux olympiques d'Oslo, en 1952. A un an des Jeux de Calgary, la situation est grave, et il est probable que des têtes vont tomber...

Quatre médailles pour le champion suisse Pirmin Zurbriggen.

Paribas séduit plus de trois millions d'actionnaires

1er février. Les privatisations ont du succès. La dénationalisation du groupe bancaire Paribas a déjà attiré plus de trois millions de petits porteurs. Ils ont acquis le titre au prix de 405 francs l'unité. La demande, largement supérieure à l'offre, oblige les pouvoirs publics à réduire le nombre d'actions mises à la disposition des particuliers et à diminuer la part offerte à l'étranger. En jouant sur le lot de titres gardés en réserve, le ministre des Finances, Edouard Balladur, parviendra peut-être à distribuer cinq actions, et en tous cas moins de dix, à chaque candidat. Un triomphe pour les options financières du gouvernement de Jacques Chirac.

Le XXe siècle entre au Metropolitan Museum

3 février. Un grand jour pour le Metropolitan Museum de New York : on vient d'inaugurer une aile nouvelle due à l'architecte Kevin Roche. Réalisé grâce aux libéralités de Lisa Acheson Wallace, la cofondatrice du « Reader's Digest, » le bâtiment comporte quatre étages et une surface totale d'environ 10 000 m² destinée à abriter les collections d'art moderne, à vrai dire peu connues, dont le musée s'est enrichi au cours des années, en particulier depuis 1979, date à laquelle William Lieberman a été appelé à présider aux destinées de ce département. Celles-ci comprennent 1 100 tableaux, 350 sculptures et un ensemble de 3 500 pièces touchant le design et l'architecture.

Février

Sem. 7 1987

Lu	Ma	Me	Je	Ve	Sa	Di
						1
2	3	4	5	6	7	8
9	**10**	**11**	**12**	**13**	**14**	**15**
16	17	18	19	20	21	22
23	24	25	26	27	28	

9. Philippines : entrée en vigueur de la nouvelle constitution (→ 2).

9. Moscou : pour la première fois, des refuzniks manifestent sans être inquiétés par la police.

9. Marseille : des gangsters retiennent 23 personnes en otages dans une caisse d'épargne avant de s'enfuir par les égouts.

9. Paris : le journal « Le Matin » connaît une grave crise financière.

9. Mexico : manifestation de 200 000 étudiants contre les conditions d'admission aux universités.

10. Zénith : concert exceptionnel de Paul Simon, accompagné d'une pléiade de musiciens africains.

11. Liban : les camps palestiniens sont affamés par les chiites depuis plusieurs semaines (→ 14).

11. D'après la commission de la CEE, le nombre de cas de Sida sera de 100 000 vers 1990.

12. Paris : Dior Haute Couture fête son 40ᵉ anniversaire (→ 19.3).

13. Moscou : ouverture du « Forum de la Paix ».

13. Chine : les étudiants seront envoyés aux champs ou à l'usine s'ils ne cessent leur agitation (→ 6.1).

13. Pérou : la police investit les universités de Lima pour y « débusquer des terroristes ».

14. Liban : un convoi de vivres a pu pénétrer dans le camp de Bourj el-Bbarajneh (→ 17).

14. Egypte : Hosni Moubarak dissout le parlement et fixe la date des élections au 6 avril.

15. La compagnie Towsend-Thorensen propose la traversée Douvres-Ostende (ou Zeebrugge) pour 1 livre.

15. 300 chiens de traîneaux participent, dans le Doubs, à la course la « Ruée blanche ».

15. Tchad : raid libyen contre Kouba-Olanga, au sud du 16ᵉ parallèle (→ 22.3).

DECES

10. Jean Carrieu, ancien président de l'Olympique de Marseille.

Lady Di et Jacques Chirac baptisent l'Airbus A-320 à Toulouse

Dans le cockpit de l'Airbus A-320, le traditionnel « manche à balai », commande des gouvernails, a été remplacé par une simple manette.

Lady Diana, marraine de charme du nouvel Airbus.

14 février. Le Premier ministre, Jacques Chirac, a assisté, en compagnie du prince Charles et de la princesse Diana, à la cérémonie de baptême de l'Airbus A-320. Il a évoqué les « agressions » dont l'industrie aéronautique européenne fait l'objet de la part des Américains, qui lui reprochent de bénéficier de trop de subventions. De son côté, François Mitterrand avait écrit aux dirigeants d'Airbus : « Personne ne décidera à la place des Européens de l'avenir de leur industrie aéronautique. L'aventure Airbus est devenue un des symboles de la construction européenne. » De toute façon, les Etats-Unis, devant la cohésion européenne qu'ils avaient pu mesurer lors d'une mission à Londres, Paris et Bonn au début du mois, avaient dû renoncer à toute mesure de rétorsion sur l'Airbus. L'avion a été baptisé par la princesse de Galles. Lady Di lui a solennellement cassé une bouteille de champagne sur le nez.

L'incroyable fortune du dictateur Marcos

12 février. Depuis que Ferdinand Marcos et sa femme Imelda vivent en exil à Hawaï, dans une maison à 4 000 dollars (25 000 FF) par mois, les révélations sur la fortune accumulée par le dictateur déchu stupéfient le monde. On apprend que Mᵐᵉ Marcos possède 1 060 paires de chaussures. « Quand j'ai lu cela dans la presse, dit-elle, j'ai trouvé cela stupide! Est-ce que l'on demande à Lady Diana combien elle a de paires de chaussures? » La garde-robe de Mᵐᵉ Marcos, un véritable magasin dit-on, la porcelaine, le cristal, l'argenterie sont des détails comparés aux cent millions de dollars en espèces et en bijoux bloqués par les douanes américaines.

Les chaussures de Mᵐᵉ Marcos. Impressionnant, non?

Michel Baroin est enterré religieusement

12 février. Les obsèques de Michel Baroin, mort dans un accident d'avion au Cameroun le 4 février, se sont déroulées à Paris, rue Ampère (17ᵉ) en l'église Saint-François-de-Sales. C'est la première fois depuis 1865 qu'un franc-maçon de si haut niveau (il avait été Grand Maître du Grand Orient) a des obsèques religieuses. L'Eglise a tenu à respecter les volontés de Michel Baroin : après la mort de sa fille Véronique, le 26 avril 1986, il avait souhaité pour lui-même une cérémonie religieuse. Le Premier ministre, les présidents Poher, Chaban-Delmas et Senghor et plusieurs ministres ont dit adieu à cet homme peu connu du public qui disait : « La vie n'est rien si l'on ne sert à rien. »

Echec aux chèques payants

11 février. La facturation des chèques est ajournée sine die. Edouard Balladur a invité les banques à « reporter leur décision ». Cette reculade du gouvernement est la victoire de l'opinion contre une mesure particulièrement maladroite. Le sondage publié par l'Institut national de la consommation dans la revue « 50 millions de consommateurs » a révélé que 87 % des Français y sont opposés. Pire : 43 % estiment que ce sont les banques qui sont responsables du développement des petits chèques, argument des banques pour tenter de justifier leur intention. Georges Chavannes, le ministre délégué du Commerce, de l'Artisanat et des Services, a lui-même annoncé que le chèque payant serait une erreur. Les banques avaient reçu un feu vert discret de principe en avril 1986. Aujourd'hui, elles s'aperçoivent qu'elles auraient dû étudier d'abord des contreparties au service de la clientèle, et une vraie campagne d'information.

Un cyclone fait sept morts à la Réunion

A Port-Vila, capitale de Vanuatu, les habitants s'affairent autour du port de plaisance, dévasté par le cyclone Clotilda.

12 février. Le cyclone Clotilda a soufflé avec violence sur le nord de l'île de la Réunion, où les rafales de vent et de pluie ont atteint plus de 160 km/h à Saint-Denis et près de 180 km/h sur les hauteurs de l'île. On estime à près de trois mille le nombre de personnes accueillies dans les centres d'hébergement, auxquelles l'armée apporte son aide. On compte également par milliers le nombre de foyers privés d'eau, d'électricité et de téléphone. Les liaisons aériennes ont dû être suspendues. La tempête a fait plusieurs morts dont une femme et son bébé, ensevelis sous les débris de leur maison, écroulée, à Saint-Denis, et quatre personnes sont portées disparues.

Le feuilleton "Amerika" choque les USA

15 février. Vives réactions aux Etats-Unis après la diffusion par la chaîne ABC du premier épisode d'une série de huit: marches, lettres ouvertes, manifestations et même prières publiques contre le feuilleton « Amerika ». Cette série de fiction, qui dure quatorze heures et a coûté 240 millions de francs, plonge les spectateurs dans un futur sombre. Le pays est occupé par les troupes soviétiques après une attaque surprise réussie. L'Amérique s'écroule, les occupants se montrent barbares, torturent, violent et massacrent... C'est une réponse au pacifiste « The Day After », qui montrait l'horrible spectacle d'une petite ville du Kansas après une attaque nucléaire, et que les milieux conservateurs avaient considéré comme une odieuse propagande antimilitariste. Et la protestation est inverse. Quant aux Soviétiques, ils ont ajouté leurs voix au concert d'indignations, allant même jusqu'à tenter d'exercer des pressions sur le gouvernement américain.

« Amerika »... ou les Américains sous la botte soviétique : ce feuilleton a provoqué une vive émotion aux Etats-Unis mêmes.

A 86 ans, Khomeiny prêche la guerre

10 janvier. Sujet à des troubles cardiaques et atteint d'un cancer à la prostate, l'imam Khomeiny n'en a pas pour autant abdiqué son humeur belliqueuse. Il a déclaré qu'« un million de martyrs iraniens ne représentait pas un prix trop élevé pour la conquête de Bassorah ». Sénile paranoïa car la guerre du Golfe, entrée dans sa huitième année, a déjà coûté plus d'un million de victimes aux deux belligérants. L'Iran, comme l'Irak, a environ un million et demi d'hommes sous les drapeaux, ce qui représente 4 % de sa population (10 % pour l'Irak). A long terme, Bagdad peut pâtir de son infériorité démographique car Téhéran mobilise chaque mois plus de 100 000 hommes. En revanche, l'armement irakien l'emporte sur celui de l'ennemi : 3 000 chars contre 1 500, 4 000 canons contre 1 500. Mais la dette de l'Irak atteint 40 milliards de dollars.

A Téhéran, défilant séparément des hommes, les femmes iraniennes brandissent les photos de leurs « martyrs », morts en combattant l'Irak.

L'URSS libère 140 dissidents

10 février. C'est un premier pas mais il demeure timide. L'obstination d'Andreï Sakharov a amené Mikhaïl Gorbatchev à libérer 140 prisonniers politiques. L'article 70 du code pénal les avait fait condamner « pour propagande et agitation antisoviétiques ». Aux Affaires étrangères, on annonce qu'un contingent d'égale importance pourrait être prochainement relâché. On n'en reste pas moins loin d'un effectif de détenus estimé à 4 000 personnes. Il demeure également flagrant que les autorités soviétiques ont voulu monter une opération de propagande à l'intention de l'Occident. Premiers informés, Andreï Sakharov et son épouse, Elena Bonner, annoncèrent la nouvelle à la presse, servant de témoins privilégiés à la politique réformiste de Gorbatchev.

La France exige un visa d'entrée

14 février. « Une rupture avec les traditions françaises » estime l'opposition socialiste. « Une indispensable mesure de sécurité publique » dit-on dans l'entourage gouvernemental. Le ministère de l'Intérieur et le Quai d'Orsay viennent d'exiger, jusqu'à nouvel ordre, un visa d'entrée pour les ressortissants de nombreux pays arabes. Beaucoup de passeports falsifiés ont permis, d'après la DST, à de nombreux terroristes d'entrer en France. Egalement exigé pour les citoyens américains, le visa provoque des « surprises » et des « contrariétés » à Washington, bien que les Français qui se rendent aux Etats-Unis soient depuis longtemps astreints à cette formalité. Le Japon fait savoir qu'il exigera la réciprocité de la mesure si celle-ci est maintenue par Paris.

Février

Sem. 8 1987

Lu	Ma	Me	Je	Ve	Sa	Di
						1
2	3	4	5	6	7	8
9	10	11	12	13	14	15
16	**17**	**18**	**19**	**20**	**21**	**22**
23	24	25	26	27	28	

16. Sri Lanka : 80 morts dans des affrontements entre l'armée et les rebelles tamouls.

16. Israël : ouverture du procès de John Demanjuk, tortionnaire du camp de Treblinka.

16. Grande-Bretagne : l'entrée du territoire est interdite à toute personne porteuse du Sida.

16. Inde : défaite électorale pour Rajiv Gandhi qui perd le gouvernement du Mizoram (→ 23.3).

17. Beyrouth : levée du blocus des camps palestiniens.

17. Sao-Paulo : 70 morts et 300 blessés dans une collision de trains de banlieue.

17. Irlande : aux élections législatives, le Fianna Fail, parti nationaliste, devance avec 44 % des voix le Fine Gael, parti centriste (37 %).

18. Nouvelle-Calédonie : le projet de référendum sur l'autodétermination est adopté en Conseil des ministres.

18. Strasbourg : accord entre les mères des enfants franco-algériens et leurs ex-époux.

19. Arles : la doyenne des Français fête ses 112 ans.

19. Pays-Bas : onze ans de prison pour les ravisseurs du roi de la bière Freddy Heineken (→ 25.11.83).

19. Paris : inauguration de l'exposition « Lumières du jour, ou les peintres scandinaves de la fin du XIXe siècle ».

20. Etats-Unis : visas pour les Français à partir du 1er avril (→ 14).

20. URSS : libération du dissident Iossif Begun (→ 12.3).

21. Rugby : au Tournoi des cinq nations, la France bat l'Angleterre par 19 à 15, et l'Ecosse l'Irlande par 16 à 12.

22. Athlétisme : aux championnats d'Europe, Bruno Marie-Rose bat le record du monde du 200 m en 20" 36.

DECES

20. Edgar-Pierre Jacobs, dessinateur belge de BD (*30.3.1904). →

22. Andy Warhol, peintre américain (*8.8.1930). →

Les chefs d'Action directe arrêtés

L'affiche des terroristes est placardée dans tous les lieux publics.

21 février. C'est à Vitry-aux-Loges, en plein cœur de la Sologne, qu'ont été arrêtés Jean-Marc Rouillan et Nathalie Ménigon, le couple fondateur d'Action directe, ainsi que Joëlle Aubron et Georges Cipriani. Tous quatre se sont laissés prendre sans opposer de résistance, dans une ferme qu'ils louaient depuis trois ans, par les hommes du RAID. Le groupe de terroristes a probablement été dénoncé à Orléans (à une vingtaine de kilomètres de là), à la suite de la campagne d'affichage (promettant un million de francs de récompense) organisée dans toute la France au lendemain de l'assassinat de Georges Besse, en novembre dernier (→ 17.12.86). La perquisition a donné des résultats positifs : des documents provenant de la serviette du patron de Renault, des armes et des devises ont été retrouvés. Jean-Marc Rouillan a en outre reconnu qu'une des pièces avait été aménagée en « prison populaire » pour héberger un otage que les terroristes se proposaient d'enlever. Une liste de noms, dont celui de Robert Hersant, a également été découverte.

La ferme où vivaient les terroristes depuis près de trois ans.

Les Syriens contrôlent Beyrouth-Ouest

19 février. Hormis la banlieue sud de Bir el-Abed, fief intégriste tenu par les « fous de Dieu », Beyrouth se trouve entièrement contrôlée par les 7 000 hommes, les 100 chars T 54 et l'artillerie du général syrien Ghazzi Kanaan. Les soldats du président Hafez el-Assad qui, quatre ans plus tôt, avaient été chassés par Tsahal (l'armée israélienne), reviennent aujourd'hui en pacificateurs. Et peut-être les protestations émises à l'étranger comme dans certains milieux libanais ne font que masquer leur soulagement. Peu de réactions arabes, et si les Israéliens condamnent l'intervention syrienne, ils ajoutent que « ces mouvements n'inquiètent pas le haut commandement ». Les Soviétiques, quant à eux, parlent « d'espoir et de retour au calme », tandis que l'Américain George Schultz déclare que le rétablissement de l'ordre serait « quelque chose de positif ». Les militants du parti pro-iranien Hezbollah ont été les premiers visés. Ainsi, une patrouille syrienne en a abattu vingt-trois.

L'entrée et le déploiement des soldats syriens à Beyrouth sont accueillis avec un certain soulagement par la population.

Le dernier spectacle du cirque Gruss

Le Xe Festival du cirque de demain sous le chapiteau Gruss.

19 février. Après les paillettes, la joie de vivre et la poésie d'un remarquable programme, c'est la tristesse qui s'installe porte de Pantin. Le cirque Gruss est, à son tour, victime de difficultés financières. La terrible crise du cirque français sera-t-elle fatale à cette dynastie de gens du voyage, les vrais surdoués du spectacle? On le craint. Le public, debout et bouleversé, a acclamé la famille Gruss au grand complet avant que la coupole du chapiteau ne soit démontée. Triste journée pour le rêve.

Toulouse : l'Airbus A-320 prend son envol

Le premier vol de l'Airbus A-320 a duré 3 heures et 23 minutes.

22 février. Le biréacteur Airbus A-320 a effectué, au-dessus de Toulouse, un premier vol d'une durée de trois heures et vingt-trois minutes. Les pilotes, Pierre Baud, directeur des essais en vol, et Bernard Ziegler, directeur technique d'Airbus Industrie, se sont appliqués à explorer toutes les possibilités de vol de l'appareil, depuis la plus basse vitesse possible, 180 km/h, jusqu'à la plus élevée, 900 km/h. Ce premier vol était concluant, et les pilotes se sont déclarés entièrement satisfaits. Il inaugure une campagne d'essais en vol de mille deux cents heures, qui sera effectuée à bord des quatre premiers appareils fabriqués. Il est probable que l'avion obtiendra sa certification en février 1988, et il sera mis en service sur les lignes d'Air France et de British Caledonian au printemps de la même année. L'Airbus A-320, un avion de cent cinquante places, a été choisi par 16 compagnies aériennes et fait actuellement l'objet de 262 commandes fermes et de 157 options.

Sakharov au forum de la paix à Moscou

16 février. Au beau milieu du Kremlin, lors du « Forum international pour un monde sans armes nucléaires », Andreï Sakharov, le plus célèbre des dissidents, s'est levé pour applaudir Mikhaïl Gorbatchev annonçant la poursuite d'importants changements de politique. Parmi les propositions avancées par le chef du Kremlin, il suggérait de supprimer toutes les bases militaires des grandes puissances à l'étranger. Des « changements d'essence révolutionnaire », a assuré fermement Gorbatchev, seront apportés, notamment sur la question des droits de l'homme.

Blake et Mortimer sont en deuil

20 février. Le célèbre auteur des aventures de « Blake et Mortimer » est mort. Edgar P. Jacobs était né à Bruxelles le 30 mars 1904. Il a donné à la BD des chefs-d'œuvre : « La Marque jaune » ou « Le Mystère de la grande pyramide ». Son succès était celui de scénarios solides, d'une documentation et d'un trait remarquables.

Warhol était le dandy du pop'art

Portrait de Marilyn Monroe, revu et corrigé par Andy Warhol.

22 février. Star de la scène internationale, Andy Warhol, qui avait échappé de justesse à la mort en 1968 lorsqu'une de ses anciennes collaboratrices avait tiré sur lui à bout portant, est mort à l'University Hospital de New York d'une banale crise cardiaque après avoir été opéré de la vésicule. Avant de devenir le dandy décoloré du cinéma underground, ce fils d'émigrés tchèques (de son vrai nom André Warhola) avait connu la gloire en donnant au pop'art, dès 1962, quelques-unes de ses plus célèbres icônes, des boîtes de Campbell's Soup aux portraits de Marilyn.

200 000 personnes à l'Enduro du Touquet

22 février. Mille deux cents motos sur la ligne de départ, deux cent mille spectateurs éparpillés tout au long des dunes et de la plage : l'Enduro du Touquet est l'une des plus spectaculaires et des plus populaires compétitions de motocross du monde, une épreuve de masse comparable à un Marathon de New York ou à une Vasaloppet de ski nordique. L'édition 1987 n'a pas failli à la tradition. Elle a été remportée par le Suédois Leif Persson, sur Yamaha 500. C'est la première fois que Persson participait à l'Enduro, cette course très dangereuse, où les chutes sont nombreuses, surtout au départ.

La spectaculaire course de l'Enduro du Touquet.

"Cabaret" triomphe au théâtre Mogador

18 février. Après Lyon où le spectacle a été créé et une tournée en province, « Cabaret » s'installe pour plusieurs mois à Paris. La mise en scène de Jérôme Savary est éblouissante. Plus inspiré du roman de Christopher Isherwood « Adieu Berlin » et de la pièce que du célèbre film avec Liza Minneli, « Cabaret » est la première réussite d'une comédie musicale « made in France » sur le modèle des succès de Broadway et de Londres. Le dancing berlinois est hanté par la troupe du Grand Magic Circus. Tandis que le vieux monde des années 30 s'écroule face à la montée du nazisme, des créatures bizarres se livrent à une débauche tonitruante. Fresque de la décadence où les travestis et les prostituées se côtoient, tantôt drôle, tantôt tragique, « Cabaret » provoque l'enthousiasme du public de Mogador et révèle les talents de la belle Ute Lemper et du maître des cérémonies, Michel Dussarat.

L'Allemande Ute Lemper dans les bras de Michel Dussarat.

Février

Sem. 9 **1987**

Lu	Ma	Me	Je	Ve	Sa	Di
						1
2	3	4	5	6	7	8
9	10	11	12	13	14	15
16	17	18	19	20	21	22
23	**24**	**25**	**26**	**27**	**28**	

23. Paris : ouverture aux assises du procès de Georges Ibrahim Abdallah. →

23. Suisse : le groupe Sandoz versera 8 millions de francs pour avoir pollué le Rhin, le 1er novembre 1986 (→).

23. Voile : Philippe Jeantot remporte la 3e étape du tour du monde en solitaire.

24. Emirats arabes : incroyable, il a neigé dans la région d'Al-Ain!

24. Grande-Bretagne : Robert Maxwell lance un nouveau quotidien, le « London Daily News ».

24. La firme US Morton Thiokol, constructeur des propulseurs de la navette spatiale, versera 10 millions de dollars à la NASA (→28.1.86).

24. Michel Barnier est élu président du comité d'organisation des JO d'hiver (→29.1).

24. Japon : l'entrée sur le territoire est interdite aux personnes atteintes du Sida.

25. Sahara occidental : le Maroc annonce avoir repoussé une attaque du Polisario.

26. Astrophysique : explosion d'une supernova, une étoile bleue.

26. Automobilisme : le champion Jacques Laffite abandonne la Formule 1.

26. Grande-Bretagne : le synode anglican vote à une large majorité en faveur de l'ordination des femmes.

27. Paris : exposition « Matisse, le rythme et la ligne » à l'Ecole supérieure des beaux-arts.

27. Etats-Unis : Howard Baker remplace Donald Reagan à la tête de la Maison-Blanche.

27. Liban : le camp de Chatila est ravitaillé pour la 1re fois depuis trois mois (→17).

28. Corse : cinq charges d'explosifs détruisent l'hôtel des impôts à Bastia (→21.3).

DECES

26. Albert Lion, fondateur du « Blue Note ».

Abdallah est condamné à perpétuité

Georges Ibrahim Abdallah. Les jurés ont refusé la clémence.

28 février. Issue surprise au procès du terroriste Georges Ibrahim Abdallah. L'homme, inculpé de complicité dans deux assassinats de diplomates à Paris (l'Américain Charles Ray et l'Israélien Yacov Barsimentov) et de complicité dans la tentative de meurtre contre le consul américain à Strasbourg, a, contre toute attente, été condamné à la réclusion à perpétuité. Selon un sondage du « Parisien Libéré », le verdict rendu par sept magistrats jurés a été approuvé par 78 % des Français. Des pressions politiques laissaient, en effet, entrevoir une singulière clémence. Manœuvres illustrées par les palinodies de l'avocat général Pierre Baechlin. Ne vit-on pas ce magistrat, habituellement connu pour la sévérité de ses réquisitoires, supplier les juges d'infliger moins de dix ans de prison à un homme passible de la détention à vie? Toujours est-il qu'en quelque lieu des instructions avaient été données dans l'illusoire dessein de sauvegarder la vie des otages français au Liban et de prévenir une recrudescence du terrorisme à Paris. Cela devait exacerber la détermination des juges en colère. La magistrature assise a pallié la défaillance de la magistrature debout.

Maître Jacques Vergès, l'avocat du terroriste libanais.

La France achète 3 avions-radars Awacs

26 février. La France vient de signer avec Boeing un contrat portant sur la fourniture de trois avions-radars américains Awacs E3A, pour un montant de 5,75 milliards de francs. Cette commande importante sera assortie de compensations offertes par Boeing aux industriels français sous forme d'équipements et de produits d'armement, pour un montant représentant 130 % de la valeur de la commande. C'est pourquoi il est prévu d'équiper les futurs Awacs, tant britanniques que français, avec les moteurs CFM-56 construits conjointement par la Snecma et General Electric pour la remotorisation des Boeing 707, des KC-135 ou des DC-8. A propos de cet achat, le général Bernard, chef d'état-major de l'armée de l'air, estime que cela revient pour l'armée française « à donner la vue à un aveugle dans des zones ou altitudes vitales ». Les Awacs peuvent déceler et identifier des vols hostiles à très basse altitude.

Avion-radar Awacs E3A dont Boeing doit fournir trois modèles à la France.

Schumacher rayé de la Fédération de football en RFA

Le gardien de but allemand Toni Schumacher parle du dopage.

26 février. Auteur d'un livre qui fait scandale en Allemagne fédérale, parce qu'il contient des révélations sur le football allemand et sur l'équipe nationale, sur certains de ses coéquipiers, sur le dopage et autres sujets brûlants, le gardien de but du Football Club de Cologne et de la sélection allemande (dont il est le capitaine), Toni Schumacher, vient d'être suspendu et exclu provisoirement du Onze national. Schumacher est également menacé de licenciement par son club qui l'a déjà suspendu pour un match.

Hersant rejoint Berlusconi sur la 5 RTL fait son entrée sur la 6

23 février. « Nous avons le meilleur dossier » a déclaré Robert Hersant après la présentation de son projet associé à celui de Silvio Berlusconi pour la cinquième chaîne. Le patron du « Figaro » a expliqué aux membres de la CNCL (Commission nationale de la communication et des libertés) qu'il entendait faire de la Cinq « une chaîne européenne et francophone ». Après des débats à la fois techniques et financiers, la chaîne est attribuée à M. Robert Hersant qui détient 25 % du capital de TVES et en est le PDG tandis que M. Silvio Berlusconi, qui représente également 25 % du capital, en est le vice-président directeur général. Le capital social est d'un milliard de francs. Quant à la Six, elle est attribuée partiellement à la CLT (Compagnie luxembourgeoise de télédiffusion), c'est-à-dire RTL, associée à la Lyonnaise des Eaux. Toutefois, un énorme obstacle demeure : la faible couverture du réseau sur le territoire national. Les concessions sont accordées pour douze ans.

Des puces toujours plus performantes

26 février. En deux ans et demi, la capacité des mémoires, ces puces qui permettent aux ordinateurs de stocker des informations, a été multipliée par seize. Le rythme du « toujours plus d'informations » sur « toujours moins de silicium » ne faiblit pas. Japonais et Américains viennent de présenter des mémoires de 4 mégabits (4 millions d'unités simples d'informations). Mais Nippon Telephon and Telegraph (NTT), l'ex-administration japonaise du téléphone, a fait quatre fois mieux, en dévoilant un prototype de 16 mégabits sur un petit ongle de silicium de 8,9 millimètres de large et 16,6 millimètres de long. Pour lire 1 bit (une unité d'information), il suffit de 65 milliardièmes de seconde.

Les seringues sont en vente libre

24 février. La vente libre des seringues en pharmacie sera prochainement autorisée pour une durée d'un an. Le dépistage sérologique de la contamination par le virus du Sida sera bientôt rendu obligatoire à l'occasion de l'examen prénuptial et ce dépistage est à l'étude pour les étrangers désirant entrer en France. Telles sont les mesures annoncées par Michèle Barzach, ministre délégué chargé de la Santé et de la Famille, pour lutter contre le Sida, qui frappe actuellement en France mille cinq cents malades. Plusieurs pays, tels les Pays-Bas et le Danemark, ont déjà libéralisé la vente des seringues, tenant compte des risques élevés de contamination des toxicomanes, qui échangent leurs seringues usagées.

La nouvelle tête de Turc de Collaro dans son « Bébette Show » est le ministre de l'Intérieur, Charles Pasqua : il brandit un passeport.

Reagan reconnaît le scandale Irangate

Le rapport de la commission Tower est remis à Ronald Reagan.

26 février. Reconnu de bonne foi par le rapport de la commission Tower sur l'affaire des ventes d'armes à l'Iran (→6, 14, 19 et 25.11.86), rapport pourtant sévère, le président Ronald Reagan a, dans son discours télévisé, reconnu ses erreurs. Oubliant ses dénégations et contradictions de novembre dernier, il a affirmé que « s'il était resté silencieux durant ces trois derniers mois, c'est parce que l'Amérique mérite la vérité, et qu'il aurait été incapable de la lui donner sans risque d'erreurs ». Pour la première fois, il a admis que « ce qui avait commencé comme une ouverture stratégique vers l'Iran a dégénéré, dans sa réalisation, en un échange d'armes contre des otages. C'était une erreur ». Le président des Etats-Unis a expliqué qu'il apparaissait clairement, à la lecture du rapport Tower, qu'il avait « laissé sa préoccupation personnelle pour les otages déborder dans la stratégie géo-politique ». Pour ce qui est des détournements de fonds au profit de la guérilla antisandiniste, il a été très bref : « Je sais que la vérité sortira, sur cette question également. »

Un papier impossible à photocopier

18 février. La lettre économique confidentielle « Bref Rhône-Alpes », éditée à Lyon, annonce une révolution dans le domaine de l'industrie du papier, et l'utilise en avant-première dans son dernier numéro. L'hebdomadaire rapporte la mise au point d'un papier nouveau, fabriqué par la papeterie lyonnaise Guérimand-Voirin, impossible à photocopier, de couleur bordeaux. Le procédé, qui rend toute duplication opaque, a été élaboré et testé par une société canadienne qui l'a baptisé « no copy security paper » (papier de sécurité non photocopiable). Nouveauté qui se révélera sans doute appréciable pour les documents administratifs qui, on le sait, ne peuvent être photocopiés que sur un papier agréé par le ministère de la Justice.

Belmondo revient à la scène avec "Kean"

23 février. « Avec Kean, je mets ma réputation d'acteur en jeu. Je veux prouver que je suis capable d'autre chose que de me suspendre à un avion ou de trébucher dans les tapis. » Par cette déclaration, Jean-Paul Belmondo situe son pari. Après plusieurs films qui avaient réduit ses dons de comédien à des performances de cascadeur, « Bebel » s'installe dans un rôle extraordinaire, avec une mise en scène de Robert Hossein. Pierre Brasseur, dans l'adaptation de la pièce d'Alexandre Dumas, selon la version de Sartre en 1954, s'était taillé un beau succès. Belmondo est de taille à prendre la relève : la location est à bureaux fermés.

Jean-Paul Belmondo, presque méconnaissable, dans « Kean ».

Mars

Sem. 10 **1987**

Lu	Ma	Me	Je	Ve	Sa	Di
						1
2	**3**	**4**	**5**	**6**	**7**	**8**
9	10	11	12	13	14	15
16	17	18	19	20	21	22
23	24	25	26	27	28	29
30	31					

1er. Cross-country : victoire au championnat de France à Rennes de Paul Arpin et d'Annette Sergent (→22).

1er. France : premières émissions de M6 qui remplace TV6 (→23.2).

2. Formule 1 : la FISA réduit de 17 à 16 les Grands Prix de la saison.

2. Paris : rétrospective des 20 ans de travaux de Daniel Buren au musée des Arts décoratifs.

2. France : les chantiers navals de La Rochelle-La Pallice déposent leur bilan.

3. Etats-Unis : William Webster remplace Robert Gates à la tête de la CIA, débouté pour s'être lui aussi compromis dans l'Irangate (→2.2).

4. Iran-Irak : nouvelle offensive iranienne, baptisée Kerbala 7.

4. France : Edgar Faure remplace Michel Baroin à la présidence de la mission de commémoration du bicentenaire de la Révolution (→4.2).

4. Football : en quart de finale de la Coupe des coupes, Bordeaux bat le Torpedo de Moscou 1 but à 0 (→18).

5. France : Nathalie Ménigon et Joëlle Aubron sont inculpées pour le meurtre de Georges Besse (→17.11.86 et 21.2).

5. Paris : Jacques Laurent, élu le 26.6.86, est reçu à l'Académie française par Michel Déon.

6. Bercy : 250 participants aux Jeux de la force basque.

8. Athlétisme : 3 médailles pour les Français aux championnats du monde : Thierry Vigneron, Bruno Marie-Rose et Stéphane Caristan.

DECES

1. Bertrand de Jouvenel, analyste politique et homme de lettres (*31.10.1903).

2. Randolph Scott, acteur américain (*1898).

3. Danny Kaye, acteur américain (*18.1.1913).→

4. Georges Arnaud, écrivain français (*1918).

Un ferry chavire en mer du Nord

Le car-ferry britannique « Herald of Free Enterprise », en chavirant, s'est transformé en piège mortel pour ses passagers.

Les sauveteurs à la recherche des passagers éjectés.

6 mars. Le car-ferry britannique « Herald of Free Enterprise », compagnie Townsend Thorensen, qui transportait, selon les premières informations, 463 passagers et 60 membres d'équipage, a chaviré, vers 20 heures, alors qu'il sortait du port belge de Zeebrugge pour se rendre à Douvres. L'accident s'est produit à 1 800 mètres du chenal de Zeebrugge. De nombreux passagers du bateau ont été jetés à la mer, tandis que le bâtiment, dont un tiers restait émergé, se couchait sur le flanc. Les secours ont été très rapides et deux cent soixante personnes, dont certaines très grièvement blessées, ont très vite été secourues par les services de secours, belges et étrangers, tandis qu'étaient dépêchés sur les lieux de la catastrophe des bâtiments et des hélicoptères. Avec à bord une demi-douzaine de plongeurs, le « Capricorne », un dragueur de mines de la marine française, a été envoyé sur place. Il reste en effet de nombreux passagers coincés dans leurs cabines. Un remorqueur va tenter de ramener le ferry dans des eaux peu profondes. Quant aux causes de l'accident, on ne les connaît pas actuellement, et les avis divergent. Selon des sources maritimes britanniques, le « Herald of Free Enterprise » aurait heurté une digue. D'autres assuraient que le car-ferry avait été harponné par un autre navire. Certains observateurs ont noté que les portes du bâtiment, par lesquelles s'opèrent les entrées et les sorties de véhicules, étaient visiblement ouvertes, alors qu'elles doivent, normalement, être fermées tout au long de la traversée.

L'horreur dans les camps palestiniens

1er mars. C'est dans l'horreur d'un amoncellement de blocs de béton grêlés, hérissés de ferrailles, au milieu de rues boueuses, que vivent à Chatila près de quatre mille Palestiniens, dont une majorité de femmes et d'enfants. Depuis l'entrée des troupes syriennes dans la partie musulmane de Beyrouth (→19.2), le blocus demeure. Si des convois de ravitaillement ont pu pénétrer dans le camp, c'est au prix de morts et de blessés palestiniens. Des francs-tireurs guettent le moindre mouvement et, la nuit, des obus tombent sur Chatila. Depuis l'arrivée des troupes syriennes, les bombardements ou les incidents lors de ravitaillements ont fait vingt-sept morts et plus de deux cents blessés. Au camp de Bourj-el-Bbarajneh, dans la banlieue sud de Beyrouth, survivent vingt mille réfugiés. Là, les femmes ont obtenu l'autorisation de se ravitailler en dehors du camp. Mais les chiites d'Amal ouvrent le feu sans sommation, même si elles ont emmené avec elles de très jeunes enfants. Vingt ont été tuées, soixante-deux autres blessées, le plus souvent au retour de ces tragiques quêtes...

Profitant d'une trêve, les femmes vont au ravitaillement en eau.

7 mars. En étant sacré film de l'année, « Thérèse », avec Catherine Mouchet et réalisé par Alain Cavalier, monte au ciel des Césars. Le destin de la religieuse l'a emporté sur « Jean de Florette ». Sabine Azéma reçoit le César de la meilleure actrice pour « Mélo », d'Alain Resnais.

Le pylône du téléphérique a cédé

1er mars. Il faisait beau à Luz-Ardiden, une station de montagne près de Lourdes. Le télésiège tout neuf de la Capérète, qui avait été inauguré une quinzaine de jours plus tôt, hissait vers le haut des pistes de ski ses vingt-cinq nacelles, portant chacune quatre skieurs (dont de nombreux enfants), lorsque soudain, vers 16 h 30, l'affaissement d'une tête de pylône, faisant semble-t-il sortir le câble de sa poulie, a projeté d'un seul coup tout les touristes dans le vide. Certains ont eu la chance de tomber, cinq ou six mètres plus bas, dans de la neige poudreuse. D'autres se sont fracassés sur des rochers, quarante mètres en contrebas, d'autres encore ont glissé, parfois sur cinquante mètres de pente. L'accident a fait six morts, vingt-cinq blessés graves et soixante blessés légers. Pour évacuer les victimes vers les hôpitaux de la région, vingt-sept véhicules de sapeurs-pompiers, cinq hélicoptères et sept ambulances ont été nécessaires.

A Luz-Ardiden, le pylône du téléphérique a, en cédant, entraîné dans sa chute une cinquantaine de touristes. Les installations étaient pourtant récentes.

Euphorie et record historique à la Bourse

5 mars. Sur les marchés financiers mondiaux, le printemps est en avance. Ils sont saisis par une fièvre de hausse qui pousse les cours des actions chaque jour vers de nouveaux sommets, sous l'œil effaré des observateurs. La bourse de New York vient de battre ses records : l'indice Dow Jones, qui avait franchi le seuil des 2 000 en début d'année, vient de dépasser 2 250. Une ascension expliquée par la baisse du dollar, qui améliore les marges de l'industrie des Etats-Unis, fortement dégradées par la hausse antérieure du billet vert. A Londres, la Bourse est stimulée par l'accélération de la croissance et l'espoir d'une baisse des taux d'intérêt. A Paris, un optimisme irréversible vient de propulser les cours à 12 % au-dessus de leur niveau du premier janvier. Le succès des premières privatisations a créé un nouveau type d'actionnaire. La France moyenne découvre avec appétit le capitalisme, et en fait avidement son profit (→26.10).

L'URSS propose une "option zéro"

2 mars. Mikhaïl Gorbatchev, privilégiant à nouveau les négociations stratégiques avec les Etats-Unis, a proposé « l'option zéro », c'est-à-dire, à terme, une dénucléarisation totale du continent européen. Il s'agirait de démanteler les SS-20, les missiles de croisière et les Pershing-II. Cette proposition a tout de suite été accueillie favorablement par les Occidentaux. Seul, Paris a montré quelques réserves, faisant remarquer que l'offre du Kremlin entraînait un déséquilibre en armement conventionnel.

Démission du cabinet Craxi

3 mars. C'est le jour du mardi gras que Bettino Craxi a choisi pour ouvrir la 46e crise gouvernementale intervenue dans l'histoire de la république. Pourtant, avec 42 mois de pouvoir, Bettino Craxi avait battu un record de longévité. Son départ s'inscrit dans le cadre d'une alternance à l'israélienne entre les membres socialistes et chrétiens-démocrates d'une coalition grinçante. L'Italie regrette le départ d'une équipe gagnante. En trois ans, l'inflation a été ramenée de 16 à 4 %.

Le hit-parade des auteurs universels

1er mars. L'auteur le plus traduit dans le monde est, de très loin, Lénine. Ses œuvres ont été traduites en 370 langues. Mais c'est surtout en URSS que l'œuvre de l'architecte de l'Etat soviétique a fait l'objet de traductions. Il a été également traduit en amharique, en swahili, ourdou, cinghalais, laotien... Deuxième, au classement des traductions, Agatha Christie (216 langues), et troisième les ouvrages de chez Walt Disney (203). Ces chiffres sont ceux de « l'Index Translationum », publié par l'Unesco. Il faut souligner, toutefois, que ce « tiercé de tête » porte sur des auteurs prolifiques, et sur un grand nombre de titres. L'ouvrage le plus traduit reste la Bible (plusieurs centaines de versions). Conan Doyle a fait l'objet de 81 traductions et Georges Simenon de 63.

Important séisme en Equateur

2 mars. Plusieurs séismes très violents ont ravagé l'Equateur, faisant plusieurs milliers de victimes. Le préfet de la province de Napo, la plus touchée, estime à deux mille le nombre de morts et à cinq mille le nombre de disparus. Des hameaux entiers ont été entraînés par des coulées de boue résultant des glissements de terrain et des inondations. Un pont aérien a été organisé à partir de l'aéroport de Lago Agrio, le centre pétrolier équatorien, vers lequel affluent les sinistrés. L'aide internationale a du mal à s'organiser. La catastrophe a des implications économiques, puisque le tremblement de terre a détruit l'oléoduc transandin, artère vitale de ce pays exportateur de pétrole. Il est probable que l'Equateur ne payera rien de sa dette extérieure (huit milliards de dollars).

Danny Kaye, l'ami des enfants du monde

3 mars. La vedette américaine Danny Kaye disparaît à 74 ans. Un arrêt cardiaque, consécutif à une hémorragie intestinale, a retiré la vie à cet acteur qui l'adorait. Roi de la fantaisie, chanteur, imitateur qui se promenait en découvrant ses éternelles chaussettes blanches et ses baskets rouges, Danny Kaye était né à Brooklyn, le 18 janvier 1913. Son vrai nom était Daniel Kaminsky et son père un tailleur d'origine russe. Après la dure école des night-clubs, il débute au cinéma en 1944 dans « Un fou s'en va-t-en guerre », un film d'Elliott Nuggent qui fait un triomphe. La gloire l'illumine avec « La Vie secrète de Walter Mitty » en 1946. Son film préféré restera l'un des favoris du public : « Un grain de folie » (1954). Le petit grain de folie, Danny Kaye l'estimait indispensable. Plus sérieusement, il se consacrait à l'enfance défavorisée dans le monde. Ambassadeur itinérant de l'UNICEF, suscitant la générosité des Etats comme des particuliers, il répétait le titre d'un film-document : « J'ai vingt-cinq millions d'enfants. »

Le fantaisiste américain Danny Kaye nous a quittés.

Mars

Sem. 11 1987

Lu	Ma	Me	Je	Ve	Sa	Di
						1
2	3	4	5	6	7	8
9	**10**	**11**	**12**	**13**	**14**	**15**
16	17	18	19	20	21	22
23	24	25	26	27	28	29
30	31					

9. France : Renault vend l'AMC à l'Américain Chrysler.

10. France : le Conseil de l'Europe s'oppose au projet des prisons privées d'Albin Chalandon (→ 16.6.86).

10. Football : l'UEFA reconduit pour un an au moins l'exclusion des clubs anglais, suite au drame du Heysel.

10. Suisse : excédent budgétaire record de 8 milliards de FF.

11. RFA : Helmut Kohl est réélu chancelier avec 253 suffrages contre 225 (→25.1).

11. Inde : le dépistage du Sida est obligatoire pour les étudiants et les touristes étrangers.

11. France : les médecins contestent le véto du Vatican sur la procréation artificielle.→

12. CEE : la cour de justice condamne la RFA pour son protectionnisme sur le marché de la bière.

12. URSS : libération du père Gleb Yakounine, dissident condamné en 1980.

12. Liban : inquiétude sur le sort du journaliste Roger Auque, enlevé à Beyrouth le 13.1 (→).

12. Afrique du Sud : la Suède décide un boycott unilatéral.

13. Bobigny : Jacques Chirac inaugure le nouveau palais de justice.

13. France : le ministère de l'Intérieur interdit cinq mensuels jugés trop licencieux.

13. France : déficit budgétaire de 141,1 milliards en 1986.

14. Liban : l'OJR affirme que Jean-Louis Normandin sera excécuté dans les 48 h (→23).

14. Automobilisme : victoire du Finlandais Marku Alen dans le rallye du Portugal.

14. Cervinia (Italie) : départ du « Dakar des neiges » (→21).

15. Brésil : le montant de la dette auprès de la Citybank s'élève à 24,7 milliards de FF.

15. Patinage artistique : à Cincinatti, l'Allemande de l'Est Katarina Witt remporte le championnat du monde pour la 3e fois.

L'Everest n'est plus le toit du monde

Le K2, sommet de l'Himalaya, mesurerait en fait 8 884 mètres.

9 mars. Une équipe américaine qui était partie à la conquête du K2 (montagne aussi appelée Kogori, dans l'Himalaya) a, d'après ses premiers calculs, découvert que la hauteur de cette montagne aurait toujours été sous-estimée de 274 mètres. Elle ne plafonnerait pas à 8 610 mètres, comme l'on croyait jusque-là, mais à 8 884 mètres. En conséquence, et pour peu que les mesures se vérifient, le K2 aurait 36 mètres de plus que le traditionnel « toit du monde », qui atteint « seulement » 8 848 mètres. Dans le monde scientifique, on reste très prudent, faisant observer qu'une certaine marge d'erreur est possible, selon les méthodes de calcul.

Premier restaurant privé en URSS

On vient y déguster des plats traditionnels russes.

13 mars. Le premier restaurant privé vient de s'ouvrir à Moscou. C'est un symbole du changement qui s'opère sous Gorbatchev. Le profit perd progressivement son odeur sulfureuse, les nouveaux slogans à l'ordre du jour ont pour thème l'initiative individuelle, l'autonomie de gestion, la reconversion industrielle ou même la « concurrence-coopération » avec l'Occident. Le premier restaurant privé, s'il s'est ouvert discrètement et n'a pas encore ses étoiles au « Michelin », sera le concurrent des sinistres restaurants d'Etat. Une réflexion célèbre à Moscou est celle d'un apparatchik qui soupirait, récemment : « Une pizzeria sur la place Rouge, c'est comme une baraque foraine dans une église. » Le nouveau restaurant n'est pas une pizzeria, mais un restaurant traditionnel russe. On y sert plutôt le borchtch que le pasticcio. Pour le moment.

François Mitterrand et Jacques Chirac cohabitent difficilement à Madrid

12 mars. Clopin-clopant, la coexistence entre le président de la République et son Premier ministre suivait son bonhomme de chemin. Hier, à Madrid, à quelques jours de son premier anniversaire, un accroc l'a soudainement ébranlée : Jacques Chirac a revendiqué pour son gouvernement le mérite de l'amélioration des relations franco-espagnoles. S'il est exact qu'avec la nouvelle majorité la coopération politico-judiciaire entre Paris et Madrid dans la lutte contre le terrorisme basque est passée de la mollesse à la vigueur, cette pierre jetée dans le jardin de l'Elysée n'a guère plu à son locataire. Elle s'ajoute au fait que, au lendemain des félicitations adressées par François Mitterrand à la police pour l'arrestation du quatuor meurtrier d'Action directe, M. Toubon, secrétaire général du RPR, déclarait : « M. Besse, président de Renault, ne serait pas mort si les dirigeants d'Action directe n'avaient été libérés. »

A Madrid, au premier sommet franco-espagnol.

Orthez quitte la Coupe d'Europe

12 mars. Battu 84-94 par les Soviétiques de Kaunas, les basketteurs d'Orthez quittent la Coupe d'Europe des clubs et abandonnent donc tout espoir de disputer la finale à Lausanne. Les champions de France restent tout de même invaincus dans leur salle, où ils ont gagné leurs six matchs européens. Leaders du championnat, Daniel Haquet, Frédéric Hufnagel et leurs coéquipiers vont tenter maintenant de conserver leur titre.

Fuji lance l'appareil photo jetable

15 mars. La firme japonaise Fuji franchit un nouveau pas dans le domaine de la consommation, en lançant l'appareil photographique à jeter. En fait, c'est l'emballage du film lui-même qui constitue l'appareil photo. A cet emballage ont été ajoutés une optique, évidemment assez sommaire, un obturateur et un système d'avance du film tout aussi sommaires, puisque l'ensemble ne grève pas le prix du film de plus d'un dollar. Le « jetable » permettra de faire une photo, même si l'on a oublié son appareil...

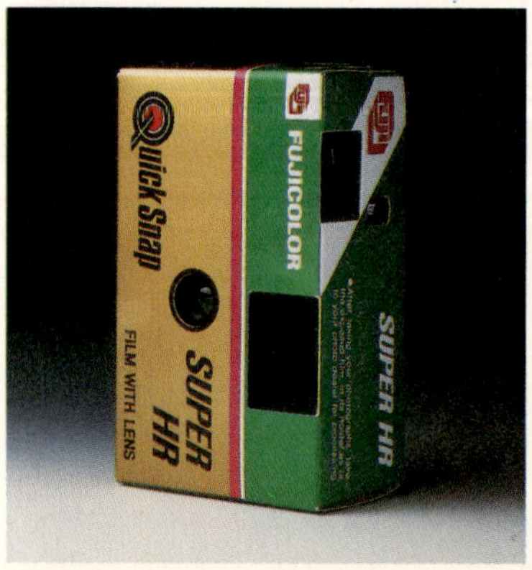

L'appareil vaut le prix du film.

Le nouveau lama a deux ans

Osel Hita Torres, réincarnation du lama Rimpoche.

13 mars. Le lama Tenpoza, qui a mené les recherches, est formel : un petit Espagnol de deux ans, Osel Hita Torres, est bien la réincarnation du fameux lama Yeshe Rimpoche, qui était mort en mars 1984. Osel a subi certains tests, comme par exemple reconnaître des objets ayant appartenu au mort : tests réussis. Dès lors, il va être intronisé à Dharmsala, dans le nord de l'Inde. Ses parents, Paco Hita et Maria Torres, dont il est le cinquième enfant, assisteront à la cérémonie. Osel a rencontré récemment le dalaï-lama, et celui-ci lui a apporté son soutien moral. Le petit garçon s'apprête, sans oublier ses jeux d'enfant, à devenir le lama Rimpoche réincarné.

Un 6e Paris-Nice pour Sean Kelly

15 mars. Sean Kelly est devenu le recordman absolu de Paris-Nice, l'épreuve cycliste qu'il vient de gagner pour la sixième fois d'affilée. Mais l'Irlandais a bien failli s'incliner cette année devant son compatriote Stephen Roche, qui était leader à deux étapes de la fin, mais qui perdit sa première place en raison d'une crevaison malencontreuse. Roche eut beau remporter la dernière étape contre la montre dans le col d'Eze, il ne put refaire son retard et dut abandonner la victoire à Kelly, Jean-François Bernard et Laurent Fignon terminant aux deuxième et troisième places. Il est plus que probable qu'on reparlera de tous ces hommes-là dans les mois à venir, d'un Roche et d'un Bernard en particulier qui semblent bien partis pour réaliser une brillante saison.

L'Irlandais Sean Kelly dans la roue de Laurent Fignon.

La publicité racoleuse et envahissante du Minitel rose s'affiche sans pudeur dans les rues.

Le pape rejette la procréation artificielle

13 mars. Selon l'Eglise catholique, tout ovule fécondé est déjà un être humain. Or, la fécondation « in vitro » entraîne la destruction de plusieurs embryons. Conséquence : Rome, par la voix du cardinal Joseph Ratzinger, a publié une « instruction » soulignant l'opposition de l'Eglise aux manipulations génétiques. Conséquence : un tollé! Les facultés catholiques de Lille et Louvain critiquent l'instruction pontificale.

Volkswagen roulé par ses spéculateurs

11 mars. Bénéficiant de complicités chez Volkswagen, le géant de la construction automobile allemande, des cambistes étaient parvenus à donner le change. Achetant des dollars pour le compte de la firme de Wolfsburg, ils escomptaient à terme réaliser des plus-values. La baisse inattendue du dollar a entraîné de colossales pertes pour le numéro un de l'automobile. Avant même de connaître le montant de l'escroquerie, la société a prévu une provision de 480 millions de marks (1,6 milliard de francs) pour couvrir le préjudice. Par ailleurs, Volkswagen s'efforce d'enrayer toute panique. Pour l'exercice 1986, les dividendes seront maintenus et s'élèveront à 10 marks par action ordinaire et l'on assure qu'en dépit de la provision spéciale les résultats nets demeureront ce qu'ils étaient l'année précédente. Plus difficile sera le rétablissement de la confiance à l'intérieur de l'entreprise. Pour arriver à poursuivre leur escroquerie sur une période aussi longue, les cambistes ont dû disposer de signatures officielles.

La révolution des supraconducteurs

15 mars. Les applications commerciales des supraconducteurs, qui abaissent la résistivité à l'électricité et permettent d'acheminer le courant sans déperdition d'énergie, étaient limitées en raison de leur coût. En produisant un composé supraconductif à base d'azote liquide, les chercheurs américains ont résolu le problème. A l'hélium liquide utilisé pour le système de refroidissement, ils ont substitué l'azote liquide. Il revient dix fois moins cher.

Trois sommets en 41 heures pour Profit

13 mars. Christophe Profit, vingt-cinq ans, a réussi une grande première hivernale en enchaînant les ascensions, par leur face nord, des Grandes Jorasses (4 200 mètres), de l'Eiger (3 974 mètres) et du Cervin (4 478 mètres). Il s'est élancé à trois heures du matin et a escaladé les Grandes Jorasses en six heures, soit deux heures de moins que son précédent record. Il emportait avec lui un sac de 5 kg, contenant principalement un parachute. Il le déploya après ses deux premières ascensions pour regagner la vallée, où un hélicoptère l'a transporté d'abord au pied de l'Eiger, puis du Cervin. Les conditions météo étaient favorables, mais l'alpiniste dut affronter un froid rigoureux : -20° C le jour et -30° C la nuit. Il ne s'est accordé que quatre heures d'un repos tout relatif dans l'ascension de l'Eiger sur les quarante et une qui lui ont été nécessaires pour réaliser son exploit.

Entre deux sommets, le jeune alpiniste Christophe Profit...

...redescend dans la vallée en parachute, par la voie des airs.

Mars

Sem. 12 1987

Lu	Ma	Me	Je	Ve	Sa	Di
						1
2	3	4	5	6	7	8
9	10	11	12	13	14	15
16	**17**	**18**	**19**	**20**	**21**	**22**
23	24	25	26	27	28	29
30	31					

17. Affaire Grégory : Christine Villemin est renvoyée devant la chambre d'accusation de Dijon (→28.10.84).

17. CEE : premier excédent commercial depuis 30 ans.

17. Médecine : un chercheur, le professeur Daniel Zagoury, s'autovaccine contre le Sida.

18. Philippines : attentat à l'académie militaire de Baguio : 4 morts et 40 blessés.

18. Etats-Unis : le Sénat accorde 100 milliards de dollars d'aide aux Contras.

18. York (G.-B.) : Sylvia Muche, diacre, est la première femme à célébrer un mariage.

18. Paris : découverte, tour Montparnasse, d'explosifs cachés par Maxime Frérot, un membre d'Action directe.

18. Paris : les membres de l'OCDE s'inquiètent de la disparition de l'ozone en haute atmosphère. Incriminés : les aérosols.

18. France : 50 243 détenus dans les prisons françaises. Tous les records sont battus.

18. Espagne : mouvements de grève sans précédent.

19. Grand Palais : ouverture du 7e Salon du livre, jusqu'au 25.

19. Paris : inauguration au musée de la Mode de l'exposition Dior 1947-1987.

20. Afrique du Sud : le coopérant français Pierre-André Albertini est condamné à 4 ans de prison.

21. Les Arcs : arrivée du « Dakar des neiges ». Vainqueurs : l'équipe des Carroz (→ 14).

21. Cyclisme : un inconnu, le Suisse Eric Maechler, remporte la course Milan-San Remo.

22. Terrorisme : la DST démasque la filière iranienne. 8 terroristes arrêtés, dont 6 Tunisiens. La Tunisie rompt avec Téhéran.

22. Chine : le Portugal rétrocédera Macao à Pékin le 20 décembre 1999.

DECES

19. Louis de Broglie, physicien français, prix Nobel en 1929 (*15.8.1892).→

L'attentat de Djibouti tue cinq Français

Situé en plein centre de Djibouti, le café visé par les terroristes était un lieu de détente pour de nombreux soldats de la garnison française.

19 mars. Treize morts (cinq Français, cinq Allemands, trois Djiboutiens) et quarante blessés, tel est le bilan de l'attentat à la bombe perpétré hier à 19 h 30 à la terrasse d'un café en plein centre de Djibouti. A un mois des élections présidentielles, il s'agit sans doute d'une tentative de déstabilisation de cette petite république souvent surnommée « l'oasis de paix » de la corne de l'Afrique. Ancien territoire français des Afars et des Issas, l'indépendance, obtenue en 1977, semblait avoir réussi à cette nation dont l'importance stratégique est fonction inverse de l'exiguïté. Située sur le goulot reliant la mer Rouge au golfe d'Aden et coincée entre deux nations adverses, l'Ethiopie et la Somalie, Djibouti, dirigée par l'habile Hassan Gouled, tire un parti maximal de ses maigres ressources. Un atout déterminant : tête de ligne du chemin de fer Addis-Abeba - Djibouti, la ville sert de débouché portuaire à l'Ethiopie. La France y maintient une garnison de 3 800 hommes et contribue à fournir 50 % du PNB.

Le physicien Louis de Broglie est mort

19 mars. Louis de Broglie, membre de l'Académie française, est mort à Louveciennes (Yvelines) à l'âge de 95 ans. Après avoir rapidement mené à bien une licence d'histoire, il avait été séduit par la science pure. Depuis lors, cette double inclination envers les grands courants de la pensée et de la physique moderne le fascina. Chargé de cours à la faculté des sciences de Paris, il s'est vu attribuer le prix Nobel de physique en 1929, prix qui venait couronner « la découverte de la nature ondulatoire de l'électron ». Initiateur de la mécanique ondulatoire et de la physique quantique, il avait compris qu'il fallait étendre à la matière la double nature, à la fois ondulatoire et granulaire. Louis de Broglie fut l'auteur de nombreux ouvrages de physique théorique et de vulgarisation.

Vague d'attentats en Corse

21 mars. A la veille des élections partielles en Haute-Corse, une cinquantaine d'attentats ont été commis cette nuit. Il s'agit d'une opération concertée, puisque c'est entre 4 h et 4 h 30 que les explosions se sont produites, dans des banques, bureaux de poste et perceptions de Bastia, Corte, Casanova-de-Venaco, L'Ile-Rousse, Oletta, Borgo, Lucciana, Biguglia, Saint-Florent, Ponte-Lecchia et Calvi. A Ajaccio, huit attentats ont été commis presque simultanément, et cinq à Porticcio. En général, les dégâts ont été peu importants : vitres et vitrines brisées, portes arrachées. A Oletta, toutefois, la villa inoccupée d'un retraité d'origine continentale a été totalement détruite. Cette série d'attentats n'a néanmoins fait aucune victime.

Tina Turner, panthère du rock

12 mars. Malgré sa petite taille, elle est la plus grande star féminine actuelle du rock. Tina Turner (de son vrai nom Anna Mae Bullock) commence un tour de France qui passe par les arènes de Fréjus, Dax et Annecy. A chacun de ses concert, quatre mille fans succombent aux charmes de la féline Tina. A 48 ans, en robe moulante et très courte, elle laisse éclater sa beauté sauvage. Depuis trois ans, son retour est aussi fabuleux qu'inespéré. Partie de la « soul music », (en duo avec son ex-époux Ike Turner) elle est la star du « rock blanc », un paradoxe on ne peut plus séduisant. Du 29 au 31 mars, elle chantera à Bercy. Tout est déjà complet.

Tina Turner a remporté un vrai triomphe à Bercy.

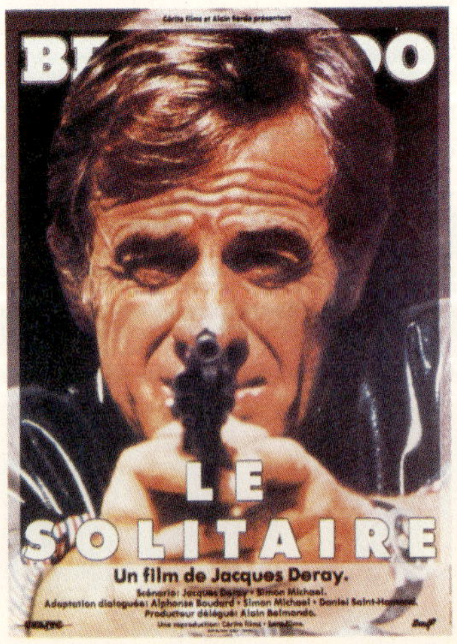

Un Belmondo plus solitaire que jamais à l'écran.

Les Tchadiens reprennent Ouadi-Doum

22 mars. Non seulement la prise de Ouadi-Doum par les forces tchadiennes a sonné le glas pour 1 269 soldats libyens mais elle enterre également les ambitions expansionnistes de Kadhafi. Déjà le 2 janvier l'occupation de Fada par les troupes d'Hissène Habré avait été la répétition générale de la bataille survenue hier. 784 Libyens étaient restés sur le terrain et 154 chars détruits tandis que les pertes tchadiennes s'élevaient à 18 tués. A Ouadi-Doum, la facture présentée à Kadhafi apparaît énorme : psychologique d'une part puisque deux heures suffirent aux Tchadiens pour conquérir cette base édifiée grâce aux Allemands de l'Est et tenue par pas moins de 5 000 Libyens. Dans ce poumon du dispositif libyen, les Tchadiens se sont emparés d'un énorme butin : 11 bombardiers légers de fabrication tchèque, 2 avions d'appui Marchetti, 3 hélicoptères d'assaut soviétiques MI24, 12 chars T62, 40 T55, 8 lance-roquettes multiples et 10 radars. Le tout représente un milliard de dollars.

Dans leur déroute, les soldats libyens ont abandonné dans le désert tout un arsenal militaire soviétique.

Une affaire d'espionnage autour d'Ariane

20 mars. Six personnes (deux femmes et quatre hommes) ont été inculpées à Rouen dans le cadre d'une affaire d'espionnage au profit d'une puissance étrangère, espionnage visant les moteurs de la fusée Ariane, qui sont fabriqués à Vernon (Eure) par la Société européenne de propulsion. Il s'agit de deux ingénieurs polytechniciens, dont l'un travaille à l'INSEE de Paris, l'autre dirigeant l'INSEE de Rouen, d'un employé d'une société d'intérim et d'un journaliste. Les deux femmes sont l'une d'origine soviétique, l'autre d'origine roumaine. Le mode de propulsion du troisième étage de la fusée Ariane fonctionne grâce à un moteur cryogénique très sophistiqué.

La S.E.P. à Vernon, dans l'Eure, base où sont effectués les essais de moteurs de la fusée Ariane.

Bordeaux battu à Moscou mais qualifié

18 mars. Pour la dixième fois dans l'histoire du football français, une équipe de club participera à une demi-finale de coupe d'Europe : après Reims, Saint-Etienne, Lyon, Bastia, Sochaux et Nantes, les Girondins de Bordeaux ont gagné le droit d'atteindre l'avant-dernière marche qui précède la finale. C'est la deuxième fois en deux ans que les Bordelais accomplissent cette performance. Pour se qualifier, ils ont tout de même beaucoup souffert. Vainqueurs du Torpedo Moscou (1-0) au match aller à Bordeaux, Patrick Battiston et son équipe ont tremblé jusqu'au bout à Tbilissi, où avait lieu la seconde rencontre; après avoir mené 1-0, puis 2-1 à la 60e minute, les Girondins durent concéder deux buts soviétiques en moins de dix minutes, et ils vécurent un dernier quart d'heure dramatique afin de conserver le mince avantage que leur accordaient les deux buts marqués chez l'adversaire. Leipzig, Ajax et Saragosse encore en course, peuvent être maintenant leurs prochains adversaires.

Annette Sergent est la reine du cross-country

22 mars. En devenant championne du monde de cross-country à Varsovie, la Française Annette Sergent est entrée par la grande porte dans l'histoire de l'athlétisme français. Troisième l'an dernier, elle était venue en Pologne pour confirmer cette belle performance. C'est à cinq cents mètres de l'arrivée qu'elle accéléra irrésistiblement l'allure, alors qu'elle se trouvait encore en troisième position. Dépassant successivement la Norvégienne Ingrid Kristiansen et l'Ecossaise Elisabeth Lynch, la Française s'envolait vers la victoire, sous les yeux de son entraîneur de mari Bernard Pelletier, qui avait roulé pendant vingt-quatre heures pour vivre ce moment mémorable.

Victor Hugo séduit Broadway

19 mars. Le dernier triomphe de la comédie musicale qui fait courir tout New York s'appelle « Les Misérables ». Deux Français, Alain Boublil et Claude-Michel Schonberg, ont tiré du roman de Victor Hugo un livret et une musique qui font monter le prix du fauteuil à 47,50 $. Et tout est loué! Créés à Londres en octobre 1985, « Les Miz' », comme disent les gens du spectacle, proposent une histoire intense autour de Jean Valjean et de Cosette. Une incroyable fortune pour « Les Misérables ».

Platini et les Verts à nouveau inculpés

17 mars. L'affaire de la caisse noire de l'AS Saint-Etienne rebondit. La chambre d'accusation a décidé d'ignorer l'appel du Parquet de Lyon et de confirmer l'ordonnance de renvoi du juge d'instruction Patrick Desmure. Du même coup, les dix joueurs stéphanois et leur entraîneur Robert Herbin, impliqués dans l'histoire, sont bien inculpés. Il s'agit de Jacques Zimako (108 000 F), de Patrick Battiston (116 350 F), Gérard Farison (170 814 F), Gérard Janvion (964 780 F), Bernard Lacombe (115 000 F), Jean-François Larios (110 000 F), Christian Lopez (285 000 F), Raoul Nogués (112 500 F), Oswaldo Piazza (325 399 F), Michel Platini (880 000 F) et Robert Herbin (623 222 F).

L'amour a son propre langage, et il se tait...

Mars

Sem. 13 1987

Lu	Ma	Me	Je	Ve	Sa	Di
						1
2	3	4	5	6	7	8
9	10	11	12	13	14	15
16	17	18	19	20	21	22
23	**24**	**25**	**26**	**27**	**28**	**29**
30	**31**					

23. Djibouti : un Tunisien recruté à Damas avoue être l'auteur de l'attentat du 18 (→).

23. Liban : l'OJR suspend ses menaces sur la vie de Jean-Louis Normandin (→14).

23. Inde : le parti de Rajiv Gandhi perd des sièges au Bengale et au Kerala.

23. RFA : Willy Brandt démissionne de la présidence du SPD.

25. Pays-Bas : création d'une association de militaires homosexuels.

25. France : Patrick Franceschi termine un tour du monde en ULM qui a duré 28 mois.

25. Basket : en finale de la coupe Korac, Limoges est battu par Barcelone (97-86).

26. France : Renault abandonne Bernard Moteurs et Renault Machine-Outil.

26. Etats-Unis : échec du lancement d'une fusée Atlas-Centaure.

27. Etats-Unis : Ronald Reagan surtaxe de 100% l'électronique japonaise.

28. Grand Palais : exposition « Tanis, l'or des pharaons ».

30. Madrid : ouverture du procès des responsables de la vente d'une huile frelatée qui, en 81, a fait des centaines de morts.

30. Japon : à Tokyo, la monnaie américaine est à son plus bas niveau depuis la dernière guerre.

31. New Jersey : Mary Whitehead, mère porteuse en rupture de contrat, perd son procès. Elle devra rendre l'enfant (→25.8.86).

31. Grande-Bretagne : deux pasteurs anglicans mariés sont ordonnés prêtres catholiques.

31. Levallois : fermeture de l'usine Citroën. La 2CV ne sera plus fabriquée qu'au Portugal.

DECES

25. Francis Galopides, dit « Moustache », musicien de jazz (*14.2.1929).→

25. Henry Labouisse, américain, ancien directeur exécutif de l'UNICEF (*11.2.1904).

26. Pierre Andreu, écrivain français (*12.7.1909).

Hissène Habré reprend Faya-Largeau

27 mars. Corollaire du Waterloo subi par les Libyens à Ouadi-Doum (→22.3), l'oasis de Faya-Largeau a été évacuée par les troupes de Kadhafi. Avant de se replier dans une ambiance de sauve-qui-peut, les Libyens ont fait sauter les dépôts de carburant et de munitions qu'ils avaient établis depuis trois ans. Désormais, hormis la bande d'Aouzou, le gouvernement de N'Djamena contrôle l'ensemble de son territoire. Sur tous les plans, il s'agit d'un triomphe pour Hissène Habré. Le succès est aussi celui de la collaboration entre la France et le Tchad. Soutenus par le dispositif français « Epervier » (2 500 hommes), appuyés par 12 Jaguar de la force tactique aérienne et informés par la DGSE française, les Tchadiens ont pu faire preuve de leurs qualités militaires. Paris a livré des missiles Milan, Washington des Redeye. Ils permirent aux Tchadiens d'abattre une vingtaine d'appareils et d'hélicoptères libyens. Contraints de voler à une altitude de 5 000 m, les pilotes de Kadhafi perdirent la majeure partie de leur efficacité. Un tel effacement de sa supériorité dans les airs a rendu l'armée libyenne plus vulnérable aux coups de main effectués par les guerriers du désert connaissant parfaitement le terrain. Il s'agit de la première victoire de l'Afrique noire remportée sur l'Afrique arabe.

Soldats libyens faits prisonniers par les FANT.

Disneyland : le contrat est signé

24 mars. A l'hôtel Matignon, Jacques Chirac vient de signer la convention qui autorise la construction du Disneyland de Marne-la-Vallée. Tous les personnages créés par Walt Disney vont s'installer aux portes de Paris. Mais la Société Walt Disney tient à rassurer les Français : « Ce sera un retour aux sources de la culture européenne et nous tiendrons compte du climat qui n'est pas le même qu'en Californie ou en Floride. »

Marne-la-Vallée accueillera bientôt le Disneyland européen.

Félix Lévitan quitte le Tour

Félix Lévitan.

25 mars. « A la suite de différends graves concernant l'orientation stratégique de la Société du Tour de France et la réalité de sa gestion », Félix Lévitan quitte le Tour de France. Agé de 76 ans, il était non seulement directeur de l'épreuve où il était devenu l'adjoint de Jacques Goddet en 1952, mais encore l'une des plus importantes personnalités du cyclisme international. Il restera comme l'organisateur qui ouvrit le Tour aux coureurs amateurs et créa le Tour féminin.

Pas de Coupe Korac pour Limoges

25 mars. L'appui de huit mille supporters n'a pas suffi aux basketteurs de Limoges pour renverser la situation au cours de la seconde manche de la finale de Coupe Korac disputée face à Barcelone. Déjà battus de 21 points en Espagne, les Limougeauds se sont une nouvelle fois inclinés (87-97) chez eux, devant un adversaire qui ne fut jamais inquiété. Deux fois vainqueurs de cette Coupe en 1982 et 1983, le CSP Limoges est tombé sur une équipe beaucoup plus forte, mais n'a pas de regrets à avoir après sa brillante saison européenne.

Sida : les brevets français reconnus aux Etats-Unis

31 mars. Signé à Washington, un accord met fin à une querelle scientifique sans précédent. Il prévoit la reconnaissance des deux brevets déposés, l'un par les chercheurs de l'Institut Pasteur, dirigés par Luc Montagnier, en décembre 1983, l'autre par Robert Gallo, du National Institute of Health, en avril 1984. Cet accord est accompagné d'un historique retraçant l'apport des différentes équipes mondiales à la lutte contre le Sida, historique signé par les deux parties scientifiques en cause.

L'American Express au secours de l'Arc de triomphe

26 mars. Pour restaurer l'Arc de triomphe, en bien mauvais état, les fonds publics ne suffisent plus. La restauration du monument coûterait trente millions. Le gouvernement français a accepté le principe d'une aide privée étrangère, rappelant que, par exemple, Versailles devait beaucoup à la fondation Rockefeller, que la France participait bien à la restauration, à New York, de la statue de la Liberté. Pour l'Arc de triomphe, l'American Express est prête à fournir les dollars...

Ruée des Belges sur l'écu européen

24 mars. Lancé officiellement pour le trentième anniversaire du traité de Rome, le « carolus d'or » de 2,9 centimètres de diamètre, à l'effigie de Charles Quint, pèse un peu plus de 17 grammes pour 15,55 grammes d'or fin. Les Belges, en émettant cette pièce de 50 écus, espèrent faire partie du cercle fermé des pays dont les émissions en or sont recherchées sur les marchés internationaux, comme les Canadiens et les Sud-Africains naguère. Les épargnants belges investissent en masse dans l'écu. Pourtant, en tant que symbole européen, l'intérêt de l'écu n'est pas manifeste. Mais les acheteurs ont flairé la bonne affaire, et les demandes affluent chez les agents de change. La valeur de la pièce est fixée 7 % au-dessus du cours de l'or, soit, actuellement, 8 200 FB (1 310 FF). Le poids d'or de la pièce, seul, vaudrait 1 225 FF. C'est la première fois qu'une pièce ayant pouvoir libératoire est frappée en écu, mais ce pouvoir est tout théorique, la pièce valant quatre fois les 50 écus dont elle porte mention (346 FF)...

L'écu européen, côté face.

Douze étoiles côté pile.

Bouygues inaugure son "Versailles"

27 mars. L'empereur du béton, qui est toujours candidat au rachat de TF1 face à Hachette, achève et présente un véritable palais à Saint-Quentin-en-Yvelines où il regroupera tous les bureaux de son empire. A 65 ans, Francis Bouygues, front dénudé, sourcils épais et menton carré est un bâtisseur-soleil. Du Palais des Congrès à l'université de Riyad en passant par les travaux du pont de l'île de Ré et du tunnel sous la Manche, ce pharaon français surnommé « F.B. » par ses collaborateurs a voulu quitter son quartier général de Clamart pour mieux organiser le travail qu'il fournit à cinquante mille personnes. Une formidable énergie a aidé « F.B. » à lutter contre un cancer du poumon. Et, en se consacrant plus à sa famille, à devenir un spécialiste des orchidées.

Le nouveau siège social de la Une, à Saint-Quentin-en-Yvelines.

Marlee Matlin triomphe aux Oscars

31 mars. A une époque où les scénarios sont souvent trop bavards, l'actrice Marlee Matlin nous bouleverse par la force de son regard et de son tempérament. A 21 ans, la comédienne, qui est sourde-muette depuis l'âge de 18 mois, vient de recevoir l'Oscar de la meilleure actrice pour son rôle dans « Les Enfants du silence ». Humiliée par son infirmité dont l'injustice la révolte, l'héroïne s'est isolée du monde qui l'entoure, dans une attitude de méfiance. L'un des professeurs du collège pour sourds-muets, où elle effectue de menus travaux, parviendra à vaincre son agressivité et lui faire prendre conscience de ses dons exceptionnels. Histoire d'amour à l'appui...

Marlee Matlin, la jeune sourde-muette des « Enfants du silence ».

Un Van Gogh adjugé plus de 225 millions

Les « Tournesols » de Van Gogh.

30 mars. Vincent Van Gogh, qui n'avait vendu qu'une toile durant toute sa vie, et qui avait peint « les Tournesols » un an avant de se donner la mort à trente-sept ans, est devenu chez Christie, en cinq minutes, « le peintre le plus cher du monde ». La compagnie d'assurances japonaise Yasuda les a payés plus de 24 millions de livres sterling. Seul un nouveau venu sur le marché de l'art, sans expérience aucune, pouvait offrir une somme pareille. Van Gogh a peint sept versions de ce tableau. On ne peut donc parler de rareté. Et la version dont il s'agit est la copie d'un premier tableau qu'aimait Gauguin...

Moustache se tue en voiture

25 mars. Le jazz est en deuil. A 58 ans, Moustache a joué son dernier solo, sur la RN 20 : sa Ford s'est encastrée sous un camion. Célèbre batteur qui avait débuté dans l'orchestre de Claude Luter, Moustache promenait, au son du « New-Orléans », sa silhouette massive et ses cent trente kilos dans tous les clubs où l'on joue le « jazz de papa, voire de grand-papa ». Il avait tenu aussi un restaurant. Ses moustaches étaient aussi légendaires que son humour. Les amateurs de jazz traditionnel ont le blues.

« Platoon ». Le cinéma américain n'en finit pas d'expier la guerre du Vietnam.

Avril

Sem. 14 1987

Lu	Ma	Me	Je	Ve	Sa	Di
		1	2	3	4	5
6	7	8	9	10	11	12
13	14	15	16	17	18	19
20	21	22	23	24	25	26
27	28	29	30			

1er. Pologne : Solidarité lance un appel à la grève pour protester contre les hausses des prix.

1er. Tchad : Hissène Habré, blessé, marque une pause dans sa reconquête.

1er. Paris : la RATP expérimente un bus de 24 m de long, équipé de 20 roues.

1er. Allemagne : nouvelles cartes d'identité, infalsifiables.

2. France : expulsion de trois diplomates soviétiques accusés d'espionnage (→4).

2. Chili : le pape rencontre le général Pinochet.→

2. Barcelone : un attentat à la voiture piégée contre des gardes civils fait un mort.

3. Portugal : renversement du régime de Caraco Silva.

3. Italie : à l'issue du procès de la Mafia, 65 condamnations à des peines de prison et 180 acquittements sont prononcés.

3. Londres : un Américain achète 58 000 F un ours en peluche vieux de 84 ans et haut de 73 cm.

3. URSS : Moscou propose d'étendre l'« option zéro » aux missiles de courte portée.

3. Etats-Unis : Washington accuse Israël, la France et l'Italie, de ne pas respecter l'embargo sur les ventes d'armes à l'Iran.

4. Italie : réélection de Bettino Craxi à la tête du PSI.

4. Marseille : des affrontements entre manifestants et des immigrés lors du défilé du Front national à Marseille font deux blessés.→

4. France : expulsion de six diplomates accusés d'espionnage. Moscou réplique en expulsant six Français.→

5. Amsterdam : réouverture du musée de la Drogue, ouvert le 2 et fermé dès le 3.

DECES

1er. Henri Cochet, ancien tennisman (*14.12.1901).

3. Robert Dalban, comédien (*19.7.1903).

Les chiites attaquent un convoi de secours

3 avril. Les miliciens chiites du mouvement Amal n'ont pas hésité à ouvrir le feu sur un camion de ravitaillement au moment où il s'apprêtait à pénétrer dans le camp palestinien de Chatila. Six Palestiniens ont été blessés. De plus, les affrontements entre ex-alliés musulmans viennent s'ajouter aux bombardements entre Beyrouth-Est et Beyrouth-Ouest. Mais la guerre des camps est riche de cruels paradoxes. Les Palestiniens en sont à espérer une intervention de l'armée syrienne alors que Amal, allié de Damas, ne souhaite guère la « pax syriana ».

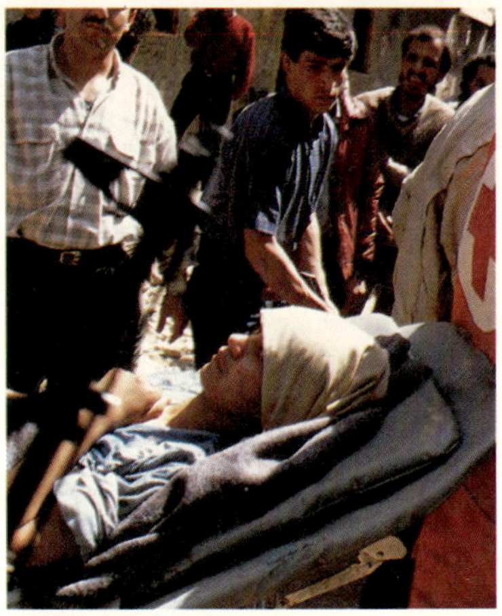

Chatila : état de siège.

"Faites vos jeux" au casino Ruhl

M. Toussaint Torre, PDG du Ruhl.

3 avril. Sur la promenade des Anglais, à Nice, le Ruhl sort d'une longue nuit. Le 4 janvier 1982, le casino avait été fermé, à la demande des Douanes et de l'administration fiscale, après une série d'attentats et de scandales politico-financiers. Le créateur de l'établissement, Jean-Dominique Fratoni, vit depuis en exil, condamné par défaut à d'énormes amendes. Le nouveau PDG, Toussaint Torre, est un Corse de 73 ans, qui voit l'avenir avec optimisme : « C'est déjà le succès : les joueurs attendaient ce moment avec impatience ». On parle d'un investissement de cinq millions de francs.

Les bijoux de la duchesse de Windsor vendus au profit de l'Institut Pasteur

3 avril. L'une des plus retentissantes histoires d'amour du siècle s'achève sous le marteau d'ivoire des commissaires-priseurs et des experts de Sotheby à Genève. C'est à l'hôtel Beau Rivage que sont vendus les bijoux fabuleux que le roi Edouard VIII d'Angleterre offrit, après son abdication le 10 décembre 1936, à miss Wallis Simpson. Héros d'un roman qui divisa l'opinion, le duc et la duchesse de Windsor avaient acquis des joyaux, notamment chez Cartier et Van Cleef & Arpels. Par testament, la duchesse a souhaité que le produit de cette vente historique, estimé à plus de 50 millions de francs français, soit versé à l'Institut Pasteur.

Vente des bijoux de la duchesse de Windsor.

Fusillade au palais de justice de Liège

1er **avril.** Sanglante tentative d'évasion au palais de justice de Liège. On jugeait Robert Gillon, Pierre Frère et José Cokaiko, prévenus de hold-up, vols de voitures et détention d'armes. Soudain, José Cokaiko a demandé à se rendre aux toilettes. Sans doute était-ce un signal convenu? A ce moment, son amie, Germaine Dely, qui se trouvait dans la salle, s'est levée, brandissant une grenade, tandis qu'elle glissait un révolver au bandit. Aussitôt, les gendarmes ont ouvert le feu, auquel José Cokaiko répondait de son côté. Son amie, frappée d'une balle dans le ventre, a lâché la grenade, qui a roulé à terre sans faire explosion. Elle n'avait pas de détonateur. Mais la fusillade a fait plusieurs morts : José Cokaiko a été tué sur le coup par cinq balles tirées par les gendarmes et Me Jacques Henry, l'ancien bâtonnier du barreau de Liège, a été atteint d'une balle en plein front.

Ariane provoque une tension entre Paris et Moscou

4 avril. Le Quai d'Orsay tente de minimiser, diplomatie oblige, la crise entre la France et l'URSS. Pourtant, la découverte d'un réseau d'espionnage prosoviétique s'intéressant de très près à la fusée Ariane est bien une réalité. Il est vrai qu'on se croirait dans un film. La cible principale était une usine de Vernon (Eure) où sont construits des éléments du moteur cryogénique du troisième étage de la fusée. La DST a appréhendé, le 17 mars (→), quatre hommes et deux femmes. Dans cette liste, qui sera sans doute étendue, figure le commandant Valeri Konorev, deuxième attaché de l'air à l'ambassade d'URSS en France qui serait, selon la DST, un officier du GRU (service de renseignement de l'armée soviétique). Figure également parmi les inculpés, Ludmilla Varyguine, d'origine soviétique, secrétaire à l'INSEE de Rouen. Devenue la maîtresse de son chef de service Pierre Verdier, elle était la cheville ouvrière du réseau des « espions d'Ariane ».

Marseille séduit par Jean-Marie Le Pen

4 avril. Selon les estimations, ce sont de 30 000 à 60 000 personnes qui, à l'appel du Front national, se sont massées autour de Jean-Marie Le Pen sur la Canebière. L'ampleur de la manifestation démontre à quel point la troisième ville de France se transforme en bastion politique de la droite nationale. Aux législatives de 1986, la liste de M. Le Pen avait obtenu 24,37 % des suffrages, devançant de 600 voix l'UDF. A Marseille, il est vrai, le Front national a, à sa tête, un personnage hors du commun : Pascal Arrighi, 66 ans. Ancien élève de l'ENA, agrégé de droit public, ce commandeur de la Légion d'honneur dépasse le cadre de son mouvement au point qu'il recueillit pas moins de 100 voix (77 de plus que les effectifs du Front national) lors de sa candidature à la vice-présidence de l'Assemblée nationale.

Jean-Marie Le Pen à Marseille.

TF1 est attribuée à Francis Bouygues

4 avril. Avec trois jours d'avance sur le calendrier prévu, la CNCL (Commission nationale de la communication et des libertés) attribue la chaîne TF1 à Francis Bouygues. L'effet de surprise est total : Hachette, numéro un de l'édition, semblait favori, mais la prestation de l'équipe Bouygues a paru meilleure aux yeux des treize sages. Cet Auvergnat de 67 ans, centralien, patron du premier groupe mondial de bâtiment et travaux publics (on l'appelle « l'empereur du béton »), qui règne déjà sur quelque 50 000 collaborateurs, va affronter le monde de l'audiovisuel contre un chèque de trois milliards : c'est le prix payé par M. Bouygues pour acquérir 50 % du capital de TF1. La concession qui lui est accordée est valable dix ans. Le nouveau patron, très ému, avoue sa satisfaction de l'avoir emporté sur Hachette et déclare devant les caméras : « Nous voulons informer, divertir, cultiver. Bref, servir les téléspectateurs. » Avec la volonté que « la Une devienne la première chaîne de télévision en Europe ». Dans ses programmes, la fiction aura une place centrale, les films passeront de 143 à 170 (pas de multi-diffusions) et les émissions culturelles de 78 heures à 90. Le budget des sports passera de 112 à 174 millions et l'information grimpera de 1 000 à 1 075 heures par an. Il est vrai que le cahier des charges est séduisant. Les téléspectateurs jugeront sur pièce.

Turner a enfin son musée à Londres

1er avril. Exclusivement consacrée à l'œuvre de William Turner (1775-1851), l'enfant chéri de la peinture anglaise, la Clore Gallery a été solennellement inaugurée par la reine. Ce nouveau musée, qui jouxte sur les bords de la Tamise la Tate Gallery, a été conçu par James Stirling, pour abriter le legs, fait à sa mort par Turner lui-même, de 300 tableaux et quelque 20 000 dessins et aquarelles. Il a pu être réalisé grâce aux libéralités de la Fondation Charles Clore, qui a versé 6 millions de livres sur un coût total de 7,8 millions (le restant étant fourni par l'Etat), somme fort raisonnable si on la compare à la cote de deux tableaux de Turner récemment passés en vente publique : 7 millions et 7,5 millions de livres. Le musée se déploie sur deux niveaux, le premier d'une rigueur toute moderne, où les plafonds blancs, les murs tendus de lin contribuent à l'effacement du bâtiment au profit des œuvres. Au second étage, en revanche, on n'a pas craint d'accrocher les peintures les unes au-dessus des autres. Non par facilité : c'est ainsi qu'on les présentait au XIXe siècle.

L'entrée principale de la Clore Gallery, musée entièrement consacré au peintre William Turner.

Au Chili, 600 blessés à la messe du pape

Graves incidents au cours de la messe de Jean-Paul II à Santiago du Chili.

5 avril. Aujourd'hui, l'archevêque de Santiago a célébré une messe expiatoire au parc O'Higgins, sur les lieux mêmes où vendredi saint, des affrontements avaient opposé les forces de l'ordre aux militants du PC et du MIR (marxistes révolutionnaires) lors de la messe dite par Jean-Paul II. Afin de montrer qu'il n'entendait pas laisser récupérer politiquement ses actes et ses paroles, le Saint-Père avait achevé de dire l'office alors que les troubles faisaient deux morts et six cents blessés. Il souligna que « l'Etat ne doit pas se substituer aux responsabilités qu'individus et associations sont capables d'assumer ».

Un Wallon roi du Tour des Flandres

5 avril. Pour la première fois dans l'histoire du Tour des Flandres, un coureur wallon a remporté la course. Claude Criquielon s'échappa habilement à dix kilomètres de l'arrivée. Profitant de la mésentente des sprinters, de Sean Kelly et d'Eric Vanderaerden en particulier qui se regardèrent en chiens de faïence, il ne fut plus rejoint et termina en grand vainqueur une épreuve que les coureurs flamands avaient particulièrement faite leur depuis sa création.

Avril

Sem. 15 1987

Lu	Ma	Me	Je	Ve	Sa	Di
		1	2	3	4	5
6	**7**	**8**	**9**	**10**	**11**	**12**
13	14	15	16	17	18	19
20	21	22	23	24	25	26
27	28	29	30			

6. Grande-Bretagne : une cousine de la reine, considérée comme morte en 1961, vivait dans un asile d'aliénés.

6. Belgique : parution d'un arrêté royal définissant les lieux où il ne sera plus permis de fumer après le 1er septembre.

7. Paris : assassinat dans le hall de son immeuble d'Ali Mecili, avocat proche de l'opposition algérienne.

7. Espagne : grève généralisée.

7. France : les prisons ne seront pas privatisées.

8. Barcelone : arrestation de deux terroristes italiens appartenant aux brigades rouges, Fabrizio Burtet et Clara Plasenti.

8. Espace : la France et l'Espagne participeront à la construction du satellite Hélios.

9. RFA : 20 000 lapins en chocolat, destinés aux orphelinats de Hambourg, sont déclarés impropres à la consommation. Ils contenaient du lait contaminé par l'accident de Tchernobyl (→ 26.4.86).

10. France : fuite de sodium dans une cuve du barillet de chargement à la centrale nucléaire de Superphénix, à Creys-Malville (→ 12).

11. Pittsburg (USA) : évacuation de 16 000 personnes après le déraillement d'un train contenant un gaz toxique.

12. Argentine : triomphal accueil du pape à Buenos Aires.

12. France : incident nucléaire à Pierrelatte. Sept personnes intoxiquées après une fuite d'hexafluorure, un gaz toxique (→ 10).

12. Etats-Unis : la Texaco se met en faillite pour échapper à ses créanciers.

DECES

6. Jean-Baptiste Doumeng, homme d'affaires (*2.12.19). →

10. Horst Dassler, homme d'affaires (*1936).

11. Erskine Caldwell, écrivain américain (*1904). →

11. René Hardy, ancien résistant et écrivain (*31.11.11). →

Ray Sugar Leonard l'emporte à Las Vegas

6 avril. Sugar Ray Leonard a gagné son impossible pari. Après avoir pris sa retraite et cessé de boxer pendant trois ans, il est devenu champion du monde des poids moyens, en battant aux points à Las Vegas un Marvin Hagler qui était invaincu depuis dix ans. Ce fut au cours d'un combat d'une intensité et d'une qualité exceptionnelles, la victoire de l'intelligence sur la puissance. Pendant douze rounds, Hagler ne cesse d'attaquer. Mais Leonard lui réplique avec une virtuosité et une maîtrise diaboliques. Les juges lui accordèrent une victoire certes contestée, mais on ne peut leur reprocher d'avoir préféré la finesse à la force. Leonard, déjà champion du monde des welters et des superwelters, devient donc le dixième boxeur de l'histoire à conquérir trois titres dans trois catégories différentes.

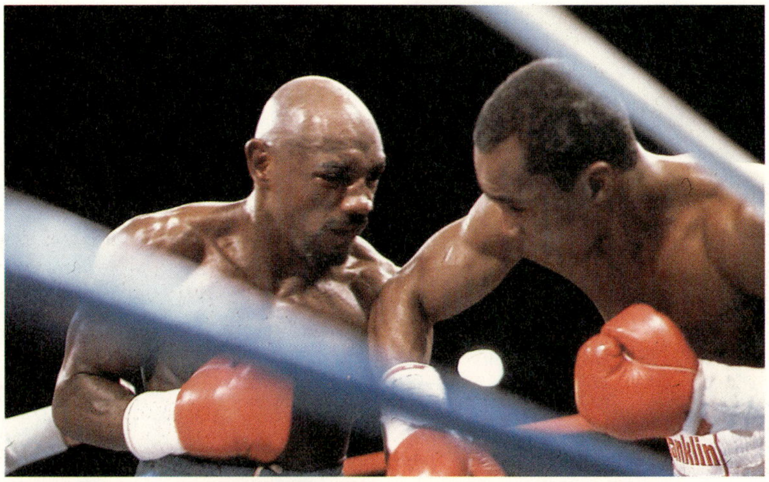

Hagler et Leonard dans un éprouvant face à face.

Knobelspiess pris en flagrant délit

6 avril. Braquage de banque à Thuir, coups de feu, gendarme blessé, prise d'otages. Arrêté à la suite de cette cascade de flagrants délits, il sera cette fois difficile à Roger Knobelspiess de jouer à nouveau les victimes. En 1981 déjà, il répondait devant les assises de Rouen de 9 hold-up commis lors d'une permission tandis qu'il purgeait une peine de 15 ans de réclusion pour une attaque à main armée qu'il niait avoir commise. Claude Manceron, le père Jean Carbonnel, le pasteur François Casalis, plaidèrent en sa faveur. Le 6 novembre 1981, il était gracié par le président Mitterrand. Il faut dire que Knobelspiess est doté d'un extraordinaire sens des relations publiques. Le succès extraordinaire obtenu avec son livre « Quartier de haute sécurité », publié chez Stock en 1982, n'est pas étranger non plus à sa popularité : il avait obtenu à cette occasion le soutien d'un comité allant de Simone Signoret à André Glucksmann. Aujourd'hui, il lui sera plus difficile de se justifier.

Le secret de René Hardy ne sera jamais révélé

12 mars. Malade, René Hardy est mort à 72 ans, quelques semaines avant le début, à Lyon, du procès de Klaus Barbie. Ce héros de « la Bataille du Rail », qui avait, entre autres, détruit 289 locomotives, 703 wagons et provoqué la mort de 1 250 soldats allemands, emporte dans la tombe son terrible secret. A-t-il oui ou non trahi Jean Moulin, arrêté à Caluire, dans la maison de Dr Dugoujou, le 21 juin 1943? A la Libération, tous ses titres de Résistance n'avaient rien pesé contre l'accusation de trahison. Après cinq années de prison préventive et deux procès, il avait fini par être acquitté. Son avocat était un grand du barreau, Me Maurice Garçon. Cette énigme, jamais résolue de manière satisfaisante, révéla les dissensions et les rivalités dans les réseaux des maquis. Une ombre définitive, sur les héros de la Résistance...

Le ferry renfloué garde 123 corps

8 avril. Un mois après son naufrage au large de Zeebrugge (→ 6.3), le « Herald of Free Enterprise » a été redressé. Il a fallu neuf heures à deux grues géantes, montées sur des barges, pour relever le car-ferry tragique. Les barges effectuaient horizontalement une traction de 3 200 tonnes sur 16 câbles d'acier soudés à la coque. La passerelle de commandement a été le premier gros élément à sortir lentement de l'eau, et trois hommes ont pu monter à bord. Le bateau attend désormais d'être allégé des 15 000 tonnes d'eau qui ont envahi ses cales lors du naufrage, évacuation qui ne se fera que lorsqu'auront été retirés les 123 corps que renferme encore le grand cercueil d'acier.

Spectaculaire renflouage du « Herald of Free Enterprise ».

Prague acclame Mikhaïl Gorbatchev

9 avril. Accueil chaleureux de la foule tchèque pour le camarade Mikhaïl Gorbatchev qui arrivait du froid. « Oui à la transparence » clamaient les banderoles, démontrant ainsi que le triomphe réservé au visiteur soviétique était surtout un pied de nez décoché par Prague à son propre président Gustav Husak, dont le libéralisme n'est pas la qualité majeure. Le numéro un soviétique eut recours à la parabole : « Les fondations de la maison que nous habitons peuvent être solides, mais un moment vient où des détails ne nous plaisent plus. Alors, les petites réparations ne sauraient plus suffir. »

Bain de foule pour Mikhaïl Gorbatchev à Prague.

L'écrivain Erskine Caldwell est mort

11 avril. Un des plus grands romanciers américains, Erskine Caldwell, meurt à 83 ans. Il a rejoint au paradis littéraire ses grands aînés dont il avait été l'égal comme William Faulkner, Ernest Hemingway et John Dos Passos. Fils d'un pasteur du « Sud profond », il avait été formé à l'école du journalisme de guerre. Peintre de l'Amérique moyenne, il évoque des personnages pitoyables, perdus, dont la malchance est la vraie compagne. Pauvres héros, pauvres drames... Parmi ses romans les plus connus, « Le Bâtard », « Un pauvre type », « La Route au tabac » et « Le Petit Arpent du Bon Dieu » qui s'était joué sur scène sept ans avant de devenir un film. Erskine Caldwell avait rédigé ses mémoires sous le titre « La Force de vivre ».

Les étranges aveux du juge Lambert

Le « petit juge » Lambert.

10 avril. Le juge d'instruction le plus célèbre de France est, ce soir, l'un des invités de Bernard Pivot. Son livre est ni un roman, ni une biographie mais le récit de son propre cauchemar dans l'affaire Villemin, ou « affaire Grégory ». Les écrivains réunis sur le plateau d'Apostrophes, Dominique Boua, Maurice Denuzière, Philippe Labro, ont ressenti un malaise (et avec eux les téléspectateurs) en entendant ce magistrat trop fragile qui a « craqué » face à Christine Villemin, la mère de la petite victime. Devant cette énigme incroyable, on est en droit de se demander s'il n'est pas préjudiciable à la justice qu'un magistrat, dans une affaire toujours en cours, fasse de tels aveux et manifeste publiquement un tel désarroi.

Paris découvre l'or des pharaons

10 avril. Pendant six mois, d'abord au Grand Palais puis à Marseille, la France va pouvoir admirer un fabuleux trésor, découvert il y a quarante-sept ans. L'exposition « L'or de Tanis » est inaugurée par Mme Moubarak, épouse du président égyptien. Le 5 février 1940, un égyptologue français, Pierre Montet, découvrait à Tanis, dans le delta du Nil, cinq tombes royales inviolées, contenant six mille pièces d'orfèvrerie, vieilles de trois mille ans. Cette découverte fut occultée par la guerre et connue des seuls milieux spécialisés. Enfin, justice est faite pour une exceptionnelle destinée archéologique.

Détail d'un bracelet trouvé sur la momie de Sheshanq II. 940 av. J.-C.

« Angel Heart » sort en France. Le nouveau film d'Alan Parker réunit Mickey Rourke (l'Ange) et Robert de Niro (le Diable).

Triomphe belge au Paris-Roubaix

12 avril. L'édition 1987 de Paris-Roubaix a consacré un véritable triomphe du cyclisme belge qui classe cinq coureurs aux cinq premières places. Lorsque Sean Kelly, le favori, fut victime d'une chute à vingt-cinq kilomètres de l'arrivée, le futur vainqueur Eric Vanderaerden contre-attaqua et rejoignit les trois hommes de tête, ses compatriotes belges Rudolf Dhaenens, J. P. Vandenbrande et Patrick Versluys. L'entente entre les quatre échappés aboutit au succès incontesté de Vanderaerden qui s'imposa au sprint. Le premier Français, Bruno Wojtinek, termine sixième.

Doumeng était le milliardaire rouge

6 avril. A l'âge de 67 ans, Jean-Baptiste Doumeng s'est éteint à son domicile de Noë, près de Toulouse. Puissant président du groupe Interagra, dont le chiffre d'affaires annuel se monte à 10 milliards de francs, ce fils de métayer a adhéré au Parti communiste dès l'âge de seize ans. Jusqu'à sa mort, il en restera un pilier. Titulaire du certificat d'études, cet autodidacte était un familier de Kant et Clausewitz. Il ne l'était pas moins de Leonid Brejnev ou de Gorbatchev.

Le « milliardaire rouge », Jean-Baptiste Doumeng.

Avril

Sem. 16 1987

Lu	Ma	Me	Je	Ve	Sa	Di
		1	2	3	4	5
6	7	8	9	10	11	12
13	**14**	**15**	**16**	**17**	**18**	**19**
20	21	22	23	24	25	26
27	28	29	30			

13. Philippines : 400 soldats sont impliqués dans un coup d'Etat militaire.

13. France : le gouvernement programme la construction de 2 730 km d'autoroutes.

13. Grande-Bretagne : six Britanniques sur dix, d'après un sondage, croient à la visite régulière d'extraterrestres sur la terre.

13. Italie : l'écrivain Alberto Moravia est accusé d'escroquerie. Il avait demandé une aide de l'Etat pour sa femme, qui est loin d'être indigente.

13. URSS : arrivée du secrétaire d'Etat américain George Shultz à Moscou.

14. CEE : la Turquie dépose sa demande d'adhésion au Marché commun.

14. URSS : Nouvelles propositions de Mikhaïl Gorbatchev pour la suppression de tous les euro-missiles.

15. France : adoption du projet de référendum sur l'autodétermination en Nouvelle-Calédonie.

15. Médecine : une équipe de l'Institut Pasteur réussit l'analyse du patrimoine génétique du second virus du Sida.

16. France : le déficit de la balance commerciale est de 3,3 milliards de francs.

16. Tchad : Goukouni Oueddeï reconnaît Hissène Habré comme « seul responsable du pays ».

17. Etats-Unis : Ronald Reagan décide une surtaxe de 100 % sur certains produits japonais (notamment informatique, hi-fi, etc.).

17. Wall Street : 19 employés sont arrêtés pour détention et trafic de drogue.

DECES

15. Louis Dangeard, géologue (*25.4.1898).

18. Cecil King, magnat de la presse britannique (*1901).

19. Maxell Taylor, héros de la Seconde Guerre mondiale (*25.8.1901).

Gary Hart candidat à la Maison Blanche

13 avril. Diplômé de l'université de Yale, marié, père d'une fille, la silhouette alerte, Gary Hart, 50 ans, a, aujourd'hui, dans l'amphithéâtre des Roches Rouges, près de Denver dans le Colorado, fait acte de candidature aux élections présidentielles de 1988. Auteur de romans policiers, ce démocrate devance dans les sondages un George Bush quelque peu éclaboussé par l'affaire de l'Irangate. Dans son programme, Gary Hart demande que l'Amérique « retrouve les valeurs qui firent sa force entre 1932 et 1960 ».

Gary Hart, nouveau candidat à la Maison Blanche.

"Guernica" pour Guernika?

14 avril. Guernika, le village martyr du Pays basque espagnol s'apprête à commémorer le cinquantième anniversaire de son bombardement par l'aviation allemande (→26.2.37). A cette occasion, une trentaine de militants basques sont venus à Madrid occuper symboliquement la salle du Prado où est conservé le fameux « Guernica » de Picasso, peint en hommage au village martyr et aux victimes de la guerre civile. Les manifestants reprennent aujourd'hui une vieille querelle : pourquoi la fresque de « Guernica » ne serait-elle pas installée dans l'agglomération de Guernika, au moins, disent-il, durant la commémoration : regroupant du 16 au 26 avril aussi bien des pacifistes et antinucléaires espagnols que des indépendantistes basques, ou des mouvements de libération nationale dans la tradition soixante-huitarde, celle-ci prévoit des représentations théâtrales, des concerts de musique traditionnelle, des défilés folkloriques, et même, pourquoi pas, un « acte de fraternisation » entre Basques et Allemands...

Un saint-estèphe retiré de la vente

Le château Phélan Ségur à Saint-Estèphe.

15 avril. Le nouveau propriétaire du Château Phélan Ségur, l'un des plus célèbres crus de Saint-Estèphe, a racheté 350 000 bouteilles du millésime 1985. Il en allait de la dignité de l'étiquette. Déjà en 1986, il avait ouvert une enquête à la suite de plaintes : les vins 1983 ne se goûtaient pas bien. Des analyses ont révélé que l'origine du défaut était un traitement de la vigne par un insecticide, l'Orthène, qui avait communiqué au vin des molécules peu ragoûtantes. Xavier Gardinier a racheté, pour les détruire, un million de bouteilles, pour 55 millions, et poursuivra en justice le fabricant de l'Orthène.

Le "Herald Tribune" a cent ans

15 avril. Rares sont les quotidiens d'audience mondiale qui peuvent fêter un siècle d'existence en bonne santé. Le « New York Herald Tribune », devenu l'« International Herald Tribune », est publié avec le concours du « New York Times » et du « Washington Post ». Seul journal conçu et édité à Paris en anglais grâce au fac-similé, il est en même temps publié à Zurich, La Haye, Singapour, et, depuis peu, à Marseille. Happy birthday! Rendez-vous en 2087!

Irangate : la Suisse accepte la levée du secret bancaire

15 avril. Les Etats-Unis souhaitaient obtenir de nouveaux éclaircissements sur le circuit qu'avaient parcouru les fonds provenant des ventes d'armes à l'Iran et les transferts au profit de la Contra nicaraguayenne (→25.11.86). Ils ont demandé, dans le cadre de cette affaire, que la Suisse lève le secret bancaire. L'Office fédéral de la police helvétique vient de décider d'accorder au gouvernement américain ce que l'on appelle « l'entraide judiciaire ». Ce qui signifie qu'il lève le secret bancaire, mais uniquement dans le cadre de l'« Irangate ». Cette autorisation ne vise, en fait, que deux établissements financiers helvétiques, la Compagnie de services fiduciaires, à Genève, et la maison Audifi, dont le siège social se trouve à Fribourg.

Attentat à la gare de Johannesburg

16 avril. Une série d'incendies criminels a dévasté les gares de Johannesburg, notamment celle de Braamfontein. Les attentats n'ont pas été revendiqués mais tout laisse à penser qu'ils ont pour auteur l'Umkhonto We Sizwe, la branche armée du mouvement marxiste clandestin ANC. Après les tentatives, mêmes modestes, d'abolition progressive de l'apartheid, l'ANC a déclaré vouloir mettre l'Afrique du Sud à feu et à sang, programme dont, visiblement, elle n'a plus les moyens.

Violence en Afrique du Sud.

Le nucléaire français est contesté

14 avril. Après la fuite qui s'est produite dans la cuve à sodium de la centrale de Creys-Malville (→31.5), une nouvelle fuite, d'hexafluorure d'uranium cette fois, a été décelée à Pierrelatte. Le gaz, qui sert à enrichir l'uranium, est toxique. Sept employés ont été blessés en tentant d'éliminer ce poison volatil. Au Superphénix de Creys-Malville, le sodium continue de s'écouler. En France, le nucléaire soulève des débats politiques passionnés. A l'étranger, la France nucléaire inquiète ses voisins. En RFA, le leader des opposants à la centrale de Cattenom (à propos de laquelle le « Spiegel » avait écrit : « La France est un voisin nucléaire dangereux. ») a appelé la France à changer sa politique nucléaire. A Genève (70 km de Creys-Malville), la population (360 000 habitants) s'inquiète, et les autorités envisagent la mise en place d'un dispositif d'alerte. « Ici, explique un habitant, nous sommes aux premières loges. Si les vents soufflent à l'ouest, en deux heures on est cuits. » Angoisse encore en Italie, où les incidents dans les centrales françaises relancent un débat de plus en plus passionné.

Les centrales nucléaires françaises, disséminées le long des frontières, inquiètent les populations limitrophes.

A Port-Marly, les intégristes sont expulsés de l'église

19 avril. La petite église Saint-Louis, située à Port-Marly dans les Yvelines, continue à connaître des remous. Cette église est revendiquée par les catholiques traditionnalistes, qui sont nombreux dans la région. Ils entendaient en faire un point d'ancrage tout comme l'est à Paris l'église Saint-Nicolas-du-Chardonnet. Mais s'approprier une église n'est pas aussi simple que cela, surtout sans l'autorisation de l'évêché et de la préfecture. Le 30 mars déjà, le père Bruno de Blignières avait dû, à l'intervention de la police, interrompre la messe qu'il célébrait.

A ski, tous les records de vitesse battus

17 avril. Le ski de compétition ne se limite pas au ski de fond et au ski alpin. La Fédération française et la Fédération internationale organisent également des compétitions officielles de ski de vitesse. Aux Arcs, ces épreuves ont amené la chute de plusieurs records du monde du kilomètre lancé, l'ancien record du monde étant détenu par l'Autrichien Franz Weber, avec 208,937 km/h. Quatre coureurs ont fait mieux : le Britannique Graham Wilkie, nouveau recordman avec 212,514 km/h, l'Américain Muller avec 212,014 km/h, le Français Philippe Goitschel avec 211,143 km/h, et un autre Américain, Steve McKinney, avec 209,790 km/h. D'autre part, deux autres records ont été battus par le Français Patrick Knaff, un unijambiste (185,089 km/h), et par un autre Français, Manuel Bellier, qui, en monoski, a foncé à 180,180 km/h.

Les Libyens, un an après, manifestent pour commémorer le triste anniversaire du bombardement américain sur Tripoli, où la propre fille adoptive de Kadhafi avait péri.

Les pharmaciens contre Rika Zaraï

17 avril. Après le succès, la polémique : la chanteuse Rika Zaraï, dont le livre « Ma médecine naturelle » approche la vente de trois millions d'exemplaires, affronte maintenant le Conseil de l'ordre des pharmaciens. Le milieu médical observe que Mme Zaraï pratique, en fait, l'exercice illégal de la profession de pharmacien et met en danger ses lecteurs lorsqu'ils deviennent des patients. Les docteurs Lapraz et Duraffourd déclarent : « L'usage prolongé de certaines plantes (la sauge, par exemple) met en péril le corps humain lorsque les principes actifs de très nombreux éléments naturels s'additionnent. Le raisonnement de Mme Zaraï est faux parce que simpliste. » Devant la menace d'un procès, Rika Zaraï, qui a ouvert une usine employant quarante-neuf personnes en Anjou et veut distribuer ses produits dans les grandes surfaces, réplique : « Depuis des millénaires, les hommes utilisent les plantes avec bonheur. Si elles étaient dangereuses, cela se saurait... » La question posée demeure celle du dosage et des combinaisons hasardeuses des plantes entre elles.

Qui portera ces maillots de bain?

15 avril. Décidément, la mode se veut extravagante. Au Japon, un joaillier présente un incroyable maillot de bains entièrement recouvert de diamants. Coût : un million de dollars, ce qui fait cher la baignade et la promenade sur une plage ! Au Brésil, après les « string » qui ne cachaient plus grand-chose, voici les maillots que l'on colle sur son anatomie. Un procédé, indélébile assure-t-on, qui permet de couvrir le corps de couleurs et de dessins très variés. On ne sait pas encore si la colle est fournie avec le « tissu »...

Le soutien-gorge autocollant.

Avril

Sem. 17 **1987**

Lu	Ma	Me	Je	Ve	Sa	Di
		1	2	3	4	5
6	7	8	9	10	11	12
13	14	15	16	17	18	19
20	**21**	**22**	**23**	**24**	**25**	**26**
27	28	29	30			

20. Yougoslavie : mouvement de grève contre une loi limitant les salaires.

20. Alger : ouverture du Conseil national palestinien.→

21. Alger : apparition en public d'Abou Abbas, impliqué dans le détournement de l'« Achille Lauro » (7.10.85).

21. URSS : les USA livrent l'Estonien Karl Linnas, condamné à mort par Moscou en 1982.

21. Etats-Unis : les manipulations génétiques pourront être brevetées.

23. URSS : libération du dissident Anatoly Korryaguine, qui est autorisé à émigrer.

23. Tunis : affrontements entre étudiants islamistes et forces de l'ordre (→27).

23. Genève : reprise des négociations américano-soviétiques sur le désarmement.

23. Etats-Unis : la Cour suprême confirme la constitutionnalité de la peine de mort.

23. Automobile : rachat de Lamborghini par Chrysler.

23. Alger : Abou Abbas reconnaît être partiellement responsable du détournement de l'« Achille Lauro ».

23. France : vote du projet de loi aggravant les peines pour les conducteurs ivres.

23. Football : transfert record dans le football belge.→

24. Brésil : suicide collectif d'un millier de baleines.

24. Grèce : un attentat contre un car de militaires américains fait 18 blessés.

25. Europe : manifestations dans tous les pays à la veille de l'anniversaire de la catastrophe de Tchernobyl (→26.4.86).→

26. France : Jean-Marie Le Pen annonce sa candidature à l'élection présidentielle.

DECES

21. Anton Tudor, chorégraphe (* 1909).→

25. Blas Roca, ancien président de l'Assemblée nationale cubaine (* 24.7.1908).

Tchernobyl, un an après le drame

26 avril. Un an après la catastrophe nucléaire survenue à Tchernobyl (→26.4.86), l'incertitude prévaut toujours sur ses conséquences. Les seuls chiffres du bilan restent 299 hospitalisés, 135 000 évacués. Combien de cancers pourront, dans dix, vingt ou cinquante ans, être attribués au nuage de Tchernobyl? Les estimations de scientifiques varient de mille à un million, soit du simple au centuple... Selon l'agence soviétique Novosti, des travaux titanesques auraient été réalisés autour de la centrale. Celle-ci serait aujourd'hui isolée de la rivière Pripiat « par un mur de béton de plus de 2 km de long, et qui s'enfonce de 30 à 35 m sous le niveau du sol, jusqu'à la couche d'argile ». Dans une zone de 30 km autour de Tchernobyl, « l'eau potable des puits est analysée quinze fois par jour ». Des moyens souterrains de protection auraient été mis en place : « 350 puits de drainage ont été forés pour collecter l'eau radioactive et la pomper vers des stations d'épuration ». Mais le site de Tchernobyl et les environs restent interdits à la presse occidentale...

Emotion lors d'une cérémonie souvenir un an après Tchernobyl.

Tunis condamne l'ancien Premier ministre M'Zali

20 avril. Dans la confusion régnant en Tunisie, la Cour de sûreté de l'Etat, reconstituée le 15 avril, a condamné par contumace l'ancien Premier ministre Mohammed M'Zali à 15 ans de travaux forcés. Il était accusé de « détournement de deniers publics, abus de pouvoir et mauvaise gestion ». Craignant pour sa liberté, M. M'Zali s'était enfui de Tunisie clandestinement pour se réfugier en Suisse le 3 septembre 1986. Son histoire montre à quel point dans la Tunisie de Bourguiba la roche Tarpéienne est proche du Capitole. On le considérait comme le dauphin du Combattant suprême. N'avait-il pas démantelé l'Union générale des travailleurs tunisiens et affiché son inimitié pour l'épouse répudiée du président?

A Alger, l'OLP s'en prend à l'Egypte

Arafat représente les Palestiniens à la conférence d'Alger.

22 avril. A Alger, en conclusion de la réunion du Conseil national palestinien, où l'on a applaudi Yasser Arafat, Farouk Kadoumi, qui dirige le département politique de l'OLP, a rendu un hommage modéré à la Syrie, « son peuple, son armée, son histoire », ce qui est une condamnation, et un hommage déguisé à l'Egypte, « la plus grande sœur, le pays de la civilisation authentique, le grand peuple, le pays de la révolution de Nasser ». Ce qui, pour les observateurs, a un sens clair : sans ignorer les accords de Camp David, l'assemblée palestinienne n'en fera pas un motif de rupture avec l'Egypte.

Scifo à l'Inter pour un transfert record

23 avril. Enzo Scifo, l'enfant prodige du football belge, va retrouver le pays de ses ancêtres. Un contrat fabuleux et un transfert record (300 millions de FB, soit près de 51 millions de FF) l'amènent à quitter Anderlecht pour l'Inter de Milan où il jouera la saison prochaine. Destin extraordinaire de ce jeune fils d'émigré italien naturalisé et international belge à l'âge de 18 ans, aujourd'hui à la tête d'une immense fortune.

Enzo Scifo, objet d'une nouvelle surenchère entre les clubs.

Le chorégraphe Antony Tudor est mort

21 avril. Le chorégraphe britannique Antony Tudor, qui disparaît à l'âge de 78 ans, fut un des maîtres de la danse entre les deux guerres et le chef de file de l'expressionnisme anglo-saxon. Il parvint à mêler à l'héritage néo-classique de Balanchine certaines innovations de Martha Graham. Depuis ses débuts de danseur en 1930 (il avait commencé par faire des études de notariat) il ne cessa de constituer des troupes, de monter des ballets à Londres, à New York ou à Vienne. Le « Jardin aux lilas », créé en 1936, avait immédiatement enthousiasmé la critique. Fêté à New York par l'American Ballet Theater, ses œuvres ont été, tardivement, inscrites au répertoire de l'Opéra de Paris, en 1984, par Rudolf Noureev. Mais, à son grand regret, Antony Tudor n'a jamais travaillé avec la première troupe française.

La rébellion avorte en Argentine

20 avril. Commencé le 16 avril à Cordoba, à 700 kilomètres de Buenos Aires, le putsch déclenché par le lieutenant-colonel Aldo Rico et son 14e régiment d'infanterie a fait long feu. Dès le 17, à la demande du président Raul Alfonsin, un million d'Argentins se réunissaient autour du bâtiment de l'Assemblée nationale et scandaient : « Militaires, le peuple est dans la rue. » « La démocratie ne se négocie pas » a déclaré le président, sommant les militaires de se rendre. Le 19, les rebelles s'inclinaient. A l'origine, les mutins voulaient s'opposer à l'arrestation du commandant Barreiro, lequel devait comparaître en justice alors qu'une loi votée en décembre stipulait que l'instruction des procès pour violation des droits de l'homme sous le régime précédent ne pourrait se poursuivre au-delà du 22 février. Après cette date, les militaires n'ayant pas été inculpés se trouvaient à l'abris de toute poursuite. Promesse difficile à tenir et les militants des droits de l'homme avaient déclaré : « Nous avons jugé les chefs. Nous voulons le reste. » Les plus acharnés étaient « les mères de la place de Mai » !

Le lieutenant-colonel Aldo Rico, l'un des mutins.

La manifestation de soutien à la démocratie.

La surenchère des salaires à la TV

20 avril. Entre les six chaînes de télévision, c'est la guerre des étoiles. Pour emporter la prochaine course à l'audience, chacune surenchérit pour débaucher les vedettes des concurrents. Les chiffres avancés, et revélés sans pudeur, sont ahurissants. Michel Drucker quitterait A2 pour la Cinq avec un salaire de 500 000 F par mois, Bernard Pivot se voit offrir 250 000 F contre les 160 000 qu'il gagne actuellement et Patrick Sabatier, qui s'attribue 70 000 F par mois, demande à Robert Hersant dix millions par an, pendant trois ans... Ces transferts en or massif laissent imperturbable Jacques Chancel, sollicité à la fois par TF1 et par la Cinq. Il restera sur la chaîne (A2) qu'il a créée avec Marcel Jullian, en 1975. « On n'abandonne pas sa famille, question d'éthique. »

"Apostrophes" s'invite chez Walesa

24 avril. Coup de théâtre, coup de maître : ce soir, Bernard Pivot présente à cinq millions de téléspectateurs un « Apostrophes » exceptionnel, qui est aussi une exclusivité mondiale : Lech Walesa a reçu l'équipe de Bernard Pivot chez lui en Pologne. L'entretien, tourné avec un matériel réduit et dans une quasi-clandestinité, est diffusé à l'occasion de la sortie en France du livre écrit par le dirigeant du syndicat Solidarnosc et publié par les éditions Fayard, « Un chemin d'espoir ». Il est rare que Bernard Pivot consacre sa célèbre émission à un seul auteur. Il l'avait fait auparavant pour Marguerite Yourcenar, Marguerite Duras et Aleksandr Soljenitsyne. Ce soir, l'événement dépasse la vie littéraire pour entrer dans la vie politique internationale. Un beau « scoop » comme disent les journalistes.

Un attentat fait 150 morts à Colombo

21 avril. 150 personnes ont été déchiquetées par la bombe qui a explosé aujourd'hui à la gare routière de Colombo, capitale du Sri Lanka. Tout porte à croire que la paternité de l'attentat revient à l'organisation des « Tigres », Tamouls d'obédience marxiste, originaires de la région de Jaffna. Ce dernier attentat porte à près de 6 000 tués en quatre ans le nombre des victimes de la guerre politico-raciale que livre la minorité tamoule à une majorité cinghalaise bouddhiste (73,8 %) dans le dessein d'obtenir une partition de l'île. Outre le terrorisme, le problème que connaît le gouvernement de Colombo résulte de l'envoi d'armes aux Tamouls par l'Etat indien du Tamil Nadu. On redoute également que la situation ne dissuade les touristes étrangers de se rendre dans l'île.

La CEE supprime ses paradis fiscaux

24 avril. Malgré l'opposition de la Suisse, du Liechtenstein et du Luxembourg, le Conseil de l'Europe a adopté une convention internationale contre la fraude fiscale. Elle prévoit l'échange de renseignements entre les administrations fiscales nationales, des contrôles à l'étranger, et l'accès, sous conditions, à des banques de données fiscales des autres pays contractants. Elle vise les particuliers qui auront négligé de payer leurs contributions en émigrant, et surtout les multinationales qui abusent des frontières pour des transferts de fonds.

Une saison perdue pour Greg Lemond

21 avril. Greg Lemond aime beaucoup la chasse. C'est l'un de ses passe-temps favoris. La chasse vient pourtant de lui jouer un très mauvais tour. Lors d'une partie avec des amis, à Sacramento (Californie), le dernier vainqueur du Tour de France a été victime d'un grave accident, en recevant malencontreusement une décharge de plombs dans le dos. Il a échappé au pire, mais a dû être hospitalisé pour une dizaine de jours; il devra observer une période de convalescence qui l'empêchera de participer au Tour.

Des décombres subsistent pendant plusieurs jours, rappelant la violence de l'attentat.

Avril

Sem. 18 1987

Lu	Ma	Me	Je	Ve	Sa	Di
		1	2	3	4	5
6	7	8	9	10	11	12
13	14	15	16	17	18	19
20	21	22	23	24	25	26
27	**28**	**29**	**30**			

27. France : le chômage progresse de 0,8 %.

27. Tunis : nouveaux affrontements entre étudiants islamistes et forces de l'ordre (→23).

27. Sri Lanka : les représailles contre les bases tamoules auraient fait 400 morts.

27. Paris : un incendie dans le 18e arrondissement fait deux morts, dont un enfant.

27. Tignes : la chute d'une télécabine fait 9 blessés.

27. Bruxelles : signature entre la Belgique et les USA d'une convention d'extradition.

28. Nouvelle-Calédonie : un gendarme est tué par un jeune Canaque qu'il interpellait.

28. France : d'après un sondage, la popularité de François Mitterrand est en hausse (plus de 55 %).

28. URSS : une nouvelle ville de 20 000 habitants, Slavoutitch, sera construite pour les travailleurs évacués de Tchernobyl.

28. CEE : projet de création d'une police européenne antidrogue et antiterroriste.

28. USA : le président autrichien Kurt Waldheim est déclaré « indésirable ».→

29. USA : visite du président japonais Yasuhiro Nakasone.

29. Canada : mêmes mesures contre Kurt Waldheim qu'aux Etats-Unis la veille.→

29. Electronique : fusion de Thomson et de la firme italienne SGS.

29. Nicaragua : un ingénieur américain est tué dans une attaque de la Contra.

29. Afrique du Sud : les forces de l'ordre assaillent le siège du Congrès des syndicats, à la veille du 1er mai.

29. Proche-Orient : François Mitterrand est favorable à une conférence internationale.

DECES

27. Paul Imbs, grammairien (*1908).

28. Robert Favre le Bret, président d'honneur du Festival de Cannes (*25.08.1904).

Kurt Waldheim indésirable en Amérique du Nord

28 avril. Peu après les Etats-Unis, le Canada vient à son tour de faire savoir que Kurt Waldheim, le nouveau président autrichien, ne serait pas le bienvenu, en raison de ses activités lors de la dernière guerre (→6.11.86). L'attitude des deux pays d'Amérique du Nord a été saluée aux Etats-Unis, mais vilipendée par les Soviétiques et mal accueillie en Allemagne de l'Ouest, où la presse parle d'un « intérêt sélectif pour le sort des victimes », et où l'on trouve à l'affaire « un arrière-goût déplaisant ».

Aïda à Louxor

30 avril. A Louxor, en Haute-Egypte, s'achèvent les répétitions d'« Aïda », le célèbre opéra de Giuseppe Verdi. C'est le spectacle le plus étonnant et le plus audacieux de l'année. Chanté pour la première fois dans les ruines fascinantes du temple au bord du Nil, « Aïda » se joue dans l'un des plus beaux décors du monde. Un homme d'affaires, Fausi Mitwali, né en Egypte mais citoyen autrichien, a mis deux ans à monter cette opération qui se heurtait à d'immenses difficultés techniques et financières. Pour entendre les trompettes d'Aïda, certains paieront jusqu'à 82 000 F la soirée avec aller-retour en Concorde...

Une scène d'Aïda, ou Verdi transporté sur le Nil.

La campagne d'information sur le Sida

Le Sida va-t-il provoquer de nouveaux comportements sexuels? Ici, une campagne pour des préservatifs.

27 avril. « Le Sida, il ne passera pas par moi. » Voilà le slogan de la campagne anti-Sida lancée par le ministre de la Santé, Michèle Barzach, et qui comporte un spot télévisé, une banque de données sur Minitel et la diffusion à 10 millions d'exemplaires d'un dépliant destiné au grand public. Le coût total du programme est de 12,5 millions de francs. Cible privilégiée de cette opération de prophylaxie : les jeunes. « Parce que ceux-ci représentent une génération pour laquelle la liberté sexuelle est devenue quelque chose de banal », a expliqué Michèle Barzach. « Il faut affronter le Sida comme une maladie é-vi-table, et non comme un fléau de fin de millénaire. »

Tension économique entre Japon et USA

29 avril. Alors que douze jours plus tôt, les Etats-Unis avaient annoncé qu'ils frapperaient de 100 % de droits une importante liste de produits japonais, ce n'est pas dans une ambiance détendue que Monsieur Yasuhiro Nakasone, Premier ministre nippon, arrive dans la capitale pour une visite officielle d'une semaine. Il est certain que le signe le plus frappant de l'essor japonais réside dans le fait que Tokyo a investi 27 milliards de dollars aux Etats-Unis et que 250 000 Américains sont aujourd'hui au service d'entreprises japonaises.

Des visages tendus, à l'image des relations commerciales.

Pasqua exhibe les horreurs de l'amour

27 avril. Après les mesures d'interdiction à l'affichage de publications pornographiques, le ministre de l'Intérieur expose, pendant trois jours à Paris, des échantillons des turpitudes et perversités sexuelles : accessoires, gadgets et autres panoplies de la dépravation. M. Pasqua veut prouver les dangers du laxisme des mœurs. Les invitations à cette exposition (pardon : exhibition), particulièrement écœurante, permettent d'apprécier cet étrange (et provisoire) musée des horreurs de l'amour. L'ancien ministre de la Culture, M. Jack Lang, suggère à M. Pasqua de « couvrir les statues scandaleusement dénudées! »

En France, les banques sont prospères

28 avril. Pour les banques françaises, l'année 86 sera un bon cru. Les bénéfices ont progressé, en moyenne, de 50 %. Le bénéfice net de la BNP grimpe de 50%, celui de la Société générale de 76 %, le Crédit lyonnais de 51 %, le CCF de 41 %. On a profité de la bonne santé de la Bourse (→ 5.3 et 19.10) pour y vendre des titres. Les banques ont aussi profité d'un facteur conjoncturel : la baisse des taux d'intérêt. Globalement, la santé florissante des banques, affichée à l'aube de leur privatisation, se chiffre à un bénéfice net d'une bonne douzaine de milliards. Les dépôts sur comptes chèques, principale ressource gratuite des banques, ont grimpé en 1986 de 17 % au CCF, de 10 % à la BNP. Celle-ci a payé ses ressources 4,2 % contre 5,2 % en 1985. Le client se demande, aujourd'hui que les comptes sont affichés, pourquoi on voulait lui faire payer ses chèques...

Après Zeebrugge, la Townsend plaide coupable

28 avril. La Peninsular and Orient, maison mère de la compagnie du « Herald of Free Enterprise », qui, en s'échouant le 6 mars dernier (→) au large de Zeebrugge, a fait environ 200 morts, a annoncé que tous les bateaux de la Townsend and Thorensen seront repeints et navigueront sous son sigle P and O. La compagnie britannique avait endossé auparavant la responsabilité du naufrage, en admettant que « des erreurs humaines évitables » avaient été commises, tant à bord qu'à terre. Accusée d'avoir accepté des réglementations de bord « laxistes », elle a admis que le drame était dû « à des erreurs imputables à elle-même et à certains de ses employés ». La Townsend a reconnu que le car-ferry avait quitté le port belge avec ses portes grandes ouvertes. Une série de mesures ont été arrêtées, assure-t-elle, pour que « pareille catastrophe ne se reproduise jamais ».

Mai

Sem. 19 1987

Lu	Ma	Me	Je	Ve	Sa	Di
				1	2	3
4	5	6	7	8	9	10
11	12	13	14	15	16	17
18	19	20	21	22	23	24
25	26	27	28	29	30	31

1er. Liban : un raid israélien sur le camp palestinien de Myeh-Myeh fait 14 morts.

1er. RFA : Berlin fête ses 750 ans.

2. Liban : des affrontements entre chrétiens lors d'un match de football fait 5 morts.

2. Rubgy : Toulon est champion de France 56 ans après son dernier titre.

3. Belgique : mutinerie dans la prison de Tournai après l'arrivée de 5 détenus soupçonnés d'être atteints de Sida.

3. Paris : un budget de 137 millions est voté pour rendre la ville plus accueillante.

5. Nogent-sur-Marne : 8 morts dans l'incendie de la clinique de Plaisance.

5. Venise : l'entrée est limitée à 50 000 touristes par jour maximum.

6. Paris : présentation du nouvel organigramme de TF1.

6. Munich : peine de 2 ans de prison pour une prostituée qui travaillait, bien que se sachant séropositive.

7. France : vote du projet de loi instaurant la garde conjointe aux parents divorcés.

7. Autriche : Kurt Waldheim annonce un livre blanc pour se défendre des accusations portées contre lui.

8. Liban : un nouveau raid israélien sur Saïda fait 7 morts.

9. Bruxelles : l'Irlandais Johnny Logan, avec « Hold me », remporte le 32e Grand Prix de la chanson.

10. France : grève des contrôleurs aériens et des pilotes d'Air France.

10. Golfe : un cargo soviétique est attaqué par des vedettes iraniennes.

DECES

3. Yolande Gigliotti, dite Dalida, chanteuse (*1934).

3. Constantin Jelenski, écrivain polonais (*1922).

6. William Casey, ancien directeur de la CIA (*1913).

Dalida se suicide à cinquante-quatre ans

3 mai. « La vie m'est insupportable, pardonnez-moi. » Ces quelques mots laissés ce dimanche après-midi par Dalida expliquent l'inexplicable : malgré ses innombrables succès, la chanteuse n'avait pas trouvé le bonheur. Dalida était seule, trop seule, et ces trois hommes qu'elle avait aimés s'étaient donné la mort. Née en Eygpte, Yolande Gigliotti était devenue Dalida en 1956 avec la chanson « Bambino », un immense succès en pleine période « yé-yé ». Elle fut découverte par Lucien Morisse, le directeur des programmes d'Europe 1, qu'elle épousera en 1961. Avec sa voix chaude, ses cheveux d'ébène et son corps superbe, Dalida fait preuve d'un professionnalisme remarquable. Récemment, on avait pu la voir dans le film de Youssef Chahine, adapté du roman d'Andrée Chedid « Le Sixième Jour », où elle était magnifique. Dalida a cessé de lutter...

Etonnante dans le « Sixième Jour », Dalida avait renoué avec le cinéma.

Une béatification contestée en Allemagne

1er mai. A Cologne, dans le stade Muengersdorf, décoré aux couleurs jaune et blanc du Vatican, le pape Jean-Paul II, devant 75 000 fidèles, parmi lesquels le chancelier Helmut Kohl, a concélébré la messe solennelle de béatification d'Edith Stein, une carmélite d'origine juive assassinée en 1942 à Auschwitz. Il a évoqué avec émotion les six millions de victimes de l'holocauste, qui, « des enfants aux vieillards, trouvèrent la mort dans les enfers terrestres des camps d'extermination ». Il a dénoncé avec force les aspects « diaboliques » de l'idéologie hitlérienne et des « esprits déments qui ont conçu le plan d'exterminer les juifs » et l'ont exécuté « avec une méticulosité implacable ». Il a répondu aux craintes de la communauté juive d'une « récupération » catholique d'une victime juive de l'holocauste en déclarant qu'Edith Stein était « morte en fille d'Israël et en même temps en sœur Teresia Benedicta de la Croix, bénie par la Croix ». Et il a ajouté, pour désamorcer toute contestation : « La vie et le chemin de croix d'Edith Stein sont intimement liés au destin du peuple juif. »

Une nouvelle opération séduction de la communauté juive?

Flirt interdit pour Gary Hart

7 mai. Comme il est également auteur de romans policiers, le candidat démocrate à la présidence pourrait intituler son prochain ouvrage « Les Liaisons dangereuses » à la manière de Choderlos de Laclos. Cette curieuse Amérique, oscillant entre le puritanisme et le dévergondage, ne lui pardonne pas d'avoir été surpris en compagnie de Donna Rice, actrice âgée de 29 ans. On a découvert qu'ils étaient partis tous les deux en croisière aux Bahamas. Dès lors, les journalistes lui ont collé aux talons. Et les sondages ont marqué une chute de popularité de dix points. S'il trompe sa femme, pourquoi ne tromperait-il pas ses électeurs? s'inquiètent les rigoristes.

Donna Rice, femme fatale.

Graves crises au "Matin de Paris"

6 mai. C'est un triste anniversaire pour « Le Matin de Paris ». Au terme de sa première décennie, les difficultés qu'il rencontre obligent le journal à déposer son bilan. L'an dernier, le déficit cumulé s'élevait à 62 millions. Depuis le début de cette année, les pertes mensuelles sont estimées à 6 millions. Les causes de ces crises prolongées sont la baisse de la diffusion, tombée à 80 000 exemplaires alors qu'elle atteignait presque le seuil des 100 000 fin 1986 et sa conséquence directe, la faiblesse de la publicité. Les salaires d'avril n'ont pu être payés et les piges du début de l'année ne sont toujours pas réglées. Cette situation, très complexe, qui menace l'existence du titre, est un échec pour M. Paul Quilès, président, depuis deux mois, du holding MPC (Médias-Presse Communications) dont dépend « Le Matin ». L'ancien ministre refuse, par ailleurs, que M. Giancarlo Paretti, vice-président délégué d'Interpart Editions, qui détient 19,6 % de MPC, gère directement le titre et sa rédaction. Le PDG du journal, M. Jean-René Poillot, le cinquième depuis 1977, vient de démissionner. Les journalistes ont décidé de reprendre le travail mais on comprend leur inquiétude. Le dépôt de bilan peut, après la nomination d'un administrateur par le tribunal, permettre à un repreneur de se présenter. Mais pourra-t-il garantir la ligne politique du titre?

Diego Maradona met Naples en folie

10 mai. En faisant match nul sur leur terrain de San Paolo avec la Fiorentina, Diego Maradona et les footballeurs de Naples sont devenus champions d'Italie, et ont provoqué un véritable carnaval dans toute la ville. Fondé en 1926, le club napolitain aura dû attendre soixante et un ans avant de conquérir son premier titre national. Naples, qui compte 58 000 abonnés, a également battu dimanche les records de recettes (2 milliards de lires, soit 9 millions de francs) et de spectateurs (82 579), sa moyenne pour la saison s'élevant à 74 000 spectateurs par match.

« Chronique d'une mort annoncée » tirée du roman de Gabriel Garcia Marquez.

Un Iliouchine-62 s'écrase à Varsovie

Les débris calcinés de l'Iliouchine.

9 mai. Deux des quatre moteurs de l'Iliouchine-62 Varsovie - New York de la compagnie polonaise LOT étaient en feu, et le commandant de bord, Zygmunt Pawlaczyk, a préféré faire demi-tour vers la capitale. « C'est la fin, adieu » a-t-il dit une heure plus tard en tentant d'atterrir dans un champ à six kilomètres de l'aéroport de Varsovie. L'avion s'est écrasé au sol, et il n'y a eu aucun survivant parmi les 172 passagers, dont 17 Américains, et les 11 membres d'équipage. C'est la catastrophe la plus meurtrière de l'histoire de l'aviation polonaise.

La chapelle Sixtine est-elle défigurée?

3 mai. Au Vatican, la restauration des fresques de la chapelle Sixtine se poursuit. On prévoit que les travaux, commencés en 1980, dureront au moins jusqu'en 1993. Il faut dire que l'entreprise est gigantesque. Et dès à présent, elle soulève de farouches polémiques. Si l'opinion générale est à peu près unanime à reconnaître la nécessité d'enlever l'épaisse couche grasse provenant de la fumée des cierges, des lampes à huile et des braseros qui, pendant des siècles, s'est déposée sur les célèbres fresques de Michel-Ange, en revanche, les avis sont très partagés quant aux moyens mis en œuvres pour cette restauration : les couleurs sont devenues d'une telle vivacité que le grand public, dérouté, se demande si vraiment elles sont authentiques. N'a-t-on pas trahi Michel-Ange? Certains spécialistes critiquent ce « grand nettoyage », à leurs yeux trop « énergique ». A quoi Fabrizio Mancinelli, le responsable des travaux financés par le sponsor japonais NTV/Yomiuri Shinbum, répond que le résultat n'est en aucun cas le fruit d'un rajout, mais au contraire d'une soustraction de matières indésirables déposées par le temps, à l'aide d'eau distillée et de solvants légers additionnés de fongicide. Le doigt de Dieu seul pourra départager partisans et adversaires de ce « new look ».

Un aspect de la chapelle Sixtine. On peut regretter la patine du temps (à gauche) ou préférer la version aseptisée (à droite).

Assaut de l'IRA contre un commissariat

Une image quotidienne de l'Irlande du Nord qui illustre la guerre entre l'IRA et le gouvernement britannique.

8 mai. Le fait que pour une fois l'assaut d'un commissariat de police dans le sud de l'Ulster ait tourné au désavantage des terroristes de l'IRA (huit morts dans leur camp, un policier tué), ne change pas grand-chose aux données du problème irlandais. En l'espace de deux ans, l'accord survenu entre Londres et Dublin n'a en rien découragé une IRA radicalisée et marxisée. Signé le 15 novembre 1985, le traité, s'il stipulait que l'Irlande du Nord (Ulster) resterait province britannique et demeurerait au sein du Royaume-Uni tant que la majorité de la population le souhaiterait, précisait en revanche qu'il s'efforçait d'établir un équilibre entre les communautés protestante et catholique. Non seulement cette dernière se voyait accorder des droits accrus, mais encore les autorités de Dublin recevaient un certain droit de regard sur les six comtés du Nord. Si, depuis le début de l'année, l'Ulster a vu doubler le nombre d'attentats, d'assassinats de policiers et de transfuges, les exactions sont le fait des franges dures catholique et protestante. L'IRA se considère de plus en plus comme un mouvement de libération aligné sur ceux que soutient Kadhafi. Elle ne dissimule pas l'appui que lui accorde Tripoli. La seconde aide de l'IRA n'est autre qu'une communauté irlando-américaine forte de 40 millions de personnes. Outre l'assistance financière octroyée à l'IRA, les Irlandais d'Amérique tentent de persuader Reagan d'accroître l'aide économique à leur mère patrie.

Poussée conservatrice en Afrique du Sud

6 mai. Les résultats des élections législatives démentent les prévisions des augures internationaux. Le Parti national du président Botha voit sa représentation passer de 117 à 123 mandats et la gauche du Parti fédéral progressiste est en recul. Curieusement, la politique internationale des « sanctions » n'a pas empêché le volume des exportations de s'accroître de 7 % en un an. Des pluies abondantes vont amener des récoltes fructueuses et la remontée du cours de l'or favorise la reprise de l'économie. Les conservateurs situés à droite du Parti national atteignent 30 % des suffrages. Quoique timide, le démantèlement progressif de l'apartheid entrepris par le président Botha se trouve à la source de ce durcissement de l'électorat blanc.

Des tonnes d'ordures à la dérive

10 mai. Depuis six semaines, une péniche, le « Break of Dawn », chargée de 3 186 tonnes d'ordures provenant de Long Island, cherche une destination. Elle était partie le 22 mars dernier d'Islip, dans la banlieue new-yorkaise, parce qu'il n'y avait plus de place dans les décharges de la région. Elle s'est mise à longer la côte est des Etats-Unis, pour atteindre, enfin, le golfe du Mexique. Au cours de son périple de 8 000 kilomètres, elle s'est vu refuser l'accès à six Etats américains. Comme elle est aussi interdite de séjour au Belize, au Mexique et aux Bahamas, elle remonte vers le nord, au large de la Floride. Et cela coûte au malheureux propriétaire des ordures, Lowell Harrelson, un businessman de l'Alabama, 6 000 dollars par jour...

Les propos de Le Pen sur le Sida contestés

7 mai. Devant les caméras de « l'Heure de Vérité », Jean-Marie Le Pen, le leader du Front national, a tenu, notamment, des propos sur le Sida qui ont entraîné une réaction immédiate, non seulement des sidologues, mais du ministère de la Santé, qui a tenu à les démentir. « Le malade du Sida hospitalisé coûte entre un demi-million et un million de francs par an », avait dit le candidat du Front national. « C'est absolument faux, a rétorqué Michèle Barzach. Le coût de l'hospitalisation n'excède pas 1 800 F par jour, soit 400 F de plus qu'un autre malade hospitalisé. » Une maladie terriblement contagieuse? Le Sida est loin d'être la maladie la plus contagieuse. Sa transmission se limite à la double voie sanguine et sexuelle. « Le sidaïque est contagieux par sa transpiration, ses larmes, sa salive, son contact », affirme M. Le Pen, ce qui est également faux.

L'île de Malte change de cap politique

9 mai. Dans cette île naguère considérée comme un « porte-avions britannique » ancré en Méditerranée, les travaillistes détenaient le pouvoir depuis seize ans. Règne achevé puisque les nationalistes viennent de les battre par 50,92 % des suffrages contre 48,87 %. Avec une voix de majorité au Parlement, M. Fennech Adami succède donc à M. Milsud Bonnici au poste de Premier ministre. Au plan de la politique étrangère, la nouvelle équipe au pouvoir entend se démarquer nettement de la précédente. Elle demande l'adhésion de Malte à la Communauté économique européenne, ce qui suppose une nette réorientation des alliances. En effet, au fil des années, l'ancienne possession et base britannique avait mis cap sur l'Est et sur le Sud, représenté par la Libye du colonel Kadhafi. Un traité d'amitié et de coopération avait été signé en 1984 avec Tripoli. Si le colonel libyen accordait à ses nouveaux amis un tarif préférentiel sur les produits pétroliers, il avait en revanche établi dans l'île une dizaine de sociétés et environ 1900 de ses nationaux se sont installés à Malte, ce qui représente un chiffre supérieur aux effectifs de l'armée maltaise.

L'ascension de la tour Eiffel à vélo

7 mai. Depuis son inauguration en 1889, la tour de M. Eiffel n'a cessé de susciter des exploits variés, parfois tragiques. Aujourd'hui, l'exploit est heureux. Emmanuel Savatier et Christophe Rioudet, tous deux originaires de Grenoble, ont réussi une « première » en faisant l'ascension du monument en vélo trial. Le pari consistait à gravir les marches une à une sans jamais mettre à pied à terre ni s'aider de la main. Pari tenu! Il figurera dans le livre Guiness des records. Et il a été fêté en présence des parents des jeunes gens et du maire-adjoint de Grenoble.

Une bien étrange ascension de la tour Eiffel.

Mai

Sem. 20 1987

Lu	Ma	Me	Je	Ve	Sa	Di
				1	2	3
4	5	6	7	8	9	10
11	**12**	**13**	**14**	**15**	**16**	**17**
18	19	20	21	22	23	24
25	26	27	28	29	30	31

11. RFA : visite de François Mitterrand pour le 750e anniversaire de Berlin.

11. Marseille : un attentat contre la Maison de l'étranger fait trois blessés.

11. Yougoslavie : après 33 jours de grève, les mineurs de Labin en Istrie obtiennent une augmentation de salaire de 45 %.

11. Paris : 27,7 millions d'actions sont mises en vente à 290 francs pour la privatisation de la CGE.

12. France : les immigrés clandestins pourraient être expulsés en train.

12. Paris : ouverture d'une salle de gymnastique pour chiens.

13. Paris : graves difficultés de la joaillerie Chaumet.

13. Médecine : première greffe simultanée du cœur et des poumons aux USA.

14. RFA : 45 étudiants boursiers du tiers monde sont expulsés parce que porteurs du Sida.

14. Philippines : 50 000 manifestants contestent les élections en faveur de Cory Aquino, à Manille. →

15. Iles Fidji : le lieutenant-colonel Sitiveni Rabuka tente de prendre le pouvoir.

15. Chypre : cinq arrestations après un chantage à la dioxine. Ils menaçaient d'empoisonner Nicosie.

17. RFA : recul de la CDU de Helmut Kohl aux élections régionales à Hambourg et en Rhénanie-Palatinat.

17. Madrid : trois attentats à la voiture piégée font un mort et neuf blessés.

17. Istanbul : un millier de femmes battues défilent.

DECES

11. Emmanuel Vitria, doyen mondial des greffés du cœur (*1920). →

11. Henri Duffaut, ancien maire d'Avignon (*7.6.1907).

15. Rita Hayworth, actrice américaine (*17.10.1918). →

17. Pierre Halbwachs, militant des droits de l'homme (*1916).

Barbie tente de saboter son procès

13 mai. Surprise lors de la troisième audience du procès de l'ancien chef de la Gestapo, à Lyon : Klaus Barbie refuse de comparaître. « Je ne suis pas lâche, fait-il savoir par son avocat, Me Vergès, je suis citoyen bolivien, victime d'un enlèvement, détenu de manière illégale en France. Je n'ai plus l'intention de me présenter devant ce tribunal. » Après délibération, le président a décidé de poursuivre le procès sans l'accusé. Lors des deux premières audiences, Klaus Barbie avait étonné par sa désinvolture. C'est un vieil homme qui s'était avancé, le visage émacié. Il avait aussitôt engagé la conversation avec ses interprètes. Puis, il avait souri, dévisageant ceux qui l'attendaient. Le président lui ayant demandé son identité, Barbie avait répondu, en allemand : « Je suis Klaus Altmann, né le 25 octobre 1913 à Bad Godesberg, près de Bonn. » Il y avait eu des sifflements dans la salle. Puis avait eu lieu la lecture de l'acte d'accusation, et un premier interrogatoire. Quelle était sa responsabilité dans les atrocités commises par les nazis? « J'avais des supérieurs hiérarchiques. J'obéissais aux ordres donnés. Pendant toute la guerre, je n'avais pas d'avis à donner sur les questions des minorités. J'étais un soldat. » Les juifs? « Je ne connais pas la haine. Je n'ai pas de haine contre les minorités. »

Un Klaus Barbie impassible.

Triomphe électoral pour Cory Aquino

11 mai. Faible sur le terrain lorsqu'il s'agit de lutter contre les factions armées, la présidente Corazon Aquino conserve une popularité bien ancrée lors des consultations électorales. Son parti, le Lakos Bayan (Force du peuple), l'a emporté haut la main. Tant Enrico Enrile (chef de la Grande Alliance démocratique) que le Mouvement pour la nouvelle société (les partisans de l'ancien dictateur Marcos) ont été laminés. Il n'en demeure pas moins que dans 63 des 74 provinces des Philippines, Mme Aquino doit toujours faire face à la rébellion armée. En un an, les révolutionnaires de la Nouvelle Armée du peuple ont augmenté leurs effectifs de 9 %.

Le cœur greffé de Vitria a tenu 20 ans

11 mai. Emmanuel Vitria, le doyen des opérés du cœur, est mort à Marseille. « Bicou » (comme l'appelaient ses amis), homme affable et courageux, aura connu un étonnant destin, une véritable seconde vie. Le 28 novembre 1968, le professeur Henry, patron du service de chirurgie cardiaque du centre Jules-Cantini de Marseille, avait greffé à M. Vitria le cœur d'un Auvergnat de 20 ans mort la veille.

Qui espionnait Yves Saint-Laurent?

11 mai. C'est un cambriolage peu ordinaire qui a eu lieu à Paris, dans les locaux du couturier Yves Saint-Laurent. Une porte qui était protégée par une serrure électronique ainsi qu'une issue de secours ont été neutralisées dans la nuit. Les voleurs, très bien renseignés, ont dérobé des vêtements de cuir, de la soie et des bijoux pour une valeur totale de un million de francs. Mais, il y a plus grave : les dessins et les prototypes de la collection d'hiver ont également disparu et il est difficile d'évaluer une telle perte à deux mois des collections. Selon la police, il s'agit d'un cas type d'espionnage industriel.

Michel Platini joue son dernier match

17 mai. Turin, dimanche, 17 h, Stadio Comunale : un footballeur au maillot rayé noir et blanc quitte la pelouse en saluant la foule. Michel Platini vient de jouer avec la Juventus son dernier match de footballeur professionnel. A 32 ans, le capitaine de l'équipe de France, joueur français numéro un de ces dix dernières années et sans doute de l'histoire, abandonne la compétition et prend sa retraite : « Je n'avais plus la force de me remotiver entre les matchs. Je veux rester fidèle à ma philosophie du jeu et du spectacle. » Le football et le sport français sont aujourd'hui orphelins...

Un dernier regard de Michel Platini pour le terrain de ses exploits.

Obsèques sous surveillance en Irlande

12 mai. Belfast et Londonderry ont été le théâtre de violentes échauffourées entre les partisans de l'IRA et les forces de l'ordre. Hier, deux des militants tombés dans l'embuscade de Loughall (→8), Patrick Kelly et Anthony Gormley, ont été enterrés sous la surveillance discrète mais effective de la police nord-irlandaise. Une telle discrétion avait en effet été promise aux membres de l'IRA à condition qu'eux-mêmes s'abstiennent de rendre les traditionnels « honneurs militaires » à leurs défunts camarades. Seule, à la fin de la cérémonie, une femme vêtue de noir, le visage masqué, a, sur la tombe de Patrick Kelly, proféré des menaces de vengeance, affirmant que l'organisation terroriste préparerait sa « riposte ».

L'omniprésence de la police lors des obsèques de membres de l'IRA.

Rita Hayworth était l'idole des GI's

13 mai. Rita Hayworth est morte dans son appartement de New York, âgée de 69 ans. Depuis plus de dix ans, elle y vivait recluse, atteinte de ce mal implacable qui provoque une sénilité précoce, la maladie d'Alzheimer. De son vrai nom Margarita Cansino, son père était un danseur espagnol, sa mère une comédienne d'origine irlandaise. Montée sur les planches à l'âge de 10 ans, elle débuta au cinéma en faisant une apparition aux côtés de Spencer Tracy. Rousse flamboyante, célébrée comme l'une des plus belles femmes du monde et idole de l'armée américaine pendant la guerre, elle avait épousé Orson Welles puis le prince Ali Khan. L'image que nous garderons d'elle est celle d'une splendide créature retirant voluptueusement son gant dans le film de Charles Vidor, « Gilda », qui la rendit célèbre juste avant « La Dame de Shangaï ».

L'image inoubliable...

...d'une rousse flamboyante.

Missiles irakiens contre frégate US

La « gaffe » irakienne ne remettra pas en cause l'appui des Etats-Unis.

17 mai. Le « Starck », une frégate américaine faisant partie de la flotille de sept navires détachée par l'US Navy dans le Golfe, et qui transporte 200 hommes et des hélicoptères de reconnaissance, à environ 75 miles au large de Bahrein et à 275 miles des côtes irakiennes, a été atteint de trois missiles Exocet de fabrication française, tirés par des Mirage F1 irakiens. Vingt-huit marins américains ont été tués, six autres blessés et un violent incendie s'est déclaré. Le Pentagone a adressé une protestation formelle à Bagdad, et l'Irak a fait part de « ses profonds regrets », promettant à l'avenir « d'identifier ses cibles avant de tirer ». Cette attaque survient alors que Moscou et Washington sont parallèlement engagés dans des opérations de soutien au Koweit afin d'assurer la libre circulation de ses pétroliers.

Les carabins ont le bourdon

Les carabins à Notre-Dame.

17 mai. Les tours de Notre-Dame viennent de recevoir la visite de fidèles décidés à « occuper » la cathédrale. Près de trois cents étudiants en médecine ont quitté leur groupe de visiteurs pour s'enfermer près du bourdon, la célèbre grosse cloche. En blouse blanche, ils entendent protester contre la réforme du troisième cycle des études médicales. Un groupe d'irréductibles a décidé de passer la nuit dans la tour de droite. D'autres manifestations sont prévues jusqu'à la discussion de la loi au Parlement.

Alain Prost égale Jacky Stewart

17 mai. Il y a six ans, le 5 juillet 1981, Alain Prost, pilotant une Renault, remportait à Dijon son 1er Grand Prix de Formule 1 (celui de France). Ce dimanche, à Francorchamps, le champion français a réalisé un grand exploit en enlevant le Grand Prix de Belgique. Du même coup, en gagnant son 26e Grand Prix, Alain Prost a égalé le record des victoires détenu par l'Ecossais Jacky Stewart, confirmant ainsi son titre et sa valeur de champion du monde.

Liz Taylor est décorée de la Légion d'honneur.

Mai

Sem. 21 1987

Lu	Ma	Me	Je	Ve	Sa	Di
				1	2	3
4	5	6	7	8	9	10
11	12	13	14	15	16	17
18	**19**	**20**	**21**	**22**	**23**	**24**
25	26	27	28	29	30	31

18. France : Georges Marchais propose la candidature d'André Lajoinie aux présidentielles.

18. Inde : les violences entre hindous et musulmans font 50 morts.

19. Bruxelles : manifestation de 20 000 paysans européens contre la baisse de leurs revenus.

19. Bavière : arrivée d'un Tchécoslovaque qui, en ULM, a pu passer à l'Ouest, poursuivi par deux avions militaires.

20. Iles Fidji : dissolution du parlement, affrontements entre Mélanésiens et Indiens à Suva. →

20. Afrique du Sud : trois policiers blancs tués et deux autres blessés dans un attentat devant le tribunal de Johannesburg.

20. CEE : l'Europe envisage d'appliquer la règle de la libre circulation aux enseignants et aux chemins de fer.

20. CEE : adoption de nouvelles normes de radioactivité pour les aliments.

20. France : trois Mirages F1 s'écrasent sur le massif du Pilat.

21. Médecine : l'épidémie de Sida pourrait remettre en cause les vaccinations systématiques dans le tiers monde.

21. Suisse : arrestation à Lugano de Jean-Dominique Fratoni, ancien PDG du casino Ruhl à Nice, en fuite depuis février 1980.

22. Argentine : adoption du projet de loi autorisant le divorce.

22. Inde : les affrontements entre hindous et musulmans ont fait plus de 200 morts en une semaine près de Delhi.

23. Corse : arrestation de onze nationalistes.

24. France : Jacques Chirac est réélu à la tête du RPR.

24. France : découverte à Osny du sixième nouveau-né abandonné.

24. Italie : protestation des partis laïcs, qui estiment que le pape, pendant la campagne, prêche pour la démocratie chrétienne.

Nuit des Molières au Châtelet

Un Molière pour Suzanne Flon.

23 mai. Le théâtre a enfin ses récompenses. Au Châtelet (Théâtre musical de Paris), sous la présidence de Jacques Chirac et de François Léotard, quatorze lauréats reçoivent un « Molière » comme le cinéma reçoit les « Césars ». Le gala, diffusé sur A2, a contraint plusieurs directeurs de salles à faire relâche ce soir. Une exception : Jean-Paul Belmondo joue quand même « Kean »... Parmi les lauréats : Antoine Vitez, Pierre Arditi, Suzanne Flon, Jean-Pierre Vincent, Philippe Caubère et Ute Lemper, la révélation de « Cabaret ». Une ovation a salué trois grandes dames présentes : Denise Grey, Madeleine Renaud et Elvire Popesco.

Maurice Pialat applaudi et hué à Cannes

19 mai. Le Festival international du film de Cannes s'achève dans les insultes. Après une délibération qui fut, dit-on houleuse, le jury, que préside Yves Montand, a décerné la Palme d'or au film de Maurice Pialat « Sous le soleil de Satan », adapté du roman de Georges Bernanos. A l'annonce de ce résultat, le public s'est mis à siffler et à conspuer le metteur en scène dont les rapports avec la presse ne sont pas au beau fixe. Malgré l'intervention de Catherine Deneuve, qui a courageusement tenté de calmer la tempête, le réalisateur a encore agravé la situation. Volontairement provocateur, Maurice Pialat a levé le poing de la contestation à l'adresse des invités (et des téléspectateurs) en déclarant : « Vous ne m'aimez pas? Moi non plus! » Le public jugera lui-même en septembre du bien-fondé des polémiques soulevées par ce film dont les principaux interprètes sont Gérard Depardieu et Sandrine Bonnaire. C'est la première Palme d'or française depuis vingt et un ans.

Vous ne m'aimez pas, moi non plus!

Comment faire son shopping en Europe

24 mai. Les disparités de la TVA entre les différents pays d'Europe font varier les prix, parfois du simple au double. Pour que puisse s'y retrouver le consommateur, la CEE vient de publier un guide. C'est ainsi qu'il est conseillé aux Français d'acheter leurs disques et cassettes en Grèce, où ils gagneront 42 ou 49 %. Le matériel photographique est moins cher (20 %) en Grande-Bretagne, mais les films sont à meilleur prix (25 % de moins) en Italie. On conseille au tennisman de faire ses emplettes en Irlande, où les chaussures de sport et les raquettes valent environ 15 % de moins. Ces différences illustrent parfaitement le problème de l'harmonisation des taux de TVA en Europe. Théoriquement, leur coordination est prévue fin 1992. En attendant, le Danois paye sa voiture deux fois plus cher que le Belge...

Bagarres à l'inauguration de Mirapolis

Gargantua domine la mêlée.

21 mai. Violents affrontements lors de l'inauguration du parc d'attractions Mirapolis, à Cergy-Pontoise, entre le personnel du complexe et des commandos de forains voulant dénoncer la concurrence des parcs. Les bagarres ont fait treize blessés, tandis que les dégâts sont importants, et six attractions sont hors d'usage. Selon la direction de Mirapolis, les réparations seront très vite effectuées, et Mirapolis (un investissement de 500 millions, en soixante attractions entièrement vouées à l'imaginaire des contes et légendes de France, sur cinquante hectares) sera à nouveau prêt, espérant recevoir, chaque année, 2,5 millions de visiteurs.

Le funambule français Philippe Petit sur son fil devant Jérusalem.

Incendie de forêt monstre en Chine

Une équipe de secours examine les blessés.

L'ampleur de l'incendie fait craindre une catastrophe écologique et économique sans précédent.

19 mai. Depuis quinze jours, un gigantesque incendie de forêt ravage les provinces du nord de la Chine. Il a déjà détruit plus de 600 000 hectares dans la province septentrionale de Heilong-Jiang, faisant, selon les premières estimations, plus de 500 morts. Le feu aurait déjà traversé la frontière de Mongolie-Intérieure, où une population de 40 000 habitants des villes de Fuzhun et Mangui est en cours d'évacuation, femmes et enfants d'abord. En Union soviétique, à quelques centaines de kilomètres de là, c'est depuis un mois que l'incendie fait rage, dans la région du lac Baïkal. Il aurait déjà traversé l'Ergun, un fleuve de 150 mètres de large qui constitue la frontière entre la Chine et l'URSS. Côté chinois, le « Quotidien du Peuple » estime que l'incendie, dans sa partie est, est « entièrement sous contrôle ». Il est contenu par 300 kilomètres de tranchées coupe-feu larges de 150 mètres. Le feu a détruit 12 000 habitations. Mais les Chinois n'ont peut-être pas tout révélé sur l'ampleur de la catastrophe...

Nounours fête ses quatre-vingts ans

20 mai. C'est en 1907 que la modiste allemande Margaret Steiff lança sur le marché le premier « nounours », qui devint le compagnon préféré des jeunes Américains. On le surnomma « Teddy Bear » après que le président Théodore Roosevelt eut épargné un jeune ourson dont il venait d'abattre la mère au cours d'une chasse.

Coup d'Etat militaire aux îles Fidji

23 mai. Entre le colonel putschiste Rabuka et le Premier ministre renversé Timoci Bavadra, les ponts semblent d'autant plus coupés que le premier est Mélanésien tandis que le second appartient à la communauté indienne. Bien que le gouverneur général britannique, Sir Penaia Ganilau, ait pris les pleins pouvoirs au nom de la reine Elisabeth II d'Angleterre, il lui sera difficile de rétablir l'ordre et l'harmonie. Le putsch, en effet, est d'origine mélanésienne et se veut anti-indien. Dans son fief de Viselsi, l'ex-Premier ministre Timoci Bavadra organise la résistance et refuse de participer à la révision de la Constitution.

Le Premier ministre Timoci Bavadra renversé par le putsch.

Un des pères de la révolution des Œillets condamné

20 mai. Alors qu'avec deux ans d'anticipation, le Portugal s'apprête pour les législatives du 19 juillet d'où sortira le dix-septième gouvernement depuis la révolution des Œillets, l'élément le plus radical de cette période a été condamné à 15 ans de prison. Il s'agit du lieutenant-colonel Otelo de Carvalho. Lors de la révolution, il déplafonna les limites de l'arbitraire. Il était directeur du Copcon, la police politique dont les Portugais expliquaient le sigle en disant qu'il signifait « Comment organiser la Pide, ex-police salazarienne, avec un autre nom » (Come organisar Pide con otro nome). De fait, Carvalho a été inculpé d'appartenance au groupe d'extrême-gauche FP25 (Force populaire 25 avril), responsable de douze assassinats et d'une vingtaine d'attentats depuis sa création en 1980.

Beau fixe entre Paris et Ottawa

24 mai. Vingt ans après la visite du général de Gaulle, le chef du gouvernement canadien, Brian Mulroney, et François Mitterrand, hôte officiel d'Ottawa, vont enterrer la hache de guerre. En criant son célèbre « Vive le Québec libre! », Charles de Gaulle avait fait souffler un vent glacial sur les relations franco-canadiennes. Le fait que, outre-Atlantique, la communauté francophone soit reconnue comme une société distincte et que les Québécois admettent de figurer au sein de l'ensemble canadien a débouché sur des retrouvailles que ne devraient pas obscurcir les différends au sujet des zones de pêche au large de Terre-Neuve.

Albert Frère à la tête du groupe belge Lambert

19 mai. Albert Frère, 61 ans, le plus connu des financiers belges, vient d'être nommé à la tête du conseil d'administration du Groupe Bruxelles Lambert, succédant au baron Léon Lambert. On estime l'empire financier d'Albert Frère, self-made man à l'américaine, à 3,5 milliards de dollars. Ses intérêts se trouvent non seulement dans la finance, mais également dans l'immobilier, le pétrole et l'industrie lourde.

« Radio Days », le nouveau film de Woody Allen, est un chef-d'œuvre d'humour et de tendresse doublé d'un hommage aux temps héroïques de la radio.

Mai

Sem. 22 1987

Lu	Ma	Me	Je	Ve	Sa	Di
				1	2	3
4	5	6	7	8	9	10
11	12	13	14	15	16	17
18	19	20	21	22	23	24
25	**26**	**27**	**28**	**29**	**30**	**31**

25. Roumanie : Nicolae Ceaucescu, hostile aux idées de réforme de Mikhaïl Gorbatchev, le reçoit froidement.

25. Canada : visite officielle de François Mitterrand, 20 ans après de Gaulle.

25. Maroc : échange de 102 militaires algériens contre 150 soldats marocains.

25. France : mise en vente à 500 F des actions Havas.

25. France : la centrale de Superphénix est arrêtée pour une réparation qui durera trois ou quatre mois.

26. Sri Lanka : vaste offensive de l'armée contre les Tamouls.

27. Berlin : la reine Elisabeth d'Angleterre rencontre le président de la RFA, Richard von Weizacker.

27. Israël : mesures de sécurité exceptionnelles pour le 20e anniversaire de la « réunification » de Jérusalem.

27. URSS : réhabilitation de Boris Pasternak.

27. Argentine : adoption du projet du président Alfonsin. La capitale sera transférée de Buenos Aires à Viedma et à Carmen-de-Patagones.

27. Football : Porto remporte la coupe d'Europe des clubs champions.

28. Paris : premier sommet antiterrorisme des pays industrialisés.

28. Anvers : arrivée au zoo de deux pandas venus de Chine avec leurs trois vétérinaires.

29. Suisse : libération de Jean-Dominique Fratoni (→21), qui sera expulsé vers Saint-Domingue.

29. Golfe : les USA décident de renforcer leur présence militaire.

29. USA : le général Rafael Del Pino Diaz, numéro deux de la défense cubaine, arrive en Floride à bord d'un Cessna 402.

31. Mer du Nord : collision d'un pétrolier libérien et d'un cargo polonais. Plusieurs centaines de tonnes de fuel déversées.

Un atterrissage sur la place Rouge

29 mai. A 19 h 30, un Cessna Skyhawk 172B s'est posé sur la place Rouge, à Moscou, et s'est arrêté devant la cathédrale Saint-Basile, le nez face au Kremlin. Le pilote, un jeune Allemand de l'Ouest, Mathias Rust, 19 ans, a signé quelques autographes avant d'être emmené par la police. Il était parti trois semaines plus tôt de Hambourg pour un périple dans le nord de l'Europe. Son monomoteur de 160 ch avait traversé le territoire de l'Union soviétique sur mille kilomètres, au nez et à la barbe de tous les radars. Il semble qu'il n'avait pas été repéré par la défense antiaérienne de l'URSS. Aussi peut-on s'attendre à une révision du système soviétique de surveillance.

La police moscovite examine avec curiosité le Cessna Skyhawk de l'intrépide Mathias Rust.

A Seoul, la contestation s'amplifie

30 mai. A l'université nationale de Seoul, le président des étudiants l'a déclaré sans ambages : « Notre devoir est d'abattre cette dictature militaire. » Tout au long du mois de mai, on a en effet combattu le régime présidé par l'ex-général Chun Doo Hwan. Le 18 mai a représenté un point culminant dans la contestation violente. Des dizaines de milliers d'étudiants ont manifesté dans 60 universités. Il s'agissait de commémorer la féroce répression des soulèvements populaires de 1980 au cours desquels plus de 1 000 personnes avaient été tuées. Cependant, les émeutes survenues au cours de ce mois offrent la particularité de réunir les intellectuels et le clergé chrétien pour militer dans le camp des mécontents. Chez les voisins du Nord, le chef du gouvernement communiste Kim Il Sung pavoise. Les troubles apparaissent d'autant plus inopportuns que la Corée du Sud détient le record mondial de la croissance pour 1986 et que les Jeux de Séoul en 1988 vont braquer les yeux du monde entier sur ce pays.

Difficile ouverture démocratique en Corée du Sud.

Le Golden Gate Bridge a 50 ans

Le Golden Gate de San Francisco.

26 mai. C'est avec un mois de retard que la municipalité de San Francisco et le gouverneur de l'Etat de Californie célèbrent le cinquantième anniversaire du fameux pont de « la Porte d'or », qui enjambe la magnifique baie s'ouvrant sur l'océan Pacifique. Ouvert à la circulation le 27 avril 1937, ce pont suspendu était, à l'époque, le plus long du monde avec ses 2,725 km. En l'empruntant, des millions d'automobilistes peuvent voir l'îlot d'Alcatraz, ancien pénitencier désaffecté.

Découverte d'armes et d'explosifs dans la forêt de Fontainebleau

26 mai. La DST a découvert, dans une poubelle enfouie dans les gorges d'Apremont, une zone rocheuse d'accès difficile, non loin de Barbizon, dans la forêt de Fontainebleau, douze kilos d'explosifs. Et cela quelques heures après que des messages du Comité de solidarité avec les prisonniers politiques arabes (CSPPA) eurent menacés de nouveaux attentats terroristes si Abdallah, Naccache et Garbidjian n'étaient pas libérés. Mille huit cents gendarmes et CRS vont être déployés dans la région parisienne pour tenter de prévenir de nouveaux attentats du CSPPA. Ils seront affectés aux endroits jugés « sensibles » (gares, aéroports, ...).

Un nouveau succès pour la DST.

La première Miss CEE est italienne

25 mai. Reims est aujourd'hui la capitale de l'Europe de la Beauté. En clôture de la foire, un jury de douze journalistes a élu la première Miss CEE. Elle est italienne, elle a 19 ans, s'appelle Barbara Caponni et était, jusqu'à présent, Miss Italie. Elle mesure 1,75 m, pèse 59 kilos et ses mensurations sont 92-64-92. Elle a devancé la blonde Miss Belgique, Nathalie Vanbrackel et Miss Danemark Zelma Hesselman, âgée de 16 ans. Miss Luxembourg (Martine Pilot) a été élue Miss Amitié tandis que Miss Espagne (Margarita Cap Cortes) était sacrée Miss Photogénie. Le jury était présidé par une espagnole, Miss Europe 86. Beaucoup de jeunes beautés pour la CEE qui fêtait son trentième anniversaire.

Barbara Caponni.

Le professeur Jean Delay n'est plus

29 mai. Un grand médecin disparaît : Jean Delay, de l'Académie française où il avait été élu en 1959, est mort à l'âge de 80 ans. Né à Bayonne le 14 novembre 1907, Jean Delay fut un spécialiste des maladies mentales et médecin-chef du centre psychiatrique de Sainte-Anne, de 1946 à 1970. Il avait publié des études littéraires, notamment sur André Gide, Jacques Copeau, et appartenait à plusieurs sociétés scientifiques étrangères.

"Libération" victime d'une machination

29 mai. Aujourd'hui, sous le titre « Courrier piégé », Serge July, directeur de « Libération », explique pourquoi l'édition datée du jeudi 28 mai de ce quotidien a été retirée de la vente. Hier, en effet, la célèbre page du « Courrier des lecteurs », dans le cadre du procès Barbie, publiait plusieurs lettres défendant les « thèses révisionnistes » niant l'extermination des juifs pendant la Seconde Guerre mondiale. « Scandaleux », précisaient les journalistes, consternés. Comment ces textes ont-ils pu être publiés? La confection des pages courrier est confiée à une équipe autonome mais doit être soumise à un contrôle. Or, selon Serge July, la page incriminée « n'a pas été visée par la rédaction en chef comme c'est traditionnellement la procédure ». Et, depuis jeudi matin, le chef de la rubrique courrier « ne fait plus partie de "Libération" ». En retirant le numéro de la vente et par son autocritique, « Libé » a indéniablement fait preuve de courage. Mais le problème de la liberté d'expression sans entraves est posé.

Vingtième titre de Belgique pour SC Anderlecht

30 mai. Pour conserver son titre de champion de Belgique, qu'il détient depuis deux ans, le Sporting Club d'Anderlecht a dû attendre la dernière journée de championnat. Leur victoire à Berchem (5-0) et la défaite de Malines à Bruges (1-3) permettent à Frankis Vercauteren et à ses camarades d'offrir au club bruxellois sa vingtième couronne de champion de Belgique.

Ayrton Senna au Grand Prix de Monaco

31 mai. Le Grand Prix de Monaco n'avait jamais été gagné par un coureur brésilien. Ayrton Senna vient d'entrer dans l'histoire, en s'imposant sur le circuit de la Principauté et en remportant brillamment l'édition 1987, au volant de sa Lotus. Ce fut d'ailleurs une véritable samba que dansèrent les pilotes brésiliens, puisque Nelson Piquet termina à la deuxième place, derrière son grand rival et compatriote. Senna a réalisé un autre exploit, car sa Lotus est la première voiture de Formule 1 qui triomphe avec un système de suspension hydraulique. Alain Prost occupait la troisième place à deux tours de la fin, quand son moteur cassa. Mais il conserve la tête du championnat du monde.

Première victoire brésilienne sur le circuit de Monaco.

La Transat échappe à Eric Tabarly

28 mai. La course transatlantique Lorient - Saint-Pierre-et-Miquelon - Lorient, qui vient de se terminer, a fait des vagues. Et pas seulement sur l'Océan! Une violente polémique a opposé le skipper helvétique Pierre Fehlmann, vainqueur final sur son maxi-monocoque « Marlboro », à Eric Tabarly, qui termina en tête la dernière étape retour avec son bateau « Côte-d'Or », mais ne put combler le retard de 5 heures 12 minutes qu'il comptait à mi-parcours. Fehlmann a accusé son rival d'avoir donné de fausses positions pendant la course. Tabarly a aussitôt réagi en portant réclamation contre Fehlmann, demandant qu'il soit frappé d'une amende.

Côte-d'Or est « chocolat »!

Juin

Sem. 23 1987

Lu	Ma	Me	Je	Ve	Sa	Di
1	2	3	4	5	6	7
8	9	10	11	12	13	14
15	16	17	18	19	20	21
22	23	24	25	26	27	28
29	30					

1er. Washington : ouverture du Congrès mondial de sidologie.

1er. Golfe : deux bateaux soviétiques attaqués en un mois. Moscou promet, à l'avenir, de riposter.

2. USA : Paul Volcker, directeur de la Banque centrale, quittera ses fonctions en août. La nouvelle entraîne une chute du dollar de 3%.

2. Sri Lanka : massacre de 29 moines boudhistes.

2. URSS : réorganisation hiérarchique de la Défense, après l'atterrissage de Mathias Rust.

3. URSS : Abdouvakhid Karimov, premier secrétaire du parti à Boukhara de 77 à 84, est condamné à mort pour corruption.

3. Belgique : faillite du quotidien de Charleroi « Le Rappel ».

3. Lyon : l'incendie du dépôt d'hydrocarbures est maîtrisé.

3. Cinéma : difficultés en France. La fréquentation des salles a baissé de 7%.

6. Belgique : Robert Hersant rachète le quotidien « L'Echo du Centre ».

6. Rome : visite de Ronald Reagan et de sa femme Nancy à Jean-Paul II.

7. Centrafrique : la cour qui juge l'ex-empereur Jean-Bedel Bokassa se retire dans la brousse pour délibérer à l'abri des pressions.

7. Rugby : la France qualifiée pour la demi-finale de la coupe du monde.

7. France : une tornade ravage le Sud-Ouest et fait 5 morts et une quinzaine de disparus.

7. Berlin-Est : incidents entre policiers et étudiants au cours du concert, de l'autre côté du Mur, de David Bowie.

DECES

1. Rachid Karamé, ancien Premier ministre libanais (*1921). →

2. François Perroux, économiste français (*19.12.1903).

2. Andrés Segovia, guitariste espagnol (*20.2.1893). →

L'hélicoptère du Premier ministre libanais explose en plein vol

1er juin. A bord d'un hélicoptère Puma, M. Rachid Karamé, Premier ministre démissionnaire du Liban, quittait Tripoli, sa ville natale, pour regagner Beyrouth lorsque l'appareil a explosé. Selon l'enquête, un engin explosif avait été placé sous son siège. Pour la Syrie, il s'agit d'une lourde perte car M. Karamé déclarait volontiers : « Je suis Syrien. Nous sommes un seul peuple dans deux Etats. » A Damas, M. Hafez el-Assad a souligné qu'il perdait un frère et un ami. Le président libanais Gemayel a désigné pour lui succéder M. Selim Hoss, musulman sunnite, comme l'était M. Karamé.

L'hélicoptère éventré.

M. Rachid Karamé.

Le spectre des enfants d'Izieu au procès Barbie

2 juin. Emotion lors de la 14e audience du procès de Klaus Barbie, devant la cour d'assises de Lyon (→ 13.5), lorsque fut évoqué le voyage sans retour des enfants d'Izieu. Ils étaient 44 enfants juifs à se cacher dans la colonie lorsque, le 6 avril 1944, survinrent deux camions réquisitionnés et une voiture civile, d'où jaillirent dix soldats allemands en uniforme commandés par trois hommes en costume de ville. Les hommes de Klaus Barbie, le chef de la Gestapo lyonnaise, allaient embarquer les enfants dans les camions, puis dans les wagons d'un train plombé, pour un voyage vers Auschwitz, auquel aucun n'a survécu. « Les enfants? Ils étaient dans un wagon, craintifs, je les ai vus arriver à Auschwitz », a dit, à l'audience, la voix brisée par l'émotion, Edith Klebinder, une rescapée du camp. « Il y avait de grandes personnes avec eux. » Elle avait été désignée comme interprète, a-t-elle raconté, et elle a traduit : « Voulez-vous les accompagner? » « Oui, ont répondu les monitrices, nous sommes comme des mères adoptives. » « Alors, c'est d'accord, montez dans le camion », a dit un SS. Sur les 1 500 déportés qu'amenait le train de Lyon, deux cent quarante ont été admis au camp d'Auschwitz. Les autres, y compris les quarante-quatre enfants d'Izieu, ont été envoyés au four crématoire.

400 visas français pour les boat-people

3 juin. En mer de Chine, le patrouilleur français « La Moqueuse » a recueilli 440 boat-people, des hommes, des femmes, des enfants affamés, terrorisés, au bord de l'épuisement, sur une barge de rivière d'une quinzaine de mètres de long et une barque de six mètres. Ils voguaient depuis quatre jours et quatre nuits, et n'avaient plus ni vivres ni eau. En réponse à une lettre adressée par Bernard Kouchner, président de Médecins du Monde, à Jacques Chirac, la France vient de décider d'accorder 400 visas supplémentaires aux réfugiés. On estime que, depuis 1979, fuyant le Vietnam communiste, 300 000 boat-people ont sombré dans la mer de Chine ou ont été victimes des nombreux pirates qui hantent les parages.

Gigantesque incendie aux portes de Lyon

2 juin. Une série d'explosions se sont produites vers 13 h 15 au port Edouard-Herriot, derrière le stade de Gerland, sur la rive droite du Rhône, à Lyon. Elles ont provoqué un énorme incendie dans un dépôt de stockage d'hydrocarbures de la Société Shell. Sur plus de cinq mille mètres carrés, des cuves, jaunies par la chaleur, certaines éventrées, laissaient s'échapper des gerbes de flammes. Pour lutter contre l'incendie, les pompiers ont attaqué le feu de tous côtés simultanément, avec soixante-douze mille tonnes de mousse, mais sans succès. La catastrophe a fait au moins deux morts, et seize blessés.

Les pompiers ont dû utiliser des moyens considérables.

Lendl et Graf maîtres de Roland-Garros

7 juin. Le Tournoi 1987 de Roland-Garros a consacré les vrais hommes forts du tennis sur terre battue. Ivan Lendl est évidemment le plus fort de tous, qui a remporté pour la troisième fois les Internationaux de France, battant en finale le Suédois Mats Wilander. Lendl, qui a demandé la nationalité américaine, espère participer, à Séoul, au premier tournoi olympique de tennis. Chez les dames, la jeune Allemande Steffi Graf (18 ans) a mis fin à la suprématie de Martina Navratilova.

Steffi Graf supplante Navratilova.

Zürich à l'heure du romantisme français

3 juin. Inauguré en présence de M. Mitterrand, le Festival d'été de Zürich, entièrement dédié au « romantisme français », se présente d'emblée comme un événement majeur. Point fort de ce festival, la rétrospective Delacroix au Kunsthaus, pour laquelle Harald Szeemann est parvenu à rassembler 130 peintures et un nombre équivalent d'œuvres sur papier, réalisant ainsi l'une des expositions les plus captivantes qui ait jamais été consacrée au peintre. Grâce à un choix subtil d'œuvres, venues du monde entier, Szeemann a su composer là un hommage d'une richesse sans égale. Parallèlement à cette rétrospective, deux autres expositions, également au Kunsthaus : l'une rassemble une centaine de dessins de Victor Hugo, l'autre retrace, en 150 photographies (de 1840 à 1871), les débuts d'un moyen d'expression qui a vu le jour en plein romantisme. Ces trois expositions sont accompagnées de l'édition de superbes catalogues, dont la réputation n'est plus à faire.

Centrale thermique payable en crevettes

4 juin. Les Ateliers de construction de Charleroi (Acec) viennent de signer avec le Salvador un contrat de 340 millions de francs belges pour la fourniture de l'équipement d'une centrale géothermique. Le matériel est payable en crevettes. Ce type de transaction, appelé compensation, est, en fait, la version moderne du troc. C'est aussi un mode de financement qui devient l'une des dernières solutions si l'on veut vendre aux pays en voie de développement. L'opération, pêche des crevettes comprise, devrait prendre de quatre à cinq mois. Ensuite, le matériel sera livré. Une précaution, pour le cas où la pêche serait mauvaise...

« Le Christ sur le lac Génésareth ». Point fort de l'exposition, Delacroix est un des principaux représentants du romantisme français.

Mort du guitariste Andrés Segovia

2 juin. Il était l'homme aux doigts d'or. Andrés Segovia était né à Linares, en Andalousie, en 1894. Par son talent, par sa manière d'égrener les notes d'une manière sublime, il avait remis son instrument, la guitare, à l'honneur, aussi bien auprès du public que des compositeurs contemporains comme Villa-Lobos ou Albert Roussel. Plusieurs, tels Moreno Torroba ou Pedrell, avaient écrit pour lui des pièces et des concertos. Des œuvres fortes où la guitare s'isolait de l'orchestre pour mieux lui répondre. Andrés Segovia avait classé et publié les principales musiques pour guitare.

La fronde de Léotard a duré quatre jours

7 juin. « Ainsi donc, je suis le dernier ciment de la majorité. » Avec le sourire et l'esprit acéré qu'on lui connaît, le président Mitterrand commente ainsi devant des journalistes le discours prononcé la veille par François Léotard, ministre de la Culture et numéro 1 du Parti républicain. Ce dernier avait déclaré : « Il ne faut pas donner à M. Mitterrand l'occasion d'arbitrer un conflit à l'intérieur du gouvernement. » Constatation qui revenait pour lui à un Canossa, car à son retour de Tokyo, François Léotard avait été sommé par Jacques Chirac « de choisir entre ses fonctions ministérielles et un rôle de militant ».

François Léotard pensif.

Gorbatchev s'en prend à l'alcool

Juin. Le Soviet suprême s'attaque aux fabricants privés de « tord-boyaux ». Toute fabrication à domicile entraîne une amende de cent à trois cents roubles. Les amendes sont ainsi fortement augmentées, et la récidive est punie de peines pouvant aller jusqu'à deux ans de rééducation par le travail. Mais des millions de Soviétiques ont, chez eux, de quoi fabriquer un alcool très sommaire, le « Samogon ». Il suffit de sucre, de levure, et d'un simple autocuiseur. On peut même peaufiner un arôme, avec des baies sauvages ou des fruits, ajoutés aux produits de base.

François Perroux meurt à 84 ans

2 juin. Ce célèbre économiste français, professeur honoraire au Collège de France, était aussi docteur honoris causa d'une quinzaine d'universités étrangères. C'est en 1926, à l'âge de 23 ans, qu'il attira sur lui l'attention avec son ouvrage de cinq cents pages sur « le problème du profit ». Fécond et lyrique, il avait l'éloquence d'un Bossuet. La clarté de ses analyses et son don des langues lui permit de faire connaître des maîtres étrangers tels que Joseph Schumpeter et John Maynard Keynes. En 1969, il avait consacré un travail à Herbert Marcuse, le « prophète de Mai 68 ».

Juin

Sem. 24 1987

Lu	Ma	Me	Je	Ve	Sa	Di
1	2	3	4	5	6	7
8	**9**	**10**	**11**	**12**	**13**	**14**
15	16	17	18	19	20	21
22	23	24	25	26	27	28
29	30					

8. Pologne : à Varsovie, Jean-Paul II inaugure le deuxième Congrès eucharistique national.

9. Est-Ouest : Moscou se prononce officiellement pour une rencontre américano-soviétique cette année.

9. France : les contrôleurs aériens refusent les propositions de l'Aviation civile.

10. Venise : le sommet des Sept décide la création d'un comité international d'éthique sur le Sida.

10. Football : pour la deuxième année consécutive, Bordeaux remporte la coupe de France (2-0 contre l'Olympique de Marseille).

11. Pologne : à Gdansk, Jean-Paul II exprime son soutien à Solidarité.

11. Sri Lanka : deux attentats à la bombe font 25 morts.

11. Afghanistan : la guérilla abat un Antonev-26, appareil civil afghan : 53 morts.

11. Berlin : incidents entre la police et 20 000 opposants à la visite de Ronald Reagan.

12. Tunisie : le PC tient son 9e congrès, après 18 ans de suspension.

12. Centrafrique : l'ex-empereur Jean-Bedel Bokassa est condamné à mort.

12. France : 10e anniversaire du spectacle son et lumière du Puy-du-Fou.

12. Le Bourget : ouverture du musée de l'Air et de l'Espace.

12. France : interdiction à la télévision française de la publicité pour l'alcool et la publicité politique.

13. Rugby : la France, battant l'Australie (30-24), est qualifiée pour la finale de la Coupe du Monde. (→7.6.87)

13. Golf : l'Espagnol José Rivéro remporte l'Open de France.

14. Sri Lanka : libération de 1 000 Tamouls qui étaient soupçonnés de séparatisme.

DECES

9. Monique Hars, pianiste française (*20.10.1909).

Sommet antiterrorisme à Venise

8 juin. Le treizième sommet des pays les plus industrialisés réunit à Venise des chefs d'Etat, comme Margaret Thatcher, Ronald Reagan et François Mitterrand, et de gouvernement, tels Nakasone, Mulroney, Amintore Fanfani et Helmut Kohl. Ce sommet est théoriquement consacré, comme les douze sommets précédents, aux questions économiques. Mais, une fois de plus, il se penchera sur les problèmes d'actualité. Et les priorités, pour Ronald Reagan, ce sont la libre circulation dans le Golfe et les relations Est-Ouest, les questions économiques ne l'intéressant guère. Reagan n'obtiendra sans doute pas de ses alliés japonais et européens un soutien politique et militaire pour assurer la sécurité maritime dans le Golfe, notamment en faisant passer sous pavillon américain les tankers koweitiens. Ce sommet, que l'on appelle à juste titre « antiterroriste », a été entouré de précautions peu ordinaires. Il est vrai qu'un attentat terroriste serait un comble. Des plongeurs ont inspecté le Grand Canal, et les deux cent douze gondoliers, toujours pour des raisons de sécurité, sont interdits de lagune pendant les trois jours que durera le sommet.

Du jamais vu dans la cité des Doges!

Irangate : Fawn Hall raconte

8 juin. La secrétaire du lieutenant-colonel Oliver North s'est taillé un beau petit succès personnel à la télévision qui retransmettait en direct les interrogatoires de la commission d'enquête. D'abord par ses révélations. Oui, elle a bien participé à la destruction de documents compromettants relatifs à l'Irangate. Ensuite, parce que Fawn Hall « passe bien » l'écran.

Fawn Hall a fait phantasmer tous les Américains.

Le rock ébranle le mur de Berlin

9 juin. La police est-allemande a dû bloquer le haut d'« Unter den Linden », à la porte de Brandebourg. Une manifestation de jeunes se déroulait à Berlin-Est. Ils étaient trois à quatre mille rassemblés pour tenter d'écouter en direct un concert de rock donné de l'autre côté du mur, à Berlin-Ouest. En guise de musique, ils ont eu droit à l'intervention des policiers, qui ont donné quelques coups de matraque et ont interpellé une cinquantaine de personnes. Ils scandaient : « Le mur doit tomber ! » Oubliant Genesis (qui donnait son concert à l'Ouest), la foule a alors entonné l'« Internationale », et a scandé le nom de Gorbatchev. Dans un communiqué, publié par la suite, le Kremlin s'en est réjoui : « Cela ne nous ennuie nullement, au contraire. » C'est la toute première fois que Moscou prend parti en faveur d'un mouvement de rue qui s'est produit chez l'un de ses alliés.

Toujours Porsche aux 24 Heures du Mans

14 juin. Pour la septième fois en sept ans, c'est une Porsche qui a remporté les Vingt-Quatre Heures du Mans, parcourant 354 tours, soit 4 791,777 km, à la moyenne horaire de 199,657 km. Comme l'an dernier, c'est l'équipage Hans Stuck - Derek Bell - Al Holbert qui a conduit sa voiture d'usine jusqu'à la victoire finale. Pourtant, la marque allemande eut beaucoup plus de mal que l'an dernier à s'imposer, car la concurrence des Jaguar s'est révélée longtemps menaçante. Signalons que Bell, l'un des pilotes de l'équipe victorieuse, en est à sa cinquième victoire au Mans (recordman Jacky Ickx avec six succès).

Porsche à nouveau victorieux aux 24 Heures du Mans.

Maurice Béjart quitte Bruxelles pour Lausanne

14 juin. La politique d'austérité décidée par le gouvernement belge a mis fin à une idylle qui durait depuis 27 ans entre Bruxelles et Maurice Béjart. « C'est la Belgique qui m'a quitté », a simplement dit le chorégraphe en annonçant qu'il ne renouvellerait pas son contrat avec le Théâtre royal de la Monnaie de Bruxelles. Maurice Béjart aurait souhaité obtenir une plus grande autonomie financière au sein des budgets de l'Opéra national-Théâtre de la Monnaie, dirigé par Gérard Mortier. Ce qui était apparu longtemps, aux yeux de l'opinion belge, comme une divergence d'opinion s'est révélé être, en fait, un problème de fond, dont l'origine se trouve dans le programme d'économie drastique imposé par la coalition libérale chrétienne. Maurice Béjart s'installera à Lausanne.

La "Dame de fer" se succède à elle-même

12 juin. Plus de huit ans après son entrée au 10 Downing Street, les électeurs britanniques reconduisent Margaret Thatcher pour un troisième galop. Aux Communes, les « tories » continueront à avoir la majorité absolue puisque 376 sièges leur échoient contre 229 aux travaillistes et 22 à l'Alliance libérale et social-démocrate. Seule ombre au tableau : un net clivage électoral entre le nord - nord-ouest et le sud - sud-est des îles Britanniques. Dans la première de ces zones, le taux de chômage élevé a amené un succès travailliste (45 % des suffrages en Ecosse). En revanche, l'Angleterre méridionale, où l'on compte un quart de chômeurs de moins que la moyenne nationale et où les salaires sont supérieurs de 11 %, le « thatchérisme » se porte à merveille.

La Chine expose au Salon du Bourget

11 juin. Succès croissant, malgré la pluie et la grisaille, pour le Salon du Bourget, qui a pu attirer trois cent cinquante-quatre exposants de plus qu'en 1985. Venus du monde entier, les fabricants d'avions ont dépensé, ensemble, deux milliards de francs. On estime à 5 000 environ le nombre d'avions de combat à vendre dans le monde au cours des vingt prochaines années. Deux tendances se dessinent : la super technologie, aux coûts colossaux, réservée aux pays riches, et un « bas de gamme » bon marché, destiné aux pays pauvres. C'est dans cette dernière catégorie qu'il faut ranger les F7M que présente la Chine, nouvelle venue au Bourget. Un appareil techniquement dépassé (c'est une copie du Mig 21), mais d'un prix très abordable.

Avec l'avion de chasse F7M, considéré comme un bas de gamme bon marché, la Chine fait une entrée remarquée au Salon du Bourget.

Une ferme à Saint-Germain-des-Prés

10 juin. A l'ombre du clocher de Saint-Germain-des-Prés, les Parisiens ont eu la surprise de découvrir des scènes rurales d'un autre âge. Une poignée de jeunes paysans, à l'accent chantant, se livre aux travaux de la terre. On sarcle, on ratisse, on plante, on bouture. Il s'agit d'une pièce de théâtre intitulée « La Vengeance des semis », jouée par la compagnie Le Phun, venue de Toulouse. Elle avait déjà ensemencé quelques artères de la ville. Une véritable invasion végétale. Chacun s'interroge sur les vertus comparées de tel ou tel légume, sur l'art et la manière de faire pousser les salades, sur les mérites de la culture en serre. Parmi les spectatrices, une femme se souvient que, au même endroit pendant la guerre, on cultivait des poireaux... A Saint-Germain, le théâtre se met au vert.

Laitues, arrosoirs et épouvantail : la compagnie Le Phun organise l'intrusion de la campagne à Saint-Germain-des-Prés.

Les joailliers Chaumet sont inculpés

14 juin. MM. Jacques et Pierre Chaumet, co-gérants de la célèbre joaillerie de la place Vendôme, actuellement en dépôt de bilan, ont été déférés au Parquet de Paris au terme de quarante-huit heures de garde à vue dans les locaux de la police judiciaire. Ils sont accusés de s'être livrés « à l'exercice illégal de la profession de banquier ». Le scandale Chaumet prend ainsi une dimension supplémentaire. Une première estimation a provisoirement établi à deux milliards de francs le « trou » financier. L'affaire ressemble de plus en plus à un roman du XIXe siècle, empruntant à Balzac et à Zola le processus inéluctable de la faillite, et de l'honorabilité déchue. La chute de la Maison Chaumet a été, semble-t-il, à la fois le résultat d'inconscience, de malchance et d'imprudences, voire de malhonnêteté. Les deux frères avaient parié sur la stabilité des cours du diamant et du dollar et ils n'ont pas su recouvrer à temps les créances qui leur étaient dues. De hautes personnalités politiques et financières seraient impliquées dans le scandale.

Le scandale Chaumet ou l'honorabilité éclaboussée.

Juin

Sem. 25 1987

Lu	Ma	Me	Je	Ve	Sa	Di
1	2	3	4	5	6	7
8	9	10	11	12	13	14
15	**16**	**17**	**18**	**19**	**20**	**21**
22	23	24	25	26	27	28
29	30					

15. Chine : rétablissement du travail manuel dans les lycées et les universités.

15. France : les Alpes-Maritimes renoncent à un projet de recensement des séropositifs.

15. Afrique du Sud : retrait de la Ford Motor Company.

15. Sri Lanka : le gouvernement autorise deux bateaux indiens à ravitailler Jaffna où les Tamouls sont assiégés.

15. Chili : 12 guérilleros du Front patriotique Manuel-Rodriguez sont tués lors d'affrontements avec la police.

16. France : Jacques Chirac débloque 2 millions pour tenter de sauver le quotidien « Le Matin ».

16. New York : acquittement de Bernhard Goetz, le « justicier du métro ». Le 22.12.84, il avait tué un jeune noir qui voulait le rançonner.

16. Sida : 7 % des 2,5 millions d'habitants du Zaïre seraient séropositifs.

16. Belgique : arrestation d'un avocat liégois, Jean-Michel Systermans, trouvé en possession de bombes et d'explosifs.

17. Liban : réconciliation de Nabih Berri, chef d'Amal, et de Walid Joumblatt, chef des Druzes.

17. Bruxelles : arrestation du directeur de l'Unicef, Joseph Verbeeck, pour pédophilie.

17. Liban : enlèvement près de Beyrouth du journaliste américain Charles Grass et d'Ali Osseirane, fils d'un ministre libanais. (→24.6.87)

18. France : aggravation du déficit commercial (5,6 milliards de francs en mai).

21. Europe : le chancelier Helmut Kohl propose la création d'une unité militaire franco-allemande.

DECES

17. Arnold Mandel, écrivain et critique (*1913).

18. Marie-Thérèse Rossel, propriétaire du journal belge « Le Soir » (*1900).

19. Michel de Saint-Pierre, écrivain français (*1916).

Lâche assassinat du docteur Lafay

Jean-Paul Lafay lors de son passage à FR3 Corse.

17 juin. Le docteur vétérinaire Jean-Paul Lafay, 49 ans, président d'une association d'aide aux victimes du terrorisme, a été lâchement abattu de quatre balles de 11,43, la nuit, alors qu'il quittait les studios de FR3 à Ajaccio. Il venait justement de dialoguer devant les caméras avec le docteur Max Simeoni, le leader autonomiste modéré, pour affirmer son attachement aux droits de l'homme. L'assassinat n'a pas été revendiqué. On estime toutefois que le docteur Lafay a été l'objet d'un attentat « pour l'exemple », survenu quelques heures après que Charles Pasqua, pour sa première visite dans l'île, s'en soit pris au terrorisme, multipliant les déclarations musclées. A moins qu'il ne s'agisse de provocation, destinée à forcer la fermeté affichée par le ministre de l'Intérieur... Jean-Paul Lafay avait deux enfants.

Le XV de France écrasé par les All Blacks

La Coupe va aux All Blacks.

20 juin. La première Coupe du monde de rugby, qui s'est disputée en Australie et en Nouvelle-Zélande, a permis aux célèbres rugbymen néo-zélandais de confirmer leur supériorité, mais aussi au Quinze de France de démontrer qu'il est bien le meilleur d'Europe. Les Français, qui avaient éliminé l'Ecosse, la Roumanie, le Zimbabwe, les Fidji et l'Australie, retrouvèrent en finale à Auckland des All Blacks qu'ils avaient brillamment battus à Nantes quelques mois plus tôt. Mais les Tricolores, et surtout leurs avants, s'étaient usés en demi-finale pour venir à bout des Australiens. Et ils ne purent contenir l'irrésistible pack néo-zélandais, le buteur Fox (auteur de dix-sept points à lui seul) étant le principal artisan d'une victoire (29 à 9) qui offre aux All Blacks un titre mondial mérité.

Nouvelle donne aux élections italiennes

16 juin. Au lendemain des législatives, l'imbroglio politique italien ne semble guère être démêlé. Les coalitions boiteuses débouchant sur des crises gouvernementales à répétition vont devoir être replâtrées. Aucune majorité massive ne se dégage de la consultation populaire. Certes, la démocratie chrétienne demeure le premier parti d'Italie. Avec 34,3 % des suffrages, elle récupère 1,4 % des 6 % perdus en 1983. Comme le reconnaît son secrétaire général, Ciriaco de Mita, il ne s'agit que d'un succès relatif. Tout aussi modestes apparaissent les gains enregistrés par le Parti socialiste de M. Craxi. Les 2,9 % le hissent à un petit 14,3 % des voix. Quant aux communistes, ils régressent de 3,3 %. « Nous sommes condamnés à nous entendre », a déclaré Ciriaco de Mita. « Il se peut, a répliqué Craxi, mais dans le train nous ne monterons pas en seconde classe! »

La traversée de l'Atlantique en sept jours

20 juin. Philippe Poupon et son équipage de quatre hommes (où figure son propre frère Luc) ont battu, à bord de leur trimaran « Fleury-Michon VIII », le record de la traversée de l'Atlantique, record qui appartenait depuis 1986 au catamaran de Loïc Caradec et Philippe Facque, « Royale », avec 7 jours 21 heures et 24 minutes. Poupon a bouclé la distance New York - cap Lizard, au sud-ouest de l'Angleterre, en 7 jours 12 heures et 50 minutes, relevant ainsi Eric Tabarly, Marc Pajot, Patrick Morvan, Loïc Caradec et Philippe Facque, qui se sont succédé au palmarès depuis 1980.

Le trimaran « Fleury-Michon » en route vers la victoire.

Attentat de l'ETA dans un supermarché de Barcelone : 17 morts et 35 blessés

Le terrorisme basque se déplace en Catalogne.

19 juin. Une charge d'explosifs cachée dans une Ford Sierra immatriculée à San Sebastian, garée au premier sous-sol du grand magasin Hipercor, avenue Meridiana, au centre de Barcelone, a fait explosion à 16 h 08, alors que le magasin était bondé. Le sol du rez-de-chaussée, rayon alimentation, a été éventré. L'attentat a fait dix-sept morts, dont deux enfants en bas âge, et une quarantaine de blessés. Peu avant, un correspondant, se réclamant de l'organisation clandestine basque ETA militaire, avait prévenu le journal catalan « Avui » qu'une explosion allait se produire dans le magasin à grande surface. Jusqu'ici, l'ETA visait des objectifs militaires.

Succès pour les premières privatisations

8 juin. Le ministre de l'Economie, Edouard Balladur, peut être satisfait du bilan des différentes privatisations. Les neuf opérations effectuées représentent soixante-dix milliards de francs de capitalisation boursière, soit un quart de ce qui avait été prévu par le programme de législature du gouvernement. Si l'on y ajoute les trois prochaines opérations (la Société générale, TF1 et la Mutuelle générale française), le capital devrait s'établir à cent milliards de francs de capitalisation, représentant 36 % du programme. Mais les recettes revenant à l'Etat ne représentent que 34,5 milliards de francs. Le capital restant est affecté à des augmentations de capital, des échanges de titres participatifs ou encore à des commissions. Lorsqu'aura eu lieu la privatisation de la Société générale, où sa part sera plus importante, les rentrées dans les caisses de l'Etat s'élèveront à cinquante-deux milliards. Or, la loi de finances initiale ne prévoyait, pour 1987, que trente milliards de francs de recettes. Aussi, le gouvernement a-t-il décidé de procéder à l'affectation d'un premier surplus de dix milliards de francs. D'ores et déjà, il est certain qu'en fin d'année il se retrouvera avec un nouveau surplus de douze milliards de francs, dont l'affectation reste à faire. Il ne faut pourtant pas se cacher que c'est le seul aspect positif d'une situation économique plutôt catastrophique pour la France. La balance commerciale affiche un déficit de 5,6 milliards en mai, et 15,3 milliards depuis le début de l'année. Le déficit accumulé en mai atteint le chiffre attendu en décembre et le solde industriel est négatif pour le troisième mois consécutif.

La CEE reconnaît le génocide arménien

18 juin. C'est la première reconnaissance morale internationale de la diaspora arménienne. Le Parlement européen a reconnu le génocide arménien. En 1915, le régime des « Jeunes Turcs » organisait une répression sanglante contre tous les Arméniens de Turquie. Le pouvoir central de l'Empire ottoman, en guerre avec la Russie, craignant une « trahison » de sa principale minorité, organisait son élimination. A un point tel que, le 6 octobre 1915, à la Chambre des communes, le secrétaire d'Etat James Bryce déclarait : « Les trois quarts, ou les quatre cinquièmes de toute la nation arménienne ont été anéantis. » Un million et demi d'Arméniens turcs étaient morts, les survivants n'étaient plus que six cent mille, dont la plupart se réfugièrent en Russie.

Revers électoraux en Inde pour Rajiv Gandhi

17 juin. Sévère défaite pour le Premier ministre Rajiv Gandhi et son mouvement centenaire, le Parti du Congrès. Aux élections de l'Etat d'Haryana, il ne récolte que 3 sièges face au raz de marée d'une opposition pourvue de 70 sièges. Cet effondrement s'inscrit au sein d'un effritement général. Au Mizoran, au Cachemire, dans l'Andhra Pradesh, dans le Kerala, la coalition enregistre un recul. Désormais, au niveau des 24 Etats, le Congrès n'est au pouvoir que dans l'Inde du Nord, dont il faut encore excepter le Bengale septentrional. Des dissensions survenues au sein du parti et celles qui opposent Rajiv Gandhi au président de la République expliquent en grande partie la responsabilité de ce recul. Le président Zail Singh, qui envisage de se représenter, s'est opposé à un projet de loi sur la censure des communications privées qu'il avait naguère approuvé en tant que ministre de l'Intérieur, ce qui place le chef du gouvernement dans une situation difficile. Le regain des particularismes linguistiques complique encore la situation.

Brigitte Bardot vend ses souvenirs

18 juin. Brigitte Bardot met son passé aux enchères. Devant mille six cents personnes réunies à la Maison de la chimie, la star des années soixante a fait vendre, au profit de sa fondation qui défend les animaux, ses robes, sa guitare, son coffret à maquillage. Les dix-huit adjudications ont rapporté près de trois millions et demi de francs. « Pour mes amies les bêtes, merci » dit B.B.

Marianne mise aux enchères.

Henri Pescarolo plus rapide que Howard Hughes

21 juin. Le 14 juillet 1938, l'aviateur milliardaire américain Howard Hughes accédait à la gloire en faisant le tour du monde, à bord d'un Lockeed 18, parcourant 23 852 km en 91 h 15 min. Quarante-neuf ans plus tard, l'ancien coureur automobile Henri Pescarolo et trois compagnons, à bord d'un avion du même type, un Lockeed 18 rebaptisé « Spirit of J and B », ont battu le record. Partis du Bourget le 17, ils y sont revenus, après un tour du monde, 88 h 48 min plus tard, pour sabler le champagne...

Pescarolo aussi brillant dans les airs que sur route.

Juin

Sem. 26 **1987**

Lu	Ma	Me	Je	Ve	Sa	Di
1	2	3	4	5	6	7
8	9	10	11	12	13	14
15	16	17	18	19	20	21
22	**23**	**24**	**25**	**26**	**27**	**28**
29	**30**					

22. Corée du Sud : un millier de pasteurs protestants, crucifix à la main, se heurtent à la police.

23. France : prise de position de l'épiscopat français, qui déclare que le Sida n'est pas un châtiment divin.

23. Grasse : le tribunal se déclare incompétent pour juger Jean-Claude Duvalier.

24. France : Pierre Juquin, leader réformateur, démissionne du comité central du PCF.

24. Beyrouth : Libération de Ali Osseirane, fils du ministre de la Défense enlevé le 17.

25. France : nouveau départ pour le quotidien « Le Matin », qui appartient désormais à ses salariés.

25. Pays-Bas : les muezzins ont installés des haut-parleurs sur les mosquées.

25. Inde : arrestation de 250 sikhs réfugiés dans le Temple d'or d'Amritsar.

26. Francorchamps : annulation du Grand Prix de Belgique de moto, le circuit n'étant pas conforme aux exigences.

26. Genève : entrée en vigueur de la convention de l'ONU contre la torture, signée par 20 Etats.

26. Nice : grand rassemblement des pieds-noirs pour commémorer le 25e anniversaire de leur départ d'Algérie.

28. Afrique du Sud : fondation, par 4 000 Afrikaners, d'une nouvelle Eglise, réservée aux Blancs.

28. Japon : visite officielle du général Wojciech Jaruzelski.

29. Bruxelles : quatre jours de fête pour le trentième anniversaire de l'Europe.

29. France : baisse des taux d'intérêt de 7,75 à 7,50.

30. New Delhi : un incendie dans un building de quinze étages fait six morts, une centaine de blessés.

DECES

22. Fred Astaire, chanteur et acteur américain (*10.5.1899). →

Fred Astaire le roi des claquettes est mort

L'âge n'a pas amoindri le charme de Fred Astaire.

Un couple célèbre dans le monde entier : Ginger et Fred.

22 juin. L'enchanteur a fait son dernier bond : Fred Astaire est mort à 88 ans. Il était l'homme aux pieds d'or qui incarnait la comédie musicale dans toute sa perfection. Gentleman d'Hollywood, il personnifiait la grâce et l'élégance. Né le 10 mai 1899, il avait découvert le rythme en accompagnant sa sœur à un cours de danse. Elle s'appelait Adèle et son vrai nom à lui était Frédéric Austerlitz. En quarante-deux films, il a permis à des millions de spectateurs ébahis d'échapper à la pesanteur. Ses duos de rêve, en particulier avec sa partenaire Ginger Rogers, sont des morceaux d'anthologie du cinéma. L'invention acrobatique, toujours raffinée, est stupéfiante. Idole des étoiles d'hier (Nijinski) et d'aujourd'hui (Barychnikov), celui qui a tant apporté à la danse et à la comédie musicale s'est envolé pour la grande pirouette sans retour.

Kurt Waldheim est reçu au Vatican

24 juin. Le président autrichien Kurt Waldheim a été reçu par le pape au Vatican, transformé en camp retranché pour des raisons de sécurité. Le pape et Kurt Waldheim se sont entretenus durant trente-cinq minutes, tandis que, au-dehors, quelques centaines de manifestants étaient tenus à distance par des cordons de policiers. Cette audience accordée au président autrichien, mis au ban des nations (→28.4), a suscité la colère de la communauté juive internationale et l'embarras de l'Eglise.

Un compromis historique?

En Corée du Sud, le pouvoir lâche du lest

29 juin. Ce ne sont plus les émeutes estudiantines du mois dernier (→25.5), mais un soulèvement populaire qu'a connu la Corée tout au long de juin. Et pourtant, du côté de la police tout comme chez les manifestants, on s'est efforcé de ne pas aller trop loin. Il est évident que la population, consciente de ce qu'est devenu le pays, ne tient pas à détériorer un tel outil économique, et ne tient pas non plus à voir lui échapper les JO de Seoul en 1988 : déjà, en effet, Berlin, Tokyo et Los Angeles ont fait mine de se mettre en avant pour remplacer ce pays en crise. Et les pays socialistes, Corée du Nord en tête, agitaient la menace d'un boycott. Il devenait urgent de ne pas risquer de mettre en péril trois milliards de dollars déjà investis. Aussi, le général Chum Doo Hwan a reçu pour la première fois depuis sept ans Kim Youg Sam, chef du principal parti d'opposition et a levé l'assignation à résidence de Kim Dae Youg. Mais 3 000 détenus politiques restent dans les geôles.

Les moindres ruelles sont soumises à la pression policière.

Chrysler a vendu 60 000 voitures trafiquées

26 juin. Chrysler Corporation a été inculpée pour avoir vendu comme neuves des voitures qui avaient roulé et dont les compteurs kilométriques avaient été déconnectés. Au moins 60 000 véhicules, tous des modèles haut de gamme, ont ainsi été trafiqués. Les véhicules neufs, sortant des chaînes de montage, étaient prêtés aux cadres qui pouvaient les utiliser à leur guise. Lorsqu'ils avaient parcouru environ 700 kilomètres, les compteurs étaient rebranchés, les cendriers vidés, et les voitures étaient alors vendues comme neuves. Une quarantaine de voitures, accidentées, avaient été réparées, puis remises comme neuves sur le marché. Chrysler payera 120 millions de dollars d'amende.

Un pétrolier en flammes sur la Seine

Un type d'accident exceptionnel sur la Seine.

23 juin. Une collision s'est produite entre deux pétroliers, le « Fuyoh Mary » japonais et le « Vitoria », bateau grec de 15 516 tonnes, sur la Seine, entre Le Havre et Rouen. Il semble que le pétrolier japonais ait été victime d'une grave défaillance de la barre, qui n'a pas répondu. Le « Vitoria » a été frappé de plein fouet, et éventré. Des étincelles, provoquées par le frottement des deux coques, ont mis le feu aux gaz encore contenus dans les cales du bateau grec, et ce fut l'explosion, terrible. Une gerbe de métal a arrosé les berges, et le pétrolier, ouvert en deux, s'est mis à brûler, gagnant sa réserve de fuel. Dans l'équipage du bateau grec, on dénombre deux morts, dont le capitaine, Augustin Forget. Six autres corps restent prisonniers des tôles tordues. Le pétrolier venait de décharger à Rouen, et le risque de pollution, un moment envisagé, semble totalement écarté.

Plus de 4 millions de téléspectateurs pour la première française de "Shoah"

30 juin. Durant quatre soirs consécutifs, TF1 diffuse les neuf heures trente du film géant de Claude Lanzmann, « Shoah ». Le réalisateur y a consacré treize ans. C'est un long travail d'enquête, dont le but est de tenter de répondre à la question essentielle: pourquoi a eu lieu le génocide du peuple juif dans l'Europe moderne? Pour Lanzmann, il n'existe de réponse que dans la méthode employée, le « Comment ». Il a donc interrogé, sans ajouter aucun commentaire, les survivants, les témoins. Les bourreaux aussi. Le plus dur fut pour l'auteur de retrouver les Allemands. Les acteurs du massacre s'étaient dissipés dans la vie quotidienne. En fait, « Shoah » parvient a démonter la machinerie minutieuse qui a permis un génocide autrement impossible. Chacun des rouages de la mécanique nazie était indispensable au fonctionnement de la monstrueuse entreprise. TF1 avait acheté les droits du film en 1979, mais en avait retardé à plusieurs reprises la diffusion. Elle a choisi pour la programmer la fin du procès de Klaus Barbie, celui-ci « actualisant » le sujet. Le film, en France, avait obtenu un succès mesuré malgré des critiques enthousiastes. Sa longueur, le sujet, la complexité des sous-titres et leur nombre (10 000 en tout) ont rendu difficile l'exploitation du film en salle. D'après Claude Lanzmann, le nombre de spectateurs à avoir vu le film peut être estimé à 60 000. Un public jeune et, en majorité, non-juif. Par contre, sur le petit écran, on estime que « Shoah » aura plus de quatre millions de téléspectateurs.

La Cicciolina jouit de l'immunité parlementaire

23 juin. La Cicciolina (« la Boulotte »), nouvelle élue du Parti radical italien, s'est livrée, à Viareggio, à un show de trois heures de spectacle porno de plus en plus hard. Les deux commissaires de police sont restés imperturbables, sans même dresser comme d'habitude un procès-verbal pour « outrage au sens commun de la pudeur ». L'Onorevole (« Honorable », titre donné aux députés) Cicciolina, Illona Staller pour l'état civil, est désormais couverte par l'immunité parlementaire...

La célèbre Cicciolina.

Laurent Fignon s'était dopé

28 juin. Laurent Fignon a été reconnu positif au contrôle antidopage pratiqué à l'issue de sa victoire dans le Grand Prix de Wallonie le 28 mai dernier. On a relevé en effet une très forte présence d'amphétamines pures dans ses urines. Une contre-expertise ayant confirmé ces premiers résultats, Fignon écope d'un mois de suspension avec sursis, d'une amende de 1 000 francs suisses, et bien sûr d'un déclassement à la dernière place de la course. Cette étrange et regrettable affaire n'empêchera pas le double vainqueur du Tour de France de prendre le départ de la Grande Boucle à Berlin. Mais, malgré les dénégations de Cyrille Guimard, son directeur sportif, qui parle de machination, la réputation de Laurent Fignon est sérieusement entachée.

La prison à vie est réclamée pour Klaus Barbie

30 juin. Avant de demander la prison à vie pour Klaus Barbie (→ 13.5 et 4.7), le procureur Pierre Truche avait conclu son réquisitoire par quelques chiffres: sur 7 531 personnes emprisonnées à Montluc par les soins du chef de la Gestapo lyonnaise, seules 840 sont rentrées de déportation. Toute la défense est basée sur le fait que Barbie nie avoir été « chasseur de juifs », et sur le fait qu'il ne savait pas ce qu'étaient les camps de concentration. « Himmler avait parlé de l'élimination totale des juifs dès 1941 », rappelle Pierre Truche. Les supérieurs de Barbie le savaient, et ne se gênaient pas pour en parler devant des tiers. « Là où tu iras, ce sera pire que la mort », disait-on aux futurs déportés. Et Barbie? « Il était le plus salaud de la bande » a dit un témoin. « Une tête brûlée, un véritable sadique », a dit un autre. Pierre Truche avait commencé son réquisitoire en se demandant pourquoi, alors que la notion de crime contre l'humanité est entrée dans le droit en 1945, il a fallu attendre 42 ans pour que Barbie soit le seul criminel poursuivi et jugé en France. « Le temps n'a pas joué le rôle d'oubli, ni individuellement ni collectivement. Certains déportés sont venus vous dire qu'ils ne dormaient plus depuis quarante ans. Et les mères pleurent toujours leurs enfants. »

Alan John Hackett a eu cette curieuse idée de se jeter du haut de la tour Eiffel, les pieds retenus par un puissant élastique

Juillet

Sem. 27 1987

Lu	Ma	Me	Je	Ve	Sa	Di
		1	**2**	**3**	**4**	**5**
6	7	8	9	10	11	12
13	14	15	16	17	18	19
20	21	22	23	24	25	26
27	28	29	30	31		

1er. Cyclisme : départ du Tour de France au pied du mur de Berlin.

1er. Rwanda : le roi Baudouin de Belgique est en visite officielle pour le 25e anniversaire de l'indépendance.

1er. Sicile : le tribunal de Catane a condamné à la prison à vie Michele Greco, « patron » de la mafia sicilienne, par ailleurs l'un des principaux accusés du procès de Palerme.

1er. URSS : le Soviet suprême approuve la réforme économique de Mikhaïl Gorbatchev.

2. URSS : le maréchal Koldounov est remplacé par le général Tretriak à la tête des forces antiaériennes.

2. France : limogeages dans les services secrets, dont celui du colonel Jean-Claude Lesquer, impliqué dans le sabotage du « Rainbow Warrior » (→23.7.85).

2. RFA : fermeture, pour lacunes dans le système de sécurité, de l'usine nucléaire de Nukem.

2. France : le maire de Grasse, Hervé de Fontmichel (UDF), conclut une alliance avec le Front national. (→15.7)

3. Haïti : quatorze morts en quatre jours d'émeutes contre le régime.

3. Espagne : 38 morts à Monterey dans un autocar tombé dans un ravin de 150 mètres.

3. Suisse : la nouvelle compagnie de Maurice Béjart s'appellera « Béjart Ballet Lausanne ». (→14.6)

3. Taiwan : levée de la loi martiale, en vigueur depuis trente-huit ans.

5. Corée du Sud : vive tension à l'annonce de la mort d'un étudiant, dans le coma depuis un mois après avoir été blessé par la police lors d'une manifestation. (→10.7)

DECES

2. Michaël Bennett, metteur en scène et chorégraphe (*1943).

3. Hubert Juin, romancier et poète (*1926).

A Wimbledon, Pat Cash destitue Lendl

Le tennisman Pat Cash, vainqueur du tournoi de Wimbledon.

Martina Navratilova gagne Wimbledon pour la 8e fois.

5 juillet. Pour la première fois depuis 1971 (avec John Newcombe) un tennisman australien a gagné le tournoi de Wimbledon. Pat Cash, 22 ans depuis le 27 mai, a remporté en effet la finale qui l'opposait au « maître » Ivan Lendl (battu en 1986 sur le même terrain par Boris Becker), écrasé en trois sets (7-6, 6-2, 7-5). Cash, demi-finaliste en 1984, avait ensuite perdu une année en raison d'une sérieuse blessure à la colonne vertébrale. En bon Australien qu'il est, Cash s'est montré souverain sur une surface, le gazon, qui convient parfaitement à son jeu service-volée. Il est probable que cette victoire ne sera pas sans lendemain et que Pat Cash sera désormais le plus sérieux rival de Boris Becker. Chez les dames, Martina Navratilova a repoussé les assauts de la jeune Allemande Steffi Graf qu'elle a battue (7-5, 6-3), enlevant Wimbledon pour la huitième fois de sa carrière.

"Glasnost" est aussi une revue dissidente

3 juillet. Publié par le dissident Serguei Gregoriants, le bulletin « Glasnost » bénéficie désormais d'une certaine tolérance mais ses responsables sont parfois l'objet d'intimidations. Ainsi « Glasnost » s'est vu refuser l'utilisation des services d'une petite imprimerie semi-privée et chaque fois que Gregoriants reçoit des journalistes occidentaux des agents du KGB font les cents pas devant son domicile. Celui-ci est devenu le point de rencontre de tous les contestataires : Tatars, Lettons, religieux, écrivains. Les Tatars militent pour le retour de leur peuple en Crimée d'où les avait chassés Staline. « Glasnost » entend aborder tous les sujets et envisage un numéro sur le KGB.

Sept mille éleveurs venus de province ont défilé avec leurs vaches de l'Etoile aux Invalides. L'insolite manifestation veut sensibiliser l'opinion sur la situation des éleveurs français.

La perpétuité pour Klaus Barbie

4 juillet. Les jurés de la cour d'assises de Lyon ont condamné Klaus Barbie à la réclusion à perpétuité (→30.6). A l'énoncé du verdict, l'ancien chef de la Gestapo de Lyon n'a pas bronché, tandis que son avocat, Me Jacques Vergès, promettait de se pourvoir en cassation. Une foule compacte a accueilli l'avocat, à la sortie du palais de justice, par des huées. Plus de quarante ans après les faits, le procès de Lyon est considéré par l'opinion internationale comme le premier véritable procès pour crimes contre l'humanité qui ait eu lieu en France.

Maître Vergès à l'issue du procès de Klaus Barbie.

Boycott de Toshiba aux Etats-Unis

1er juillet. Le gouvernement américain a décidé d'interdire à la firme Toshiba l'accès au marché des Etats-Unis pendant au moins deux ans. La firme japonaise a en effet fourni à l'URSS des machines-outils permettant de fabriquer des hélices silencieuses pour sous-marins. Les Etats-Unis estiment que ces exportations ont causé un grave préjudice à leurs capacités de défense. Le Cocom, organisme de contrôle des exportations technologiques vers les pays de l'Est, a été sévèrement critiqué par la Maison Blanche pour son laxisme, et la démission spectaculaire de deux dirigeants de Toshiba ne saurait calmer le Pentagone. Sans doute cette affaire est-elle aussi à replacer dans le cadre de la concurrence technologique et économique américano-japonaise.

L'ambassade d'Iran abritait Gordji

Conférence de presse de Gordji et du chargé d'affaires iranien, G.R. Haddadi.

2 juillet. Wahid Gordji était bien à l'ambassade d'Iran à Paris. Il a fait une réapparition spectaculaire au cours d'une conférence de presse tenue dans les locaux de la représentation iranienne à Paris, au cours de laquelle il a parlé de lui à la troisième personne, puisque, en tant qu'interprète, il traduisait les propos du chargé d'affaires iranien, Gholam Reza Haddadi. Recherché comme témoin dans l'enquête sur les attentats commis à Paris en septembre 1986 (→8, 12 et 14.9.86), Wahid Gordji avait disparu de son domicile le 3 juin dernier, alors qu'il devait y être interpellé par la police française. Certaines « fuites » lui avaient par la suite attribué un rôle actif dans ces attentats, et une rumeur persistante laissait entendre qu'il avait été averti à temps par des relations françaises haut placées, ce qui lui avait permis d'échapper aux recherches. A l'hôtel Matignon, on pense que Wahid Gordji est à la tête des services de renseignements iraniens pour une bonne partie de l'Occident, et joue un rôle très important.

David Bowie triomphe à La Courneuve

3 juillet. David Bowie, la star mondiale du rock, a attiré, après Lyon, et avant Toulouse et Nice, près de cent mille spectateurs à La Courneuve. Six danseurs et six musiciens l'accompagnent sur scène. Très en forme, la vedette (qui s'est d'ailleurs fait attendre plus d'une heure) joue sur tous les registres, passant de la violence à la délicatesse, endossant autant de personnages que de costumes : un spectacle total qui, pendant deux heures, sans entracte, a transporté les foules. Plusieurs chansons, que l'on retrouve dans son dernier album, marquent un retour à un rock nerveux, original. Sur scène avec Bowie, son ancien camarade de classe, le guitariste Peter Frampton. Ses fans, plus enthousiastes que jamais, sont comme hypnotisés par le personnage autant que par le décor, une gigantesque araignée, éclairée par des jeux de lumière sophistiqués. Bowie a chanté à la fois des tubes comme « Let's Dance » et des morceaux moins connus, composés à différentes époques. Malgré de nombreux rappels, la vedette n'a pas réapparu sur scène et la foule s'est dispersée aux accents, quelque peu inattendus, de l'ouverture de « Tannhäuser ».

Le chanteur David Bowie à son concert de La Courneuve.

Le chapeau de Magritte aux enchères

2 juillet. Importante vente aux enchères, chez Sotheby, à Londres, de la collection formée par l'héritage du peintre belge René Magritte. La toile la plus convoitée, « Le Prêtre marié », a été adjugée, par téléphone, pour environ 18 millions de francs belges, soit plus de trois fois le prix auquel elle était estimée. Les délégués de la Communauté française de Belgique ont pu acheter des œuvres pour un montant total de 25 millions de FB, tout en regrettant la dispersion de la collection. C'est ainsi que les gouaches « La Joconde » et « La Belle Captive » (78 000 livres chacune) resteront en Belgique, de même que « La Reconnaissance infinie » (62 000 livres). Huit toiles seront réparties dans différents musées du pays. La Communauté a également pu acheter deux sculptures, « Les Grâces naturelles » et « La Race blanche » (66 000 et 32 000 livres). Le célèbre chapeau de Magritte, qui lui servit de modèle pour de nombreuses toiles, a été adjugé pour 15 000 livres, soit plus de onze fois les estimations. Un acheteur anonyme a payé 38 000 livres son chevalet.

René Magritte. L'Homme au chapeau melon. 1964. Coll. part.

On a volé les mains de Juan Peron!

2 juillet. Les autorités judiciaires de Buenos Aires ont annoncé que la tombe de l'ancien président argentin Juan Domingo Peron avait été profanée. Les voleurs ont coupé les mains du cadavre embaumé du dictateur, mort en 1974, et réclament une rançon de huit millions de dollars. La police a ouvert une enquête. Selon le juge d'instruction chargé de l'affaire, le sabre de l'ancien président, qui se trouvait sur la tombe, a également disparu. La casquette et le drapeau, qui se trouvaient à côté, ont été placés à l'intérieur du cercueil. Les profanateurs avaient dû, pour pénétrer dans la tombe, percer un vitrage pourtant blindé. Ce vol macabre suscite de vives réactions politiques. L'actuel président argentin, Raul Alfonsin, a accusé les voleurs de vouloir déstabiliser le régime. Quant aux péronistes, ils accusent les autorités policières de laxisme et constatent l'augmentation de la violence.

La foule indignée des péronistes après la profanation de la tombe de l'ancien président argentin Juan Domingo Peron.

Juillet

Sem. 28 1987

Lu	Ma	Me	Je	Ve	Sa	Di
		1	2	3	4	5
6	**7**	**8**	**9**	**10**	**11**	**12**
13	14	15	16	17	18	19
20	21	22	23	24	25	26
27	28	29	30	31		

6. Anglet : un activiste d'Iparretarak est tué par l'explosion de la bombe qu'il transportait.

6. Egypte : Hosni Moubarak accepte un nouveau mandat présidentiel.

7. URSS : ouverture du procès des responsables de la catastrophe de Tchernobyl (→26.4.86).

7. Zaïre : lors du naufrage d'un ferry-boat, seuls 97 des 500 passagers auraient échappé aux crocodiles.

9. France : on annonce la suppression pour 1989 du certificat d'études.

9. France : mise au point du Motivac, une « boîte noire » qui pourra mesurer à tout moment l'audience des télévisions.

10. Turquie : des opérations de commandos kurdes contre des villages font 5 morts.

12. Formule 1 : victoire de Nigel Mansell à Silverstone.

12. Japon : l'homme le plus riche du monde serait Yoshiaki Tsutsumi (130 milliards de F).

12. Belgique : la RTBF (radio-télévision nationale) perd son monopole.

12. URSS : Moscou reconnaît que des contestataires, bien que sains d'esprit, ont été internés.

12. Corée du Sud : l'opposition reste insatisfaite malgré le remplacement de 9 ministres.

12. Espagne : sur 86 détenus morts en 1986 dans la prison de Carabanchel, 36 étaient atteints du Sida.

12. Thaïlande : le gouvernement organise une campagne de vasectomie gratuite.

12. Canada : débarquement inattendu de 174 réfugiés tamouls.

DECES

6. Pierre Marcilhacy, membre du Conseil constitutionnel (*14.2.1910).

7. André Dassary, chanteur français (*1912).

12. John Hammond, producteur américain (*10.12.1910).

Un camion-citerne explose en pleine ville

Vue aérienne de la ville d'Herborn après l'explosion du camion-citerne.

7 juillet. Un camion-citerne transportant 36 000 litres d'essence a fait explosion au centre de la petite ville d'Herborn (27 000 habitants), à une cinquantaine de kilomètres de Francfort (RFA). En dix minutes, l'immeuble devant lequel s'était renversé le camion a été réduit en cendres, trois maisons voisines ont été rasées et neuf autres détruites. Sur plusieurs centaines de mètres, les vitres ont été brisées. Dans les rues adjacentes, la chaleur a atteint près d'un millier de degrés. Un premier bilan fait état de quatre morts et de dix blessés, mais il y a trente-quatre disparus. Cinq cents secouristes, accompagnés d'une dizaine de chiens spécialement dressés, fouillent les décombres.

Nous sommes cinq milliards sur terre

10 juillet. Le cinq milliardième habitant de la planète, statistiquement, est là. Selon les chiffres, toujours, il n'est probablement pas Français, et le gouvernement, qui voudrait plus de naissances, n'a qu'une demi-chance sur cent de voir son vœu exaucé. Il est sans doute né dans une famille déjà nombreuse du tiers monde. Des chiffres encore : quand il aura douze ans, on fêtera l'arrivée sur terre du six milliardième, quand il en aura vingt-quatre, le sept milliardième. Bref, il vivra assez jeune dans un monde dont la population aura doublé depuis sa naissance. Selon les projections des Nations unies, on s'en tiendra là. On estime que la population mondiale se stabilisera à une dizaine de milliards, environ. Un certain ralentissement a été constaté dès 1970. Le taux de croissance a diminué : de plus de 2 %, il serait tombé à 1,6 actuellement, et devrait se situer aux alentours de 1,4 % à la fin de ce siècle, et à 1 % vers l'an 2000, pour s'annuler cinquante ans plus tard...

La Bourse de Paris liquide sa corbeille

11 juillet. La « corbeille », ce petit cercle de cuivre recouvert de velours rouge sur lequel les agents de change s'appuyaient au palais Brongniart disparaît aujourd'hui, à l'issue de la séance. C'est la conséquence du renouveau du marché boursier, de la croissance du volume des transactions et de la sophistication des techniques : la corbeille est devenue obsolète et, à long terme, les cotations à la criée sont condamnées.

La « corbeille » a fait son temps...

Roche premier au "Futuroscope"

10 juillet. Il aura fallu attendre cette dixième étape courue entre Saumur et Poitiers (ou plutôt Futuroscope, cette cité futuriste bâtie en verre et en béton) pour que le Tour de France 1987 débute enfin et dégage les vraies valeurs, c'est-à-dire les favoris de l'épreuve. Stephen Roche a justifié la confiance mise en lui, enlevant cette étape contre la montre à 44 km/h de moyenne. Mais Charly Mottet, deuxième à 42 secondes de Roche, s'est emparé du maillot jaune aux dépens d'Eric Maechler. On pourrait bien assister, dans les prochains jours, à un duel Roche-Mottet, car des hommes comme Fignon, Kelly, Hampsten, Criquielion, Herrera ont cédé beaucoup trop de terrain dans cette étape et paraissent avoir perdu toute chance. En revanche, il faudra suivre de près Marc Madiot, Delgado et surtout Jean-François Bernard qui ont accompli une excellente performance contre la montre.

Panama réclame le départ de Noriega

La position du général Noriega sérieusement menacée?

10 juillet. Si le gouvernement d'Eric Arturo del Valle est un pouvoir civil, il n'en est pas moins sous la surveillance du général Noriega, chef de l'armée. Ce dernier est l'objet d'une campagne très violente menée par la presse de droite et reprise aux Etats-Unis par les éléments conservateurs du Parti républicain. Cette campagne doit être replacée dans le contexte du traité Torrijos-Carter sur le canal, lequel devrait passer sous souveraineté panaméenne le 31 décembre 1999.

L'image d'Oliver North séduit l'Amérique

L'officier Oliver North témoignant lors de l'affaire de l'Irangate.

10 juillet. Dans le scandale de l'Irangate, on voit tout à coup l'accusé se muer spectaculairement en héros. Le procès du lieutenant-colonel des marines, responsable des opérations secrètes du Conseil de sécurité, fait plus d'audience à la télévision que les jeux et les feuilletons. Sur son prestigieux uniforme, Oliver North a épinglé six rangées de décorations. La récompense d'un authentique courage, qu'il manifesta notamment lors de la capture en plein ciel des pirates du paquebot « Achille Lauro » (→10.10.1985). L'officier a totalement retourné l'opinion américaine en sa faveur en avouant comment il comptait utiliser l'argent des ventes d'armes à l'Iran pour aider les rebelles du Nicaragua. Un sondage au cours d'une des audiences sous serment, à laquelle il comparut devant le Congrès, a fait apparaître que 58 % des Américains approuvent l'officier et le jugent sincère.

Une version intégrale du "Soulier de satin" ouvre le festival d'Avignon

9 juillet. Le 41e festival d'Avignon propose un monument du théâtre au public qui envahit la cour d'honneur. « Le Soulier de satin », de Paul Claudel, mis en scène par Antoine Vitez, dure près de onze heures... L'écrivain avait lui-même défini son oeuvre comme « un vaste ébranlement d'images et d'idées... Toutes les attitudes éternelles de l'homme à l'égard de Dieu et de la société ». La mise en scène rigoureuse, les décors de Yannis Kokkos, la féerie lumineuse de Patrice Trottier, sans parler de l'incroyable performance des acteurs (Ludmila Mikaël, Didier Sandre, Robin Renucci) réalisent une véritable communion entre la dramaturgie et le lieu. Même le vent ajoute à la beauté de l'ensemble. Malgré la longueur, les spectateurs sont fascinés.

Ce n'était pas la main du Colosse

7 juillet. Les hommes-grenouilles du ministère grec de la Marine ont renfloué un bloc de pierre découvert le 21 juin dernier qui, disait-on, pouvait être l'une des mains du fameux colosse de Rhodes, l'une des Sept Merveilles du monde avec les pyramides d'Egypte, les jardins suspendus de Babylone, la statue de Zeus sculptée par Phidias, le temple d'Artémis à Ephèse, le mausolée d'Halicarnasse et le phare d'Alexandrie. Les spécialistes qui ont examiné la découverte sont perplexes : ils rappellent en effet que le Colosse était en bronze et non en pierre. Il ne s'agirait donc, après expertise, que d'un bloc sans valeur, voire d'une supercherie.

La chasteté fait toujours recette

10 juillet. La ceinture de chasteté, inventée, dit-on, par François de Carrare au XIVe siècle, continue à se vendre chez nous. En cuir ou en latex, en prêt-à-porter ou sur mesures, pour homme ou pour femme, on en vend à Paris une trentaine par mois. Il existe également des versions métalliques, directement inspirées des fameuses ceintures vénitiennes du XVIe siècle. L'une, produite aux Pays-Bas, est inoxydable et coûte 2 500 F environ. Une ceinture luxueuse est fabriquée sur commande par un serrurier installé sur le lac Léman. Elle est gravée et incrustée de pierres précieuses. Le prix est fonction du métal et des pierres choisis.

La Corée du Sud sous tensions

10 juillet. A l'issue des émeutes à répétition et en suivant les conseils prodigués par Washington, le président Chun Doo Hwan semble vouloir lâcher du lest. On annonce aujourd'hui son retrait de la direction au Parti démocratique de la justice au profit de son successeur désigné Roh Tae Wu. Très habile, ce dernier s'efforce de désamorcer une situation explosive en annonçant une démocratisation dépassant les espérances nourries par les plus optimistes. Pays en pleine expansion économique, la Corée doit en outre recevoir les Jeux olympiques à Seoul en 1988 et ne peut s'offrir le luxe de voir s'installer un climat d'insécurité. Déjà des villes étrangères comme Los Angeles se sont proposées pour prendre le relai si les Jeux de 1988 ne pouvaient se tenir dans la capitale sud-coréenne. En revanche, les troubles n'ont guère eu d'incidences sur la croissance économique.

Manifestations à l'occasion des funérailles d'un jeune étudiant sud-coréen tué lors des récentes émeutes.

Pendjab : les sikhs déchaînent la violence

8 juillet. L'escalade de la violence a commencé il y a deux jours lorsque 40 pèlerins hindouistes ont été massacrés par des extrémistes sikhs dans un autobus près de Chandigarh. En représailles hier et aujourd'hui, plusieurs sikhs ont été assassinés à Delhi et dans le sud de l'Inde. Les sikhs constituent 51 % de la population du Pendjab et sont six millions répartis dans le reste de l'Inde. Par la terreur, les extrémistes s'efforcent d'amener les 49 % d'Hindous à quitter le pays. Ils escomptent en outre que leurs coreligionnaires disséminés en Inde regagneront le pays afin d'échapper aux représailles. Trente ans plus tôt, l'encadrement de l'armée indienne était sikh pour un tiers. Aujourd'hui, les officiers ou sous-officiers sikhs sont des exceptions. Ce furent des gardes sikhs qui, le 31 octobre 1984 (→), assassinèrent le Premier ministre, Mme Indira Gandhi. Ils ne se limitent pas à revendiquer l'autonomie, mais veulent, sous le nom de Khalistan, obtenir un Pendjab indépendant.

L'autobus des pèlerins hindouistes assassinés près de Chandigarh.

Juillet

Sem. 29 1987

Lu	Ma	Me	Je	Ve	Sa	Di
		1	2	3	4	5
6	7	8	9	10	11	12
13	**14**	**15**	**16**	**17**	**18**	**19**
20	21	22	23	24	25	26
27	28	29	30	31		

13. France : les appelés du contingent pourront faire leur service dans la police.

13. Inde : M. Ramaswami Venkataraman est élu à la présidence de la République.

14. Espagne : un attentat de l'ETA près d'Onate tue deux gardes civils.

14. Paris : la piscine Deligny, dernière piscine flottante de la ville, est à vendre.

14. Belgique : les mutualités socialistes sont en cessation de paiement.

15. France : le Parti radical exclut Hervé de Fontmichel, élu maire de Grasse grâce aux voix du Front national (→ 2).

15. Liban : explosions de voitures piégées à Tripoli et à Baalbeck. Plus de 75 victimes.

16. France : abandon du projet de mini-métro « Aramis ».

16. Belgique : interdiction de la chasse aux moineaux et aux étourneaux.

16. Corée du Sud : le typhon « Thelma » fait 91 morts, 200 disparus et 15 000 sans-abri.

17. RDA : amnistie générale et abolition de la peine de mort, pour le trentième anniversaire de la république.

17. France : Renaud Vié Le Sage, délégué aux risques majeurs, démissionne après le drame du camping du Grand-Bornand (→ 14).

17. Golfe : l'ONU appelle à un cessez-le-feu entre l'Iran et l'Irak.

17. URSS : alerte dans certaines maternités de Géorgie, où des rats attaquent les nouveau-nés.

17. Pékin : une bombe explose devant le mausolée de Mao.

19. France : 212 hélicoptères de combat seront construits dans le cadre de la coopération franco-allemande.

19. Brésil : en un an, 3 000 bébés ont été vendus à l'étranger. Prix moyen : 10 000 dollars.

DECES

18. Gilberto Freyre, sociologue et écrivain brésilien (*1900).

Les détenus saccagent les Baumettes

Mutinerie à la prison des Baumettes, à Marseille.

16 juillet. A l'issue de la promenade, une centaine de détenus de la prison des Baumettes, à Marseille, ont refusé de regagner leurs cellules. Ils protestaient contre la surpopulation (ils sont 2 500 pour 900 places). Ils se sont ensuite rués sur le chantier des nouveaux ateliers et, après avoir saccagé une grue et un camion, ont réussi à faire démarrer une pelle mécanique, avec laquelle ils ont éventré la porte de l'atelier de menuiserie, auquel ils ont mis le feu. Il fallut aux pompiers plus d'une heure pour maîtriser le brasier. Ensuite, les mutins se sont attaqués au bâtiment B, dont ils ont détruit la plupart des cellules. Les prisonniers seront, provisoirement, relogés sous des tentes.

Une crise politique secoue l'Inde

19 juillet. Aujourd'hui, un second ministre a démissionné du gouvernement. Ce nouvel épisode de la crise politique à laquelle est confronté le Premier ministre indien, Rajiv Gandhi, s'ajoute à une série d'exclusions au sein du Parti du congrès. Rajiv Gandhi joue sans doute son avenir politique : ce que l'opinion considère comme des « purges » détériore l'image de marque du Premier ministre, déjà soupçonné de tendances dictatoriales par la presse, tout cela dans un contexte de corruption et de compromission.

Ramaswami Venkataraman, élu le 13 juillet président de l'Inde.

France-Iran : c'est la rupture

17 juillet. Même si les diplomates du Quai d'Orsay persistent à penser qu'il faudra un jour renouer les liens avec Téhéran, Paris a décidé de rompre ses relations diplomatiques avec l'Iran, l'Italie étant priée de se charger des intérêts français à Téhéran. Cette rupture ne fait qu'officialiser la guerre des ambassades. Verrouillée par un dispositif de sécurité sans failles, l'ambassade de l'ayatollah Khomeiny est entourée de gendarmes en gilet pare-balles, main sur le pistolet mitrailleur. But du dispositif? Empêcher le départ de Wahid Gordji, traducteur de l'ambassade et fils du médecin personnel de Khomeiny. Il a refusé de se rendre à une convocation du juge Boulouque car l'interprète est soupçonné d'être le véritable dirigeant du réseau terroriste responsable entre autres de la tuerie de la rue de Rennes. Quelques jours auparavant à Genève, le 11 juillet, dans la partie française de l'aéroport, un fonctionnaire de l'ambassade d'Iran à Paris est interpellé par des douaniers. Hystérique, il se roule par terre et hurle aux méthodes barbares. Le lendemain, le cargo français « Ville-d'Anvers » qui croise dans le golfe Persique est incendié par le tir de vedettes iraniennes. Le même jour, deux Français travaillant à l'ambassade de France à Téhéran ne peuvent quitter le pays. C'est l'escalade.

Au Tour de France, Jean-François Bernard dompte le Ventoux

19 juillet. Les prévisions de Bernard Hinault, présentant son coéquipier Jean-François Bernard comme son dauphin et successeur, se sont en partie réalisées aujourd'hui dans l'une des plus prestigieuses étapes du Tour de France, que le jeune coureur français a remportée en grand champion. Bernard a gagné brillamment ce contre-la-montre du mont Ventoux, s'avérant le meilleur sur le plat en début de course, mais aussi sur les pentes où il dama le pion aux grimpeurs spécialisés, prenant du même coup le maillot jaune. Autres héros du jour, les Colombiens, qui classent quatre coureurs dans les dix premiers, et l'Espagnol Delgado, qui devient un outsider sérieux.

Le coureur Jean-François Bernard, vainqueur de l'étape du mont Ventoux, l'une des plus prestigieuses du Tour de France.

La boue emporte un camping savoyard

Le camping du Grand-Bornand, détruit par une coulée de boue.

Sauvetage par hélicoptère au camping du Grand-Bornand.

14 juillet. Depuis plusieurs semaines, des pluies incessantes avaient gorgé les sols d'eau. Il est tombé, en juin, trois fois plus de pluie que la normale. Une coulée de boue a ravagé le camping du Grand-Bornand, en Haute-Savoie, emportant tout sur son passage, voitures, caravanes... « On voyait les caravanes exploser, se déchirer... Et à l'intérieur, il y avait des gens, des enfants. On les a vus partir : ils avaient les yeux horrifiés, les mains collées aux vitres... » raconte un témoin. Pour le délégué aux risques majeurs, Renaud Vié Le Sage, le camping avait été construit sur un site dangereux. On compte vingt morts, dix blessés, et il reste une vingtaine de disparus.

A Port-au-Prince, l'armée prête serment

17 juillet. C'est en grande pompe à l'Académie militaire que le général Namphy a présidé une cérémonie d'allégeance de l'armée haïtienne à la Constitution. Son discours a eu cependant d'étranges résonances lorsqu'il a célébré « le mâle courage des forces armées devant ce peuple qu'il faut défendre malgré lui ». Déjà, le 22 juin, il avait fait investir par l'armée les locaux de la centrale autonome des travailleurs haïtiens, puis avait rejeté le travail du Comité électoral provisoire chargé de préparer les futures élections. Il devient de plus en plus flagrant que les tontons macoutes conservent leur influence malgré le nouveau régime.

L'armée haïtienne prête serment à la nouvelle Constitution.

Le marathon des sommets

14 juillet. Partis de Skardu, la capitale pakistanaise du Baltistan, à 2 300 m d'altitude, vingt-cinq marathoniens ont couru pendant cinq jours pour arriver à 5 017 m après un « Marathon des cimes » de 170 km. Il y avait dix-neuf coureurs européens, dont une jeune femme, Murielle Derolland, opposés à six Pakistanais. L'épreuve a été remportée par l'Italien Dario Viale, 26 ans, en 14 h 13' 14", devant le Français Christophe Clavelier (18 h 32'). Murielle a effectué le parcours en 28 heures.

Le maire de Grasse exclu de son parti

15 juillet. La réélection, dimanche dernier, de M. Hervé de Fontmichel, maire de Grasse, avec le soutien du Front national, a provoqué une crise au Parti radical, dont le bureau politique s'est réuni ce mercredi matin sous la présidence de M. Rossinot. L'exclusion de M. de Fontmichel a été décidée. Malgré diverses interventions, le maire de Grasse avait maintenu sur sa liste six candidats du parti de Jean-Marie Le Pen; les électeurs, hostiles à ces ingérences dans la vie municipale, ont soutenu leur maire.

Le président Raul Alfonsin est sauvé par un rat

17 juillet. Un rat de laboratoire a, en mourant, sauvé la vie à deux présidents. Le malheureux cobaye est passé de vie à trépas une heure après avoir absorbé, lors d'un test, du saumon qui devait être servi au déjeuner offert par José Sarney, président brésilien, à Raul Alfonsin, président argentin, à Viedma. Une équipe de diététiciens avait détecté la présence de bactéries dans le saumon et avait décidé de le tester sur le rat. Le poisson était avarié. Le gérant de l'hôtel a trouvé tout de suite un menu de remplacement. Sans saumon.

Un inventaire de l'Eglise russe en Terre sainte

13 juillet. Une délégation consulaire soviétique est arrivée en Israël, après vingt ans de rupture des relations diplomatiques. Son arrivée, aboutissement de plus d'un an de pourparlers indirects, rompus et renoués à plusieurs reprises, marque un début de dégel. Selon Yevgeny Antipov, un responsable du ministère soviétique des Affaires étrangères, la délégation restera trois mois à Tel-Aviv pour effectuer une estimation des propriétés de l'Eglise orthodoxe en Israël. D'autre part, la délégation va ouvrir un bureau consulaire.

La tombe de Nefertari réouverte au public

Peinture murale de la tombe de Nefertari. Vallée des Reines, Thèbes.

19 juillet. Après les grandes inquiétudes provoquées depuis quarante ans par les dégradations de la tombe de Nefertari, la plus belle de la vallée des Reines, celle-ci est à nouveau accessible au public. Nefertari fut, au XIIIe siècle avant notre ère, la première épouse du pharaon Ramsès II, le grand constructeur du début du Nouvel Empire (XIXe dynastie). Depuis plus d'un an, une équipe de spécialistes s'emploie à protéger les magnifiques fresques de la tombe. Après avoir refixé le plâtre des parois, on a délicatement posé des bandes d'un papier transparent spécial, de fabrication japonaise, sur les peintures afin d'en maintenir les fragments qui s'écaillaient.

Juillet

Sem. 30 1987

Lu	Ma	Me	Je	Ve	Sa	Di
		1	2	3	4	5
6	7	8	9	10	11	12
13	14	15	16	17	18	19
20	**21**	**22**	**23**	**24**	**25**	**26**
27	28	29	30	31		

20. Italie : un glissement de terrain dans les Alpes fait quinze morts.

20. USA : dans une page publiée par 50 journaux, Toshiba fait ses excuses au peuple américain (→ 1er).

20. France : démantèlement d'un réseau terroriste pro-iranien, auteur des attentats de fin 1986 à Paris (→ 17.9.86).

21. Europe : accord des Douze sur des mesures de réduction de la pollution automobile.

21. Action directe : arrestation de deux militants, Renaud Laigle à Munich et Mouloud Aissoud à Lyon.

22. France : les demandes pour les actions de TF1 ont été plus élevées (125%) que l'offre.

23. « Titanic » : une équipe franco-britannique entreprend l'exploration du paquebot englouti, grâce à un robot français, le « Nautile ». (→ 3.8)

23. France : sur TF1, le jeu « Intervilles » est financé par la publicité.

24. France : Jean-Paul Mazurier, ancien avocat de Georges Ibrahim Abdallah, auteur du livre « L'Agent noir », est rayé du barreau.

25. Haïti : dix paysans sont tués lors d'affrontements avec les tontons macoutes.

26. URSS : manifestation de Tatars sur la place Rouge.

26. RFA : 40 millions de boîtes de conserve, destinées à parer à un éventuel blocus, sont impropres à la consommation.

DECES

21. Norbert Casteret, spéléologue français (*19.8.1897). →

22. Henri-François Rey, écrivain français (*31.7.1919).

25. Malcolm Baldrige, secrétaire américain au Commerce (*1923).

25. Carlo Bronne, écrivain belge (*1891).

26. Charles Draper, ingénieur américain (*21.10.1901).

26. Tewfik el-Hakim, écrivain égyptien (*1899).

C'est le Tour de l'Irlandais Stephen Roche

26 juillet. Après Greg Lemond l'Américain, vainqueur l'an dernier et absent cette année pour cause d'accident, Stephen Roche l'Irlandais a remporté le Tour de France, tandis qu'un autre Américain, Jeff Pierce, enlevait la dernière étape sur les Champs-Elysées. Si l'on ajoute que Sean Kelly, lui aussi Irlandais, est depuis plusieurs saisons le roi incontesté des classiques, on mesure à quel point le cyclisme international est désormais dominé par les champions de langue anglaise; d'autant mieux que Bernard Hinault a pris sa retraite et que Belges et Italiens, naguère souverains, sont devenus des comparses. Stephen Roche a donc réalisé l'exploit de gagner la même année le Giro et le Tour de France. Il est le cinquième champion cycliste à avoir accompli cette performance, derrière Fausto Coppi, Jacques Anquetil, Eddy Merckx et Bernard Hinault.

Stephen Roche et Jeannie Longo, vainqueurs du Tour de France 87.

La mode présentée par Christian Lacroix

25 juillet. L'événement marquant de la haute couture française aura été pour cette saison la présentation de la première collection de Christian Lacroix, désormais couturier à part entière depuis qu'il a quitté Jean Patou dont il était le styliste. Cet Arlésien passionné a imaginé des modèles somptueux aux couleurs chaudes, fortement inspirées par sa Provence natale : des ocre, des terre de Sienne, des orange, des rouge profond, dans de lourds tissus agrémentés de broderies éblouissantes. On ne peut s'empêcher d'y voir un hommage à Schiaparelli. Considérant que la mode doit être follement créatrice, il soulève un vent d'enthousiasme chez toutes les chroniqueuses de mode pourtant blasées, qu'elles soient européennes ou américaines. L'exceptionnelle couverture médiatique de sa collection a redonné un coup de fouet au prestige de la haute couture française. Christian Lacroix a déjà autour de lui une cohorte d'inconditionnelles : l'actrice Sabine Azéma s'est déclarée prête à porter ses couleurs dans tous les galas et les grandes soirées de la prochaine saison.

Un mannequin aux couleurs de la collection de Christian Lacroix.

Norbert Casteret meurt à 90 ans

21 juillet. Le spéléologue français Norbert Casteret vient de mourir à Toulouse, à l'âge de 90 ans. Il s'était acquis une réputation internationale par ses explorations. Il avait parcouru des milliers de cavernes, de grottes, de rivières souterraines, tant en France qu'aux Etats-Unis et en Afrique. On retiendra parmi ses exploits les plus retentissants la découverte de la vraie source de la Garonne. Il descendit en 1931 dans le trou du Toro, dans le massif de la Maladetta, en Espagne. Il découvrit également le gouffre le plus profond de l'Atlas, et, en 1947, celui de la Henne-Morte (446 m de profondeur). Mais l'exploit qui le rendit célèbre fut lorsque, en 1962, à l'âge de 65 ans, Norbert Casteret descendit au fond du gouffre de la Pierre-Saint-Martin, dans les Pyrénées-Occidentales. Ce gouffre, le deuxième du monde par sa profondeur (1 358m), avait notamment révélé une salle dont les dimensions sont le double de celles de Notre-Dame de Paris. L'aventure de cette découverte avait tenu le monde entier en haleine.

Pilote à 10 ans!

23 juillet. Christopher Marshall, 10 ans, est devenu le plus jeune pilote à traverser les Etats-Unis aux commandes d'un avion. Il a posé son Piper Warrior monomoteur à Fort Lauderdale (Floride), venant de sa ville natale d'Oceano, en Californie, après un vol avec escales de cinq jours. Comme l'exigent les règlements, il était accompagné d'un instructeur adulte.

Le jeune Christopher Marshall.

Escortes américaines dans le Golfe

La marine et l'aviation des Etats-Unis escortent dans les eaux du Golfe les bâtiments koweitiens placés sous pavillon américain.

Départ du groupe aéronaval français de Toulon pour le Golfe.

21 juillet. Pour châtier les Nations unies d'avoir hier voté à l'unanimité une résolution invitant l'Iran et l'Irak à un cessez-le-feu immédiat, le Hezbollah libanais pro-iranien a déclaré la guerre sainte à l'ONU. Devant la montée des tensions dans le golfe Persique, Ronald Reagan a décidé de faire escorter par la marine des Etats-Unis les pétroliers koweitiens qui se sont placés sous pavillon américain. Ce qui est à redouter avant tout sont les éventuelles opérations suicides des vedettes iraniennes contre lesquelles la marine américaine n'a pas d'armes imparables. Afin de pallier cette lacune, le navire de transport « Raleigh » a quitté les Etats-Unis avec un chargement de « chiens de garde » (patrouilleurs de trente tonnes armés de mitrailleuses lourdes). De même le « Guadalcanal » est arrivé dans les eaux du Golfe avec des hélicoptères de combat. On redoute encore les missiles antinavires Silkworm, copies chinoises du Styx soviétique, que Téhéran a fait installer le long des côtes. Ils portent à cent kilomètres une charge de 500 kg d'explosif (trois fois la puissance de l'Exocet français). Par ailleurs, les Iraniens ont acheté aux Nord-Coréens un stock de mines qu'ils ont entrepris de mouiller au large de leurs côtes.

Combien coûte la violence?

23 juillet. C'est à un calcul original que vient de se livrer un groupe de fonctionnaires de l'ENA. Ils estiment que le détournement de la Caravelle d'Air Inter, le 29 septembre 1977 à Orly, avait coûté 2 035 305 F. L'attentat contre la synagogue de la rue Copernic, à Paris (→3.10.80), aurait coûté, lui, 24 724 251 F, et la manifestation des sidérurgistes à Paris le 23 mai 1979 11 336 595 F.

"Mort pour la France", il revoit sa Normandie

23 juillet. Considéré comme « mort pour la France » depuis le 8 août 1946, M. Charles Blaisot est bien vivant! Après quarante ans passés en Allemagne de l'Est, il est revenu dans son village de Flottemanville-Bocage, dans le Cotentin. Il a pu constater que son nom est inscrit sur le monument aux morts. Une incroyable bataille judiciaire est menée par son fils pour prouver que son père est réellement vivant!

La grève perlée des aiguilleurs du ciel se poursuit

26 juillet. Le blocage est total dans le conflit qui oppose les contrôleurs aériens, qui font une grève perlée depuis quinze semaines, et le ministère des Transports. Jacques Douffiagues avait proposé la création d'une Agence de la navigation aérienne; un référendum a été organisé par l'ensemble des syndicats sur ce projet: les aiguilleurs du ciel se sont prononcés massivement contre la création de l'agence. Forte de ce résultat, l'intersyndicale a demandé « la reprise immédiate des négociations dans le cadre de la fonction publique ». Les aiguilleurs du ciel veulent conserver leur statut de fonctionnaires et réclament l'intégration, dans le calcul de leur retraite, des primes, qui atteignent 30, voire 40 % de leur traitement.

Le Sabre d'or revient enfin à l'escrime française

20 juillet. Le dernier titre français de champion du monde d'escrime au sabre avait été conquis en 1950. Il aura fallu attendre trente-sept ans pour voir un Français remporter la même médaille d'or. A Lausanne, Jean-François Lamour a obtenu un véritable triomphe dans le tournoi qui l'opposait aux meilleurs sabreurs mondiaux. A Los Angeles, il y a deux ans, Lamour avait gagné la médaille d'or aux Jeux olympiques; mais son succès avait été un peu diminué par l'absence des spécialistes de l'Est. Cette fois-ci, Lamour a dominé brillamment tous les concurrents, battant en finale le Hongrois Giorgy Nebald. Cette victoire est aussi celle du maître d'armes magyar Laszlo Szepesi, devenu entraîneur national français en 1982.

Les passagers maîtrisent le pirate de l'air

24 juillet. Le DC-10 d'Air Afrique assurant la liaison Brazzaville-Paris, via Rome, avec 163 passagers, a été détourné sur Genève par un Libanais de 21 ans, Hussein Ali Mohamed Hariri, qui exigeait la libération des frères Mohammed et Abbas Hamade (terroristes libanais détenus à Francfort). Après s'être fait remettre leurs passeports par les passagers, le pirate a isolé les 64 Français qui se trouvaient à bord, et a froidement abattu l'un d'eux, Xavier Beaulieu. Mais l'un des voyageurs a actionné le mécanisme de déverrouillage de la porte arrière; dans la confusion, le pirate a été maîtrisé par les passagers.

Le pirate de l'air du DC-10 Brazzaville-Paris maîtrisé par les passagers.

Juillet

Sem. 31 1987

Lu	Ma	Me	Je	Ve	Sa	Di
		1	2	3	4	5
6	7	8	9	10	11	12
13	14	15	16	17	18	19
20	21	22	23	24	25	26
27	**28**	**29**	**30**	**31**		

27. France-Iran : les intérêts français en Iran seront représentés par l'Italie, ceux de l'Iran en France par le Pakistan.

27. Panama : arrestation du colonel Diaz Herrera, opposant au régime.

27. France : la tension dans le Golfe provoque le rappel de 3 000 soldats.

27. Philippines : installation du nouveau Congrès et rétablissement de la démocratie parlementaire, après quinze ans d'interruption.

27. Biarritz : arrestation de Laura Alamar-Porta, soupçonnée d'être la « tueuse blonde » du GAL (Groupe antiterroriste de libération).

28. Italie : un nouveau glissement de terrain engloutit trois villages de Lombardie, faisant 28 morts.

28. URSS : depuis le 1er janvier, 260 000 personnes ont été condamnées pour vol.

28. Berlin : les Soviétiques construisent des tours de surveillance d'un nouveau modèle sur le Mur.

29. Sri Lanka : émeutes après la signature d'un accord de paix avec l'Inde. Le couvre-feu est décrété.

29. Paris : signature par Margaret Thatcher et François Mitterrand du traité de création du tunnel sous la Manche (Eurotunnel). →

29. France : la flottille de Toulon reçoit l'ordre d'appareiller pour le Golfe.

30. Pologne : Fiat construira la prochaine voiture de petite cylindrée est-européenne.

30. France : plainte contre Radio Courtoisie, accusée de « corruption active » de membres de la CNCL.

30. Paris : les Galeries Barbès déposent leur bilan.

30. Brésil : carnage au pénitencier de Sao Paulo, où la police affronte pendant trois heures 1 200 mutins : 28 morts.

30. Sri Lanka : 1 700 soldats indiens débarquent pour contrôler le cessez-le-feu (→ 29).

Tuerie au pèlerinage de La Mecque

31 juillet. De terribles affrontements ont opposé, à La Mecque, des pèlerins iraniens aux unités antiémeutes de la police saoudienne. Un climat explosif s'est emparé, des heures durant, des lieux saints de l'Islam. Le bilan, lourd, traduit dans la seule sécheresse des chiffres l'ampleur du drame : il y a eu 402 morts (275 Iraniens, 85 policiers et 42 pèlerins d'autres nationalités), et 649 blessés, selon les premières estimations. Tout a débuté par une manifestation des dizaines de milliers de pèlerins iraniens, défilant sous les portraits de l'imam Khomeiny et de son probable successeur, l'ayatollah Montazeri, brandissant des pancartes portant des slogans de la révolution islamique. Bloquant les abords immédiats de la Grande Mosquée, les Iraniens se sont alors heurtés aux pèlerins d'autres nationalités. Le ton a rapidement monté. Plusieurs centaines de policiers antiémeutes envoyés séparer les antagonistes ont alors été chargés par des vagues iraniennes, armées de couteaux, de bâtons, de pierres. Les forces de l'ordre ont riposté avec des grenades lacrymogènes. La confusion est alors devenue totale, les manifestants se piétinant. Et les cadavres se sont accumulés dans l'enceinte même des lieux sacrés.

Agitation pro-khomeyniste parmi les pèlerins de La Mecque.

Washington accepte officiellement l'option "double zéro"

28 juillet. Un nouveau pas est franchi vers un accord entre Washington et Moscou. Les Américains ont accepté officiellement l'option « double zéro globale », proposée par les Soviétiques (→ 2.3), et font des concessions sur les procédures de démantèlement des missiles, tandis que Moscou annonce de nouvelles propositions sur l'IDS (« guerre des étoiles »). Une seule question reste en suspens, et elle est de taille. L'URSS exige que les Etats-Unis détruisent les têtes nucléaires équipant les 72 SRINF Pershing IA. Mais ces missiles appartiennent à l'armée de l'air ouest-allemande. Bonn s'y oppose, estimant qu'il s'agit là de « systèmes tiers », qui ne peuvent faire l'objet de transactions entre les deux Grands (→ 26.8). Le secrétaire d'Etat américain, George Shultz, et son homologue soviétique, Edouard Chevernadze, se rencontreront à New York à la mi-septembre, pour préparer un accord.

La canicule fait 1 300 morts en Grèce

Vague de chaleur en Grèce...

31 juillet. Alors que des pluies diluviennes se sont abattues sur l'Autriche et l'Italie du Nord, la Grèce est écrasée de chaleur. Dans le centre du Péloponnèse, on a relevé des températures de 47 °C sous abri : les records de l'an dernier sont battus. La vague de chaleur a déjà fait 1 300 morts, dont beaucoup dans les quartiers populaires de la capitale grecque. Les popes et les services des pompes funèbres sont débordés par les enterrements. Le gouvernement grec a décidé la fermeture de certaines administrations et de nombreux habitants sont partis chercher une relative fraîcheur à la campagne. Athènes est presque une ville morte...

Accords franco-anglais pour le tunnel sous la Manche. Le groupe chargé de sa construction mettra en vente les actions de l'Eurotunnel en novembre.

L'exploit de Peyron sur sa planche à voile

27 juillet. Stéphane Peyron, 26 ans, frère cadet de Loïc et Bruno, deux autres marins, fait désormais partie des grands aventuriers modernes, au terme de l'exploit incomparable qu'il vient d'accomplir en traversant l'Atlantique, seul et sans assistance, sur une simple planche à voile. Parti de New York le 10 juin dernier à l'aube et arrivé à La Rochelle dans la nuit de dimanche à lundi, Stéphane a parcouru 6 500 km en quarante-sept jours. Sa planche était un véritable « mini-paquebot », lui garantissant autonomie en nourriture, en eau douce et en énergie, celle-ci renouvelable grâce à des panneaux solaires et à un mini-groupe électrogène de secours. Il pouvait d'autre part communiquer par radio-téléphone, à peu près tous les jours. Il dut pourtant traverser plusieurs épreuves difficiles (blessure à la main, cargo frôlant sa planche, tempête durant plusieurs dizaines d'heures). Néanmoins, il ne renonça jamais, bénéficiant d'une résistance physique et morale exceptionnelle.

L'arrivée de Stéphane Peyron.

Tchernobyl : les responsables condamnés

28 juillet. Le tribunal de la Cour suprême d'URSS a rendu son verdict. L'ancien directeur de la centrale nucléaire de Tchernobyl où survint la catastrophe (→26.4.86), l'ancien ingénieur en chef et son adjoint ont été condamnés à dix ans de camp de travail. Des peines de deux à cinq ans de prison ont été prononcées à l'encontre de trois autres responsables de la centrale. L'accident nucléaire, qui a fait officiellement 31 morts, a entraîné l'évacuation de 140 000 personnes et a coûté 2,7 millions de dollars aux Soviétiques, laisse des questions sans réponse. Pourquoi Mikhaïl Gorbatchev a-t-il attendu dix-huit jours pour déclarer publiquement l'importance de l'accident? D'ailleurs, à quel moment en avait-il été informé?

Tigana quitte les Tricolores

31 juillet. L'équipe de France de football, qui se couvrit de gloire durant cinq ans, perd petit à petit ses vedettes. Après Michel Platini et Alain Giresse, Jean Tigana vient en effet d'annoncer qu'il mettait à son tour un terme à sa carrière internationale, pour se consacrer uniquement à sa famille, au club des Girondins et à sa passion pour les vins de Bordeaux, qu'il a décidé de produire et de vendre. Jean Tigana, 32 ans, a joué cinquante et une fois en équipe de France, du 23 mai 1980 à Moscou contre l'URSS, à juin 1987 à Oslo contre la Norvège.

Le Dé d'or de la haute couture est décerné par un jury de journalistes à Karl Lagerfeld pour sa collection chez Chanel.

Août

Sem. 32 1987

Lu	Ma	Me	Je	Ve	Sa	Di
					1	**2**
3	**4**	**5**	**6**	**7**	**8**	**9**
10	11	12	13	14	15	16
17	18	19	20	21	22	23
24	25	26	27	28	29	30
31						

1er. Boxe : Mike Tyson, battant aux points Tony Tucker à Las Vegas, devient le plus jeune champion du monde des poids lourds.

2. Philippines : assassinat de Jaime Ferrer, ministre de l'Administration.

2. Tunisie : série d'attentats dans quatre hôtels de Sousse et Monastir, blessant treize touristes étrangers. →

3. « Titanic » : le Sénat américain interdit la vente sur le territoire des Etats-Unis d'objets provenant de l'épave. (→13.8)

4. Corse : un fourgon de gendarmerie tombe dans une embuscade : un gendarme est tué, trois autres blessés.

4. Pays-Bas : dans le cadre de la lutte contre le Sida, les détenus pourront disposer de préservatifs.

4. Paris : triomphe au « Tintamarre » pour un imitateur belge de 24 ans, André Lamy.

4. USA : un aveugle, Jim Dickson, va tenter une traversée de l'Atlantique en solitaire sur un voilier équipé d'un ordinateur parlant.

5. RFA : selon le FMI, l'Allemagne de l'Ouest, supplantant les USA, est devenue le premier exportateur du monde.

5. Automobile : rachat par Chrysler de AMC, filiale de Renault.

6. Panama : 20 000 personnes participent à la première manifestation de l'opposition autorisée par le gouvernement.

DECES

2. Pola Negri, actrice américaine (*1894). →

3. Howard McGhee, trompettiste américain (*1915).

5. Joseph Bouglione, directeur du Cirque d'Hiver de Paris (*17.2.1904). →

6. Léon Noël, premier président du Conseil constitutionnel français (*23.3.1888).

7. Camille Chamoun, ancien président de la République libanaise (*1900). →

Deuil national au Liban pour Camille Chamoun

Camille Chamoun.

7 août. Ancien président du Liban et actuel ministre des Finances, M. Camille Chamoun est décédé aujourd'hui à l'âge de 87 ans. Les chrétiens maronites dont il était le chef l'avaient surnommé « le Tigre ». Pour lui, la Syrie représentait l'adversaire numéro un et jamais il n'accepta la tutelle que Damas prétendait excercer au Liban. Ses positions se trouvaient à l'opposé de celles du Premier ministre Rachid Karamé, assassiné le 1er juin, lequel se proclamait volontiers « Syrien » et était un inconditionnel de Damas.

Une vignette pour les autoroutes en Belgique?

6 août. Le projet belge de vignette à faire payer aux automobilistes étrangers empruntant ses autoroutes suscite un tollé chez ses voisins, notamment la condamnation unanime du Parlement européen qui juge (et sans doute avec quelque raison) qu'il s'agit là de discrimination à l'égard de ressortissants de pays membres de la CEE, discrimination contraire au traité de Rome. La Belgique, très fière de son réseau autoroutier, le plus dense et sans doute le meilleur du monde et, en tout cas, le mieux éclairé, estime que les frais d'entretien qui lui incombent sont prohibitifs, compte tenu que les autoroutes sont empruntées surtout par des véhicules étrangers, et notamment par des poids lourds...

Un espoir de paix en Amérique centrale

Signature, au Guatemala, d'un traité pour la paix en Amérique centrale.

7 août. Aboutissement des efforts du président du Costa Rica Oscar Arias, les présidents du Guatemala, du Nicaragua, du Salvador et du Honduras ont signé aujourd'hui un traité prévoyant un règlement pacifique des problèmes régionaux. Cet accord reconnaît la légitimité du régime sandiniste au Nicaragua. Mais le conflit opposant le régime marxiste de Managua aux contras n'est pas le seul à mettre l'Amérique centrale à feu et à sang. Au Salvador opèrent également les maquis du Front Farabundo Marti de libération nationale. Il existe en outre des conflits nationaux latents entre le Costa Rica et le Nicaragua et aussi entre ce dernier et le Honduras qui est par ailleurs transformé en une véritable base américaine. Noble dans sa conception, ce traité a peu de chances d'être appliqué car le Nicaragua, s'il l'a signé, n'a pas participé à son élaboration.

Yves Saint-Martin rend sa cravache

2 août. Yves Saint-Martin a annoncé qu'il prendrait sa retraite à la fin de la saison. Le jockey a remporté quinze Cravaches d'or et pas moins de 3 300 victoires. Pendant des années, il a monté, en priorité, les chevaux de l'Aga Khan. Il aura été le prodige des hippodromes. Il est né le 8 septembre 1941, à Agen... et pesait alors 1,090 kg, sur la balance!

Yves Saint-Martin.

Pola Negri était une reine du muet

2 août. Avec la disparition de Pola Negri, le cinéma d'hier perd un de ses derniers mythes. Pola Negri avait 93 ans. De son vrai nom Pola Barbara Apollonia Chatupiec, elle était allemande d'origine polonaise, née en Russie en 1894. Cette ancienne danseuse débuta au théâtre en 1917, en Allemagne, grâce à Max Reinhardt, puis au cinéma avec Ernst Lubitsch, qui en fit une star. Ses films s'appellent « Les Yeux de la momie » (1918), « Carmen » (1918) et « Madame du Barry » (1919). Lorsque Lubitsch s'installe à Hollywood, Pola Negri le suit. Elle apparaît dans des productions somptueuses comme « Hôtel Impérial » (1927) et joue le rôle de Catherine de Russie. Fiancée à Rudolf Valentino, le monde partage sa douleur lors des obsèques du séducteur. On la vit encore en 1964 dans un film d'aventure des studios Walt Disney, mais son talent n'a pas survécu à l'arrivée du parlant.

Ils trouvent un trésor et doivent le rendre

3 août. Le beau rêve de neuf ouvriers turcs, italiens et portugais de l'entreprise Urano, à Charleville-Mézières, tourne au cauchemar. La police a saisi leur magot. Le 2 juillet, les terrassiers n'en avaient pas cru leurs yeux en voyant, éventrée par la pelleteuse, une potiche qui contenait des centaines de pièces à l'effigie de Louis XIV et Louis XV, dans une tranchée ouverte rue de Gonzague à Charleville-Mézières. A la fin de la journée, dans la cabane du chantier, ils partageaient. Ce fut une grave erreur! Ils ne savaient pas que l'article 716 du Code civil prévoit clairement que, lorsque l'on met au jour un trésor, il faut le déclarer aux autorités. C'est seulement par la suite que l'on peut partager : la moitié pour celui qui a trouvé le trésor, l'autre moitié pour le propriétaire (du terrain, en l'occurrence). Dans le cas présent, le propriétaire était une personne morale, la ville de Charleville-Mézières. Sans doute les ouvriers ont-ils été dénoncés, probablement par un envieux. Ils ont tous été convoqués au commissariat, où on leur a expliqué que non seulement le magot leur était confisqué, mais encore que la ville portait plainte pour vol. Et, puisqu'on avait tenté de la voler, la municipalité ne se contenterait pas de la moitié du magot (estimé plusieurs millions de francs), mais exigeait le tout. De son côté, le patron porte, lui aussi, plainte pour vol : c'est l'entreprise qui a trouvé le trésor, puisque c'est elle qui effectuait les travaux...

Le cirque a perdu son patriarche

5 août. Joseph Bouglione a quitté la piste. A 83 ans, un grand seigneur du cirque s'est éteint à Paris. Né à Paray-le-Monial, au cours d'une tournée de la ménagerie de son père, il était le dernier survivant des quatre frères qui avaient pris en main les destinées du Cirque d'Hiver, en 1934. Chef de clan, celui que l'on appelait respectueusement « Monsieur Joseph » savait conjuguer une grande puissance de travail à un incontestable sens des affaires. Coiffé de son légendaire Stetson, il était encore, il y a trois jours, dans son bureau du Cirque d'Hiver, puis dans la ménagerie pour s'assurer que ses tigres se portaient bien!

Joseph Bouglione.

Le maquis tamoul dépose les armes

De nombreux Tamouls et Cingalais souhaitent un retour au calme.

5 août. Défaite en apparence pour le mouvement rebelle tamoul, les « Tigres », puisqu'il accepte après quatre ans de guerre de remettre ses armes à l'armée indienne. En contrepartie, le nord et l'est du Sri Lanka sont réunis en une province tamoule et des élections devraient être organisées vers la fin de l'année. Ne représentant que 2,5 millions des 16 millions d'habitants, les Tamouls, de religion hindouiste, obtiennent ainsi un succès au détriment de la population cingalaise, bouddhiste et catholique. Un fort mécontentement se dessine parmi les Cingalais, révoltés par l'accord.

Tension dans le Golfe

Une mise en garde à l'intention des flottes occidentales.

4 août. Les Iraniens ont organisé dans le Golfe un grand déploiement naval, qu'ils ont baptisé « Martyre », en hommage au massacre de La Mecque (→31.7). Plusieurs dizaines de milliers de gardiens de la révolution et de volontaires, répartis en cinquante-cinq divisions, se sont préparés, selon le capitaine Mohammad Hussein Malekzagedan, chef de la marine iranienne, à livrer « une bataille de grande envergure » contre les Etats-Unis et à mettre en action tous les missiles dont ils disposent. On parle avec insistance de bateaux suicides, et aucun bâtiment de l'US Navy, aussi bien armé soit-il, ne s'est approché de la zone où se déroulent les manœuvres iraniennes qui, il faut le souligner, ne bloquent pas le trafic pétrolier. Les principaux couloirs de navigation pour franchir Ormuz se trouvent dans les eaux d'Oman.

De faux marabouts dupent les Français

6 août. Depuis quelques mois, de faux marabouts, originaires pour la plupart du Sénégal, abusent de Français trop crédules. Le principe est toujours le même, que ce soit en Normandie, en Lorraine ou dans le Bassin parisien. Un gogo remet à son « marabout » une certaine somme d'argent. Celui-ci, qui assure provenir « du pays où l'on fait fortune », promet que cet argent fera des petits. Il demande à son « client » d'aller un moment « dans la pièce d'à côté », s'enduire le corps d'une poudre blanche et magique. Quand celui-ci revient, le « marabout » lui rend son paquet (en général dans un colis jaune des PTT), et lui recommande de ne l'ouvrir que trois ou quatre jours plus tard, pour laisser aux billets le temps de se multiplier : « C'est essentiel sinon ça ne marche pas. » Evidemment, quand il ouvre le fameux paquet, le « client » constate que l'argent a été remplacé par du papier journal. Le montant de l'escroquerie est rarement inférieur à 50 000 F...

La pub descend dans l'arène

Vers la tauromachie-publicité?

5 août. Pour les aficionados, c'est un scandale. Pour l'homme d'affaires Diego Bardon, c'est une solution pour sortir les matadors de leurs problèmes financiers. Le nom de la firme d'électronique japonaise Akai s'étalait en grosses lettres de soie rouge sur les manches de la « chaquetilla » (veste courte) et les « taleguillas » (culottes) du matador Luis Reina, aux arènes de Plasencia, en Estrémadure. Ces matadors aux couleurs de la firme Akai peuvent gagner jusqu'à cent mille francs par corrida, selon son importance.

Victoires françaises en ski nautique

9 août. Les Français ont fait brillante figure lors des championnats d'Europe de ski nautique, à Marignane. Ils ont conquis neuf médailles, remportant en particulier la médaille d'or du slalom hommes grâce à Pierre Carmin.

Championnat de ski nautique.

Attentats en Tunisie

2 août. A Sousse et à Monastir, quatre explosions se sont produites simultanément dans des hôtels blessant treize personnes dont douze touristes étrangers. En frappant ainsi le tourisme, qui assure 20 % des rentrées de devises de la Tunisie, les musulmans extrémistes entendent porter un coup à Habib Bourguiba, lequel a dirigé son pays avec une persévérance égale à celle jadis déployée en Turquie par Mustapha Kemal. Cependant, le Mouvement de la tendance islamique (MTI) a toujours refusé la violence et les attentats pourraient bien avoir pour auteurs des groupuscules financés par l'Iran. Au mois de mars, le président Bourguiba avait rompu ses relations diplomatiques avec Téhéran. Le mouvement islamique a noyauté les universités tunisiennes, ainsi que la fonction publique.

Connaissez-vous les "tubes" de l'été?

1er août. Vous ne pourrez pas y échapper : toutes les radios les diffusent, partout on danse sur ces airs faits, aussi, pour être fredonnés. Disques et cassettes débitent, à longueur de journées et de nuits d'été la voix juvénile de Vanessa Paradis (14 ans) dans « Joe le taxi », sur fond de saxophone; Philippe Lavil nous propose « Kolé Séré », tandis que le groupe Raft poursuit une ascension remarquable. Ils sont deux, Pierre et Christian, qui font passer le plaisir avant l'argent.

Raft poursuit son ascension.

Les succès de Vanessa Paradis...

...et de Philippe Lavil se confirment.

Août

Sem. 33 1987

Lu	Ma	Me	Je	Ve	Sa	Di
					1	2
3	4	5	6	7	8	9
10	**11**	**12**	**13**	**14**	**15**	**16**
17	18	19	20	21	22	23
24	25	26	27	28	29	30
31						

10. Tchad : bombardement de Faya-Largeau par l'aviation libyenne (→ 11).

10. Grande-Bretagne : 49 réfugiés tamouls trouvent asile sur un ancien ferry ancré au port de Harwich.

10. URSS : lancement d'une campagne d'information sur le Sida.

11. Tchad : la France annonce qu'elle ne ripostera pas aux bombardements libyens (→ 10 et 14).

11. Munich : un avion de tourisme s'écrase sur un restaurant et fait 7 morts et 13 blessés.

13. Amérique Centrale : le président cubain Fidel Castro apporte son soutien au plan de paix (→ 7).

14. URSS : troisième explosion nucléaire en six mois. Le but officiel est la recherche pétrolière.

14. USA : un petit avion de tourisme a failli heurter l'hélicoptère du président Ronald Reagan.

14. Corée du Sud : une explosion dans une usine de produits chimiques provoque la mort de douze personnes.

14. USA : aggravation du déficit du commerce extérieur (15,7 milliards de dollars).

14. Autriche : diffusion, via les ambassades, du « Livre blanc » par lequel Kurt Waldheim veut se disculper.

14. Afrique du Sud : affrontements entre grévistes et policiers, qui tirent des balles de caoutchouc et font 75 blessés.

14. Tchad : la France annonce la poursuite de l'aide logistique à Hissène Habré (→ 11).

16. Golfe : Téhéran menace les Etats-Unis de « semer des mines comme des graines ».

DECES

14. Thérèse Marix-Spire, musicologue française (*1898).

14. Jean Bloch-Michel, écrivain français (*29.8.1912).

15. Danielle Eyquem-Boetsch, chef du service politique de l'AFP (*1938).

Aux Etats-Unis, le trafic aérien est saturé

16 août. Un réacteur en feu, un McDonnell-Douglas MD-80 de la Northwest Airlines s'est écrasé peu après son décollage de l'aéroport de Detroit. Il est tombé sur une autoroute. L'accident, qui a fait 154 morts, est l'une des plus grosses catastrophes aériennes de l'aviation américaine. Il relance un débat sur la sécurité. Au cours de 1986, 812 collisions auraient été évitées de justesse. La déréglementation du trafic, décidée en 1977 par le président Carter (destinée à améliorer le fonctionnement des compagnies aériennes et faire baisser les prix), a ouvert l'espace aérien à des dizaines de nouvelles compagnies. Certains estiment que, aujourd'hui, il est arrivé à saturation.

L'avion s'est écrasé sur une autoroute peu après son décollage.

Il emportait son bébé au sommet du mont Blanc

12 août. Le peloton de gendarmerie de haute montagne a interpellé, au refuge de Tête-Rousse, à 3 167 m d'altitude, Mme Andrzej Kowalczyck qui avait, avec son mari, décidé d'emmener leurs deux enfants, dont un bébé de deux ans, au sommet du mont Blanc (4 907 m). En prenant cette décision, les parents risquaient d'être inculpés de « mauvais traitements à enfant », mais les forces de l'ordre devaient, avant d'intervenir, attendre que le délit ait eu lieu. Mme Kowalczyck a fini par se laisser convaincre de renoncer à son ascension et est redescendue à Chamonix avec les deux enfants. La tentative avait été généreusement annoncée à la presse. M. Kowalczyck s'était déjà fait remarquer en plaçant, en 1982, le drapeau de Solidarnosc sur le mont Blanc. Sa décision d'emmener le bébé avait suscité l'émotion à Chamonix, et la gendarmerie s'était adressée au juge pour enfants d'Annecy et au parquet de Bonneville.

Alerte! Le golfe Persique est miné!

11 août. Trois mines ont été découvertes en mer d'Oman, près de l'endroit où la veille (→ 10) un pétrolier américano-panaméen, le « Texaco-Caribbean », en avait heurté une, ce qui confirme que le Golfe est miné. Deux autres pétroliers, l'« Ocean City » et le « Sea Isle City », et un méthanier, le « Gaz King », qui formaient un convoi escorté par l'US Navy, sont arrivés au Koweit après avoir été immobilisés deux jours à cause d'une mine repérée dans le chenal qu'ils devaient emprunter. Les mines découvertes au large du port de Fujaïràh (Emirats arabes unis) représentent un nouveau danger pour les pétroliers. Cette zone était en effet jusqu'ici considérée comme sûre. Elle sert, notamment, de point de rassemblement aux convois escortés par la flotte américaine. Pour faire face à ce nouveau danger, la France et la Grande-Bretagne ont décidé d'envoyer dans le Golfe des dragueurs de mines. Paris en enverra deux, accompagnés d'un bâtiment de soutien logistique, qui rejoindront le porte-avions « Clemenceau » et trois autres bateaux. Charles Pasqua a indiqué qu'il n'est pas question d'escorter les bâtiments battant pavillon français, mais de les assister au besoin.

Impact de mine dans la coque du « Texaco-Caribbean ».

Carambolages en série au Grand Prix d'Autriche

16 août. Le Grand Prix d'Autriche automobile, qui s'est couru à Zeltweg, a été marqué par plusieurs incidents qui ont souligné les carences de l'organisation, la médiocrité de la piste, et les mauvaises conditions de sécurité qui ont entouré la course. Il fallut en particulier procéder à trois départs successifs (un record), en raison des sérieux carambolages qui perturbèrent les deux premiers, sans conséquences graves heureusement, les voitures de Johansson et Fabre effectuant une fantastique cabriole. A l'arrivée, ce fut un triomphe pour les Williams-Honda qui ont pris les deux premières places, avec Nigel Mansell le vainqueur et Nelson Piquet son second. Alain Prost termina sixième, et il paraît irrémédiablement distancé dans la course au titre de champion du monde qu'il détient.

A la recherche des secrets du Titanic

Le sous-marin de poche de l'IFREMER, baptisé « Nautile », permet d'explorer la coque du « Titanic » qui repose par 3 870 mètres de fond.

Vues intérieures de l'épave prises par la caméra du « Nautile ».

13 août. Soixante-quinze ans après son naufrage, le « Titanic » livre peu à peu ses secrets. L'expédition technique assurée par l'IFREMER (Institut français de recherches pour l'exploitation de la mer) a beaucoup progressé. Le sous-marin de poche « Nautile » fait un travail remarquable et rapide. Un mini-robot, commandé à partir du « Nautile », permet de promener une caméra à l'intérieur du navire. Si le temps au large de Saint-Pierre-et-Miquelon s'arrange, la tempête médiatique, elle, ne se calme pas. La polémique se poursuit sur l'opportunité de fouiller l'immense tombeau qui repose par 3 870 mètres, au fond de l'Atlantique. D'extraordinaires photos montrent l'épave du luxueux paquebot et l'endroit où la coque du navire réputé « insubmersible » avait été entaillée le 15 avril 1912 par le fatal iceberg. Déjà, trois cents objets, vaisselle, argenterie, meubles, ont été ramenés à la surface et sont en train d'être identifiés, répertoriés et surtout nettoyés, à l'aide d'un procédé électrolytique, par un laboratoire spécialisé d'EDF. L'ensemble devrait être présenté au public le 28 octobre lors d'une émission de télévision diffusée en direct dans le monde entier. Le suspense demeure total avec les coffres dont l'ouverture est prévue en novembre. Selon la légende, ils contiendraient des millions de dollars en lingots d'or ainsi qu'en bijoux.

Le culte lucratif d'Elvis Presley

16 août. Dix ans après sa mort, Elvis Presley demeure « the King ». A Memphis, dans le Tennessee, cinq millions d'inconsolables ont visité sa maison, payé 3,5 dollars pour entrer dans son avion. Disques rares et journaux s'arrachent auprès des clubs. Ses fans se font photographier devant l'effigie grandeur nature de l'idole, et la publicité s'est emparée de son image de marque. Un culte qui rapporte une fortune estimée à 40 millions de dollars. Sa fille, Lisa Marie, en héritera, par testament, en 1993.

Idolâtrie... ou le culte d'Elvis Presley.

Un successeur de Thierry Le Luron?

15 août. En quelques mois, le Belge André Lamy est passé de l'anonymat au vedettariat. Ses imitations vont-elles faire de lui un successeur de Thierry Le Luron? Commentaire de Bernard Mabille, qui écrivait les textes de Le Luron : « Mon pauvre Thierry, même ton chien ne sait plus à quel Glandu se vouer! »

L'imitateur André Lamy.

Le tourisme asphyxie la cité des Doges

12 août. A la veille d'une fête qui draine des centaines de milliers de visiteurs vers Venise, la cité des Doges est pratiquement paralysée : on ne peut plus marcher à Venise! Aux ravages de l'eau, s'ajoutent ceux d'une surpopulation telle que la municipalité envisage d'interdire l'accès de Venise à ceux qui n'auraient pas une réservation hôtelière confirmée. Le cri d'alarme avait déjà été lancé lors de la Pentecôte. En cette saison estivale, le problème devient particulièrement aigu. Les abords de la place Saint-Marc sont, à l'exception du port, complètement engorgés : les touristes ne peuvent même plus se croiser. Les incroyables embouteillages de piétons ont obligé les carabiniers à instaurer des sens uniques sur les ponts et entre certains canaux!

Un pont de trente-sept kilomètres!

12 août. Le plus grand pont du monde vient d'être inauguré au Japon. Il relie la principale île de l'archipel, Honshu, à celle de Shikoku. Il est long de 37,3 km, et sa construction a demandé neuf ans. Les travaux ont coûté plus de cinquante-deux milliards de francs. En fait, l'ouvrage est constitué d'une série de six ponts suspendus différents et de longueurs diverses, reliés entre eux, et qui prennent pied sur plusieurs petites îles de l'archipel. Certaines de ces îles sont si petites que la pile du pont qu'elles soutiennent recouvre pratiquement l'ensemble de la surface émergée.

Attention! Chiens très méchants...

15 août. Les pit-bulls sont des chiens typiquement américains. Croisement de bouledogue et de terrier du Stafforshire, ses instincts agressifs sont entretenus par certains éleveurs dans la perspective de lucratifs combats de chiens, interdits, mais organisés clandestinement. Au cours du premier semestre de cette année, ils ont attaqué et tué six personnes, dont un bébé.

Le dressage du pit-bull.

Août

Sem. 34 1987

Lu	Ma	Me	Je	Ve	Sa	Di
					1	2
3	4	5	6	7	8	9
10	11	12	13	14	15	16
17	**18**	**19**	**20**	**21**	**22**	**23**
24	25	26	27	28	29	30
31						

17. Corée du Sud : Hyundai ferme six de ses sites, répondant par un lock-out aux exigences salariales du personnel.

17. France : naissance de TV24, chaîne par Minitel. Elle présente des programmes complets d'actualité.

18. Liban : libération du journaliste américain Charles Grass (→ 17.6).

18. Golfe : un tanker libérien est attaqué par deux vedettes rapides iraniennes, et frappé de deux missiles.

18. France : interdiction de la publicité sur des pièces de monnaie.

18. USA : après accord du gouvernement, 81 volontaires ont été vaccinés contre le Sida.

19. Football : le joueur lyonnais Frédéric Zago, jugé responsable de la défaite de son équipe, présente ses excuses publiques.

19. Grande-Bretagne : un tireur fou, à Hungerford, tue 14 personnes, dont sa mère, avant de se suicider.

20. Berlin : la prison de Spandau, où mourut Rudolf Hess, sera détruite. →

20. Liban : à Beyrouth, chrétiens et musulmans, formant une chaîne de 2 km, réclament la paix.

23. Yougoslavie : l'entreprise Agromerc émettait des effets de commerce sans valeur.

DECES

17. Rudolf Hess, ancien dauphin de Hitler (*1894). →

17. Carlos Drummond de Andrade, écrivain brésilien (*1903).

17. Shichiro Fukazawa, écrivain japonais (*1914).

17. Clarence Brown, metteur en scène américain (*10.5.1890).

19. Jean-Jacques Nathan, éditeur français (*17.6.1920). →

23. Didier Pironi, coureur automobile (*26.3.1952). →

23. Bernard Giroux, journaliste français (*10.3.1950).

La plate-forme Ekofisk sauvée des eaux

De véritables « prothèses » pour surélever les plates-formes qui s'enfoncent.

18 août. Jamais, sur la planète, on n'avait pu soulever une masse de 40 000 tonnes. C'est le poids que représentent les six plates-formes pétrolières d'Ekofisk en mer du Nord, qui s'étaient enfoncées dangereusement de 4 mètres, à raison de 45 centimètres par an. On craignait que cette cité du pétrole ne soit balayée par une « vague centenaire » qui, parfois, fait 24 mètres de haut... Comment surélever, par des « prothèses », les 58 « jambes » des plates-formes? Sous la conduite d'un ingénieur français, Jean-Pierre Cousty, et au rythme de 2,50 mètres à l'heure, tandis qu'un ordinateur coordonnait la synchronisation des vérins, le sauvetage d'Ekofisk a eu lieu.

Harlem Désir à "L'heure de vérité"

19 août. Antenne 2 amorce sa rentrée avec une émission qui atteint un remarquable score d'audience : cette fois, l'invité de « L'heure de vérité » est Harlem Désir. Pour un garçon de 28 ans, c'est une consécration. Pour le président de SOS-Racisme, c'est l'occasion de s'exprimer devant des millions de téléspectateurs. Opposé à la réforme du Code de la nationalité, inquiet devant la montée de l'extrême droite, Harlem Désir veut représenter une génération de transition.

Harlem Désir à « L'heure de vérité ».

Au centre Pompidou, six cents œuvres pour dix années

17 août. Pour fêter son 10e anniversaire, le centre Pompidou s'est donné la tâche délicate de proposer un panorama des arts plastiques des années 1977 à 1987. L'événement est d'importance, car le Centre n'avait jamais encore tenté, bien que ce soit sa vocation, une exploration aussi vaste du champ artistique contemporain. Six cents œuvres ont été rassemblées sous un titre qui renvoie à un texte de Baudelaire, daté de 1863 et définissant la modernité : « L'époque, la mode, la morale, la passion. » Ce titre illustre les règles et les libertés que se sont fixées les organisateurs. Au nombre de trois (Alfred Pacquement, Bernard Blistène, Catherine David), ceux-ci ont limité leur choix à 60 artistes, veillant notamment à ce que plusieurs générations s'y trouvent confrontées : ainsi le panorama inclut-il, pour la France, un artiste comme Combas, qui est né près d'un demi-siècle après Dubuffet. Le trait dominant de l'art actuel étant la remise en cause de son propre statut, le visiteur, peu familier des démarches contemporaines, éprouvera sans doute un désarroi qui est à la mesure de notre époque et, en cela même, la reflète.

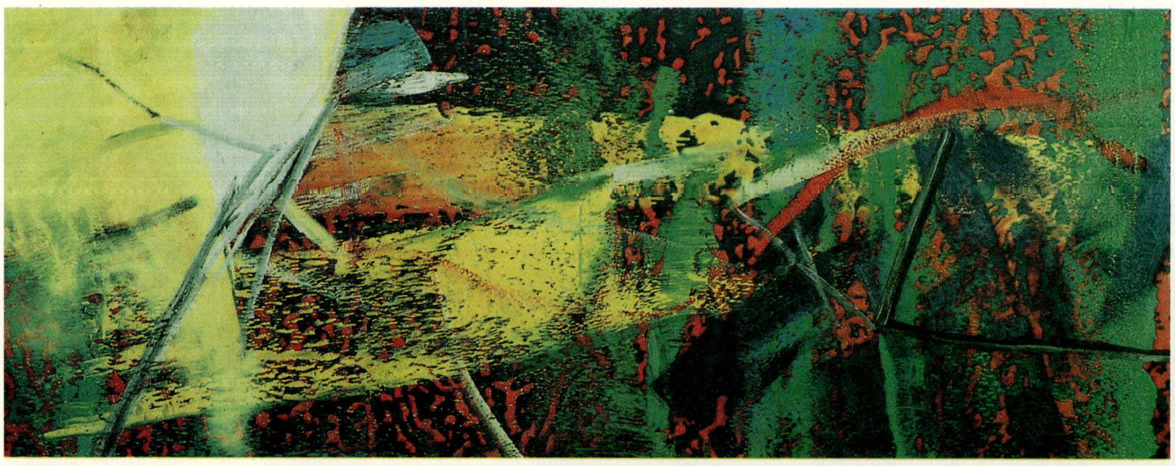

Gerhard Richter. « Glenn ». Huile sur toile, 1983. Musée d'Art et d'Histoire, Saint-Etienne.

Rudolf Hess s'est suicidé à Spandau

17 août. Rudolf Hess, ancien dauphin de Hitler, s'est donné la mort à l'âge de 93 ans. Il s'est pendu avec un câble de rallonge électrique durant sa promenade quotidienne, dans le pavillon du jardin de la prison berlinoise de Spandau dont il était l'unique prisonnier, gardé alternativement par des militaires français, anglais, américains et soviétiques. Rudolf Hess avait été arrêté en 1941, au cours d'une mystérieuse mission en Grande-Bretagne, et avait été condamné à la prison à vie par le tribunal de Nuremberg en 1946, pour « conspiration contre la paix mondiale ». La prison de Spandau sera rasée. Son entretien coûtait annuellement à la RFA 2,5 millions de marks.

La prison de Spandau.

Accident mortel à la mer de Glace

19 août. Nouvelle catastrophe en montagne, près de Chamonix, dans les Alpes. Une quarantaine de touristes se trouvaient sur une passerelle qui, à 1 900 mètres d'altitude, surplombe la mer de Glace d'une vingtaine de mètres. Soudain, l'ouvrage de bois, long d'une centaine de mètres, a cédé pour une raison inconnue, jetant ses occupants dans le vide. Moins de trois heures après l'accident, les sauveteurs avaient pu redescendre toutes les victimes dans la vallée. L'accident a fait un mort et sept blessés graves. La passerelle qui a cédé était franchie, chaque année, par cinq cent mille touristes. Chaque année, elle était remplacée par une nouvelle.

Une passerelle s'est rompue au-dessus de la mer de Glace.

Didier Pironi se tue en mer à 160 km/h

Didier Pironi dans l'un des bolides marins qui lui a coûté la vie.

23 août. Didier Pironi a trouvé la mort en mer, à bord du bateau « offshore » qu'il pilotait lors du Grand Prix de Poole, disputé au large de l'île de Wight. L'ancien coureur de Formule 1 automobile, qu'un accident grave avait écarté des circuits depuis 1982, s'était pris de passion pour ces monstres de la mer qui atteignent la vitesse de 160 km/h, mesurent 12 mètres de long, pèsent 3 tonnes, et possèdent deux moteurs de 780 chevaux chacun. Aux côtés de Pironi sont morts également Jean-Claude Guénard, un passionné de mécanique, et le journaliste de la télévision Bernard Giroux, qui voulait toujours vivre l'aventure de l'intérieur et en fut victime...

Les éditions Nathan sont en deuil

19 août. Avec le décès de Jean-Jacques Nathan, âgé de 67 ans, disparaît une des personnalités les plus marquantes de l'édition. Petit-fils de Fernand Nathan, le fondateur de cette maison, il la dirigeait depuis près de quarante ans et en avait quitté la présidence en janvier dernier. Ancien combattant du Vercors ayant échappé de peu à la mort, cet homme d'action avait largement contribué à la rénovation des ouvrages pédagogiques et des jeux éducatifs. Au cours des années 70, il avait lancé un secteur de beaux livres et de guides pratiques.

France : série noire pour l'aviation privée

21 août. Un Robin qui partait pour un tour du mont Blanc s'est écrasé près de Saint-Jean-de-Tholomé, en Haute-Savoie, tuant le pilote et ses trois passagers. La veille, en Vendée, près des Sables-d'Olonne, trois ingénieurs de la direction départementale de l'Equipement et le pilote de leur Cessna avaient été tués dans leur avion qui s'était abattu dans une forêt. Un Cessna s'était écrasé deux jours plus tôt près d'Autun, en Saône-et-Loire (quatre morts, trois blessés). Et, auparavant, à Romorantin, au large de Papeete, à Berck, à Everly, à Rocamadour... Depuis le début du mois, huit accidents d'avions de tourisme ont fait, au total, dix-sept morts et vingt-cinq blessés. « C'est la loi du hasard », estiment les responsables de l'aviation civile.

Avec « Les Yeux noirs », inspiré de Tchekov, Mikhalkov a réalisé une histoire drôle et poétique.

Catherine Deneuve est la vedette du nouveau film de Jean-Pierre Mocky, « Agent double ».

Août

Sem. 35 1987

Lu	Ma	Me	Je	Ve	Sa	Di
					1	2
3	4	5	6	7	8	9
10	11	12	13	14	15	16
17	18	19	20	21	22	23
24	**25**	**26**	**27**	**28**	**29**	**30**
31						

24. New York : publication, par le « Wall Street Journal », d'un dossier publicitaire de neuf pages, payé par l'URSS.

24. Paris : réunion de 640 spécialistes de 23 pays à la Conférence sur le traitement des déchets nucléaires.

25. Europe : l'Assemblée cherche un siège définitif. Elle aura à choisir entre Strasbourg, Luxembourg et Bruxelles.

25. France : inculpation de l'ancien directeur de la société responsable de la construction du télésiège de Luz-Ardiden (→ 1.3).

26. Nouvelle-Calédonie : manifestation d'un millier d'indépendantistes à Nouméa.

26. France : violents incendies dans le Sud et la Corse. Ils sont attisés par un vent violent.

27. France : la TVA sur les disques et les cassettes passera, au début 1988, de 33,3 % à 18,6 %.

28. Corée du Sud : dans la banlieue de Seoul, suicide collectif de 32 adeptes de Park-Soon-La, qui se prétendait déesse.

28. Liban : émeutes contre la vie chère, à Beyrouth-Ouest.

29. Golfe : l'Irak reprend ses attaques contre des installations pétrolières iraniennes.

29. Philippines : échec d'un putsch militaire. Les combats ont fait 55 morts.

30. Afrique du Sud : reprise du travail dans l'industrie minière. →

31. Est-Ouest : les Soviétiques invitent les Américains à assister à leurs essais nucléaires.

31. Tchad : reprise d'Aouzou par les troupes libyennes. →

DECES

24. Dambudzo Marechera, écrivain zimbabwéen (*1955).

25. Roger Fajardie, député européen socialiste (*4.9.1930).

28. Lee Marvin, acteur américain (*1924). →

28. John Huston, cinéaste américain (*5.8.1906). →

Au Tchad, les Libyens reprennent Aouzou

31 août. Reconquise par les Tchadiens le 8 août, la palmeraie d'Aouzou a été reprise par les Libyens le 29. D'une superficie de 104 000 km², la bande d'Aouzou est riche de promesses minérales et la Libye la considère comme faisant partie de son territoire en se fondant sur le traité franco-italien de 1934 cédant à la Libye italienne cette partie du Tchad, alors colonie française. En fait, ce traité ne fut jamais ratifié. En 1972, ce fut à Aouzou qu'Hissène Habré entreprit sa longue lutte contre le gouvernement de N'Djamena alors soutenu par la France. Il est à redouter que le colonel Kadhafi ne reprenne l'offensive en attaquant les Tchadiens sur leur flanc oriental. Les excellentes relations entre Khartoum et Tripoli rendent en effet possible un transit par le Soudan.

Les troupes libyennes ont repris l'oasis d'Aouzou.

Rudolf Hess a été enterré en cachette

La mort de Rudolf Hess.

24 août. Rudolf Hess, l'ancien dauphin de Hitler, qui vient de se suicider (→ 17), a été enterré dans l'intimité, dans un lieu tenu secret par sa famille. Karl Walter, le maire de Wunsiedel, où il devait être inhumé, soupire. Il craignait que sa ville de 10 000 habitants ne devienne, selon son expression, la « Mecque » des néo-nazis. Des jeunes au crâne rasé, en tenue paramilitaire, ont investi le cimetière en criant « Vengeance pour Hess! », voyant en lui un « martyr de l'Allemagne vaincue ».

Prise d'otages terroriste sur l'île d'Elbe

25 août. A la tête d'un groupe de mutins, le terroriste d'extrême droite Mario Tuti (condamné à la prison à vie en 1976, considéré comme l'un des responsables de la vague de terrorisme en Italie dans les années 70) a pris dix-sept otages parmi le personnel et s'est rendu maître du pénitencier de l'île d'Elbe, le plus célèbre d'Italie. Menaçant de tuer les otages, les mutins exigent un hélicoptère. Les autorités ont envoyé sur l'île plusieurs centaines de carabiniers.

Le cinéaste John Huston est mort

John Huston n'est plus.

28 août. A 81 ans, John Huston était l'un des rares géants du cinéma hollywoodien qui travaillait encore. Né le 5 août 1906, à la fois acteur et scénariste, il avait débuté comme réalisateur en 1941 avec « Le Faucon maltais », troisième version du roman de Dashiell Hammett. Expert en bagarres et en chevauchées, il peint admirablement l'amitié et l'échec. Humphrey Bogart devient son acteur favori dans une série de chefs-d'œuvre, tels « Le Trésor de la Sierra Madre » et « La Reine africaine ». Mêlant force et humour, Huston se situe entre les grands ancêtres (Ford, Walsh, Hawks) et les jeunes des années cinquante (Aldrich, Ray). Avec lui, trente ans de cinéma américain sont entrés dans la légende du film d'action.

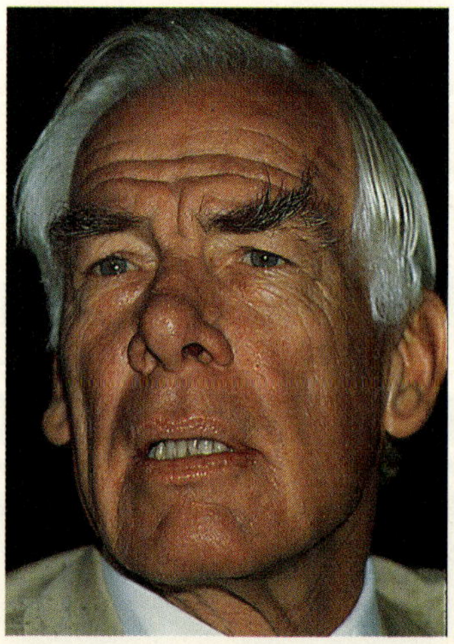

Lee Marvin, le plus séduisant des « durs » de Hollywood, est mort à l'âge de 63 ans.

Foudroyant record de Ben Johnson

Ben Johnson, nouveau roi du sprint et champion du monde historique.

30 août. Le Canadien Ben Johnson a accompli un exploit historique, au cours des championnats du monde d'athlétisme qui se disputent actuellement à Rome. En remportant la finale du 100 mètres, il a battu le record du monde qui appartenait à l'Américain Calvin Smith, avec 9 secondes 93 centièmes. Ben Johnson a réalisé le temps prodigieux de 9 secondes 83 centièmes. Exploit d'autant plus formidable que Smith avait bénéficié, lui, des effets de l'altitude à Colorado Springs. Ben Johnson, né à la Jamaïque le 30 décembre 1961, est arrivé au Canada en 1976. Il vit à Toronto. Il avait terminé troisième du 100 mètres olympique à Los Angeles en 1984, derrière un Carl Lewis qui, à Rome, a dû s'incliner devant le nouveau roi du sprint, bien que Lewis ait, de son côté, égalé le record de Smith.

Des éléphants dans la baie de Saint-Brieuc?

25 août. Par trois fois, le chalut a déversé sur le pont du chalutier de Pierre Triché, un bateau de 10 m, des défenses d'éléphant, une centaine au total. Elles étaient rongées par le sel marin. L'une d'elles mesurait 1,80 m. La découverte venait confirmer une vieille histoire qui faisait rêver à Saint-Brieuc. Dans les années trente, des pêcheurs avaient trouvé sur la grève des défenses d'éléphant. Aussitôt, l'on commença à parler d'un cimetière « de mammouths ». En 1961, une vingtaine de plongeurs finistériens organisa une battue sous-marine, vaine. Loïc Le Thiec, par la suite, un autre plongeur, retrouva un ensemble de défenses, rongées par la mer. La légende s'est envolée. Les défenses ne sont que les derniers vestiges du naufrage, au XVIIe siècle, d'un navire faisant commerce d'ivoire et d'esclaves.

Le chancelier Kohl renonce à ses fusées Pershing

26 août. Les 72 fusées Pershing de RFA, d'une portée de 720 km, sont propriété de l'armée de l'air allemande, mais leurs ogives nucléaires sont sous clef américaine. Importantes stratégiquement, elles n'en sont pas moins vieilles de 25 ans. Le chancelier Helmut Kohl vient d'accepter de ne pas les moderniser, levant ainsi le principal obstacle à un accord de désarmement américano-soviétique (→28.7). Il a mis à ce renoncement quatre conditions. D'abord, que les deux Grands se mettent d'accord « sur l'élimination mondiale de tous les missiles de portée intermédiaire ». Que la question de la vérification « soit réglée dans un sens satisfaisant pour toutes les parties ». Que l'accord sur les INF « soit ratifié, et entre en vigueur » et que le démantèlement « se fasse dans les délais prévus ».

Pilleurs d'épaves?

25 août. Tempête au Hilton de New York, où les responsables de l'opération « Titanic 87 », qui ont repêché trois cents objets de l'épave (objets qui ne pourront être vendus), affrontaient une presse déchaînée, dont les questions avaient l'air d'un réquisitoire. Manifestement, les médias pardonnaient mal aux organisateurs de l'expédition d'avoir favorisé, contre argent comptant, certains d'entre eux. On a parlé de « pilleurs de tombes », d'« exploiteurs », de « chasseurs de trésors ». « Je suis un présumé innocent », s'est même exclamé le représentant de la société organisatrice. Personne n'a évoqué l'intérêt scientifique de l'expédition.

"Who's that girl?" à Sceaux

29 août. La grande pelouse qui s'étale devant le château de Sceaux attendait 100 000 spectateurs. On en a compté plus de 120 000, guettant, depuis des heures, l'arrivée de l'idole. A 21 h, Madonna Louise Veronica Ciccone, superstar de la musique pop, apparaît en guêpière et bottines noires. Commence alors l'étonnante prestation de ce bel animal de scène, dont l'image se reproduit sur plusieurs écrans géants... C'est du délire, même si la voix et la musique déçoivent un peu. Le monde de la politique et du spectacle se demande « Who's that girl? » (« Qui est cette fille? »).

Madonna à Paris.

Fin de la grève des mineurs en Afrique du Sud

Sur la voie de l'intégration...

30 août. La longue grève qui a opposé les mineurs de la NUM (Union nationale des mineurs) à la direction de l'Anglo American Company s'est soldée par le licenciement massif de plusieurs dizaines de milliers de travailleurs noirs. En 1979, une loi autorisait l'existence des syndicats. Le droit de grève est reconnu, mais le patronat n'en conserve pas moins la possibilité de licencier un gréviste pour « rupture du contrat de travail ». En laissant l'Anglo American « négocier » seule avec la NUM, dirigée par le très habile Cyril Ramaphosa, Pretoria a embarrassé le trust dont le président Gavin Relly avait, en 1985, effectué un voyage à Lusaka en Zambie, afin d'y rencontrer (sans résultats) Olivier Tambo, chef du gouvernement révolutionnaire de l'ANC (African National Congress). La Chambre des mines, quand à elle, a déclaré que moins de 10 % des mineurs grévistes n'étaient pas retournés au travail et que les 40 000 licenciés ne seraient pas réintégrés. Il est un fait que pendant la grève, l'Anglo American a embauché soit des chômeurs, soit des ouvriers des nations voisines (Lesotho, Swaziland, Mozambique et Botswana). Cependant, beaucoup de délégués syndicaux seraient réintégrés, selon l'Anglo American Company.

Septembre

Sem. 36 1987

Lu	Ma	Me	Je	Ve	Sa	Di
	1	**2**	**3**	**4**	**5**	**6**
7	8	9	10	11	12	13
14	15	16	17	18	19	20
21	22	23	24	25	26	27
28	29	30				

1er. Belgique : interdiction de fumer dans les lieux publics (gares, aéroports, bureaux de poste, etc.).

1er. France : saisie de deux radios FM. Non retenues par la CNCL, elles émettaient dans les bandes réservées à l'armée.

1er. Espagne : hausse de 81 % des importations de voitures depuis l'entrée de la Péninsule dans la CEE.

1er. Libye : Kadhafi fête avec faste le 18e anniversaire de son arrivée au pouvoir.

1er. Philippines : Gringo Honasan, leader de l'insurrection, constitue un gouvernement provisoire dans le nord de l'île.

1er. Afrique du Sud : 42 mineurs sont morts dans une cabine d'ascenseur qui s'est écrasée au fond d'un puits (1 370m) à la mine d'or de Sainte-Helena.

1er. Ile d'Elbe : les mutins se rendent et libèrent leurs otages (→25.8).

1er. URSS : les manifestations sont interdites sur la place Rouge, à Moscou.

2. Moscou : ouverture d'une grande exposition Marc Chagall.

2. Londres : l'extradition vers la Belgique des 26 « hooligans » impliqués dans la tragédie du Heysel (→29.5.85) est signée. →

2. Formule 1 : Porsche annonce son retrait pour la fin de la saison.

3. Burundi : un coup d'Etat renverse le colonel Jean-Baptiste Bagaza. Le major Pierre Buyoya le remplace.

6. Argentine : le président Raul Alfonsin est désavoué aux élections. Son parti n'obtient que 37,3 % (41,4 % aux péronistes).

DECES

3. Victor Nekrassov, écrivain russe (*17.6.1911).

3. Morton Feldman, compositeur américain (*1926).

4. Pierre de Fenoyl, photographe français (*1945).

Les détenus belges jaloux des hooligans

6 septembre. Pour séduire l'opinion internationale, et particulièrement britannique, le ministre de la Justice belge, Jean Gol, avait accordé une large publicité aux conditions dans lesquelles seront accueillis en Belgique les 26 hooligans inculpés dans le cadre du drame survenu au Heysel (→29.5.85). Ces hooligans sont en passe d'être extradés d'Angleterre pour être jugés en Belgique, et seront logés dans une section spéciale de la prison de Louvain, récemment réaménagée. Ils pourront, notamment, jouer au baby-foot. Après avoir vu le reportage télévisé sur ces conditions d'accueil, une centaine de détenus de la prison de Forest se sont mutinés, et les forces de l'ordre ont donné l'assaut. Il y a eu 10 blessés.

Mutinerie à la prison de Forest à l'annonce de l'arrivée des hooligans.

Troisième titre pour Jeannie Longo

4 septembre. Jeannie Longo poursuit inlassablement sa quête de victoires. Elle est et reste la championne cycliste la plus douée et la plus titrée du monde. Invaincue cette saison dans les courses par étapes, déjà championne du monde sur route en 1985 et 1986, la Française vient d'ajouter un troisième maillot arc-en-ciel à sa garde-robe, réalisant à Villach (Autriche) un triplé incomparable, à l'issue d'une course qu'elle a dominée facilement. Elle imposa sa loi en s'échappant à cinq kilomètres de l'arrivée. Jeannie Longo pense maintenant au record du monde de l'heure et à la nouvelle tentative qu'elle effectuera contre son propre record (44,770 km). Elle va tenter de le battre à Colorado Springs, aux Etats-Unis.

Jeannie Longo encore!

Quatre ans de camp pour Mathias Rust

Mathias Rust à son procès.

4 septembre. L'exploit de Mathias Rust atterrissant avec son petit avion sur la place Rouge avait étonné le monde par son audace. C'est en naïf militant pacifiste qu'il est apparu au cours de son procès. S'il a plaidé coupable pour les chefs d'accusation de violation de la frontière soviétique et des règlements aériens, il a contesté l'accusation d'hooliganisme agressif. Lorsqu'on demanda à la mère de Mathias pourquoi il n'était pas aller parler de paix à Reagan, elle répondit : « Il pensait que M. Gorbatchev était plus capable. » Résultat : quatre ans de camp.

Stéphane Collaro au milieu de ses marionnettes. Avant même de présenter son nouveau programme sur la Cinq, Collaro a subi sur FR3 un questionnaire de Henry Chapier. Thème de l'interrogatoire : le rire.

Bette Davis sera l'une des vedettes du Festival de Deauville où elle présentera « Les Baleines du mois d'août ».

Un château "télévendu" par satellite

Téléshopping par satellite : achat par les Japonais du château de Fondjouan.

3 septembre. On pourra bientôt faire tous ses achats sans sortir de chez soi. Les Japonais viennent de réaliser une surprenante première : ils ont vendu, en direct et par satellite, un château français de style Louis XIII ! Il y avait vingt-cinq candidats, tous japonais, désireux d'acquérir le château de Fondjouan et ses 67 ha de terres aux environs de Blois. Toutefois, il ne s'agissait pas d'une vente aux enchères, puisque le prix de 10 millions de francs avait été fixé une fois pour toutes. Le groupe de communication Fujisankei TV avait dépêché dans le Loir-et-Cher une vendeuse-animatrice. Un reportage détaillé, pièce par pièce, a permis de « visiter » le domaine. L'acheteur a dû s'engager formellement à entretenir le bâtiment et son parc.

New York aura une prison flottante

4 septembre. La « Biby Venture » mouillera bientôt le long de l'île de Rikers, au large de New York. Le bateau (11 000 tonnes) abritait la garnison britannique aux Malouines. Il a été remis à neuf et loué (20 millions de dollars par an) aux Américains, où il accueillera, dans ses 396 cabines, le trop-plein des prisons de l'Etat.

Sortie du film "Sous le soleil de Satan"

2 septembre. C'est aujourd'hui que le public va pouvoir juger le film de Maurice Pialat « Sous le soleil de Satan » qui a rapporté à la France sa première Palme d'or depuis 1966. Une récompense contestée, entourée d'insultes, de huées et de déclarations regrettables... Aux critiques des journalistes, le producteur du film, Daniel Toscan du Plantier, répond que même les œuvres de Robert Bresson (souvent arides) ont parfois été accueillies par des sifflets. C'est un sujet austère que traite Maurice Pialat à travers le roman de Georges Bernanos : le drame d'un curé de campagne, interprété par Gérard Depardieu. L'œuvre est forte : incontestablement elle dérange.

Gérard Depardieu interprète le rôle principal du film de Maurice Pialat.

Septembre

Sem. 37 **1987**

Lu	Ma	Me	Je	Ve	Sa	Di
	1	2	3	4	5	6
7	**8**	**9**	**10**	**11**	**12**	**13**
14	15	16	17	18	19	20
21	22	23	24	25	26	27
28	29	30				

7. Tchad : les Français abattent un bombardier libyen au-dessus de N'Djamena.

7. Italie : arrestation du comte Ferdinando Borlette, pour trafic d'armes avec l'Iran.

7. Bonn : procès de Modest von Korff, ancien chef de la Gestapo. Il est accusé de la déportation de 200 juifs de France.

7. Automobile : Ford annonce sa prise de contrôle de la firme britannique Aston Martin.

7. Sud-Liban : un raid israélien fait 46 morts.

7. Pays-Bas : inauguration, à Amsterdam, d'un monument à la mémoire des homosexuels persécutés.

7. Afrique du Sud : libération de Pierre-André Albertini et de Klaas de Jonge. →

8. Tchad : N'Djamena annonce avoir tué 1 713 soldats libyens lors d'un raid sur Maaten es Sarra.

8. Danemark : démission du gouvernement centre droit après un recul aux élections législatives (→ 9).

8. Corée du Sud : retour au pays, après 15 ans d'absence, du leader de l'opposition, Kim Dae Dong.

9. Philippines : démission, sous la pression des militaires, du gouvernement de Cory Aquino.

9. Danemark : formation d'un nouveau gouvernement minoritaire par Poul Schlüter (→ 8).

10. URSS : Viktor Tchebrikov, le chef du KGB, dénonce les répressions de l'époque de Staline.

10. France : la Compagnie fermière de Vichy va moderniser la ville.

11. Ethiopie : réélection du lieutenant-colonel Mengistu Haile Mariam à la présidence de la République populaire. Il était le seul candidat.

12. France : la CNCL est accusée de corruption au cours de l'émission de Michel Polac « Droit de réponse ».

DECES

13. Mervyn Le Roy, réalisateur américain (*1900).

Naissance princière à Monaco

7 septembre. Le samedi, à 2 h 46 du matin, la princesse Caroline de Monaco (Mme Stefano Casiraghi) a donné le jour à son troisième enfant. La famille princière et la principauté accueillent avec joie le petit Pierre qui pèse 3,310 kg. La princesse remplit avec bonheur et charme ses obligations protocolaires et maternelles, comme jadis avait su le faire la princesse Grace.

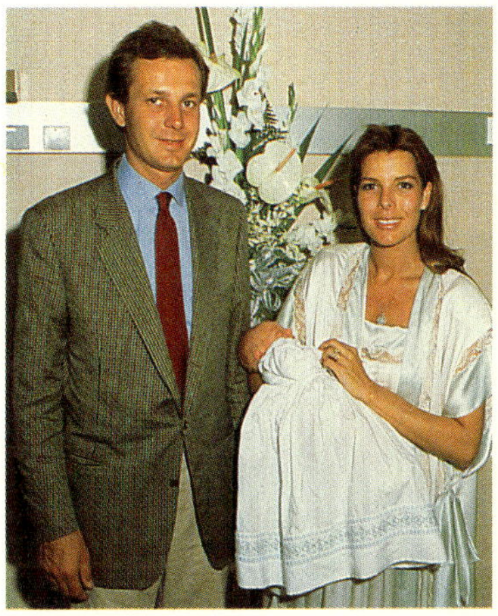

Le nouveau « Petit Prince »...

Le retour sur scène de Michael Jackson

12 septembre. Le chanteur Michael Jackson démarre à Tokyo une tournée mondiale. Elle coïncide avec la sortie de son nouvel album « Bad ». C'est un événement attendu car son précédent disque, « Thriller », sorti il y a quatre ans et produit comme « Bad » par Quincy Jones, s'est vendu à 40 millions d'exemplaires.

Michael Jackson à l'affiche à Tokyo.

Nouvelle-Calédonie : le "oui" l'emporte

13 septembre. C'est une écrasante victoire que les partisans du maintien de la Nouvelle-Calédonie au sein de la République ont remportée : 98,3 % des 58,9 % participants au vote. Ce dernier pourcentage apparaît comme le plus important dans la mesure où les indépendantistes du FLNKS avaient prôné l'abstention, pensant annexer ainsi l'ensemble des abstentionnistes, généralement très nombreux. Le 3 septembre, la « mobilisation populaire et pacifique du peuple kanak », organisée par Jean-Marie Tjibaou, n'avait réuni que deux mille manifestants sur les 62 000 Mélanésiens du territoire. Même sur la côte considérée comme un fief du FLNKS, les votes en faveur de la France ont augmenté par rapport aux législatives de 1986 : de 123 à 347 à Ponérihouen.

Dans un bureau de vote...

Jean-Marie Tjibaou à la pêche.

Des pluies torrentielles au Venezuela

La boue a fait des ravages dans la région de Maracay, au Venezuela.

9 septembre. Des pluies violentes se sont abattues sur la ville de Maracay, au Venezuela, à 60 kilomètres à l'ouest de Caracas. Dans une rue de la ville, une file de voitures longue de 4 kilomètres a été prise sous une avalanche de rochers, de boue et d'arbres, et de nombreux occupants n'ont pu en sortir à temps. Ils rentraient chez eux après leur journée de travail. Tandis que les autos étaient bloquées par la chute d'un pont, un pan de montagne s'est effondré sur elles. Cette catastrophe aurait fait, selon les premières estimations, plus de quatre cents morts, tandis que des milliers de personnes auraient été sinistrées.

Le Pen : les chambres à gaz, un détail!

13 septembre. Levée de boucliers en France après les déclarations de Jean-Marie Le Pen, président du Front national, au micro de l'émission « RTL-Le Monde ». Il a déclaré que les chambres à gaz du génocide des Juifs étaient « un détail de l'histoire ». Le soir même, le leader du FN publiait un communiqué « démentant les informations selon lesquelles il aurait nié le génocide juif et l'existence des chambres à gaz ». Mais, immédiatement, un tollé accueillait ses propos. Plusieurs organisations ont annoncé des manifestations pour demander la levée de son immunité parlementaire. Pour Albin Chalandon, ministre de la Justice, « il n'y a pas de possibilité d'incriminer M. Le Pen au regard des textes actuels ». De surcroît, le garde des Sceaux « ne pense pas qu'il soit bon de le faire ». Des poursuites judiciaires contre Le Pen signifieraient l'existence d'une loi « qui limite la liberté d'expression et de parole ». « Le prix à payer devra être politique », a estimé Claude Malhuret. Dans l'immédiat, le faux pas du président du FN risque de relancer le débat à l'intérieur de la majorité sur la meilleure façon de s'y prendre pour le contrer.

Du pyralène découvert chez un ferrailleur

11 septembre. Arrestation d'un ferrailleur de Roissy-en-Brie : on a découvert chez lui 280 fûts dont la plupart contenaient du pyralène. Il refuse obstinément d'en indiquer la provenance mais admet « avoir voulu rendre service à un intermédiaire ». La police et les sapeurs-pompiers ont aménagé un périmètre de sécurité très strict autour du vieux dépôt de ferraille. Deux cent quinze fûts doivent, sans délai, être acheminés vers l'usine de Saint-Vulbas, dans l'Ain, seul centre en France équipé pour brûler, neutraliser et détruire sans danger le pyralène. Quarante-quatre ont été conduits dans un centre de stockage spécial à Nogent-sur-Oise, avant de gagner Saint-Vulbas.

Albertini est libre

7 septembre. C'est à Maputo, capitale du Mozambique, qu'a eu lieu, à la suite de négociations entre la France, l'Afrique du Sud et l'Angola, la libération simultanée du coopérant français Pierre-André Albertini, détenu au Ciskei pour actes de terrorisme, de 133 soldats angolais prisonniers de l'Unita (mouvement de résistance antimarxiste de Jonas Savimbi) et du capitaine sud-africain Wyman du Toit, emprisonné en Angola.

Pierre-André Albertini.

Honecker en RFA

Erich Honecker en visite en RFA.

9 septembre. Il y avait quarante et un ans qu'Erich Honecker, le chef d'Etat est-allemand, avait quitté la Sarre. Il est revenu à Neunkirchen, où il est né. Il a revu sa maison natale, puis s'est rendu à la mairie, où la musique de ses amis (une harmonie où, jadis, il battait le tambour) n'a pu couvrir les cris hostiles : « Le mur doit tomber! » « Les droits de l'homme pour toute l'Allemagne! », criaient quelques dizaines de manifestants.

Septembre

Sem. 38 1987

Lu	Ma	Me	Je	Ve	Sa	Di
	1	2	3	4	5	6
7	8	9	10	11	12	13
14	**15**	**16**	**17**	**18**	**19**	**20**
21	22	23	24	25	26	27
28	29	30				

14. Espagne : fermeture des frontières aux transports de chevaux, après la découverte d'un foyer de peste équine.

15. USA : le gouvernement américain ferme le bureau de l'OLP à Washington.

15. Tahiti : grève des marins et des dockers.

15. Bruxelles : ouverture du Festival Europalia consacré à l'Autriche. En vedette : le trésor de la Toison d'or.

15. France : des officiers de l'Est assistent pour la première fois à des manœuvres militaires françaises.

16. URSS : un hebdomadaire moscovite relate pour la première fois une grève, celle des transports à Tchekov.

16. Canada : 28 pays décident de réduire leur consommation de chlorofluorocarbone, pour tenter de sauver la couche d'ozone autour de la Terre.

17. USA : fêtes du bicentenaire de la Constitution.

17. Europe : le Vietnam est le premier pays du Comecon à demander l'établissement de relations diplomatiques avec la CEE.

17. Belgique : le projet belge de vignette autoroutière est condamné unanimement par la CEE.

19. Nicaragua : le gouvernement sandiniste restaure la liberté de la presse.

19. Hongrie : l'Assemblée nationale adopte une réforme fiscale introduisant l'impôt sur le revenu et la TVA.

20. France : malgré la rupture des relations diplomatiques, l'Iran reste le premier fournisseur de pétrole du pays.

20. Mexico : il manque 1,2 million de logements, deux ans après le tremblement de terre (→21.9.85).

DECES

16. Lord Christophe John Soames, ancien ambassadeur britannique à Paris (*12.10.1920).

18. Americo Thomas, ancien président de la république du Portugal (*1885).

"Vous permettez M. le Président? Quelques instants de publicité"

François Mitterrand répond aux questions de Christine Ockrent.

17 septembre. Sur TF1, François Mitterrand a répondu, ce jeudi soir, aux questions de Christine Ockrent. L'émission a duré une heure quarante-cinq. Un sondage par téléphone, réalisé entre 21 h 30 et 22 h 30, indiquait que 83 % des personnes interrogées ont jugé bonne la prestation présidentielle. Le chef de l'Etat a, une nouvelle fois, précisé qu'il n'avait « pas pris sa décision » concernant sa candidature aux présidentielles. Appelé à réagir à chaud sur « les préoccupations des Français », M. Mitterrand s'est placé sur le terrain de la morale en préconisant la solidarité et la tolérance. A la surprise des téléspectateurs, une page de publicité vint interrompre l'interview.

Succès confirmé pour la fusée Ariane

16 septembre. La fusée Ariane a décollé de justesse, avec deux heures de retard dues à un capteur déréglé et à deux minutes de la fin du créneau horaire possible, pour un vol impeccable. « Ariane est bien le seul moyen de lancement pour tout le monde libre », a dit Charles Bigo, le directeur général d'Arianespace. Le nouveau pari sera de maintenir l'avance, d'environ deux ans, qui la sépare de ses plus sérieux concurrents, les Titan, les Delta ou les Atlas-Centaure. La commercialisation de satellites de télécommunication ne repartira pas sérieusement avant ce délai. Les promoteurs de la fusée européenne comptent bien profiter de cette avance pour conquérir le leadership de ce domaine et faire émerger une nouvelle génération de lanceurs.

A Kourou, Guyane, succès total pour Ariane.

Remous aux USA lors du voyage de Jean-Paul II

20 septembre. Aux alentours de la basilique « Mission Dolores » de San Francisco, près de 2 000 homosexuels, travestis et partisans de l'avortement ont manifesté leur hostilité à Jean-Paul II. A Los Angeles, il avait rappelé la position de l'Eglise, condamnant l'acte homosexuel. Il s'était toutefois abstenu de faire directement état d'un lien entre homosexualité et Sida. Lorsqu'il est entré dans la basilique, ils étaient une soixantaine de malades,

« Dieu vous aime tous, sans distinction, sans limites »...

dont un prêtre, à l'attendre. Ils venaient chercher le réconfort auprès du chef d'une Eglise catholique qui considère les homosexuels, les plus touchés par le fléau du Sida, comme souffrant de désordre moral. « Dieu vous aime », a dit Jean-Paul II, d'une voix forte. « Il vous aime tous, sans distinction, sans limites ». Ce fut l'un des moments les plus forts de sa visite aux Etats-Unis. Leur offrant sa bague à embrasser, il a touché la tête, les mains, les épaules des malades. Il a serré dans ses bras un enfant de cinq ans (qui avait contracté le Sida lors d'une transfusion sanguine), et il l'a embrassé, au nom de l'amour « inconditionnel et éternel que Dieu porte aux victimes de cette maladie ». Ensuite, avant de quitter San Francisco, le souverain pontife a célébré une messe en plein air, à laquelle assistaient près de quatre-vingt mille personnes.

Un exploit technique sans précédent

17 septembre. La conception même du pont qui vient d'être jeté sur la Meuse à Ben-Ahin, dans la province de Liège, en Belgique, est une première mondiale. L'ouvrage a été coulé tout entier sur la rive gauche du fleuve, autour d'un pylône qui le soutenait par des haubans et servait, en même temps, d'axe. Il fallut deux ans pour réaliser ce pont. Puis, en une seule journée, on a fait pivoter les 16 000 tonnes de l'ouvrage haubanné dissymétrique autour de l'axe de ce pylône unique, auquel sont fixés les quarante haubans soutenant le tablier du pont. Celui-ci mesure 274 mètres, mais la pièce essentielle est une travée de 126 mètres, franchissant le fleuve sans aucune pile de soutien. L'ouvrage s'est mis lentement à tourner, sous une poussée (relativement faible) de 150 tonnes, et la travée a pu, en une bonne vingtaine de mouvements lents, terminer sa rotation et venir prendre sa place, juste dans l'axe de la travée de la rive droite, qui avait été coulée sur place. Les instruments de mesure ont révélé qu'au point de rencontre du pont avec son axe le frottement était extrêmement faible, preuve d'un parfait équilibre. Le pont sera mis en service en 1988, lorsque seront terminées les liaisons autoroutières dont il doit assurer la jonction.

L'étonnante conception du pont de Ben-Ahin, près de Liège.

Un record absolu pour Alain Prost

20 septembre. Depuis le 17 mai dernier (Grand Prix de Belgique), Alain Prost courait après cette 28e victoire en Formule 1, qui devait lui permettre de battre le record détenu par Jackie Stewart (27 succès en Grand Prix). Vainqueur du Grand Prix du Portugal à Estoril, Alain Prost, double champion du monde, a aujourd'hui atteint son objectif. Il entre dans le petit cercle des plus glorieux pilotes automobiles de l'histoire, qui ont nom Juan-Manuel Fangio, Jim Clark, Jackie Stewart et Niki Lauda. Reste maintenant à conquérir un troisième titre mondial.

Alain Prost, vainqueur du Grand Prix d'Estoril.

Barbara chante à guichets fermés

Le retour de la « Louve ».

19 septembre. Sans la moindre affiche racoleuse, Barbara fait salle comble, pour vingt-trois récitals, au Théâtre musical de Paris-Châtelet. Pâle, légère, arrogante, elle s'asseoit à son piano et chante les textes préférés du public, comme « Il pleut sur Nantes » ou « Ma plus belle histoire d'amour, c'est vous ». La dame en noir consacre également une chanson nouvelle au thème du Sida : « Si s'aimer d'amour/C'est mourir d'aimer (...) A mourir d'aimer/Ils sont morts d'amour/Sida assassinés. »

On danse aussi au Festival de la mode

19 septembre. Si la mode est universelle, Paris reste sa capitale. Le grand show de l'élégance se déroule au Trocadéro sous le signe d'un temps exquis et de l'entente miraculeuse entre la Chambre syndicale de la haute couture et la Fédération française du prêt-à-porter. Face à la tour Eiffel, plus de 100 000 spectateurs, dont 10 000 invités, regardent 900 mannequins qui évoluent au rythme des tam-tams africains. Un bus à plate-forme, vingt dromadaires et les joyaux de Cartier transforment le podium géant en une somptueuse féerie.

On a beaucoup dansé au Trocadéro pour le Festival de la mode.

Un nouveau rideau de scène à la Comédie-Française

16 septembre. Commande peu habituelle que celle faite par Jack Lang, alors qu'il était ministre de la Culture, à Olivier Debré : doter la Comédie-Française de nouveaux rideaux de scène, soit deux immenses toiles de 13 x 10 m. Même pour un artiste comme Olivier Debré, familier des grands formats, la réalisation d'une telle œuvre posait de redoutables problèmes. Ayant suspendu toute autre activité, il lui fallut dix mois de travail pour mener à bien l'entreprise. Le résultat est là, magnifique : une immense chute de voiles rouges, animée par des souffles vibrants de bleu.

Septembre

Sem. 39 **1987**

Lu	Ma	Me	Je	Ve	Sa	Di
	1	2	3	4	5	6
7	8	9	10	11	12	13
14	15	16	17	18	19	20
21	**22**	**23**	**24**	**25**	**26**	**27**
28	**29**	**30**				

21. Suisse : Licio Gelli, l'ancien dirigeant de la loge P2, en fuite depuis août 1983, se constitue prisonnier à Genève.

21. Liban : un accrochage entre soldats syriens et miliciens chiites fait six morts.

21. Belgique : deux dragueurs de mines belges quittent Ostende pour le Golfe.→

22. Golfe : un bateau panaméen est coulé après avoir heurté une mine.

22. France : après la condamnation par la loi de la publicité pour l'alcool, Pernod renonce à toute sponsorisation sportive.

25. Bermudes : un cyclone qui s'est abattu sur l'archipel a fait plusieurs milliers de blessés.

25. France : Robert Hersant annonce une réduction de moitié des tarifs publicitaires sur la Cinq.

25. Europe : Paris et Bonn annoncent la création d'un « Conseil de défense » commun.

25. RFA : démission d'Uwe Barschel, ministre-président du land de Schleswig-Holstein. (→11.10)

25. France : une lauréate de l'émission « Son anniversaire », de Patrick Sabatier, sur la Cinq, a gagné une audience papale.

27. Lisbonne : réception du président angolais Dos Santos.

28. USA : un bombardier stratégique B18 s'écrase dans le Colorado au cours d'une mission d'entraînement.

29. Suisse : la firme Sandoz, responsable de la pollution du Rhin en novembre 86 (→), versera 46 millions à la France.

30. Nouvelle-Calédonie : deux gendarmes sont tués au cours d'une intervention dans la tribu Tiaoue.

DECES

23. Guillaume Gillet, architecte français (*1913).

23. Bob Fosse, metteur en scène américain (*1924).

24. Jean-Marie Poitevin, cinéaste québécois (*1907).

25. Mary Astor, actrice américaine (*1906).

Les mines du Golfe étaient iraniennes

Opération anti-mine dans le Golfe. On aperçoit, en arrière-plan, le navire américain « Jarrett ».

21 septembre. Premier affrontement direct, dans le Golfe, entre les Etats-Unis et l'Iran. Un hélicoptère américain a attaqué, à la roquette et à la mitrailleuse, un navire de débarquement iranien, l'« Iran Air », surpris, selon le Pentagone, en train de jeter des mines par-dessus bord dans une zone située à 50 miles au nord-est de Bahrein, proche du lieu où mouillent les bâtiments de guerre américains. A bord de l'« Iran Air », les Américains ont trouvé dix mines, six autres ayant déjà été mouillées. L'opération aurait fait trois morts parmi l'équipage iranien. Vingt-six marins ont été transférés à bord du navire amiral américain « USS Lasalle ». Ces Iraniens, précise le Pentagone, ne sont pas des prisonniers de guerre, mais sont considérés « en détention ». Ils seraient remis rapidement aux autorités iraniennes. Pour Téhéran, les hélicoptères de combat américains ont investi « un cargo iranien transportant des denrées alimentaires »...

Le théâtre des Champs-Elysées rouvre ses portes

23 septembre. « Benvenuto Cellini » de Berlioz marque la réouverture du théâtre des Champs-Elysées, après plusieurs mois de travaux. La Caisse des dépôts et consignations, propriétaire de la salle, vient d'y investir 40 millions. Construit par les architectes Auguste Perret et Henri van de Velde, il avait été inauguré le 31 mars 1913. Endommagé par le temps, classé monument historique en 1957, menacé de fermeture administrative en 1983, le théâtre, qui a vu les débuts de Joséphine Baker et le triomphe de Maurice Chevalier, a retrouvé les fresques de Bourdelle, les peintures de Maurice Denis, d'Henri Lebasque et ses 1800 confortables fauteuils, renovés. La scène a été dotée de systèmes informatiques très sophistiqués.

Agé de 70 ans, Henry Ford II est mort à Detroit

29 septembre. Henry Ford II, qui vient de mourir à Detroit à l'âge de 70 ans, était l'un des petits-fils du fondateur de la société Ford, devenue le numéro deux mondial de l'automobile. Son grand-père, Henry, avait inventé la fameuse Ford T, la première voiture construite en série. Henry Ford II lui avait succédé en 1945, et, sous sa conduite, le groupe avait multiplié ses ventes par cinquante entre 1946 et 1979. Depuis cette date, Henry Ford II s'était progressivement retiré de la Ford Motor Company. Après une enfance recluse (son grand-père craignait les enlèvements) il avait fait des études médiocres, échouant à l'université de Yale pour avoir fait écrire sa thèse par un « nègre ». Et il ne se passionnait guère pour la mécanique...

"Droit de réponse" interdit d'antenne

Michel Polac.

22 septembre. La direction de TF1 a décidé de suspendre l'émission « Droit de réponse » et d'entamer une procédure de licenciement contre Michel Polac. Lors des émissions du 12 et du 19 septembre, Michel Polac avait fait état d'accusations portées contre la CNCL, et avait largement évoqué les polémiques engagées autour du projet de pont de l'île de Ré. Or, ce pont sera construit par Francis Bouygues, le patron de TF1. La chaîne a publié un communiqué sans nuances : « Il est inadmissible qu'un producteur rémunéré à raison de 100 000 F par mois se permette de critiquer et d'insulter à l'antenne la société qui l'emploie. » Les commentateurs font observer que le licenciement de Michel Polac montre que le secteur privé n'est pas plus capable que le public de payer au prix fort la liberté d'esprit. Une liberté dont, par ailleurs, Michel Polac ne s'était pas fait faute d'user. Les journalistes français, dans leur ensemble, ont protesté contre la décision de TF1. « On aime Michel Polac ou on ne l'aime pas, mais il est indispensable, avec ses partis pris et ses irrévérences. Qu'on ne supprime pas « Droit de réponse », mais que l'on crée plutôt d'autres espaces de liberté. »

Grandes manœuvres franco-allemandes

24 septembre. Le programme des grandes manœuvres « Moineau hardi », qui se déroulent entre Augsbourg et Ratisbonne, et qui mettent en scène 75 000 hommes pour les premières opérations conjointes franco-allemandes, était formel : c'est devant les armées française et allemande victorieuses des « rouges » que François Mitterrand et Helmut Kohl doivent célébrer à Kelheim la coopération militaire entre les deux pays. Lorsque le président et le chancelier ont assisté à la jonction des deux éléments (ceux du nord et du sud) des forces « bleues », symbolisée par un pont jeté sur le Danube par le génie allemand, les « rouges » n'étaient pas loin d'être reconduits (symboliquement) à la frontière de leur pays.

Manœuvres en présence de François Mitterrand et Helmut Kohl.

Le Caire inaugure un métro français

Inauguration du métro du Caire par le président Moubarak et Jacques Chirac.

27 septembre. La première ligne du métro du Caire, entre les stations Sadate, Nasser et Moubarak, a été inaugurée par Jacques Chirac et Hosni Moubarak. Ce premier métropolitain du continent africain, qui sera étendu sur 14 km vers le nord en 1989, a été construit en six ans par un consortium franco-égyptien de dix-neuf entreprises, dont dix-sept françaises. Le tout, qui sera financé entièrement par des prêts français, représentera un investissement de quelque 6 milliards de francs. Mais cette réalisation débouche sur d'importants contrats pour la France, qui réalisera de nouveaux centraux téléphoniques pour 90 millions, une cimenterie de 800 millions, tandis que la société française Alsthom vient de signer un contrat pour la réalisation de la cinquième tranche de la centrale électrique d'Aboukir.

Une rétrospective attendue : Fragonard

25 septembre. Jusqu'au 4 janvier, le Grand Palais présente une grande exposition organisée par Pierre Rosenberg, conservateur en chef au département des peintures du Louvre. La manifestation rassemble l'œuvre dans sa variété : sujets historiques, scènes galantes, portraits (telles les célèbres figures de fantaisie pour la première fois réunies), paysages, scènes familières ou sujets animaliers. A l'image de son siècle, Jean-Honoré Fragonard fut un peintre léger, gracieux, futile et parfois polisson. En lui, Diderot voyait un continuateur de Boucher. Le triomphe du néo-classicisme dans le dernier tiers du XVIIIe siècle fit considérer l'artiste comme démodé. Il l'était encore en 1860, le Second Empire se demandant si ses tableaux n'étaient pas de simples esquisses, tant sa touche est spontanée, moderne presque. Ce sont les impressionnistes qui l'ont réhabilité, et l'hommage qu'on lui rend aujourd'hui fait tomber les derniers préjugés. Coloriste hardi et harmonieux (on admirera son fameux jaune dans « La Musique », 1769), dessinateur hors pair, à la sensualité franche, mais jamais vulgaire (« Le Verrou », avant 1784; « La Surprise », 1771), Fragonard nous enchante par sa joie de vivre.

Honoré Fragonard. La Musique. 1769. Musée du Louvre, Paris.

Octobre

Sem. 40 1987

Lu	Ma	Me	Je	Ve	Sa	Di
			1	**2**	**3**	**4**
5	6	7	8	9	10	11
12	13	14	15	16	17	18
19	20	21	22	23	24	25
26	27	28	29	30	31	

1er. Pays-Bas : les ravisseurs de Gerrit Jan Heijn (enlevé il y a trois semaines) exigent une rançon de 50 millions de florins.

1er. Tibet : à Lhassa, des manifestations antichinoises tournent à l'émeute et un commissariat est attaqué et incendié (→ 4).

1er. Iles Fidji : Sitiveni Rabuka abroge la Constitution et se proclame chef de l'Etat.

1er. Brésil : 16 habitants de Goiania sont gravement irradiés par une capsule de césium 137 découverte par des enfants dans les décombres d'un hôpital démoli. →

1er. USA : la Chambre des représentants décide de réduire l'aide américaine à la Contra nicaraguayenne.

2. France : 42 salariés de la papeterie de La Chapelle-Darblay sont mis à pied pour avoir cessé le travail la veille, mesure inquiétant les syndicats quant au respect du droit de grève.

2. Iran-Irak : les deux Etats ferment leurs ambassades respectives à Bagdad et à Téhéran, après sept ans de guerre.

2. Marseille : grève des dockers, mécontents des conventions collectives proposées.

2. Tunisie : Habib Bourguiba nomme le général Zine el Abidine Ben Ali au poste de Premier ministre.

2. Ski : le Français Michael Pruffer atteint 217,680 km/h au kilomètre lancé, au Chili.

3. Marseille : le verdict de clémence dont bénéficie le CRS Tailler, accusé du meurtre d'un jeune Maghrébin en 1980, provoque des manifestations de protestation.

4. Tibet : le couvre-feu est imposé, en conséquence de l'ampleur des manifestations antichinoises. (→ 6)

DECES

3. Jean Anouilh, auteur dramatique français (*23.06.10). →

Greenpeace est enfin dédommagée

1er octobre. La France payera 8,159 millions de dollars (environ 50 millions de francs) à Greenpeace, dont le bateau, le « Rainbow Warrior », avait été coulé (→ 10.7.85) en Nouvelle-Zélande par des agents français. Le verdict du tribunal international d'arbitrage de Genève est sans appel. L'organisation écologiste consacrera la somme à poursuivre sa campagne « en faveur d'un océan Pacifique dénucléarisé et non pollué » et à faire stopper les essais nucléaires à Mururoa.

L'action Suez cote 317 francs

1er octobre. L'Etat met en vente 80 % des 61 millions d'actions de la Compagnie financière de Suez au prix unitaire de 317 F. Un tiers est réservé à un noyau stable d'investisseurs, un tiers au public, 10 % aux étrangers et 10 % au personnel de l'entreprise. La valeur globale de Suez est estimée à 19,3 milliards. La cote de 317 F est légèrement inférieure à ce qui avait été avancé, sans doute en raison de la mauvaise humeur de la bourse de Paris depuis quinze jours. L'opération s'accompagne d'une campagne télévisée de charme : l'actrice Catherine Deneuve apparaît à l'écran et tente, de sa voix la plus persuasive, de convaincre les futurs acquéreurs.

Le somptueux palais du sultan de Brunei (dans le nord-ouest de Bornéo) est celui d'un homme fabuleusement riche.

Tragique négligence nucléaire au Brésil

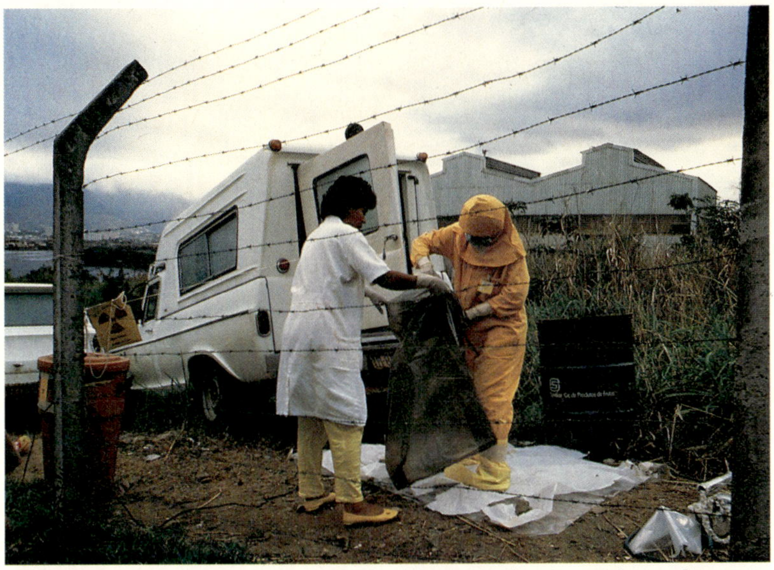

Opération de décontamination après la découverte d'une capsule irradiante.

1er octobre. Seize personnes ont été hospitalisées à Goiana, capitale de l'Etat brésilien de Goias. Elles ont été gravement irradiées par une capsule de césium 137 (cette contamination provoque des mutations cellulaires à l'origine de cancers). Une capsule de césium 137, enfermée dans un conteneur de 40 kg, faisait partie d'un appareil de radiothérapie abandonné dans les décombres d'un hôpital démoli il y a trois ans. Deux adolescents l'avaient trouvée récemment et, après avoir tenté de l'ouvrir à coups de masse, l'avaient vendue à un ferrailleur. La famille de celui-ci, intriguée par la capsule, qui brillait intensément la nuit, était parvenue à fendre le conteneur, d'où s'échappait « une poudre brillante ». Par jeu, les enfants des environs s'en sont enduits le corps. Gravement indisposés, ils ont été transportés d'urgence à l'hôpital. Une soixantaine d'autres personnes, soupçonnées d'avoir été également irradiées, soit par la capsule, soit par la poudre, ont été isolées pour subir un traitement de décontamination.

Des triplés pour la grand-mère porteuse

1er octobre. Pat Anthony, une Sud-Africaine de 48 ans, est à la fois la mère de ses petits-enfants et la grand-mère de ses enfants. Quant à sa fille, Karen, elle vient d'avoir, soit un fils et deux filles, soit un frère et deux sœurs...Le cas, jusqu'ici, ne s'était jamais produit. Karen était stérile. Sa mère, Pat, accepta de porter, puis de mettre au monde les enfants de sa fille. Après une grossesse tout à fait normale, elle vient d'accoucher de triplés en parfaite santé. Cette situation surprenante crée des problèmes, notamment au point de vue de l'état civil. Le père des petits-enfants de sa belle-mère, est, par exemple, également le père des frère et sœurs de sa femme...

Jacques Anquetil est hospitalisé

3 octobre. Jacques Anquetil a dû être de nouveau admis à l'hôpital Pasteur de Colmar, à la suite d'un sérieux malaise qui l'a surpris, alors qu'il s'apprêtait à animer pendant le week-end le Salon de l'Habitat organisé à Wintzenheim. L'ancien champion cycliste, âgé de cinquante-trois ans, est atteint d'un cancer, et il le sait. Il avait subi déjà en août dernier une opération à l'estomac. Le docteur Bruno Audhuy, qui le soigne, espère que Jacques Anquetil pourra rentrer chez lui dans quelques jours.

Plus de 217 km/h sur des skis!

2 octobre. Le Français Michael Pruffer vient de battre le record du monde du kilomètre lancé à ski, atteignant à Portillo (Chili) la prodigieuse vitesse de 217,68 km/h. Il bat l'ancien record détenu par le Britannique Graham Wilkie depuis avril dernier aux Arcs (212,514 km/h). Deux autres skieurs ont également battu le record à Portillo : l'Autrichien Gerhard Pottler (214,95 km/h) et le Finlandais Akkhoricki (214,52 km/h). Pruffer, qui est âgé de 27 ans, est un médecin de Haute-Savoie.

Jean Anouilh est mort à Lausanne

4 octobre. C'est une crise cardiaque qui a emporté Jean Anouilh, à l'hôpital de Lausanne. Le célèbre auteur dramatique résidait en Suisse depuis de nombreuses années. Pendant cinquante ans, ce magicien du théâtre fut à l'affiche et trois générations de spectateurs ont applaudi les textes brillants et incisifs, mais non dépourvus de tendresse, de ce misanthrope timide, au regard d'oiseau caché derrière de fines lunettes d'acier. Ce jongleur de mots, qui revendiquait un scepticisme désespéré, restera l'un des monuments du théâtre du XXe siècle. Hostile aux honneurs, il avait refusé toute consécration officielle, y compris un fauteuil à l'Académie française. « Sauf, avait-il répondu, si vous recollez la tête de Louis XVI et si vous rendez la vie à Robert Brasillach. » Né le 23 juin 1910 à Bordeaux, il avait écrit sa première pièce à 10 ans. Parmi ses œuvres les plus importantes, citons « Le Bal des voleurs » (1938), « Becket », et « Cher Antoine ».

Le regard de Jean Anouilh...

La terre a encore tremblé à Los Angeles

Le séisme du 1er octobre a fait d'importants dégâts en Californie.

1er octobre. Un violent séisme, d'une amplitude de 6,1 sur l'échelle de Richter, a secoué Los Angeles et la Californie du Sud, tuant au moins trois personnes. Une femme a été tuée par l'effondrement d'un mur, un homme enterré sous dix mètres cubes de terre dans un tunnel en construction et un étudiant électrocuté. Plusieurs dizaines de personnes auraient été blessées, notamment dans des voitures écrasées sous les débris de maçonnerie. La première secousse, qui a été suivie d'une douzaine de chocs de moindre ampleur, a provoqué une panique indescriptible, les habitants se précipitant dans les rues, fuyant dans un grand désordre les bâtiments publics...

Octobre

Sem. 41 1987

Lu	Ma	Me	Je	Ve	Sa	Di
			1	2	3	4
5	**6**	**7**	**8**	**9**	**10**	**11**
12	13	14	15	16	17	18
19	20	21	22	23	24	25
26	27	28	29	30	31	

5. Egypte : le président Hosni Moubarak est reconduit pour un second mandat de 6 ans, à la tête du pays, avec 97 % des voix.

6. France : 72 orphelins du Bangladesh sont accueillis par des familles françaises.

6. Belgique : seuls quatre stades sur dix-huit seraient satisfaisants du point de vue de la sécurité.

7. France : les députés décident que Christian Nucci comparaîtra devant la Haute Cour de justice.

7. Wall Steet : le Dow Jones perd 91,5 points.

7. Bruxelles : assassinat d'Antonios Hanna, premier secrétaire de l'ambassade syrienne.

8. Tunis : deux islamistes sont pendus. Ils avaient été condamnés pour atteinte à la sûreté de l'Etat.

8. Londres : l'enquête sur le naufrage du « Herald of Free Entreprise » (→6.3) conclut à l'homicide involontaire.

8. Tunisie : deux motards du rallye Djerba 500 sont retrouvés morts d'inanition.

9. Afghanistan : un attentat à la voiture piégée fait 27 morts, au siège du Parti communiste, à Kaboul.

9. Naples : lors du second symposium sur le Sida, en Afrique, les spécialistes n'hésitent plus à parler d'hécatombe.

10. France : incidents à l'Assemblée, où le Front national fait un scandale. Il critique l'absentéisme parlementaire.

11. Golfe : des missiles américains sont retrouvés dans une vedette iranienne arraisonnée par l'US Navy.

11. Colombie : l'assassinat de Jaime Pardo Real, dirigeant communiste, à Bogota, provoque de violentes manifestations qui font cinq morts.

11. Genève : mort suspecte à l'hôtel d'Uwe Barschel, impliqué dans un scandale politique en Allemagne fédérale.

La nouvelle pièce de 10 francs est bicolore

6 octobre. Le ministre Edouard Balladur présente aujourd'hui la nouvelle pièce de 10 F. C'est une première dans l'histoire de la numismatique française : elle est bicolore. Son cœur en nickel est de couleur argent tandis que son bord, en alliage de bronze, est doré. Le ministère de l'Economie et des Finances a pris, cette fois, toutes les précautions pour que ne se renouvelle pas le fiasco de l'an dernier qui avait nécessité le retrait, deux mois après sa mise en circulation, d'une pièce de 10 F en nickel, trop identique à la pièce de 50 centimes. Parallèlement, une autre pièce a été émise en l'honneur du millénaire capétien. Monochrome, elle présente le fondateur de la dynastie sur fond de fleur de lis.

Cette fois, impossible de se tromper...

L'Institut Pasteur fête son centenaire

5 octobre. L'Institut Pasteur entame son deuxième siècle d'expériences scientifiques et de découvertes. Le plus célèbre centre de recherches du monde (budget 1987 : 500 millions) vit en partie grâce au mécénat et aux donations (14 %), l'Etat assurant un financement de 49 %. Devant huit ministres en exercice, le professeur Jacob, président de cet organisme privé, a évoqué « cette espèce nouvelle de chercheurs, médecins sans clinique, universitaires sans chaire, pharmaciens sans officine, industriels sans industrie... ».

L'US Navy coule trois vedettes iraniennes

8 octobre. Quatre vedettes iraniennes auraient ouvert le feu, à une vingtaine de kilomètres de Farsi, dans les eaux internationales du Golfe, sur des hélicoptères américains en mission de surveillance de routine. Ceux-ci ont répliqué par des tirs de mitrailleuse et de roquettes, incendiant et coulant trois des vedettes, tandis que la quatrième parvenait à s'enfuir. Il n'y a eu ni blessé ni dégâts du côté américain, tandis que les forces US ont repêché trois survivants iraniens, dont deux sont dans un état grave. « Les tirs dirigés contre les hélicoptères américains constituaient un acte délibéré d'hostilité », a commenté le Pentagone, qui invoque la légitime défense.

Le Lion d'or de Louis Malle

7 octobre. C'est aujourd'hui que sort le film « Au revoir les enfants » qui a valu à Louis Malle le Lion d'or du Festival de Venise. Une chronique bouleversante et pudique des années noires.

La guerre vue par deux enfants.

Battiston renonce à l'équipe de France

5 octobre. Patrick Battiston ne figure pas dans la liste des seize footballeurs présélectionnés par Henri Michel en vue du prochain match France-Norvège. Le libero de l'AS Monaco a décidé en effet de renoncer définitivement à la sélection, après avoir porté cinquante-trois fois le maillot de l'équipe de France, du 23 février 1977 au 1er août 1987, les deux fois devant la RFA. La retraite internationale de Battiston, qui survient après celles de Giresse, Bossis, Rocheteau, Tigana, prologue une sérieuse polémique. Il apparaît clairement que tous ces joueurs auraient encore un rôle important à jouer dans le Onze tricolore, et qu'ils ont délibérément choisi de servir exclusivement leur club. Patrick Battiston affirme : « Il faut laisser la place aux jeunes. » A trente ans, lui-même est-il donc si vieux? Voilà qui soulève un problème de conscience.

Les lamas du Tibet protestent contre la présence chinoise

6 octobre. L'armée chinoise a renforcé ses effectifs à Lhassa, capitale du Tibet, à la veille de l'anniversaire de l'entrée des troupes de Pékin dans le pays (7.10.50). De violentes manifestations se déroulent depuis plusieurs jours contre la présence chinoise, à l'appel des lamas. Elles auraient fait six morts et dix-neuf blessés. D'après un mouvement de jeunes moines, les Chinois auraient mis à mort, depuis leur invasion, 1,2 million d'innocents. « Tout a été fait, disent-ils, pour éliminer notre culture. 7 000 monastères, propriétés privées et châteaux ont été détruits, 200 tonnes d'or et d'argent ont été confisquées... »

Le dalaï-lama pendant une conférence de presse.

Saisie de 64 kilos de cocaïne à Paris

5 octobre. La plus importante saisie de cocaïne jamais réalisée en France vient d'être effectuée par la police, à l'issue d'une longue enquête. Au total, 64 kilos de drogue ont été saisis, d'une valeur marchande, à la revente au détail, de 64 millions de francs. A Roissy, ils ont d'abord arrêté deux Américains qui, dans une valise métallique à roulettes, transportaient 27,3 kilos de cocaïne « d'excellente qualité » sous une fine couche de café de Colombie. Ce qui permit l'arrestation, en Floride, de « correspondants » du réseau, et la découverte de 6 kilos de drogue. Enfin, deux Américains, arrêtés dans un hôtel parisien, cachaient dans deux valises 37 kilos de cocaïne de la même provenance.

Perte sèche pour trafiquants et dealers : 64 kg de cocaïne interceptés.

La république est proclamée aux îles Fidji

7 octobre. C'est en se réveillant que les habitants des îles Fidji ont appris que leur pays était devenu une république. Le colonel Sitiveni Rabuka, 39 ans, décoré de l'ordre de l'Empire britannique pour « avoir fait preuve d'imagination et d'innovation » au Liban, avait attendu que sonne minuit, dans Suva engourdie par le couvre-feu, pour annoncer qu'il allait doter l'archipel d'une nouvelle constitution, et qu'il mettait au pouvoir un gouvernement provisoire composé de dix-neuf membres. A 2 000 km de là, la reine Elisabeth avait pris les devants. Un communiqué de Buckingham Palace avait prévenu que « la reine serait profondément attristée » si les relations liant constitutionnellement les Fidji à la monarchie britannique étaient rompues, et avait rappelé que quiconque tente de déposer le gouverneur général, Ratu Sir Penaia Ganilau, représentant la reine, « renie l'allégeance et la loyauté » qu'il lui doit. L'attachement de nombreux Fidjiens à la monarchie britannique ne sera sans doute pas suffisant pour ramener à elle l'archipel perdu. Les chefs coutumiers, qui avaient remis les îles entre les mains de la reine Victoria, restent fidèles à la couronne. Mais, pour que leur nation demeure dans le Commonwealth, il faut l'unanimité des 48 autres Etats membres. L'Australie et la Nouvelle-Zélande ont déjà brandi des sanctions.

Le colonel Sitiveni Rabuka.

La troisième "Nuit des 7 d'or" au Lido

9 octobre. Au milieu des plumes et des paillettes des Bluebell Girls, la télévision a décerné ses récompenses à ses stars. Bien que Jean-Marie Cavada ait souhaité « une soirée de confraternité et d'amitié », cette nuit ressemble à une nuit des longs couteaux de l'audiovisuel... Petites phrases assassines et commentaires acides n'ont pas manqué. Michel Polac, ovationné comme un "martyr du libéralisme" a souhaité que l'an prochain, « les 7 d'or, qui sont en bronze, ne soient pas en béton ». Bernard Rapp et Patrick Poivre d'Arvor ont espéré « revoir rapidement Claude Sérillon sur un plateau » tandis que Stéphane Collaro formulait le vœu que tous les Français puissent capter la Cinq. Entre ces échanges d'amabilités, des séquences très drôles, empruntées aux pastiches et au bêtisier du petit écran, ont été très appréciées. Et Shirley Mac Laine, présidente de la soirée, a déployé tout son talent pour abréger les longueurs d'un gala oscillant entre le divertissement et le règlement de comptes.

Le monde de l'audiovisuel s'est retrouvé au Lido pour les « 7 d'or ».

Les cendres de René Cassin au Panthéon

5 octobre Cet après-midi, après un hommage du Premier ministre, les cendres de René Cassin ont été transférées au Panthéon en présence du président de la République. Né à Bayonne le 5 octobre 1887, René Cassin avait été grièvement blessé dès les premiers affrontements d'octobre 1914. Invalide et réformé, il avait, depuis lors, mené un inlassable combat en faveur de la paix. Délégué de la France à la SDN de 1924 à 1938, il sera le premier civil à répondre à l'appel du général de Gaulle en 1940. Après avoir pris ses distances avec le fondateur de la France libre, il entre au Conseil constitutionnel en 1960. Il est le principal inspirateur, en 1948, de la Déclaration universelle des droits de l'homme et reçoit, en octobre 1968, le prix Nobel de la paix, dont il consacre le montant à la création d'un institut international des Droits de l'homme. Mort le 20 février 1976, « il savait, selon le ministre de la Défense, André Giraud, que la paix ne se gagne ni dans la démission, ni dans la servitude ».

Une foule nombreuse rend un ultime hommage à René Cassin.

Octobre

Sem. 42 1987

Lu	Ma	Me	Je	Ve	Sa	Di
			1	2	3	4
5	6	7	8	9	10	11
12	**13**	**14**	**15**	**16**	**17**	**18**
19	20	21	22	23	24	25
26	27	28	29	30	31	

12. Espace : atterrissage forcé d'une cabine spatiale soviétique. Un des deux macaques, à bord, déréglait le satellite en touchant à tous les boutons.

12. Brésil : pour l'OMS, l'accident de la capsule de césium (→ 1.10) est le plus grave depuis Tchernobyl (26.04.86).

12. Prix Nobel de médecine et de physiologie : Susumu Tonegawa, pour ses recherches sur le système immunitaire de l'homme.

13. Prix Nobel de la paix : Oscar Arias Sanchez, président du Costa-Rica.

13. URSS : un texte de loi réglemente le droit de manifester, mais il est inconnu de tous.

13. Iran-Irak : un missile iranien frappe une école de Bagdad, faisant trente morts.

14. Prix Nobel de chimie à deux Américains et au Français Jean-Marie Lehn (création de corps synthétiques et de molécules « sur mesure »). →

14. Prix Nobel de physique : Karl Alex Muller et Johannes Georg Bednorz, pour leurs travaux sur la supraconductivité.

14. Golfe : des missiles américains sont retrouvés sur une vedette iranienne.

15. Texas : Jessica McClure, 18 mois, tombe dans un puits étroit, de 7 m de profondeur (→ 18).

16. France : interdiction des associations de « mères porteuses », considérées comme exerçant un commerce illicite.

16. Golfe : un pétrolier américain touché par un missile dans les eaux territoriales du Koweit.

16. Rotterdam : le bateau incinérateur « Vulcanus II » (qui devait brûler, au large, 3 000 tonnes d'ordures) est pris d'assaut par Greenpeace.

18. Texas : après trois jours, Jessica McClure est arrachée vivante au puits dans lequel elle était tombée (→ 15).

La Bretagne ravagée par la tempête

Rien n'a été épargné par la tornade, ni sur mer...

...ni sur terre.

15 octobre. Les météorologistes ne l'avaient pas vu venir : c'était une tempête d'apocalypse. Elle s'est abattue soudainement sur la Manche, ravageant la France, la Grande-Bretagne, l'Espagne, les Pays-Bas. On ne saura jamais à quelle vitesse soufflaient les vents : les appareils de mesure à la pointe du Raz, avant d'être fracassés, avaient enregistré des pointes de 240 km/h. Le sud de l'Angleterre a été le plus touché : à Hastings, un hôtel s'est effondré, laissant un mort sous les décombres. Des pans de murs, des arbres, des toitures, des maisons mêmes ont été arrachés, tuant, à Londres, un automobiliste et un clochard, à Liverpool un motocycliste, à Windsor une passante, dans le Dorset deux agriculteurs. Les fils et les câbles n'ont pas résisté aux rafales et les Anglais se sont réveillés sans électricité. Les autorités ont conseillé aux habitants de ne pas se rendre au travail. Au large de Douvres, un cargo s'est retourné. Deux marins ont disparu. Près de Folkestone, un car-ferry s'est échoué. En France, la Bretagne et la Normandie ont le plus souffert. Quatre femmes ont été contraintes d'accoucher dans des autos bloquées. Trois clochers, dont celui de Caen qui avait résisté aux bombardements de 1944, ont été arrachés et jetés sur des voitures. Les ports de Cherbourg, de Saint-Malo, d'Etel et de Lorient ont été saccagés. Une barque a été arrachée à son quai, et jetée dans un champ. La Bretagne tout entière est privée d'électricité. Les pompiers ont effectué, en une seule nuit, 5 400 interventions.

Chute du gouvernement Martens

15 octobre. Le Premier ministre belge, Wilfried Martens, a remis au roi la démission de son gouvernement, incapable de trouver une issue à un conflit linguistique. Apparemment, c'est le problème des Fourons qui a provoqué la crise. Cette commune de 6 000 habitants, à majorité francophone, avait élu en 1983 pour bourgmestre José Happart, qui ne parle pas le néerlandais. Or, depuis vingt-cinq ans, les Fourons sont rattachés à la province flamande du Limbourg. Les nationalistes flamands ont obtenu du pouvoir de tutelle la destitution du bourgmestre démocratiquement élu. Aussitôt, la majorité communale réélisait José Happart... Les commentateurs politiques belges ont appelé « carrousel fouronnais » cette destitution suivie de réélection. Les choses se compliquèrent encore lorsque les tribunaux, de part et d'autre de la frontière linguistique, se mirent à rendre des jugements complètement contradictoires. Des deux partis de la coalition, seul le PSC a tenu tête au CVP flamand, qui avait donné au gouvernement un ultimatum pour trouver un compromis sur le problème des Fourons. La crise n'est pas une simple querelle linguistique. Tous les partis se trouvent aujourd'hui confrontés à une différence de conception du rôle des institutions, par ailleurs très compliquées en Belgique. Il est probable que la seule solution possible pour la coexistence des différentes communautés passera par une réforme radicale de la constitution. C'est donc à cette tâche que devra s'attacher le prochain gouvernement. Dès à présent, on estime que l'on s'orientera vers une formule fédéraliste.

Nouveau faux pas du Onze de France

14 octobre. Le match de football France-Norvège, comptant pour la Coupe d'Europe des Nations, s'est joué au Parc des Princes, sous une pluie battante et devant un public de scolaires plus que d'habitués. Le Onze tricolore a démontré une fois de plus une insigne faiblesse, incapable de dominer un adversaire athlétique, volontaire certes, mais sans grand génie et sans talent. Les Français avaient ouvert le score à la 64e minute par Fargeon, sur une bonne passe de Cantona. Mais les Norvégiens réussirent à égaliser à la 80e minute, et à obtenir un match nul (1-1) qui n'ajoute rien à la gloire d'une équipe de France sans personnalité, où les jeunes espoirs comme Boli, Bijotat, Touré, Fargeon, Cantona, n'ont pas encore fait oublier leurs aînés.

Des barques romaines exhumées à Toulon

14 octobre. Deux barques romaines, des « horeias » datant des années 80 du début de notre ère, ont été découvertes dans la vase du port antique de Toulon. C'est une première mondiale. En effet, les seules traces que l'on connaissait de ces embarcations sont les représentations des mosaïques d'Althiburos, en Tunisie, et de Palestrine, en Italie. Les horeias étaient gorgées d'eau. On leur a construit une sorte d'arête centrale, en bois, pour consolider l'intérieur, afin de pouvoir les surélever avec des sangles, puis l'extérieur de la carène a été enrobé d'une couche de mousse polyuréthane se durcissant à l'air. Elles ont été ensuite mises à l'eau, et elles ont formé un convoi long de 20 mètres qui, sous escorte, va rejoindre La Marine, le centre grenoblois d'étude et de traitement des bois gorgés d'eau (CETBGE), pour une cure de rajeunissement qui durera deux ou trois ans. Il faudra une douzaine de spécialistes pour la mener à bien. Le sauvetage des deux barques romaines coûtera, estime-t-on, 3,5 millions de francs.

« Horeia » découverte à Toulon.

Coup d'Etat sanglant au Burkina Faso

15 octobre. Le président du Burkina Faso, Thomas Sankara, est mort au cours du coup d'Etat mené par son ancien numéro deux, son ami, le capitaine Blaise Compaoré. Tandis que le calme revenait à Ouagadougou, des milliers de personnes se rendaient sur sa tombe, où il a été enterré de nuit, presque à la sauvette. Le coup d'Etat aurait fait une centaine de morts. Un communiqué a été lu à la radio : « Pour arrêter la dégénérescence du processus révolutionnaire, la ruine de l'économie et la décadence sociale qui menaient inexorablement au chaos total, le renégat Sankara a été destitué. » Depuis son indépendance, en 1960 (sous le nom de Haute-Volta), le Burkina Faso a connu plusieurs coups d'Etat. Le premier, en 1966, avait mis à la tête du pays le général Sangoulé Lamizana. Jean-Baptiste Ouedraogo l'avait remplacé en 1982. Il avait pour Premier ministre Thomas Sankara. Celui-ci fut arrêté en mai 1983, avant d'être porté au pouvoir, en août, par les paras de Blaise Compaoré...

Blaise Compaoré a gagné.

Thomas Sankara en a fait les frais.

Un Espagnol à la tête de l'Unesco

18 octobre. Après une nuit mouvementée et cinq tours de scrutin, c'est le candidat espagnol, Frederico Mayor Zaragoza, qui a été élu directeur général de l'Unesco. Ce biochimiste catalan de 53 ans remplacera, après l'assemblée générale du 7 novembre, le directeur général sortant, Amadou Mathar M'Bow, soutenu par le groupe des pays africains. Le Sénégalais, qui briguait, après treize ans de règne, un troisième mandat spectaculairement contesté, a été contraint dans la nuit de vendredi à samedi de retirer sa candidature. La France a hésité : après avoir fait savoir qu'elle voterait pour le candidat pakistanais Yacoub Khan, puis pour M. M'Bow, elle a fini par se rallier à M. Mayor Zaragoza. C'est l'épilogue d'un feuilleton qui a duré onze jours.

Le nouveau directeur de l'Unesco.

Paris expose les Grands d'Espagne

18 octobre. La reine Sophie d'Espagne et Jacques Chirac viennent d'inaugurer deux des quatre expositions organisées par la ville de Paris sur l'art espagnol. La première, qui se tient au Petit Palais, regroupe 150 chefs-d'œuvre prêtés par les musées et les collectionneurs. De Greco à Picasso, tous les grands maîtres sont là : Goya, Zurbaran, Velasquez, Murillo, en un fabuleux cortège de personnages mystiques, de Grands d'Espagne lippus, figés dans un hiératisme historique, de nains difformes et de paysans aux mines patibulaires. Au musée d'Art moderne, c'est « le siècle de Picasso » avec Dali, Tapiès, Gris ou Miro.

Le loch Ness garde ses mystères

12 octobre. Une fois encore, le monstre du loch Ness a échappé aux pêcheurs de mythes. Pendant trois jours, les rivages du mystérieux lac ont été envahis par des explorateurs en tous genres, armés d'appareils très sophistiqués. Une vingtaine de bateaux équipés de sonars et de détecteurs ont traqué le monstre légendaire. Seule certitude : il y a quelque chose de gros qui bouge dans le lac. Mais d'après les relevés, « l'objet ne serait pas plus gros qu'une baleine ».

Un Français prix Nobel de chimie

Le professeur Jean-Marie Lehn.

14 octobre. Pour la première fois depuis 1935, c'est-à-dire depuis les Joliot-Curie, le prix Nobel de chimie est attribué à un Français, le professeur Jean-Marie Lehn, 48 ans, brillant chercheur alsacien (il est le premier chimiste titulaire d'une chaire au Collège de France). La décision de l'Académie royale des sciences de Suède récompense ainsi le champion de la « nouvelle chimie » et l'un des inventeurs des molécules creuses. Investigateur acharné mais toujours disponible, Jean-Marie Lehn est également musicien : il a trouvé un piano oublié dans les locaux du vénérable Collège de France et l'a installé dans son bureau.

Octobre

Sem. 43 1987

Lu	Ma	Me	Je	Ve	Sa	Di
			1	2	3	4
5	6	7	8	9	10	11
12	13	14	15	16	17	18
19	**20**	**21**	**22**	**23**	**24**	**25**
26	27	28	29	30	31	

19. Belgique : Wilfried Martens est chargé par le roi de préparer un projet de révision de la constitution.(→ 15.10)

19. Bonn : arrivée de François Mitterrand pour une visite officielle de trois jours.

19. Japon : Noboru Takeshita, 63 ans, sera le successeur du Premier ministre Yasuhiro Nakasone.

20. Etats-Unis : transplantation, sur un bébé de trois heures, du cœur d'un bébé canadien né sans cerveau.

20. Egypte : des chercheurs américains et égyptiens assurent qu'il y a une deuxième barque solaire au pied de la pyramide de Khéops.

20. Rome : la municipalité a créé une « brigade de ramassage des seringues usagées ». En dix jours, elle en a ramassé 10 000.

21. Le prix Nobel de sciences économiques est attribué à l'Américain Robert Solow.

22. Le prix Nobel de littérature est attribué à Joseph Brodsky.→

22. URSS : brouillard sur Moscou. Un autobus tombe d'un pont, faisant onze morts.

22. Iran-Irak : Téhéran lance un missile Silkworm sur le terminal de chargement du port koweitien d'Al-Ahmadi.

23. Papeete : la ville est mise à sac par des émeutiers après des affrontements entre dockers en grève et policiers.

23. Golfe : la marine américaine emploie, pour chercher les mines, cinq dauphins dressés.

25. Bretagne : l'électricité n'est pas encore rétablie après la tempête du 15 octobre (→).

25. Sri Lanka : les rebelles tamouls, assiégés par les forces indiennes, se sont retirés sur un kilomètre carré, à Jaffna.

25. Israël : la Cicciolina se voit refuser l'accès aux Lieux saints.

DECES

22. Lino Ventura, acteur français (*14.07.19).→

20. Andreï Kolmogorov, mathématicien soviétique (*1902).

Lundi noir et panique à Wall Street

19 octobre. Sur toutes les places financières les cours boursiers ont fait un plongeon spectaculaire. L'indice Dow Jones (composé des trente premières valeurs industrielles du New York Stock Exchange, la bourse américaine) a chuté de quelque 500 points, ce qui représente une baisse historique de 22 % en une seule séance. Dans le même temps, le dollar tombait également, cotant moins de 6 F. La baisse a été générale sur les bourses occidentales, Paris (-9,7 %), Londres (-11 %), Bruxelles (-13,6 %), Zurich (-15 %), et Amsterdam (-22,7 %). Commencée dans la morosité, la journée s'est poursuivie dans la panique et s'est terminée dans le désastre. Les experts estiment que ce mouvement ne menace pas la stabilité économique de la planète. Il n'a rien, en tout cas, de la grande dépression des années 30, même si le Dow Jones a baissé davantage que lors du « jeudi noir » du 24 octobre 1929 (→). Les avis des observateurs sont néanmoins partagés entre les optimistes qui pensent que le marché, surchauffé depuis de longs mois, poursuit sa phase correctrice, et les pessimistes, qui considèrent ce plongeon brutal comme le début d'une longue phase dépressive.

Une mémorable tempête a soufflé sur toutes les places financières.

Un scandale financier en Yougoslavie

19 octobre. Agrokomerc, l'important complexe agro-alimentaire de Bosnie (près de 13 000 employés, 700 véhicules, exportant œufs, poulets, dindes, biscuits, aliments déshydratés, etc., vers 22 pays) finançait sa formidable expansion avec de la monnaie de singe. Le PDG de l'entreprise de Velika Kladusa, Fikret Abdic, membre du Comité central de la ligue communiste de Bosnie-Herzégovine et député à l'Assemblée fédérale, avait pu convaincre une banque locale (la banque de Bihac, aujourd'hui en faillite) de lui accorder sa garantie pour des billets à ordre qu'il émettait ensuite auprès de dizaines de banques. La fraude est évaluée à 800 millions de dollars.

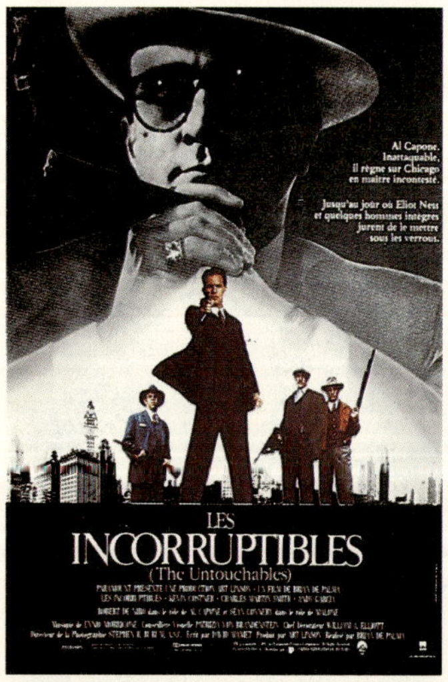

Robert de Niro interprète le rôle d'Al Capone dans « Les Incorruptibles » : c'est la belle époque des gangsters de Chicago.

Brodsky prix Nobel de littérature

22 octobre. Le poète russe, auquel les Académiciens suédois viennent de décerner le prix Nobel de littérature, est né à Léningrad en 1940 et vit depuis 1974 aux Etats-Unis, où il s'est fixé après avoir été contraint d'émigrer en 1972. Il est, après Pasternak (1958), Cholokhov (1965) et Soljenitsyne (1970), le quatrième lauréat, d'origine soviétique, à recevoir ce prix depuis la Seconde Guerre mondiale. Esprit libre et anticonformiste, il allie dans son œuvre une grande fermeté intellectuelle à une subtile acuité du langage qui lui vaut d'être considéré par ses compatriotes comme l'un des plus grands poètes russes.

Daniel Gilard disparaît en mer

Daniel Gilard n'a pas été retrouvé.

23 octobre. Daniel Gilard, l'un des concurrents de la course La Baule-Dakar, est tombé à l'eau vers 12 h 45 au large des Açores; et malgré les canots de survie qui lui furent lancés aussitôt, il n'a pu être retrouvé. Gilard était l'un des grands favoris de l'épreuve. Avec son bateau « Jet Service », qu'il menait en compagnie d'Halvard Mabire, il avait été retardé dès le prologue, mais avait pu se rapprocher ensuite du groupe de tête. Tout espoir de le sauver est désormais perdu.

Lino Ventura était un dur au coeur tendre

Le « dur » ne se battra plus...

22 octobre. Le cinéma est en deuil : Lino Ventura est mort à son domicile de Saint-Cloud, d'une crise cardiaque. Il était âgé de 68 ans. Tout à tour baroudeur, truand, aventurier désabusé, flic têtu ou simplement Français moyen pris dans un engrenage infernal, Lino Ventura paraissait solide comme un roc. De son vrai nom Angelo Borrini, il était né le 14 juillet 1919 à Parme. Sa large carrure l'avait d'abord conduit vers une carrière de lutteur professionnel : en 1950, il était champion d'Europe. Il organisait des combats lorsque le cinéaste Jacques Becker le remarqua et le fit débuter dans « Touchez pas au grisbi » (1954). Après plusieurs films où son image reste floue, le succès de la série des « Gorille » donne du poids à ce personnage carré, prototype de la force tranquille. Il aborde avec bonheur la série noire parodique (« Les Tontons flingueurs » de Georges Lautner, 1963) et de grands films d'action qui le hissent au sommet de sa carrière. Lino Ventura, pudique, discret, avait fondé l'association Perce Neige pour les enfants handicapés.

Riposte américaine modérée dans le Golfe

Plate-forme iranienne en feu.

19 octobre. Trois jours après l'attaque dans le Golfe du pétrolier koweitien battant pavillon américain, le « Sea Isle City », les Américains ont riposté. A 7 heures du matin, quatre destroyers ont déversé pendant quatre-vingt-dix minutes un millier d'obus de cinq pouces contre les plates-formes « Rostam » et « Sasan », occupées par les Iraniens dans le centre du Golfe. Les occupants (une trentaine de personnes, semble-t-il) avaient été prévenus de l'imminence de l'attaque par des appels radio diffusés en farsi et en anglais vingt minutes plus tôt. Des équipements militaires, des radars et des appareils de transmission ont été détruits, tandis que les plates-formes (qui auraient servi de bases aux vedettes rapides iraniennes) étaient la proie des flammes. Le Pentagone a fait valoir qu'il s'agit d'une riposte mesurée. « Nous considérons cette affaire comme close. Nous ne cherchons pas une autre confrontation avec l'Iran, mais nous serons prêts à répondre, par des représailles plus importantes, à toute nouvelle escalade militaire de Téhéran », a déclaré Caspar Weinberger.

L'OM plus brillant que Bordeaux

22 octobre. La première partie des huitièmes de finale des coupes européennes de football a mêlé le bon au moins bon, pour ce qui concerne les trois clubs français encore en course. Aucun d'entre eux n'a été battu certes, mais le bilan est assez décevant. Mercredi, pendant que Toulouse concédait sur son terrain, devant les Allemands du Bayer Leverkusen, un match nul (1-1) qui annonce une probable élimination, les champions de France bordelais devaient se contenter en Norvège, devant les modestes amateurs de Lillestroem, d'un peu brillant 0-0, que le mauvais état du terrain et l'adversaire fruste ne peuvent excuser. Vingt-quatre heures plus tard, l'Olympique de Marseille a sauvé l'honneur en écrasant (4-0), devant ses supporters, une équipe yougoslave d'Hajduk Split complètement dépassée par les événements. Cette victoire fait de l'OM l'un des favoris de l'épreuve.

L'armée indienne assiège les Tamouls

20 octobre. De durs combats ont opposé les rebelles tamouls à l'armée indienne, qui s'est emparée des points stratégiques et a coupé leur retraite. Devant l'avance des troupes indiennes, les rebelles tentent de fuir la ville, mais les 8 000 hommes engagés dans l'opération ont bloqué toutes les issues et se sont assurés du contrôle des routes côtières pour empêcher les guérilleros de s'échapper vers le sud, via le lagon de Jaffna. D'autre part, New Delhi a offert une amnistie aux Tamouls. Selon le haut-commissariat indien à Colombo, les combattants qui se rendront avec leurs armes seront mis sous la protection des forces indiennes d'interposition déployées dans l'île. Des tracts ont été lancés et des appels ont été faits, par haut-parleurs et par radio. Les observateurs pensent que la prise de Jaffna ne sera qu'une victoire superficielle sans la capture des dirigeants tamouls.

L'archange revient au Mont-Saint-Michel, toilette faite.

La Bretagne est zone sinistrée

25 octobre. La tempête qui s'est abattue sur la Bretagne (→ 15) est une catastrophe pour la forêt bretonne. Les dégâts représentent l'équivalent de douze années de production, soit 6,5 millions de mètres cubes, soit encore une perte de 650 millions de francs. Pour les Affaires maritimes, les dégâts (pêche et culture marines) sont estimés à 25 millions de francs, à 105 millions de francs pour l'Equipement, et 60 millions pour les Télécommunications. L'EDF, de son côté, n'a pas encore pu rétablir l'électricité partout...

Malgré les propositions d'amnistie émanant de New Delhi, les réfugiés tamouls tentent désespérément de fuir l'avance de l'armée indienne.

Octobre						
Sem. 44 1987						
Lu	Ma	Me	Je	Ve	Sa	Di
			1	2	3	4
5	6	7	8	9	10	11
12	13	14	15	16	17	18
19	20	21	22	23	24	25
26	**27**	**28**	**29**	**30**	**31**	

26. Salvador : assassinat de Herbert Anaya, président de la Commission des droits de l'homme.

26. Pologne : Solidarité appelle au boycott du référendum du 29 (→) sur les réformes économiques et politiques du gouvernement.

26. Bangladesh : naufrage d'un ferry dans la rivière Jamuna. Une centaine des 400 passagers sont portés disparus.

27. Golfe : les Etats-Unis décrètent un embargo commercial envers l'Iran.

27. Etats-Unis : dans les huit prochaines années, 90 % des satellites militaires seront lancés par des fusées « classiques ». →

27. Bretagne : le courant est rétabli, après la tempête du 15 (→).

28. France : contre-attaque de Michel Droit. Il demande que le juge Philippe Grellier soit dessaisi du dossier. →

28. URSS : parution de « Perestroïka », où Mikhaïl Gorbatchev expose sa politique.

29. Football : une bombe est lancée dans le stade de Rotterdam, alors que la Hollande allait battre Chypre (8 à 0) en Coupe d'Europe.

29. Liban : deux gendarmes français protégeant l'ambassade sont abattus à la mitraillette.

30. France : 150 tonnes d'armes dans un caboteur sont interceptées par la douane au large de l'île de Betz.

30. Est-Ouest : à Washington, on annonce un sommet Reagan-Gorbatchev pour le 7 décembre.

30. Iran-Irak : un missile iranien frappe un quartier résidentiel de Bagdad.

30. Bourse : reprise. Le dollar se stabilise, Bonn annonce une baisse du taux d'intérêt.

30. Sri Lanka : une nouvelle offre d'amnistie est soumise aux rebelles tamouls.

DECES

29. Woody Herman, clarinettiste de jazz américain (*1913).

C'est toujours l'affolement en Bourse

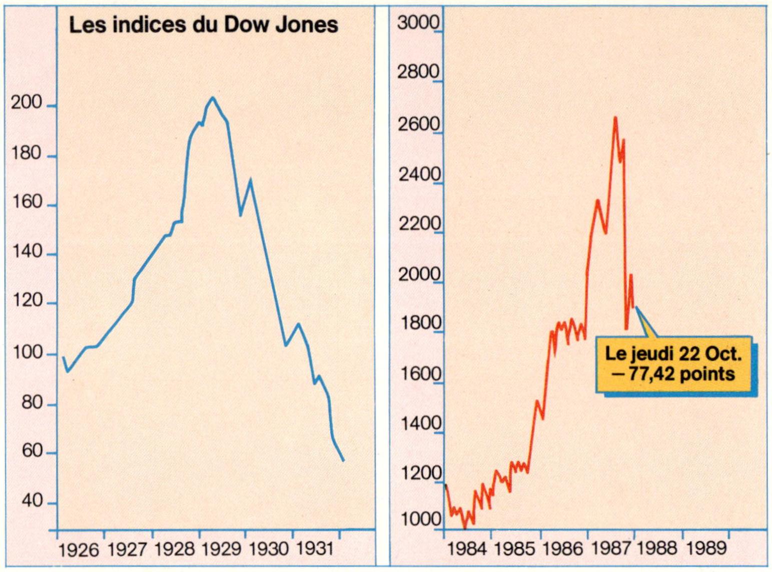

26 octobre. Second lundi noir à l'échelle mondiale, après celui de la semaine dernière (→19). De nombreuses places financières ont en effet vécu une journée encore plus terrible. Hong Kong a chuté d'une façon vertigineuse : - 34 % ! Mais la tourmente était mondiale. Sydney a perdu 6,7 %, Singapour 5 %, Tokyo 4,8 %. La journée s'est terminée sur une chute de 156,83 points de l'indice Dow Jones. A Washington, Ronald Reagan a rencontré les leaders du Congrès, tant républicains que démocrates, pour tenter de trouver un moyen de réduire le déficit budgétaire américain. Le but est de réduire de 23 milliards de dollars un déficit qui aurait atteint 170 milliards pour l'année fiscale 1988. Mais l'administration refuse, pour l'instant, de se prononcer sur cet objectif, tandis que certains membres du Congrès redoutent qu'une réduction trop importante du déficit budgétaire ne soit récessionniste. Les analystes prévoient un net ralentissement de la croissance l'an prochain, qui serait entraîné par une forte réduction des dépenses de consommation des Américains. Quant au dollar, il était en baisse sur toutes les places. Le repli généralisé du billet vert est guidé par un double facteur. D'abord, le mauvais environnement général, avec la chute de toutes les Bourses. Ensuite, par le sentiment répandu sur les marchés que les « zones de références » fixées par les cinq principaux pays industrialisés pour les taux de change entre grandes monnaies (accords du Louvre) pourraient être revues à la baisse.

Tabarly chavire et Peyron triomphe

30 octobre. « Depuis 8 h 09 GMT, la balise Sarsat de "Côte-d'Or" émet un signal de détresse. » Cette nouvelle, lancée brutalement dans la course à la voile La Baule-Dakar avait causé bien sûr une énorme émotion, il y a quatre jours. Tout d'abord parce qu'elle concernait les frères Tabarly, ensuite parce qu'elle survenait quelques jours seulement après la disparition tragique de Daniel Gilard. On apprit heureusement un peu plus tard qu'Eric et son frère Patrick s'étaient réfugiés sur la coque de leur bateau, et qu'ils avaient pu être récupérés, dix heures après, par un navire portugais. C'était la première fois qu'Eric Tabarly connaissait pareille mésaventure. Du coup, la victoire ne pouvait plus échapper à l'un des Peyron. Ce sont en effet « Lada-Poch », premier, et « Ericsson », deuxième, qui ont franchi la ligne d'arrivée à une demi-heure d'intervalle. Il s'agit donc d'un triomphe familial, puisque les deux bateaux sont commandés respectivement par Loïc Peyron (27 ans) et par son frère Bruno (31 ans). Les deux frères se sont livré un duel sans merci. Le « Lada-Poch » a couvert la distance des 3 207 milles en 11 jours 9 heures 19 minutes et 25 secondes, se maintenant en tête pendant toute la course.

Triomphe familial pour les frères Peyron, Loïc et Bruno.

Eric et Patrick Tabarly réfugiés sur la coque de leur bateau.

La Corée du Sud obtient sa nouvelle Constitution

27 octobre. Les électeurs sud-coréens ont approuvé massivement la nouvelle Constitution destinée à permettre, pour la première fois depuis seize ans, une élection présidentielle au suffrage universel direct. Des manifestants, hostiles au référendum, ont lancé des cocktails Molotov sur les forces de l'ordre, au cours de violents affrontements près de la cathédrale de Seoul. Dans les jours qui avaient précédé la consultation populaire, la police avait arrêté un grand nombre d'opposants qui appelaient au boycott du référendum. Des dizaines d'étudiants ont été mis en prison, mesure paradoxale dans une Corée du Sud qui s'achemine vers une démocratisation des institutions... Les opposants estiment que la révision constitutionnelle a été bâclée, notamment en ce qui concerne les garanties de liberté de la presse et de l'exercice de la religion, entre autres.

Michel Droit est inculpé de forfaiture

28 octobre. Le juge Grellier vient d'inculper l'un des membres de la CNCL de « forfaiture et de corruption active ». La décision est spectaculaire car elle vise... un membre de l'Académie française. Michel Droit serait en effet, selon ses détracteurs, coupable d'avoir favorisé l'attribution d'une fréquence à Radio Courtoisie. L'académicien a aussitôt répliqué, au journal de 20 h sur TF1 : « Je suis innocent comme l'agneau qui vient de naître. » Il semble que la raison indirecte de la campagne contre Michel Droit se situe dans son appartenance au groupe de presse de Robert Hersant puisqu'il a toujours refusé de démissionner de ses fonctions de conseiller de la direction du « Figaro », statut privé considéré comme incompatible avec l'appartenance à une institution de droit public comme la CNCL. En fait, c'est le procès de la Commission qui est ouvert...

Michel Droit au palais de justice, en compagnie de son avocat.

25 000 Nantais fuient l'incendie du port

29 octobre. Nantes a vécu une journée d'alerte : un nuage toxique s'étendait sur la ville. Il avait été provoqué par l'incendie de 850 tonnes d'engrais chimiques dans un silo de la zone portuaire de la ville. Le déclenchement du plan Orsec n'a provoqué aucune panique, et c'est dans l'ordre qu'ont été évacuées vingt-cinq mille personnes. Quatre personnes ont été blessées et vingt-quatre intoxiquées. Les dégâts pour l'environnement pourraient être importants, notamment par la pollution de la Loire consécutive à l'arrosage intensif du brasier. Un scénario désormais courant, dont les poissons seront les premières victimes. En fin de journée, le nuage toxique se dirigeait vers l'Atlantique, et les habitants évacués étaient autorisés à rentrer chez eux. Néanmoins, le plan Orsec n'était pas levé.

Le nuage toxique dégagé par la combustion des 850 t d'engrais chimiques.

Les peintres Masson et Hélion sont morts

28 octobre. Deux grands peintres de ce siècle se sont éteints le même jour : André Masson à 91 ans et Jean Hélion à 83 ans. Parfaitement indifférents l'un comme l'autre à toutes les modes, poursuivant avec indépendance des recherches dans lesquelles ils s'investissaient totalement, ils ont, chacun de leur côté, édifié une œuvre d'une étonnante richesse. Avec Masson, adepte à la fois provisoire et constant du surréalisme, c'est l'univers des grands mythes universels qui est évoqué, mais à travers les tumultes de notre temps, mêlant érotisme et cruauté, images de mort et d'extase. Dessinateur éblouissant, Masson s'est attaqué à toutes les techniques et on lui doit, entre autres, le plafond du théâtre de l'Odéon (1965). Toute autre est l'œuvre de Jean Hélion qui, après avoir épuisé les ressources de l'abstraction la plus stricte, fit dès 1939 un spectaculaire retour à la figuration, mais une figuration emblématique qui lui valut les plus virulents anathèmes. Dès lors, d'un pantalon jeté sur une chaise, d'une modeste citrouille il fit de grands morceaux de peinture, avant d'aborder les « allégories journalières », qui comptent parmi les plus fortes œuvres des années soixante. Son art était désormais reconnu.

André Masson. « Divertissement ». 1934. Collection particulière.

Jean Hélion. « Citrouillerie ». 1952. Exposé en 1980, galerie Flincker.

La Régie Renault sera aussi privatisée

28 octobre. Le changement de statut a été présenté en Conseil des ministres : Renault, privatisée, pourrait devenir une société anonyme au printemps. Avec encore 40 milliards d'endettement à la fin de l'année, l'ancienne Régie va beaucoup souffrir de la concurrence, de Ford ou Chrysler, par exemple, qui disposent d'excédent de « cash ». Les rivaux immédiats de Renault, Volkswagen, Fiat ou PSA, sont beaucoup plus faiblement endettés. Les investissements de Renault (4 % du chiffre d'affaires) restent faibles par rapport à PSA (8 %). Or, en principe, la nouvelle société anonyme ne pourra plus faire appel à l'Etat... d'où l'obligation de faire des bénéfices.

L'US Air Force lance une fusée Titan

27 octobre. Soulagement de l'US Air Force : son satellite espion KH11 a été lancé avec succès par une fusée Titan 34-D depuis la base californienne de Vanderberg. Ce satellite est l'instrument idéal pour vérifier sur place le respect d'éventuels accords de désarmement sur les missiles à moyenne portée. Il peut, dit-on, lire une plaque minéralogique de voiture. Ce succès de Titan revêt une importance particulière après les échecs successifs de deux de ces fusées (en août 1985 et avril 1986) et l'immobilisation au sol de tous les lanceurs américains.

Cette fois, Titan a bien fonctionné...

Novembre

Sem. 45 1987

Lu	Ma	Me	Je	Ve	Sa	Di
						1
2	**3**	**4**	**5**	**6**	**7**	**8**
9	10	11	12	13	14	15
16	17	18	19	20	21	22
23	24	25	26	27	28	29
30						

1er. Kenya : le rhinocéros noir est en voie de disparition. On en comptait 100 000 en 1980, il en reste 4 000.

2. Pérou : chute de popularité du président Alan Garcia de 30 % en six mois après sa décision de nationaliser les plus importantes banques.

3. Bretagne : création de « Chronohuîtres », service express de livraison d'huîtres à domicile.

3. Paris : Jean Bergeron, président délégué du comité Colbert, est nommé PDG de la joaillerie Chaumet.

4. Londres : mise en service du London City Airport, aux portes de la ville. →

5. Marseille : inauguration de la plus grande station d'épuration du monde (3 ha, 90 000 000 de m^3 par an).

5. Moscou : arrivée du violoniste Yehudi Menuhin, après quinze ans d'interdiction de séjour.

5. Washington : démission de Caspar Weinberger, secrétaire d'Etat à la Défense.

6. Tokyo : Noboru Takeshita, élu Premier ministre par la diète, succède à Yasihuro Nakasone.

6. France : à Lourdes, le cardinal Albert Decourtay, archevêque de Lyon, est élu à la présidence de l'épiscopat français.

8. Etats-Unis : le juge Douglas Ginsburg, qui a dû reconnaître avoir fumé de la marijuana, renonce à sa candidature à la Cour suprême.

8. Gaza : le groupe palestinien d'Abou Nidal détient huit plaisanciers. Ils se trouvaient à bord du bateau belge « Silco », arraisonné au large.

8. Japon : deux bandits français, Philippe-Emile Jamin et Youssef Khimoun, réalisent le plus grand hold-up de l'histoire du pays (14 millions de FF).

DECES

1. René Lévesque, ancien Premier ministre du Québec (*24.08.22). →

4. Pierre Seghers, éditeur et poète (*05.01.06).

5. Georges Franju, cinéaste français (*12.04.12).

Habib Bourguiba déposé en douceur

7 novembre. Président à vie de la Tunisie, Habib Bourguiba a été destitué par son Premier ministre, le général Zine Ben Ali, qu'il avait nommé le 2 octobre. Ce coup d'Etat en douceur fait suite à un rapport de sept médecins soulignant « l'incapacité physique et mentale du Combattant suprême » qui est âgé de 84 ans. Il y a déjà plusieurs mois que le patriarche était devenu sénile et s'acharnait, par des décisions incohérentes impliquant même ses proches et sa famille, à détruire son œuvre. Aussi la nouvelle de sa déposition sans violence est-elle accueillie avec soulagement et comme une mesure de salubrité publique, aussi bien par ses fidèles que par ses opposants. Après la répression systématique, l'an dernier, de ceux qui dénonçaient le népotisme, la corruption et la baisse catastrophique du niveau de vie, le général Ben Ali propose d'assurer et d'assumer une « renaissance vers une deuxième République tunisienne ». Les rues de la capitale sont calmes. Après trente et un ans de pouvoir, Bourguiba est placé en résidence surveillée par celui qu'il avait choisi comme successeur. Avant d'appliquer l'article 37 de la Constitution, le nouveau chef d'Etat a mis au courant les alliés de la Tunisie.

Le « Combattant suprême » déposé...

...par son dauphin, Zine Ben Ali.

Une bombe de l'IRA explose dans la foule

8 novembre. Une terrible explosion s'est produite à Enniskillen, dans le comté de Fermanagh, dans le sud-ouest de l'Irlande du Nord. Elle a détruit un bâtiment scolaire situé devant le monument aux morts en face duquel des dizaines de personnes se rassemblaient pour le jour du Souvenir, le Remembrance Day, en commémoration des morts des deux guerres mondiales et de ceux qui sont tombés ces dernières années en Irlande du Nord. La bombe a éclaté alors qu'un groupe de participants à la cérémonie, dont des boy-scouts et des vieillards, s'abritait d'une forte averse contre le mur du bâtiment scolaire, qui s'est effondré. Plusieurs personnes sont restées prisonnières des décombres. Le bilan de l'attentat — on l'attribue à l'IRA — est de onze morts et quarante-huit blessés. Il a provoqué de vives réactions. Margaret Thatcher a manifesté son indignation et la reine a, de son côté, exprimé sa sympathie aux parents des victimes.

Les Ferrari écrasent Honda au Japon

1er novembre. L'histoire du sport s'amuse, elle aussi, à offrir des coïncidences étonnantes. Ainsi le Grand Prix automobile du Japon a-t-il été marqué par l'exploit de l'Autrichien Gerhard Berger, qui a offert à Ferrari l'une de ses victoires les plus historiques. La firme automobile italienne attendait en effet depuis deux ans une victoire dans un Grand Prix, qui se refusait à elle. Cette longue série d'insuccès se prolongea pendant trente-sept courses (depuis le Grand Prix d'Allemagne de 1985, gagné par Alboreto), jusqu'à l'épreuve qui vient d'être courue à Suzuka. Le succès de Berger (le deuxième d'une carrière prometteuse) est encore — et surtout — marquant parce qu'il a été obtenu sur le terrain même de Honda, la firme japonaise, qui produit les moteurs de Formule 1 les plus performants à l'heure actuelle. Honda reçoit ainsi un cinglant camouflet, même si, pour se consoler, elle peut fêter d'ores et déjà le triomphe de Nelson Piquet, assuré de remporter avec sa Lotus Honda le titre mondial.

Chantage japonais à l'art français

4 novembre. L'affaire des tableaux volés en France, dont la trace a été retrouvée au Japon, oppose diplomates et policiers. Une commission d'enquête, conduite par le commissaire Mireille Balestrazzi, chef de l'Office central de répression du vol d'œuvres d'art, se rend à Tokyo. On soupçonne le Yakusa, la mafia japonaise.

Christophe Lambert dans le rôle du bandit Salvatore Giuliano.

Le Québec a perdu René Lévesque

1er novembre. Pendant dix ans, René Lévesque, qui vient de mourir à 66 ans, à Montréal, d'une crise cardiaque, a présidé aux destinées du seul havre francophone d'Amérique du Nord. Fondateur du Parti québécois en 1968, Premier ministre de la province francophone du Canada de 1976 à 1985, il avait imaginé possible l'indépendance. Il parvint, en 1977, à ériger le français seule langue officielle du Québec, mais le référendum sur la souveraineté de la province fut un échec, puisqu'il y eut 59 % de « non », contre 41 % de « oui ». René Lévesque avait commencé par être journaliste, en tant que correspondant de guerre pour les Américains en 1945, puis en Corée. Il travailla ensuite pour Radio Canada. Entre deux étapes de sa carrière politique, il collabora au « Journal de Montréal » et fonda, en 1974, le quotidien « Le Jour ». Il avait quitté la vie politique en 1986 et avait retrouvé le monde de la presse en animant une série d'émissions sur la francophonie, combinant ainsi ses deux passions, sa langue et la communication. Il avait, à ce titre, récemment interviewé la plupart des chefs d'Etat rassemblés au sommet francophone de Québec.

Le Canadien René Lévesque.

Le mont St-Michel retrouve son archange

5 novembre. Bénie par Mgr Wicquart, l'évêque de Coutances, la statue de l'archange saint Michel, après avoir bénéficié d'une cure de Jouvence, a été réinstallée au sommet de la flèche, grâce à l'intervention d'un hélicoptère. Pour éviter tout risque, la statue a d'abord été montée à bras d'homme sur un brancard le long de la rue principale du village. Les ailes et l'épée ont été hissées à part. Dès que les conditions atmosphériques l'ont permis, les autorités ont monté une superbe opération publicitaire au profit de l'Ille-et-Vilaine (la Manche a refusé de s'y associer) et un spectacle digne de la légende de l'archange se posant sur le célèbre rocher.

On réinstalle l'archange...

Paris, capitale des célibataires

7 novembre. A l'Espace Wagram, le Salon des célibataires s'intéresse à un phénomène démographique étonnant : 13 millions de Français préfèrent le célibat aux joies de la famille. Plus d'un « foyer » sur quatre ne compte qu'une seule tête. Ce Salon, le deuxième du genre, montre qu'en 1985 les célibataires, toutes catégories confondues, n'étaient que 11,4 millions. En 1986, 10,2 % de la population française vit solitaire, contre 9 % en 1982 et 5,25 % en 1962. Cette catégorie représente un pouvoir économique alléchant : même si, à partir de 7 000 F de salaire mensuel net, le célibataire paie deux fois plus d'impôts qu'un ménage sans enfant, il achète neuf fois plus de livres ou de billets de cinéma et dépense dix fois plus qu'un couple marié pour ses voyages, ses vacances ou ses week-ends. Avec 50,8 % de célibataires, Paris est devenu la capitale absolue de la solitude.

Les hooligans attaquent aussi à l'Est

5 novembre. Les joueurs marseillais n'oublieront pas de sitôt leur voyage en Yougoslavie et leur match de Coupe des coupes à Split. S'ils ont réussi à sauvegarder leur qualification pour les quarts de finale malgré la défaite subie (0-2), ils ont surtout vécu des moments agités pendant la première période d'un match gravement pertubé par des incidents, en particulier lors de la première demi-heure. Dix minutes après le coup d'envoi, en effet, une bombe lacrymogène explosait dans l'un des virages, provoquant instantanément la panique générale dans les rangs du public. On vit alors des milliers de personnes, mouchoir sur le nez, fuir cette partie de tribune pour se mettre à l'abri. On pensa alors au Heysel et à sa tragédie. L'arbitre, M. Dieter Pauly, fut contraint d'arrêter le match pendant trente minutes. Ainsi le hooliganisme des stades, qui s'était déjà manifesté récemment en URSS, semble avoir désormais gagné les pays de l'Est européen.

Pierre Seghers, la mort d'un poète

4 novembre. Ce matin, Pierre Seghers s'est éteint à l'hôpital de Créteil. Né à Paris le 5 janvier 1906 dans une famille d'origine flamande, il avait dévoré Racine, Hugo et Musset avant d'oser écrire « de mauvais poèmes », comme il disait. C'est en 1938, à Villeneuve-lès-Avignon qu'il créa sa première maison d'édition afin de publier ses propres textes mais aussi des inédits d'Apollinaire, des textes d'Aragon, André de Richaud ou encore Jean Paulhan. Retrouvant Gaston Gallimard à Carcassonne en 1940, il organise la résistance des poètes car il lui semblait urgent de « rétablir des liaisons, de tout reprendre dans un pays distendu, divisé, crevé comme un osier percé, d'inventer une littérature de contrebande ». Jusqu'à la Libération, il vit dans la clandestinité. Le 10 mai 1944, Seghers publie le n° 1, consacré à Paul Eluard, d'une collection qui allait symboliser sa réussite, les « Poètes d'aujourd'hui ». Ce n'est pas sans raison qu'on le surnommait « le commis voyageur de la poésie ».

Le London City Airport a été inauguré officiellement par la reine Elisabeth. A trente minutes du cœur de Londres, ce mini-aéroport (la piste mesure 762 m) offre notamment dix vols quotidiens vers Paris.

Novembre

Sem. 46 1987

Lu	Ma	Me	Je	Ve	Sa	Di
						1
2	3	4	5	6	7	8
9	**10**	**11**	**12**	**13**	**14**	**15**
16	17	18	19	20	21	22
23	24	25	26	27	28	29
30						

9. RFA : Helmut Kohl est réélu à la tête du CDU.

9. Marseille : fin du conflit des dockers, après un accord sur les conventions de travail. →

9. Paris : chute de 17 % de l'action Suez, dès sa première cotation.

10. Europe : accord à La Haye sur le projet de construction d'Ariane 5, de la navette Hermès et des modules orbitaux Colombus.

11. Bretagne : on va élever des saumons dans un ancien pétrolier ancré dans la baie de Morlaix.

11. Irlande du Nord : 12 000 personnes défilent lors des obsèques de six des victimes de l'attentat d'Enniskillen (→ 8).

12. USA : le déficit est ramené à 14 milliards de dollars.

12. Angola : l'Afrique du Sud reconnaît intervenir « contre des Russes et des Cubains ».

12. Sri Lanka : le gouvernement accorde une autonomie limitée à deux régions à majorité tamoule, le Nord et l'Est.

13. Egypte : rétablissement des relations diplomatiques avec l'Irak et le Maroc (→ 15).

13. Nicaragua : le président Daniel Ortega propose un cessez-le-feu aux contras.

14. Liban : l'explosion d'une boîte de chocolats piégée dans le hall de l'hôpital américain fait sept morts.

14. Espagne : enlèvement de Mélodie, 5 ans, la fille du milliardaire libanais Raymond Nakachian et de la chanteuse Kimera, près de Marbella. →

15. Pologne : création du Parti socialiste, par des opposants au régime du général Jaruzelski.

15. France : la réparation de la fuite de sodium à la centrale nucléaire de Superphénix coûtera 500 millions de francs (→ 31.05).

15. Irlande du Nord : condamnation de l'IRA par l'Eglise catholique.

15. Egypte : rétablissement des relations diplomatiques avec le Koweit, le Yémen du Nord et le Bahrein.

Mutinerie à la prison Saint-Maur

12 novembre. A la prison Saint-Maur, à Châteauroux, 400 détenus (sur 440) se sont mutinés. Ils ont investi toute la centrale, prenant en otages une quinzaine de personnes, dont le directeur. Saint-Maur est une centrale moderne. Elle a été construite entre 1970 et 1975 et ne retient que des détenus purgeant de lourdes peines, très souvent la réclusion criminelle à perpétuité. C'est peut-être l'établissement le plus strict de France, avec Clairvaux. Les détenus ont pris position dans la cour, sur les murs d'enceinte et sur les toits d'un bâtiment, auquel ils ont mis le feu. Ils ont saccagé toute la prison. Une épaisse fumée se dégageait du rez-de-chaussée, notamment des cuisines. L'incendie se propageant vers les ateliers de travail où sont entreposés des stocks de peinture et d'acétylène, on craignait une explosion. Toutes les forces de police de Châteauroux, ainsi que des renforts venus de Paris, Poitiers et Bordeaux se sont rendus sur les lieux. Les accès aux abords de la centrale ont été interdits. Parmi les détenus se trouve Georges Ibrahim Abdallah, mais le chef présumé des Fractions armées libanaises, qui est enfermé dans un quartier isolé, n'a pas commis l'imprudence de participer à la mutinerie.

Evacuation d'un blessé.

Deux rugbymen roumains restent en France

11 novembre. Les rugbymen roumains qui ont affronté le Quinze de France cet après-midi, à Agen, vont repartir à Bucarest sans deux de leurs camarades qui ont décidé de rester en France et de demander l'asile politique. Victor Avram (21 ans), un remplacant, et Laurenciu Constantin (24 ans), un deuxième ligne de l'équipe, ont en effet choisi la liberté, après un match au cours duquel les Francais avaient infligé à leurs adversaires une écrasante défaite (49-3). Le soir, au banquet, une place était vide : celle d'Avram, qui avait déjà abandonné la délégation roumaine. Et vers deux heures du matin, son ami Constantin décidait de l'imiter. Une autorisation de séjour à Agen et Biarritz valable un mois a été délivrée aux deux hommes.

La grande revanche de Vincent Van Gogh

12 novembre. Van Gogh bat Van Gogh! A New York, chez Sotheby, « Les Iris » viennent de crever le plafond atteint en mars par « Les Tournesols » (225 millions de francs). Adjugés 53,9 millions de dollars (325 millions de francs) à un acheteur inconnu, « Les Iris » deviennent le tableau le plus cher du monde! Depuis quarante ans, il appartenait à une famille de collectionneurs américains. Les enchères, qui ont débuté à 15 millions de dollars, se sont achevées sous un déluge d'applaudissements. Encore une belle revanche pour Van Gogh! Il est vrai qu'aux qualités esthétiques de l'œuvre ne manque pas de s'ajouter une incontestable valeur émotionnelle : « Les Iris » ont été peints en 1889, à Saint-Rémy-de-Provence, dans les jardins de l'asile où Van Gogh, malade, s'était réfugié.

« Les Iris » de Vincent Van Gogh : le tableau le plus cher du monde.

Un curé auvergnat punit ses fidèles

11 novembre. C'est une querelle de clocher inhabituelle qui oppose les habitants de la commune de Senezergue, dans le sud du Cantal, à leur curé. L'abbé Mary a privé ses ouailles de messe parce qu'ils avaient protesté contre la fermeture de l'école communale. En réponse, les familles ont envoyé leurs enfants au catéchisme à Junhac, un bourg voisin. L'abbé Mary est retranché dans son presbytère. Qui cédera, après quinze jours de révolte?

Le test génétique confond le violeur

13 novembre. Robert Melias, condamné à huit ans de prison à Londres, est le premier suspect du monde a être confondu par le test de l'empreinte génétique. Un échantillon de son sang, comparé aux traces de sperme prélevées sur les vêtements de celle qu'il avait violée, une handicapée de 43 ans, a permis d'établir qu'il était bien le coupable. La marge d'erreur est nulle. Seuls les vrais jumeaux possèdent un code génétique identique.

Ils exigent 50 millions pour Mélodie

La petite Mélodie entourée de ses parents, avant son enlèvement.

14 novembre. Mélodie, cinq ans et demi, la fille de Raymond Nakachian, milliardaire d'origine libanaise, et de la princesse Kimera, chanteuse coréenne, a été enlevée, près de Marbella, sur la Costa del Sol, en Espagne. Des inconnus ont assailli la voiture qui conduisait la fillette à l'école. Selon certaines sources policières, les ravisseurs exigeraient une rançon de 50 millions de dollars. La mère de la fillette a lancé à la télévision un singulier appel qui a ému les Espagnols : « S'il vous plaît, lavez-lui les cheveux et peignez-la tous les jours. » Un message enregistré de la fillette a été diffusé par la radio. Mélodie disait : « Papa, si tu ne paies pas ils vont me tuer. » Les ravisseurs ont également fait parvenir aux parents une mèche de cheveux et une photo de la fillette montrant un journal.

Nelson Piquet succède à Alain Prost

15 novembre. Après Suzuka, Adelaïde. Déjà vainqueur du Grand Prix du Japon, l'Autrichien Gerhard Berger a aussi remporté le Grand Prix d'Australie. Mais le champion du monde 1987 des pilotes de Formule 1, c'est Nelson Piquet, qui vient de décrocher son troisième titre mondial après ceux de 1981 et 1983. Il compte ainsi à son palmarès trois Grands Prix (Allemagne, Hongrie, Italie) et sept places de deuxième (Brésil, Monaco, Detroit, France, Grande-Bretagne, Autriche, Mexique). Il est le quatrième pilote triple champion du monde, après Fangio, Stewart, Brabham et Lauda.

Le triple champion du monde Nelson Piquet sur sa Williams-Honda.

Cinquantième sommet franco-allemand

12 novembre. Le 50e sommet franco-allemand a réuni, à Karlsruhe, le président François Mitterrand, le Premier ministre Jacques Chirac et le chancelier Helmut Kohl d'une part, les ministres des Finances Edouard Balladur et Gerhard Stoltenberg d'autre part. Le système monétaire européen et les problèmes de défense ont été les sujets essentiels de la première journée. D'ores et déjà, un accord est certain sur la réalisation en commun d'un hélicoptère de combat, ainsi que sur la création d'une brigade franco-allemande. Il semble aussi acquis que le TGV verra sa ligne prolongée jusqu'à Cologne, et que les Allemands disposeront de messageries télématiques.

Le DC-9 s'est retourné au décollage

15 novembre. Un DC-9 de la Continental Airlines s'est retourné et brisé en trois parties lors de son décollage de l'aéroport de Denver, dans le Colorado. L'appareil a dérapé et a glissé, sur le dos, sur une distance de 400 mètres. Les ailes ont été arrachées, le fuselage s'est brisé. Certains des passagers sont restés pendant six heures dans l'épave, attachés à leurs sièges, tête en bas. L'accident s'est produit durant une violente tempête de neige. Il a fait 26 morts et 56 blessés.

L'appareil s'est retourné et brisé, faisant 26 morts et 56 blessés.

Fin de la grève des dockers à Marseille

9 novembre. Les 2 000 dockers du port de Marseille ont accepté, à l'unanimité moins 8 voix, la nouvelle convention collective établie avec leurs patrons, et le travail reprend après quarante jours de paralysie des quais. L'accord comporte deux mesures destinées à rendre au port sa compétitivité par rapport aux ports de la mer du Nord. Les équipes de dockers occupés au chargement et au déchargement des bateaux seront réduites, et les effectifs marseillais diminueront de 500 à 800 dockers, auxquels devrait être proposée une prime de départ de 200 000 francs.

Au Royal Albert Hall, à Londres, une blonde étudiante autrichienne de 20 ans, Ulla Weigerstorfer, est élue Miss Monde.

Novembre

Sem. 47 1987

Lu	Ma	Me	Je	Ve	Sa	Di
						1
2	3	4	5	6	7	8
9	10	11	12	13	14	15
16	**17**	**18**	**19**	**20**	**21**	**22**
23	24	25	26	27	28	29
30						

16. Paris : prix Goncourt à Tahar ben Jelloun pour « La Nuit sacrée ». Prix Renaudot à René-Jean Clot pour « L'Enfant halluciné ».

16. Paris : inauguration de 3,250 km supplémentaires d'autoroute de la grande ceinture A-86.

16. Europe : les Douze réclament la réduction du déficit américain et la stabilisation du dollar.

18. Angleterre : mise en vente des actions d'Eurotunnel. →

20. Paris : un Japonais paye 41 millions pour un Modigliani, « La Belle Romaine », salle Drouot-Montaigne. →

20. Espagne : libération de Mélodie Nakachian. Arrestation de deux Français et de deux Espagnols.

20. Paris : le juge des référés suspend la vente des manuscrits de Zola.

20. Etats-Unis : accord entre la Maison Blanche et les leaders du Congrès sur une réduction du déficit budgétaire

20. Etats-Unis : 20 000 Cubains seront chaque année autorisés à émigrer aux USA.

20. Suisse : interdiction de la fabrication et de la vente du vacherin. La croûte de ce fromage serait responsable de cas mortels de listériose. →

21. San Salvador : retour, après sept ans d'exil, de Ruben Zamora, dirigeant du Front démocratique révolutionnaire.

22. France : Concorde fête son dixième anniversaire.

22. Nicaragua : libération de près d'un millier de prisonniers politiques.

22. France : la réintroduction du lynx dans les Vosges est compromise : ils sont victimes des chasseurs.

22. Budapest : un colloque réunit des dissidents de l'Est et des intellectuels de l'Ouest.

DECES

16. Jean Maitron, historien du monde ouvrier (*17.12.10).

Jacques Anquetil vaincu par le cancer

Jacques Anquetil.

La dernière épreuve était inéluctable.

18 novembre. Jacques Anquetil a affronté avec courage l'ultime et impitoyable adversaire qui se dressait sur sa route. Avec la volonté et la froide détermination qu'il affichait en course, il l'a combattu jusqu'au bout. Mais cette fois, il n'a pu vaincre : le cancer a été le plus fort. Et le sport français vient de perdre l'un des plus grands champions de son histoire. Jacques Anquetil n'avait que 54 ans. Opéré de l'estomac à Rouen le 11 août dernier, il avait pu reprendre ensuite une activité presque normale, dirigeant encore l'équipe de France à Villach aux championnats du monde sur route. Une nouvelle alerte l'avait contraint à se faire hospitaliser à Colmar, en septembre. C'est dans son sommeil que Jacques est mort, sans souffrir, sur son lit de la clinique Saint-Hilaire à Rouen où il avait été admis, une nouvelle fois, le 10 octobre dernier. Il aura été l'un des plus doués et des plus titrés de sa génération : cinq Tours de France (1957, 1961, 1962, 1963, 1964), deux Tours d'Italie (1960, 1964), neuf Grands Prix des Nations, cinq Paris-Nice, un Bordeaux-Paris remporté vingt-quatre heures après un Critérium du Dauphiné victorieux en 1965, et le record de l'heure en 1956. Une carrière qui s'étala sur dix-huit années, et que le général de Gaulle lui-même avait honorée d'une Légion d'honneur remise à Jacques Anquetil en 1966.

Tahar ben Jelloun lauréat du Goncourt

16 novembre. Dans le salon du restaurant Drouant, le prix Goncourt est attribué au sixième tour à Tahar ben Jelloun pour son roman « La Nuit sacrée » (Le Seuil). Poète, essayiste, dramaturge, le lauréat a déjà produit une œuvre abondante, louée par la critique mais appréciée d'une petite minorité. Ecrivain francophone du Maghreb, né à Fès en 1944, il maîtrise la langue française comme peu d'écrivains français savent le faire. Ce conteur, dont le destin est lié aux réalités de l'Islam, s'était déjà fait remarquer par son talent. 50 000 exemplaires de « La Nuit sacrée » sont d'ores et déjà vendus.

Tahar ben Jelloun, Goncourt 87.

Nouveau tir réussi pour la fusée Ariane

21 novembre. La fusée européenne Ariane a mis en orbite, de façon impeccable, le premier satellite ouest-allemand de télévision directe TV SAT1. Le déploiement des deux grands panneaux solaires du satellite a présenté quelques difficultés, mais les techniciens allemands restent optimistes, et TV SAT1 devrait être prêt à arroser l'Europe dès janvier prochain de ses quatre canaux, qui ont été loués à deux sociétés publiques, Eins Plus et Drei Sat, et deux chaînes privées, RTL Plus et Sat 1. Les émissions de ces quatre chaînes s'adresseront à un public potentiel de 300 millions de téléspectateurs, sitôt que sera commercialisée la norme exigée pour le décodage.

Mise sur orbite du satellite TV SAT1.

Le vacherin suisse est-il mortel ?

20 novembre. Les autorités helvétiques viennent de retirer du marché l'un des plus célèbres fromages de la Confédération, le vacherin du Jura vaudois. L'interdiction s'applique à la marque « Mont d'Or », très recherchée. Les rapports établissent que 31 personnes sont mortes en Suisse depuis 1984 après avoir été contaminées par une bactérie appelée « listeria monocytogène ». Bien que cette bactérie ne soit pas spécifique au fromage, elle trouve un terrain favorable dans ces pâtes molles à croûte « fleurie ». Une douzaine de fromages français pourraient aussi provoquer méningites et septicémies.

Le feu dans le métro de Londres!

L'intérieur calciné de la station de métro de King's Cross, à Londres.

Autorités et badauds sur les lieux.

18 novembre. Un incendie s'est déclaré, vers 19 h 30, sous l'escalator de bois qui remonte de la Picadilly line vers le guichet du hall central, à la station de métro King's Cross, à Londres. En quelques minutes, la station devint un véritable brasier. La chaleur était insoutenable, des vapeurs toxiques se dégageaient des matériaux en combustion, des pans de murs s'effondraient. Les secours se sont immédiatement organisés, mais la lutte contre le feu s'avéra difficile, tant est complexe le plan de King's Cross. Les pompiers ont dû fouiller au hasard pour trouver les victimes et sauver les éventuels survivants. L'un d'eux, Colin Townsley, 47 ans, a plongé dans la fournaise sans prendre le temps de se munir d'un masque : il n'en est pas sorti vivant. La catastrophe a fait 30 morts et vingt et un blessés. Le London Underground est le plus vieux métro du monde : la première ligne a été mise en service le 1er janvier 1863 (entre Paddington et Farrington Street). Il y a aujourd'hui 267 stations, dont la moitié ont été construites avant 1910. Trois millions de voyageurs l'empruntent chaque jour. Aux heures de pointe, la station de King's Cross voit défiler 30 000 personnes. Cinq lignes importantes s'y croisent, et elle dessert la gare qui, en surface, accueille les lignes en provenance du nord de l'Angleterre et d'Ecosse.

Mise en vente des actions Eurotunnel

18 novembre. C'est aujourd'hui que les petits porteurs outre-Manche peuvent acquérir des actions de la société qui construit le tunnel sous-marin devant relier la France à la Grande-Bretagne : 100 millions de titres, à raison de 35 F l'unité. Les opposants les plus ardents au projet semblent s'être calmés, aussi bien les écologistes désireux de protéger le Kent, « jardin de l'Angleterre », que les milieux médicaux et vétérinaires craignant une épidémie de rage venue du continent...

Steffi Graf nouvelle reine du tennis

22 novembre. En remportant le Masters 1987 à New York, la jeune Allemande Steffi Graf a apporté de nouveau la preuve qu'elle était bien désormais la meilleure joueuse de tennis mondiale. L'élimination des anciennes, Navratilova et Chris Evert-Lloyd, lui a ouvert la voie. Sa victoire en finale sur l'Argentine Gabriela Sabatini a consacré définitivement une supériorité que ses précédents succès de Roland Garros laissaient déjà entrevoir.

L'affaire Luchaire est commentée par François Mitterrand

16 novembre. Ce soir sur RTL, au cours d'un entretien particulièrement attendu, le président de la République a répondu aux questions de Philippe Alexandre. Divers sujets ont été évidemment abordés, comme par exemple le financement des partis politiques. Mais c'est surtout sur « l'affaire Luchaire » que le chef de l'Etat a dû donner son avis, d'autant plus que Charles Hernu, son ancien ministre de la Défense, est directement mis en cause dans cet imbroglio. Déplorant, d'une certaine façon, que la France soit le troisième exportateur mondial d'armement, M. Mitterrand a parlé des embargos sur l'Iran, la Libye et l'Afrique du Sud, tout en restant assez flou sur le problème du commerce des armes.

Un Modigliani est adjugé à Paris 41 millions de francs

20 novembre. En inaugurant, au théâtre des Champs-Elysées, la salle baptisée Drouot-Montaigne, la Compagnie des commissaires-priseurs marquait son ambition de rivaliser avec Londres et New York, capitales des ventes aux enchères. Les héritiers de la collection Renand peuvent être satisfaits : malgré le retrait de deux Van Gogh, tardivement préemptés par l'Etat, la vente rapporte 181 millions. Salle comble, au point que la salle voisine de la Comédie des Champs-Elysées a dû être réquisitionnée et équipée d'un circuit vidéo. Même si les 200 millions escomptés n'ont pas été tout à fait atteints, le spectacle fut extraordinaire. Modigliani a fait figure de vedette, avec deux tableaux, « La Belle Romaine », adjugée par téléphone 41 millions de francs et la « Femme à la cravate noire » achetée 34 millions par un Japonais très agité, ce qui se comprend... Un pastel de Toulouse-Lautrec a été adjugé 4 200 000 F sous un tonnerre d'applaudissements... Sur la scène, officiant devant le rideau transparent derrière lequel se distinguaient les œuvres mises en ventes, les commissaires-priseurs en smoking, face au Gotha des collectionneurs internationaux, ont gardé tout leur calme. La vente s'est déroulée assez lentement à cause de la complexité des systèmes électroniques d'enchères : il a fallu une heure trente pour disperser les quarante-trois tableaux de la vente.

Le clou de la vente Renand, dans la nouvelle salle Drouot-Montaigne.

Novembre

Sem. 48 1987

Lu	Ma	Me	Je	Ve	Sa	Di
						1
2	3	4	5	6	7	8
9	10	11	12	13	14	15
16	17	18	19	20	21	22
23	**24**	**25**	**26**	**27**	**28**	**29**
30						

23. Londres : interdiction de fumer dans le métro après l'incendie de King's Cross (→ 18).

24. Chine : Li Peng est nommé Premier ministre par intérim, succédant à Zhao Zhiang.

24. Europe : Bonn baisse d'un quart de point ses taux d'intérêt à court terme. Paris en fait de même quelques heures plus tard.

25. Paris : sortie à l'écran du film de Bernardo Bertolucci, « Le Dernier Empereur ». →

25. Afrique du Sud : Pretoria rejette l'ordre que lui a donné l'ONU de retirer ses troupes d'Angola.

25. Paris : Michel Polac est sur M6 avec un nouveau magazine, « Libre et change ».

26. France : la Peugeot 405 est sacrée « voiture de l'année ».

26. Philippines : le typhon « Nina » fait six cents morts en deux jours.

26. Zimbabwe : seize missionnaires blancs, plusieurs femmes et un bébé de six semaines sont tués à la machette par des rebelles.

27. Ski : à Sestrières, l'Italien Alberto Tomba remporte le premier slalom de la Coupe du monde.

29. Haïti : après les violences des « tontons macoutes », les élections sont annulées. →

29. Bangladesh : état d'urgence décrété pour trois mois.

29. Paris : plusieurs dizaines de milliers de personnes manifestent contre le racisme.

30. Afghanistan : Mohammed Najibullah est réélu à la présidence de la République. Il propose un calendrier de retrait des troupes soviétiques.

30. Mozambique : les rebelles attaquent un convoi civil, faisant 63 morts et 78 blessés.

30. Lyon : ouverture d'un « centre pour hommes violents », unique en Europe.

DECES

25. Harold Washington, ancien maire noir de Chicago.

Deux otages français enfin libérés

Arrivée à Orly des otages français Roger Auque et Jean-Louis Normandin.

27 novembre. Ils sont libres! Jean-Louis Normandin, cameraman d'Antenne 2 et Roger Auque, journaliste de RTL, ont été relâchés à 18 h 30, dans le quartier sud de Beyrouth par l'Organisation de la justice révolutionnaire. Pour Normandin, le cauchemar a duré 629 jours, 319 jours pour Roger Auque. Cet épilogue met fin à des mois de négociations. Epuisés, les deux hommes, qui ont retrouvé la liberté à cent mètres de l'hôtel Summerland, ont commencé à raconter leur calvaire : « Ils avaient décidé qu'on serait leurs chiens... Certains jours, on n'avait ni à boire ni à manger. On ne nous emmenait même pas aux toilettes... » Depuis vingt-quatre heures, la libération des deux otages était considérée comme imminente par Paris et une centaine de personnes étaient dans le secret, outre le Premier ministre qui avait gardé sa journée libre de tout engagement. Avec Normandin et Auque, cela fait sept Français qui ont été arrachés aux terroristes libanais. Mais pour les autres, le cauchemar continue : Marcel Carton est prisonnier depuis 981 jours, Marcel Fontaine également et Jean-Paul Kauffman depuis 920 jours. On s'interroge déjà sur le prix à payer exigé par l'OJR et les prétentions de Téhéran tandis que Wahid Gordji est toujours retranché dans l'ambassade du régime de Khomeiny. La guerre des nerfs semble s'apaiser. Celle des ambassades va-t-elle continuer?

...Gordji, libre, a pu regagner Téhéran

29 novembre. Après le démenti, samedi, de Jacques Chirac concernant le versement d'une rançon pour les deux otages, on sait ce soir que cette rançon s'appelle Gordji. A 18 h, Wahid Gordji, le mystérieux interprète de l'ambassade d'Iran à l'origine de la tension entre Paris et Téhéran, est sorti de l'enceinte diplomatique où il était retranché depuis le mois de juin. Il s'est rendu au Palais de justice, chez le juge d'instruction Boulouque, qui exigeait de l'entendre comme « témoin » dans l'enquête sur les attentats de septembre 1986 à Paris. A 20 h 30, aucune charge n'ayant été retenue contre lui, Gordji a quitté librement le Palais de justice. A 21 h 21, un Falcon 50 décollait du Bourget direction Téhéran, via Chypre. Gordji était à bord.

Wahid Gordji quittant le quai des Orfèvres juste avant son départ pour l'Iran.

Le régime polonais est mis en échec par référendum

29 novembre. C'est une première dans les pays de l'Est : des électeurs se permettent de rejeter la proposition du pouvoir. Fait sans précédent dans un pays communiste, la population a été consultée par référendum. Avec 45 % de votes positifs, la démocratie populaire polonaise inflige un échec spectaculaire au gouvernement du général Jaruzelski : il fallait 51 % (la moitié des voix des électeurs inscrits). La surprise est égale pour l'opposition et les dirigeants du syndicat dissous Solidarnosc. Les partisans de Lech Walesa avaient appelé au boycott des urnes. A l'annonce des résultats, le prix Nobel de la paix a déclaré : « Le référendum n'a rien résolu, loin de là. Il a démontré qu'aucune des forces en présence en Pologne n'était en mesure de résoudre la crise profonde à laquelle le pays est depuis longtemps confronté. » Et il a proposé au général Jaruzelski une négociation « pour sauver la Pologne, car le temps presse ».

Le prix Médicis à Pierre Mertens

23 novembre. Le prix Médicis a été décerné à l'écrivain belge Pierre Mertens pour son roman « Les Eblouissements ». Le prix a été attribué au premier tour, par six voix contre quatre à Richard Jorif. Le roman, dès sa parution en septembre, avait été accueilli en Belgique par un public séduit par son sujet et ses qualités littéraires, et, depuis lors, restait en tête des ventes. Pierre Mertens a été surpris par cette distinction. Il croyait son ouvrage « trop austère, trop grave, trop dur ». Dans la course des prix, il n'avait, croyait-il, aucune chance. Mais la critique littéraire, au Canada, en Belgique, en France (Pivot en tête) a été conquise.

Paul Mertens, prix Médicis.

Il faut sauver les salles de cinéma

29 novembre. Les cinémas ferment par dizaines cette année. Pour remédier à la baisse de fréquentation des salles (due à l'abondance des films diffusés à la télévision), Jean-François Court, le « M. Cinéma » du ministère de la Culture, annonçe un plan de sauvetage de 100 millions et une prochaine table ronde cinéma-télévision sous l'égide de M. Léotard. Les mesures adoptées devront être fiscales, budgétaires et techniques : les salles équipées de grand écran, cabine 70 mm et son Dolby stéréo, s'imposeront par leur compétitivité.

La grève d'Air Inter est jugée illicite

23 novembre. La grève du personnel navigant d'Air Inter n'aura pas lieu : le tribunal de Bobigny a ordonné, en référé, la suspension du préavis de grève déposé par deux organisations syndicales. Le tribunal relève que « les syndicats envisagent d'exercer leur droit de grève d'une manière abusive et de créer un trouble qu'il convient de faire cesser ». L'objet du conflit est le pilotage à deux de l'Airbus A-320 alors que les syndicats réclament, au moins pour une période transitoire, un troisième pilote.

Un commando attaque Israël en ULM

Petits engins efficaces lorsqu'ils sont utilisés par des combattants kamikazes.

25 novembre. Attaque-suicide d'un commando palestinien, la nuit. A bord de deux deltaplanes équipés de petits moteurs, ils ont quitté le Liban en fin de soirée et, volant à très basse altitude, sont entrés en Haute-Galilée. L'un d'eux a été abattu cinq cents mètres après avoir passé la frontière : criblé de balles, il s'est écrasé au sol. Le second s'est posé sur la route menant à la ville de Kiryat Shmoné, au nord d'Israël. C'est sans encombre, comme s'il connaissait les lieux, que le Palestinien a pénétré dans un camp militaire israélien. Les soldats sont sortis des tentes, mais ont été pris sous le feu du pilote kamikaze qui les bombardait de grenades. Avant d'être abattu, le Palestinien a tué six Israéliens et en a blessé neuf autres. L'opération, baptisée « Qoubayya » (du nom d'un village palestinien de Jordanie où un raid israélien avait fait 69 morts en 1953), a été revendiquée par la formation pro-syrienne dirigée par Ahmad Jibril, le Front populaire de libération de la Palestine-Commandement général (FPLP-CG). Elle a été accueillie avec fierté par les réfugiés des camps palestiniens de Beyrouth. Beaucoup ne connaissaient pas le deltaplane. Ils voient dans cet appareil de trois mètres de long, par opposition aux lourds avions sophistiqués dont ils sont régulièrement victimes, une sorte de David triomphant enfin de Goliath.

John Boorman, le réalisateur de « Délivrance » et « Excalibur », raconte dans « Hope and Glory » les grandes vacances que fut la guerre, vue par ses yeux d'enfant.

Haïti : les élections victimes de la terreur

29 novembre. Le bilan est lourd : deux jours de violence en Haïti ont fait des dizaines de morts et les élections générales, qui devaient avoir lieu aujourd'hui dimanche, ont été annulées. Le Conseil électoral provisoire, organisme indépendant qui lutte depuis des mois contre les assauts des partisans de M. Duvalier, a dû se rendre à l'évidence : les macoutes sont là, prêts à tout pour empêcher la consultation. Pourtant, la population se faisait une fête de participer enfin à des élections à peu près normales, de profiter de ce droit de vote retrouvé, après trente ans d'humiliation. Confiants en M. Williams Ragala, ministre de l'Intérieur et homme fort du régime (il avait notamment suspendu toute autorisation de port d'armes), les Haïtiens s'apprêtaient à voter lorsque vers 23 heures, hier soir, des coups de feu sporadiques, puis des tirs nourris avec grenades et armes lourdes, ont achevé de répandre une nouvelle fois la terreur aussi bien dans la capitale qu'en province. L'espoir d'un retour à la démocratie est à nouveau bafoué. L'armée, dont l'attitude est plus qu'ambiguë, est la principale responsable de ce chaos permanent. Que cherche le général Henri Namphy, président du Conseil de gouvernement? La réaction américaine, elle, a été rapide : Washington supprime son aide économique et militaire, dont 8 millions de dollars étaient précisément prévus pour l'organisation des élections.

Le somptueux film de Bernardo Bertolucci, « Le Dernier Empereur », retrace l'étonnant destin de Pu Yi, couronné à Pékin en 1908 et mort en 1967.

Décembre

Sem. 49 1987

Lu	Ma	Me	Je	Ve	Sa	Di
	1	2	3	4	5	6
7	8	9	10	11	12	13
14	15	16	17	18	19	20
21	22	23	24	25	26	27
28	29	30	31			

1er. France : grève du personnel de la Banque de France.

1er. France : le commissaire Balestrazzi rapporte du Japon quatre toiles de Corot volées en France en 1984.

1er. Londres : colère de la presse britannique à propos de l'échange de Wahid Gordji (→29.11). Elle accuse la France d'avoir vendu des armes à Téhéran.

1er. Nicaragua : la Contra propose un cessez-le-feu, à condition d'obtenir 40 % du territoire.

2. Australie : deux lanceuses de javelot et trois haltérophiles avouent s'être dopés.

2. New York : le premier manuscrit d'Albert Einstein sur la théorie de la relativité est vendu 1 155 000 dollars chez Sotheby.

2. Paris : la brasserie de la Poste est condamnée pour plagiat de la brasserie Lipp et concurrence déloyale.

3. Colombie : François Yvinec, président du FC Brest, qui négociait l'achat d'un joueur, Roberto Cabanas, est inculpé de faux.

3. France : la compagnie aérienne Point Air dépose son bilan.

4. Australie : des embryons congelés laissés par un couple chilien, mort en 1983, seront tenus à la disposition d'un couple stérile.

4. Etats-Unis : les mutins cubains de la prison d'Atlanta relâchent leurs 89 otages. Ils ont obtenu de pouvoir émigrer vers un pays tiers.

5. Copenhague : échec du Conseil européen, faute d'un compromis sur les dépenses agricoles.

6. RFA : scandale politico-sportif à l'apparition du « Livre vert » de Kadhafi sur les maillots d'une équipe de hockey sur glace qu'il sponsorise.

6. France : une cinquantaine de revues sont interdites à la vente aux mineurs.

6. Guadeloupe : saisie de 45 kilos de cocaïne destinés au marché européen.

Sihanouk et Hun Sen se rencontrent

3 décembre. Six heures durant, dans le salon de l'hostellerie du château de La Fère-en-Tardenois, Norodom Sihanouk, 65 ans, ex-souverain du Cambodge, et Hun Sen, 36 ans, Premier ministre provietnamien de la république populaire du Kampuchéa, se sont entretenus de l'avenir de leur pays. C'est au titre de « personnalité cambodgienne » et non à celui de Premier ministre que Sihanouk a reçu son compatriote. On a parlé du retrait éventuel des quelque 140 000 soldats vietnamiens stationnés au Cambodge et aussi de la formation, non moins hypothétique, d'un gouvernement de coalition. Ce serait le mariage de l'huile et de l'eau car il comprendrait les Khmers rouges de Pol Pot, les provietnamiens, les nationalistes et Sihanouk et ses partisans.

Rencontre historique, qui eût été impossible il y a 7 ans.

A Besançon, les détenus libèrent leurs otages

5 décembre. La mutinerie de Besançon n'aura duré qu'une nuit. Vingt-deux prisonniers avaient pris trois gardiens en otage, pour protester contre leurs conditions de détention. Immédiatement, des négociations s'étaient engagées, tandis que les mutins mettaient à sac le quartier de haute sécurité. Un médiateur, Me Jean-Louis Pelletier, a obtenu le matin suivant que les otages soient libérés, tandis que les détenus en révolte étaient transférés dans d'autres prisons.

Hollywood en deuil de Mamoulian

4 décembre. Il avait dirigé Marlène Dietrich, Greta Garbo, Rita Hayworth... Rouben Mamoulian, l'un des derniers survivants de l'âge d'or hollywoodien, est mort à Los Angeles, à l'âge de 90 ans. Né le 9 octobre 1898 à Tiflis, en Géorgie, dans une famille juive arménienne, il avait fait une partie de ses études à Paris. Après s'être vaguement intéressé au droit criminel, il se passionne pour le théâtre et fonde à Londres, en 1920, une compagnie. Sa carrière américaine débute en 1923. Mais c'est seulement en 1929 qu'il aborde le cinéma, avec « Applause », l'histoire d'une star du music-hall. Parmi ses œuvres marquantes, « Dr Jekyll et Mr. Hyde » (1931), avec Frédéric March, ainsi que « La Reine Christine » (1934) ou « Le Signe de Zorro » (1940).

Le réalisateur Rouben Mamoulian est mort à Los Angeles.

Max Frérot, d'Action directe, est arrêté

2 décembre. En arrêtant Max Frérot, le dernier membre encore en liberté d'Action directe, la police de Lyon a mis la main sur celui que l'on considère comme l'« artificier » de la bande. Le juge d'instruction, Marcel Lemonde, lui a signifié cinquante et un chefs d'inculpation, en « chapitres » distincts : association de malfaiteurs, homicides volontaires, vols à main armée (dont certains avec prise d'otages), destruction par explosifs et, enfin, détention d'armes et d'explosifs. Transféré à Paris, Max Frérot va être interrogé, notamment sur l'attentat commis contre la brigade de répression du banditisme (→11.7.86). On a, par ailleurs, saisi sur Max Frérot six feuillets dactylographiés comprenant des listes de noms : Laurent Fabius, Lionel Jospin, Guy Lux, Charles Pasqua, Maurice Papon, Bernard Pons figurent aux côtés d'une centaine d'autres personnalités. A côté de certaines de ces « cibles potentielles », Max Frérot avait porté des indications « utiles ». Par exemple, à côté du nom de Charles Pasqua est reprise la liste des plaques minéralogiques des voitures de service à la mairie de Villeurbanne, à côté de celui d'Edgar Pisani sont indiqués les commerces qu'il fréquente, la durée de fonctionnement de la minuterie d'éclairage de son immeuble, et même le numéro de la clef de contact de sa voiture...

L'artificier d'Action directe.

Les Fidji ont leur premier président

5 décembre. A Suva, deux mois et demi après le putsch du colonel Rabuka, le pouvoir a été restitué aux civils. Le paradoxe n'en persiste pas moins à régner à Suva, la capitale, puisque c'est Sir Ratu Penaia Ganilau qui accepte de devenir le premier président de la République, alors qu'avant la rupture des liens avec le Commonwealth il était gouverneur général et représentait l'Angleterre. Dans une nation où les immigrants indiens représentent 49 % de la population alors que les Fidjiens de souche ne sont que 46 %, le nouveau gouvernement mélanésien entend calmer les extrémistes de sa communauté afin de donner un coup d'arrêt à l'émigration des Fidjiens d'origine indienne, lesquels jouent un rôle capital dans l'économie nationale.

Le tueur de vieilles dames avoue

2 décembre. Après l'arrestation de Thierry Paulin, un Martiniquais de 24 ans, aux cheveux teints en blond, la brigade criminelle a résolu l'énigme que posaient, depuis près de trois ans, les assassinats de dames âgées à Paris. Thierry Paulin a reconnu une vingtaine d'agressions, avouant ne pas savoir très bien lesquelles se sont terminées par la mort de la victime. Les enquêteurs ont également arrêté son complice, Jean-Thierry Mathurin, un Guyanais de vingt-deux ans. Les empreintes relevées sur les lieux des crimes correspondent avec celles de Paulin et de Mathurin. Paulin a expliqué qu'il accostait les vieilles dames au moment où elles rentraient chez elles, et engageait la conversation. Il a reconnu qu'il voulait leur prendre leur argent et a déclaré que s'il les étranglait, en général après les avoir torturées, c'était parce que « les vieilles dames ne l'aimaient pas ». Thierry Paulin en a étouffé certaines. D'autres ont été frappées, ou brûlées. L'une des victimes a été contrainte à avaler de la soude caustique, une autre a eu le corps lardé de coups de couteau. Thierry Paulin, toxicomane, dépensait l'argent volé en donnant, la nuit, de fastueuses réceptions à ses nombreux amis. Il faisait des extras comme serveur dans plusieurs restaurants des Halles, où il était très connu. Il se produisait également, à l'occasion, dans des numéros de travesti.

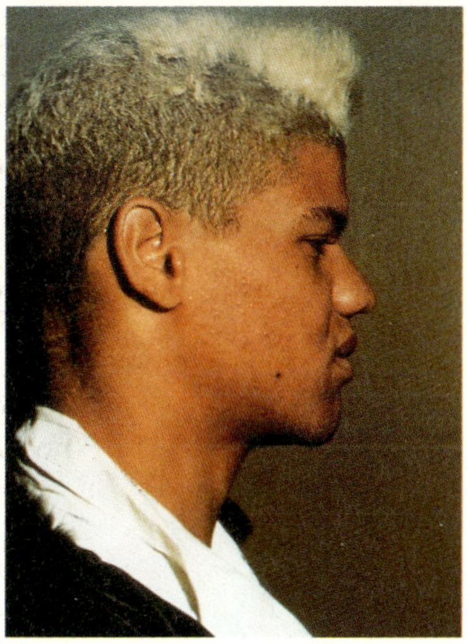

Thierry Paulin.

Le Paris-Antilles-Paris de Le Pen

6 décembre. Avec une quarantaine de représentants des droites européennes, Jean-Marie Le Pen, président du groupe parlementaire du Front national, se rendait à un séminaire de travail à Fort-de-France, Martinique. L'avion devait se poser à 17 h 45 (heure locale) sur l'aéroport du Lamentin. Par radio, le commandant de bord du Boeing 747 d'Air France apprit que l'aéroport était bloqué par 3 000 manifestants hostiles à la venue du député dans le département. Cap fut mis alors sur Pointe-à-Pitre, Guadeloupe, où l'appareil put atterrir sur le terrain du Raizet. Il n'en fut pas moins bloqué en bout de piste, car un millier de manifestants, jugeant M. Le Pen indésirable, avaient investi l'aérogare. Le Boeing dut repartir à Paris... avec M. Le Pen et ses collègues.

« Le Pen dehors! »

Les soixante ans du roi de Thaïlande

Anniversaire royal au grand palais de Bangkok, en Thaïlande.

5 décembre. Le roi de Thaïlande, Bhumibol Adulyadej, a fêté son soixantième anniversaire par une grandiose réception. Plusieurs centaines de milliers de Thaïlandais s'étaient rassemblés sur la pelouse, devant le grand palais de Bangkok. Le roi Bhumibol, 9e souverain de la dynastie Chakri, qui règne depuis 1946, ne possède pas de réel pouvoir. Il est néanmoins profondément respecté par le peuple et exerce une influence certaine. Né aux Etats-Unis, Bhumibol a étudié en Suisse le droit et les sciences politiques.

200 millions collectés pour les myopathes

6 décembre. Le premier « téléthon » réalisé en France est un véritable triomphe. En vingt-huit heures d'émission, Antenne 2, avec l'appui de Radio France, de l'armée, des pompiers et de milliers de bénévoles, a réuni la somme fantastique de 200 millions au profit de la recherche contre la myopathie. Cet élan de solidarité orchestré à l'américaine (le pouvoir de la télévision au service d'une action caritative) permettra d'aider les 150 000 petits Français atteints de cette maladie qui atrophie les muscles. Les dons recueillis grâce aux efforts des vedettes mettent l'accent sur un secteur de la recherche médicale encore trop délaissé par les pouvoirs publics.

La télévision apporte son aide au combat engagé contre la myopathie.

A Val-d'Isère, trois Suissesses en vedette

4 décembre. Les skieuses helvétiques, qui avaient « monopolisé » les titres aux derniers championnats du monde, disputés à Crans Montana, sont reparties de plus belle cette saison. A Val-d'Isère, elles ont écrasé toutes leurs rivales dans l'épreuve de descente, emportant six des dix premières places au classement. La Suissesse Marie Walliser a triomphé devant ses deux compatriotes Michela Figini et Zoe Haas. C'est la dix-neuvième victoire de Walliser en coupe du monde. Elle n'occupe pourtant que la cinquième place actuellement. Les skieuses françaises, en revanche, n'ont toujours pas refait surface. Il est vrai que l'absence de Catherine Quittet, toujours convalescente, se fait encore cruellement sentir.

Décembre

Sem. 50 1987

Lu	Ma	Me	Je	Ve	Sa	Di
	1	2	3	4	5	6
7	**8**	**9**	**10**	**11**	**12**	**13**
14	15	16	17	18	19	20
21	22	23	24	25	26	27
28	29	30	31			

7. France : les partisans de François Mitterrand se mobilisent et publient une page publicitaire dans « le Matin ».

7. Londres : Mikhaïl Gorbatchev, sur la route de Washington (→8), rencontre Margaret Thatcher.

7. Paris : essais d'un métro type « boa », d'un seul tenant.

8. Californie : 44 morts dans un avion qui s'est écrasé au sol après que le pilote eut signalé des coups de feu à bord.

9. France : accord sur un système mixte (privé-public) de financement des partis.

9. Paris : intervention des forces de l'ordre à la Banque de France pour libérer deux directeurs retenus par les grévistes.

9. New York : 433 dossiers de criminels nazis ont disparu des archives.

9. France : aux élections prud'homales, record d'abstention et chute de la CGC.

10. France : le Sénat renvoie Christian Nucci devant la Haute Cour de justice.

10. Washington : Mikhaïl Gorbatchev et Ronald Reagan se quittent en s'appelant par leurs prénoms.

11. France : mise en liberté des frères Chaumet, détenus depuis le 13 juin dernier (→).

11. France : démantèlement d'un réseau européen de fausses cartes bancaires.

11. Philippines : arrestation du colonel « Gringo » Honasan, auteur d'un putsch manqué au mois d'août (→28).

11. RFA : pour la première fois, un Allemand, Manfred Worner, est nommé secrétaire général de l'OTAN.

13. Espagne : manifestation de 200 000 personnes à Saragosse, contre l'ETA, après l'attentat du 11 (→).

DECES

9. Robert Filliou, peintre français (*1927).

10. Jascha Heifetz, violoniste américain (*2.2.1899).

Les Palestiniens se révoltent à Gaza

13 décembre. En l'espace d'une semaine, les affrontements dans les territoires occupés de Cisjordanie et de Gaza entre la population palestinienne et l'armée israélienne, surprise par l'ampleur des manifestations, ont fait huit morts dans le camp des insurgés et un du côté israélien. Les porte-parole israéliens affirment que les gardes-frontière n'utilisèrent leurs armes qu'en dernier recours, alors qu'ils étaient attaqués à coups de pierres. Cependant, le dialogue entre les autorités israéliennes, qui craignent l'approche du 1er janvier, jour anniversaire de la première action menée par le Fatah, et les représentants palestiniens n'est pas rompu. En Cisjordanie, les ouvriers palestiniens continuent par milliers à aller travailler en Israël, au contraire des 50 000 Palestiniens frontaliers de la bande de Gaza.

Manifestation palestinienne dans les territoires occupés.

Yves Montand ne sera pas candidat

12 décembre. Pour la première fois, l'émission « Questions à domicile », sur TF1, accueillait une personnalité non politique : l'invité d'Anne Sinclair et Jean-Marie Colombani était Yves Montand. Visiblement sous le charme du chanteur-comédien, Anne Sinclair a tenté de lui arracher quelques confidences. Avec adresse, celui-ci a évité de se laisser enfermer dans un manichéisme droite-gauche. A la fin de sa prestation, quelque peu inhabituelle dans ce genre d'émission, le comédien a déclaré qu'il n'avait jamais vraiment songé à être candidat aux prochaines élections présidentielles.

Des moudjahidin iraniens sont expulsés

8 décembre. Ce matin à 8 h 30, dix-sept ressortissants étrangers, dont trois Turcs et quatorze Iraniens appartenant à l'Organisation des moudjahidin du peuple, ont été expulsés de France, à destination du Gabon. Le ministère de l'Intérieur a ajouté que, par leurs agissements, ils constituaient une menace grave pour l'ordre public et portaient atteinte aux intérêts de la France dans le monde. Selon Massoud Radjavi, chef des moudjahidin iraniens, il s'agit de gages donnés par Paris à Téhéran.

Iraniens manifestant contre l'expulsion de certains d'entre eux.

Martens désavoué par les Belges

13 décembre. La coalition chrétienne-libérale, qui avait été nettement confirmée par l'électeur belge en 1985, a cette fois été rejetée : le Premier ministre Wilfried Martens n'a plus, au mieux, qu'une majorité très étroite, trop étroite, en fait, pour gouverner. D'autant plus que l'ancienne opposition, la famille socialiste, est devenue la plus importante formation politique du pays, chose qui ne s'était pas vue depuis 1936. Les élections ont été favorables aux partis politiques qui ont affiché un profil net, variant d'ailleurs selon les régions. Au sud, les Belges ont voté pour l'image communautaire, au nord pour l'engagement économique. Les partis qui avaient une attitude nette à propos des Fourons (le PS, le FDF et le PSC) ont gagné ou se sont maintenus en Wallonie et à Bruxelles. Le PRL, qui avait tenté d'arriver à un compromis sur ce dossier, a été sanctionné, plutôt durement, par le scrutin. Le socialiste Guy Spitaels, grand vainqueur du scrutin, sera sans doute désigné par le roi pour une tâche d'informateur.

A Saint-Etienne, un haut lieu de l'art moderne

10 décembre. Implanté dans le nord de la ville, le musée d'Art moderne de Saint-Etienne, qui vient d'ouvrir, est l'œuvre de Didier Guichard qui, en parfait accord avec le conservateur du musée, Bernard Ceysson, a bâti là un outil permettant une gestion efficace des collections. Souci d'autant plus fondé que c'est le seul musée de province à rendre compte d'une manière exhaustive de la création plastique des quarante dernières années. Fruit d'un travail intelligemment articulé sur une solide connaissance des mouvements fondateurs de l'art moderne, ces collections ont été commencées dès 1947 par Maurice Allemand et magistralement enrichies par Bernard Ceysson, qui lui a succédé en 1967 et auquel on doit de mémorables expositions. Autre originalité du musée, l'étroite collaboration établie avec l'université.

Le mime Marceau revient sur scène

10 décembre. C'est à Paris, il y a quarante ans, qu'est né Bip coiffé de son célèbre chapeau. Aujourd'hui, et pour un mois, après une absence de cinq ans, Marcel Marceau, le maître du silence qui a substitué le geste à la parole, est au théâtre des Champs-Elysées. De retour d'Amérique latine, infatigable, celui qui en coulisses parle très vite comme pour se rattraper, continue à faire vivre la magie des pierrots lunaires de son répertoire, avec des classiques (« Le Petit Café ») et des nouveautés.

Chut... pas un mot.

Accord Est-Ouest sur les missiles

8 décembre. C'est à 20 h 05 (heure française) qu'a été signé devant 200 personnes, à la Maison-Blanche, le traité sur les missiles intermédiaires. Le président américain, Ronald Reagan — qui veut laisser à la postérité l'image de l'homme qui a débarrassé la planète de la menace nucléaire — et Mikhaïl Gorbatchev — qui veut donner à l'Union soviétique son nouveau style — ont apposé leur signature sur deux volumineux tomes. L'accord comprend en effet 17 articles, un mémorandum d'accord, deux protocoles et une annexe. Le texte recense les engins qui doivent être démantelés et leurs caractéristiques techniques. Il s'agit d'abord des « fusées intermédiaires », de 1 000 à 5 500 km de portée. Les américaines sont les Pershing 2 et les BGM 109G, les soviétiques sont les RSD 10, R 12 et R 14, les SS 20, SS 4 et SS 5, selon la terminologie occidentale. Ensuite, le traité concerne les « fusées de plus courte portée », de 500 à 1 000 km (les Pershing 1A américaines et les OTR 22 et OTR 23 soviétiques, dites aussi SS 12 et SS 23). Au total, ce sont 1 119 fusées qui doivent être mises à la casse. Le traité précise également les phases et les délais de démantèlement, qui doit avoir lieu dans un délai maximum de trois ans pour les missiles intermédiaires, de dix-huit mois pour les missiles de plus courte portée. Le traité, que d'aucuns qualifient d'« historique », ne l'est certes pas sur le plan technique puisqu'il ne rend le monde qu'un peu moins dangereux. Il ne concerne qu'une petite partie des prodigieux arsenaux accumulés. La nouveauté est que, pour la première fois depuis la fin de la guerre, les super-puissances ont abandonné la logique du pire et de la surenchère systématique. L'URSS et les Etats-Unis s'engagent dans une nouvelle voie, qui devrait déboucher sur des traités de réduction, et non plus seulement de limitation des armes nucléaires. Ce n'est qu'alors que pourra vraiment être évaluée l'importance de l'accord de Washington.

Signature historique du traité sur les missiles intermédiaires.

Une voiture piégée tue à Saragosse

12 décembre. Hier matin, un attentat à la voiture piégée devant une caserne de la garde civile a fait onze victimes, dont cinq enfants, et a blessé une trentaine de personnes. Même si l'attentat n'a pas encore été revendiqué, la technique utilisée (véhicule bourré d'explosifs et de morceaux de ferraille afin de multiplier les dégâts) est familière à l'organisation terroriste basque ETA. La déflagration a ouvert une bouche d'environ dix mètres dans la façade de la caserne et trois étages se sont effondrés. Les grilles de sécurité d'un centre commercial proche de la caserne ont été soufflées par l'onde de choc. En commettant cette action, qui a surtout frappé des civils, l'ETA militaire a cherché à démontrer qu'en dépit des durs coups qu'elle a subis lors des rafles opérées par les polices française et espagnole, son bras armé demeurait opérationnel. Sans doute a-t-elle également voulu faire avorter les tentatives de dialogue amorcé par Madrid avec les nationalistes basques modérés. Quelques heures après l'attentat de Saragosse, un policier espagnol a été blessé à Basauri.

Une scène hélas trop classique...

Un métro automatique reliera Paris à Orly

9 décembre. C'est le projet Matra qui a été retenu pour assurer la desserte de l'aéroport d'Orly, en 1991. Le premier métro automatique (piloté par calculateurs) assurera cent soixante liaisons par jour. Entre Châtelet et Orly, la durée du trajet sera de 38 minutes. Matra prévoit que son véhicule, le VAL, transportera entre 3,5 et 4,7 millions de voyageurs par an. La réalisation du VAL coûtera 1,275 milliard de francs. Air Inter, le principal intéressé, prendra à sa charge, pendant une dizaine d'années, une partie du prix du billet (48 francs un aller).

Projet du futur métro Paris-Orly conçu par Matra.

Décembre

Sem. 51 1987

Lu	Ma	Me	Je	Ve	Sa	Di
	1	2	3	4	5	6
7	8	9	10	11	12	13
14	**15**	**16**	**17**	**18**	**19**	**20**
21	22	23	24	25	26	27
28	29	30	31			

14. France : la « provocation au suicide » devient un délit. Cela vise notamment le livre « Suicide, mode d'emploi ».

14. Nouvelle-Zélande : vives réactions après le rapatriement par la France d'Alain Mafart, impliqué dans l'attentat du « Rainbow Warrior » (→ 22.7.86).

14. Golfe : le bombardement par l'Irak d'un superpétrolier iranien battant pavillon norvégien fait 26 morts.

14. Roumanie : violente contestation du régime. A Bucarest, les locaux du quotidien du parti sont incendiés.

15. France : la privatisation de la Régie Renault est différée, sous la pression communiste.

15. Sida : l'Organisation mondiale de la Santé prévoit 300 000 malades pour fin 1988.

16. Corée du Sud : première élection libre d'un président. Victoire du général Ron Tae Woo (→ 18).

16. Palerme : fin du procès de la Mafia. Condamnation des chefs de l'organisation.

17. Liban : les otages français Marcel Carton et Marcel Fontaine sont détenus depuis 1 000 jours.

17. Inde : l'Union Carbide versera 280 millions de dollars aux victimes de la catastrophe de Bhopal (2 850 morts le 3.12.84).

18. Corée du Sud : l'armée donne l'assaut aux opposants, selon lesquels des « fraudes » se seraient produites lors des élections (→ 16).

19. Belgique : démantèlement d'un trafic de produits radioactifs avec la RFA. 750 fûts dangereux étaient stockés clandestinement en République fédérale.

DECES

14. Copi (Paul Damonte), dessinateur humoristique (*1939).

15. Pierre Massé, ancien commissaire au Plan (*13.01.1898).

17. Marguerite Yourcenar, écrivain (*8.6.3).→

Marguerite Yourcenar fut la première femme à l'Académie

17 décembre. C'est à trois heures ce vendredi matin, que Marguerite Yourcenar est décédée, à l'âge de 84 ans, des suites d'une attaque cérébrale. L'écrivain résidait depuis 1940 dans une île de l'Etat du Maine, aux USA. Elle s'appelait de son vrai nom Cleenewerck de Crayencour et était née à Bruxelles (8 juin 1903). Le public l'a découverte en 1951 grâce aux « Mémoires d'Hadrien » : ce best-seller, traduit en quinze langues, a dépassé le million d'exemplaires. Celui-ci relate, avec une extraordinaire authenticité, les mémoires imaginaires d'un empereur romain mort en 138 av. J.-C. Son second succès, « L'Œuvre au noir », qui date de 1968 et obtint le prix Fémina, plonge cette fois en pleine Renaissance avec la vie foisonnante d'un médecin du XVIe siècle. Traductrice et romancière, Marguerite Yourcenar fut aussi mémorialiste de sa propre famille avec « Souvenirs pieux » puis « Archives du Nord ». En 1970, elle est élue à l'Académie royale de Belgique. Mais c'est son entrée sous la Coupole qui la fait accéder à l'immortalité. Le 6 mars 1980, ardemment soutenue par Jean d'Ormesson et Maurice Rheims, elle est élue, après quelques péripéties, au fauteuil de Roger Caillois : c'est la première femme admise à l'Académie française. A ceux qui avaient argué qu'elle n'était « ni Tolstoï, ni Victor Hugo, ni Chateaubriand », elle répondit, dans son discours de réception du 22 janvier 1981, qu'ils auraient pu accueillir d'illustres femmes d'esprit comme George Sand ou Mme de Staël.

Marguerite Yourcenar.

Dominique Jamet affiche son choix

14 décembre. Dans un éditorial à la une, Philippe Tesson, directeur du « Quotidien de Paris », annonce qu'il se sépare de Dominique Jamet, l'un des rédacteurs en chef de ce journal, après qu'il eut publiquement pris position en faveur de François Mitterrand. En effet, dans le numéro de décembre du mensuel « Globe », un appel en faveur du président de la République a réuni soixante signatures dont celle du journaliste. Dominique Jamet a reconnu que sa détermination pouvait paraître « surprenante » à certains mais que, selon lui, François Mitterrand « n'est plus le chef de la coalition socialo-communiste (...) mais a pris la figure et la nature du président-arbitre ». Philippe Tesson a exprimé les regrets que lui inspirait cette déclaration, en contradiction avec l'image d'opposition active de son journal. « Nous perdons un grand talent, nous y gagnons en clarté » conclut-il.

Benazir Bhutto, fille de l'ex-Premier ministre assassiné du Pakistan, épouse Asif Ardari.

Yvinec joue les James Bond du football

18 décembre. L'affaire Yvinec vient de se terminer comme un véritale roman policier ou comme une histoire à la James Bond. Le président de Brest-Armorique a regagné la Bretagne aujourd'hui, après s'être enfui de Colombie clandestinement à bord d'un avion privé. Il a débarqué à Brest, accompagné du joueur paraguayen Roberto Cabanas. Et tous deux ont été accueillis en héros par les supporters du club. On sait que François Yvinec, parti à Cali il y a un mois pour y régler le transfert de Cabanas, avait été accusé de faux et d'usage de faux par les dirigeants du club colombien, America de Cali, avec lesquels il traitait le transfert. Inculpé et retenu de force à Cali, il avait dû se mettre à la disposition de la justice colombienne, et était menacé d'un procès qui devait avoir lieu en janvier, comportant un risque d'emprisonnement. En fin de compte, cette affaire sportive un peu rocambolesque se termine bien, mais n'a pas fait honneur au football...

Le retour de François Yvinec.

Retour surprise du candidat Gary Hart

15 décembre. Gary Hart, qui avait été chassé de la course à la Maison Blanche par les remous qu'avait provoqués sa liaison avec un mannequin, Donna Rice, en mai dernier (→ 27.5), repart au combat. Victime du scandale, il était parti se réfugier dans ses montagnes du Colorado, et l'on pensait sa carrière politique à jamais compromise. Il pense aujourd'hui que l'épisode facheux est oublié, et c'est flanqué de sa femme et de ses deux enfants qu'il a annoncé sa candidature. Les mauvaises langues assurent qu'il ne s'est porté candidat que pour bénéficer des fonds fédéraux et pouvoir rembourser les deux millions de dollars qu'avait coûtés sa campagne avortée. Mais les Américains lui ont peut-être pardonné...

L'activiste est extradée vers Seoul

15 décembre. On ne sait trop si Mayumi Hachlya, soupçonnée d'avoir déposé une bombe dans le boeing des Korean Airlines disparu le 29 novembre au large de la Birmanie avec 115 passagers et membres d'équipage, appartient à l'organisation Armée rouge japonaise. Après avoir tenté, sans y arriver, de s'empoisonner au cyanure, elle a été extradée de Bahreim vers Seoul.

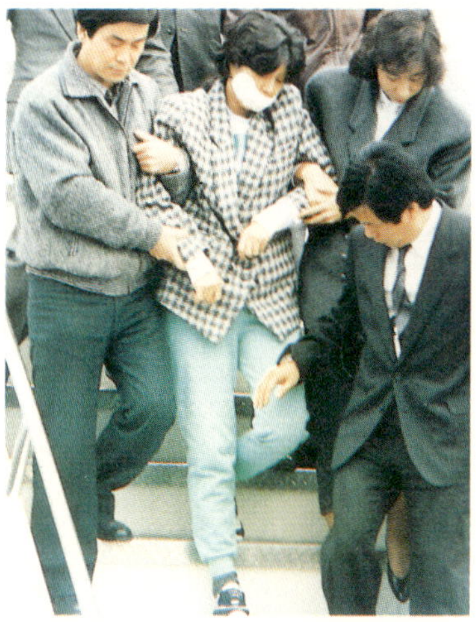

Descente d'avion sous bonne garde.

A Prague, Jakes remplace Husak

17 décembre. Tomber de Charybde en Scylla. Jamais proverbe n'aura mieux collé à une situation politique que celui-ci lorsqu'on l'applique au remaniement gouvernemental survenu à Prague. On peut même parler de perestroïka à l'envers puisque Milos Jakes, qui succède à Gustav Husak à la tête du Parti communiste tchécoslovaque, contribua davantage que son prédécesseur à la normalisation qui a suivi le « printemps de Prague » de 1968. Avec patience et pendant dix ans, il épura l'administration de ses éléments jugés « libéraux ». Lors de son passage à Prague au printemps dernier, Mikhaïl Gorbatchev, s'il avait été acclamé par la population de Prague, s'était en revanche heurté à l'hostilité à peine voilée de Gustav Husak. Disciple de Brejnev, le glasnost cher à Gorbatchev laissait de glace. Aujourd'hui, il conserve le titre honorifique de chef de l'Etat. Quant à M. Milos Jakes, il a, devant le plénum du comité central, déclaré vouloir s'en tenir au programme adopté par le parti.

Ils étaient 1 500 dans le ferry de la mort

20 décembre. Une collision s'est produite à l'aube, à 150 km de Manille, au large de l'île de Mindoro, dans l'archipel philippin, entre le ferry-boat « Donna Paz », qui transportait officiellement 1 493 passagers (mais il semble qu'ils étaient beaucoup plus nombreux) et le pétrolier « Victor ». Lors du choc, le pétrolier éventré a laissé s'échapper 8 800 barils de carburant, qui s'est aussitôt enflammé, et les passagers du ferry se sont trouvés environnés d'une mer en flammes. Par ailleurs, ils n'étaient pas parvenus à dénouer les cordages retenant les canots de sauvetage et les armoires contenant les gilets de sauvetage étaient fermées à clef. On n'a pu sauver que 24 passagers du ferry et deux des treize marins du pétrolier. Les causes de l'accident ne sont pas établies. Il aurait été provoqué par une « erreur de signaux » entre les deux bateaux au moment où ils se croisaient.

Les familles des passagers du ferry attendent anxieusement des nouvelles.

La donation Duhem au musée Marmottan

17 décembre. Mme Nelly Sargeant-Duhem a fait don au musée Marmottan de la remarquable collection formée par son père adoptif, le peintre et écrivain Henri Duhem (1860-1941). Ce fils de magistrat de Douai avait préféré la peinture au barreau. Sa collection comprend plus d'une centaine d'œuvres des XIXe et XXe siècles, notamment de Sisley, Monet, Renoir, Gauguin et Maurice Denis.

L'un des chefs-d'œuvre de la collection : « Bouquet de fleurs » de Gauguin.

Kasparov tient en échec Karpov

19 décembre. Le championnat du monde d'échecs, commencé le 12 octobre, s'achève ce samedi par la victoire, à l'arraché, de Garry Kasparov, 24 ans, sur son challenger, Anatoli Karpov, 36 ans. Le suspense était intense dans le théâtre Lope de Vega, à Séville. Un millier de spectateurs se lèvent : lequel des deux Soviétiques va l'emporter? Au 64e coup, après dix minutes de réflexion, Karpov abandonne. En fait, Kasparov n'a réussi qu'à faire jeu égal avec Karpov (12-12) mais le règlement stipule que, dans ce cas, le champion du monde conserve son titre. Un faible avantage transformé en victoire. Kasparov déclare : « Ma victoire a évidemment une portée politique car, cette fois, je me suis battu à fond contre l'ancien régime soviétique et en faveur de la transparence et de la perestroïka. » Les deux joueurs toucheront chacun près de 5 millions de francs.

Un bon cru pour Peugeot-Citroën

17 décembre. « L'année 1987 a été excellente. Il est normal que nos prévisions pour l'année prochaine soient en régression », déclare Jacques Calvet, président de PSA-Citroën. Grâce à la baisse de la TVA, la vente de voitures particulières a progressé de 10%. Pour Citroën, avec 262 000 immatriculations, la hausse s'élève à 17,6% et les bénéfices à 599 millions, avec de bons résultats à l'exportation en Espagne et en Grande-Bretagne.

La 405, voiture de l'année.

Décembre

Sem. 52 1987

Lu	Ma	Me	Je	Ve	Sa	Di
	1	2	3	4	5	6
7	8	9	10	11	12	13
14	15	16	17	18	19	20
21	**22**	**23**	**24**	**25**	**26**	**27**
28	**29**	**30**	**31**			

21. France : les salariés reprennent le travail à la Banque de France sans avoir rien obtenu.

21. Chine : l'exposition des produits défectueux de l'industrie chinoise est annulée.

21. Hambourg : fermeture de l'Eros center, déserté par sa clientèle, qui craint le Sida.

21. Grande-Bretagne : British Airways, en rachetant British Caledonian, s'assure 80 % du trafic aérien international britannique.

22. Nouvelle-Calédonie : arrestation de Yeiwené Yeiwené, vice-président du FLNKS, inculpé d'incitation au meurtre.

23. Athènes : mise en place d'un plan contre la pollution atmosphérique (1 500 morts cet été).

23. New York : l'ONU demande le retrait d'Angola des troupes sud-africaines.

24. Lausanne : première de « Souvenir de Léningrad », premier spectacle de Maurice Béjart depuis son départ de Bruxelles.

24. France : mise en liberté, pour Noël, de Jean-Marie Villemin, qui avait abattu son cousin Bernard Laroche (→25.3.85).

24. Calais : naufrage d'un chalutier, le « Virginie ». L'accident a fait sept morts.

25. Afghanistan : vaste opération soviétique dans la région de la ville de Khost, assiégée par la guérilla.

28. Nouvelle-Calédonie : mise en liberté de Yeiwené Yeiwené (→22).

28. Pays-Bas : il n'y a plus d'espoir de retrouver vivant Gerrit Jan Heijn.

28. Vatican : Jean-Paul II nomme un prêtre palestinien patriarche de Jérusalem.

DECES.

21. Jacques Sigurd, scénariste français (*1920).

24. Jean-Jacques Trillat, physicien français (*8.7.1899).

24. Eugen Kogon, politologue allemand (*1902).

Une rame du RER percute un train

24 décembre. Un train du Réseau Express Régional (RER), roulant en direction de Paris, est entré en collision, à Issy-les-Moulineaux, avec une rame vide qui rentrait au dépôt. Défaillance technique ou erreur humaine? L'enquête de la SNCF (qui gère la ligne C du RER, longue de 128 km, desservant 52 gares et transportant 270 000 voyageurs par jour) devra l'établir. Sous le choc, qui a entraîné le déraillement des deux convois, une passagère a été tuée, tandis que l'accident faisait une quarantaine de blessés, dont certains ont dû être dégagés des tôles pliées. Le « plan rouge » de secours, déclenché immédiatement, s'est révélé d'une efficacité exemplaire.

Les deux rames ont déraillé sous le choc de la collision.

"Souverain des mers" quitte St-Nazaire

22 décembre. Le plus gros paquebot du monde quitte aujourd'hui les chantiers de Saint-Nazaire pour son port d'attache, Miami, en Floride (plaque tournante de toutes les croisières américaines). Légèrement plus petit en taille que le « France » (devenu le « Norway »), il pourra en revanche emporter jusqu'à 2 600 passagers. Commandé par l'armateur norvégien Royal Caribbean Cruise Line, il a coûté 175 millions de dollars et sa construction, qui a duré 29 mois, représente 8 millions d'heures de travail. Livré avec cinq jours d'avance, le paquebot « Souverain des mers » sera baptisé le 15 janvier par l'épouse de l'ancien président Jimmy Carter.

Mise à l'eau du « Souverain des mers », le plus gros paquebot du monde.

Noël d'angoisse à Bethléem

« Paix sur la Terre ... »?

25 décembre. La messe de Noël traditionnelle s'est déroulée à Bethléem dans une ville sous haute surveillance, que les pèlerins avaient évitée. La nuit, l'armée israélienne avait procédé à une gigantesque rafle parmi les milieux palestiniens, arrêtant cinq cents personnes, ce qui porte à 5 000 le nombre de détenus palestiniens dans les prisons israéliennes. A Tunis, Yasser Arafat a confirmé que l'OLP étudiait un projet de gouvernement palestinien provisoire. Selon lui, depuis le début du soulèvement de la population des territoires occupés, 62 Palestiniens auraient été tués.

Sortie, le 23 décembre, du nouveau film de Federico Fellini, « Intervista », un chant d'amour pour le cinéma, plein d'humour et de nostalgie.

Deuil sanglant à Madras

24 décembre. La mort de l'ancien acteur de cinéma et Premier ministre du Tamil-Nadu (sud de l'Inde) provoque une forte émotion et des troubles divers. La popularité de M. Ramachandran était telle que des dizaines de milliers de personnes ont tenté de pénétrer dans la salle où reposait le corps du défunt. La police a dû repousser la foule et l'ordre de tirer à vue a déjà fait douze morts. On a enregistré plusieurs cas de suicides et on redoute des démonstrations excessives de douleur collective lors des obsèques, qui devraient rassembler au moins deux millions de personnes.

Un loup abattu dans les Alpes

27 décembre. Un loup de 38 kg a été tué par un chasseur qui participait à une battue au sanglier à Fontan, dans les Alpes-Maritimes. On n'avait pas vu de loup dans cette région depuis les années 50. Cette découverte fait suite à plusieurs attaques de troupeaux : des dizaines de moutons avaient été égorgés. L'animal, identifié par le directeur adjoint du parc du Mercantour et le président de la Fédération départementale de chasse, sera étudié par le Muséum d'histoire naturelle de Paris. Le dernier loup tué en France avait été abattu le 21 juin 1977 sur le plateau d'Aubrac en Lozère. Il pesait 50 kg.

Romanenko a passé l'année dans l'espace

Youri Romanenko de retour sur Terre, après son long séjour dans les airs.

29 décembre. Youri Romanenko, 43 ans, a établi le record absolu de la plus longue mission dans l'espace : 326 jours, 11 heures et 40 minutes. Dès que la capsule a touché le sol, dans la steppe du Kazakhstan, à 80 kilomètres de la ville d'Arkalyk, une cohorte de médecins, de physiologistes, de biologistes et de psychologues l'a entouré. Le héros soviétique de l'année, officiellement, « va bien ». Mais dans l'espace, deux éléments bouleversent la physiologie de l'homme : l'absence de pesanteur et le fort rayonnement cosmique. Le manque de gravité a fait « grandir » Romanenko de dix centimètres (l'apesanteur ne faisant plus supporter à la colonne vertébrale le poids du corps, il s'étire). Quant au rayonnement cosmique, qui fait supporter au cosmonaute (celui-ci n'étant plus protégé par la ceinture de particules de Van Alen qui entoure la Terre) cent vingt fois plus d'ultraviolets que la normale, ses effets sont moins mesurables, et il peut provoquer des troubles, notamment une déminéralisation du système osseux, irréversibles. Youri Romanenko n'a perdu, en un peu moins d'un an, que 1,6 kilo. Il présentait une face bouffie, livide. Son cœur, au retour, a subi une dure épreuve, à laquelle, apparemment, il a pu résister. En effet, durant son séjour dans l'espace, il s'était accoutumé à un régime « lent » et a dû surmonter le retour brutal à la pesanteur.

Aucun survivant dans l'avion de Bordeaux

Les débris de l'avion qui s'est écrasé peu avant son atterrissage.

21 décembre. Le bimoteur à hélices d'Air France, assurant la liaison Bruxelles-Bordeaux, s'est écrasé peu avant l'atterrissage à Bordeaux-Mérignac, après avoir heurté la cime des arbres en survolant un petit bois. L'avion aurait abordé trop rapidement une phase de descente. Il n'y a aucun survivant parmi les treize passagers (qui seraient tous de nationalité belge) et les trois membres de l'équipage.

Le "Montand" des honoraires : 800 000 F

22 décembre.« Le Canard enchaîné » révèle que le chanteur Yves Montand a touché 800 000 F pour l'émission « Questions à domicile » du 12 décembre, sur TF1. Interrogé, il a confirmé : « Je n'ai à rougir de rien. Pourquoi ferais-je des cadeaux à M. Bouygues? En fait-il, lui, dans les affaires? J'avais demandé un million... » Ce petit « scandale » médiatique dévoile que, contrairement aux affirmations d'Anne Sinclair, animatrice de l'émission, Yves Montand n'était pas interrogé chez lui, « par pure amitié », mais pour un cachet. Dès lors, il y a confusion des genres : s'agissait-il d'une émission politique ou d'un show de variétés autour d'un acteur jouant un rôle?

"L'Equipe" sacre Jeannie Longo

31 décembre. « L'Equipe » couronne traditionnellement, avec l'aide de ses lecteurs, les sportifs français et étrangers de l'année. En 1986, Alain Prost, champion du monde de Formule 1, avait décroché la palme. Pour 1987, le champion des champions est une championne, la cycliste Jeannie Longo, qui a réalisé une saison exceptionnelle : championne du monde sur route, elle a aussi battu le record du monde de l'heure, et a remporté pour la première fois le Tour de France. Pour les étrangers, c'est le sprinter canadien Ben Johnson qui a été couronné pour son record du 100 mètres.

Une seconde de plus pour 1987!

31 décembre. L'année qui s'achève sera plus longue d'une seconde, et les horloges atomiques du monde entier marqueront un temps d'arrêt, juste à minuit. Ainsi en a décidé le Bureau international de l'heure, chargé d'établir l'heure mondiale unifiée. Cette addition d'une seconde à la marche du temps est rendue nécessaire par un ralentissement, tout relatif, de la rotation de la Terre provoqué par différents phénomènes, notamment la pression des radiations cosmiques et le déplacement de l'axe de la planète autour des pôles. Le phénomène de masse des marées joue également un rôle.

Les pays du monde

La rubrique de synthèse des « pays du monde » présente de manière unifiée, pour chaque État du globe, le sigle des véhicules automobiles (par ex. : F pour France), sa situation géographique (par ex. : Europe de l'Ouest pour la France), sa superficie totale, le nombre de ses habitants et les principales organisations politiques et économiques dont il est membre. Vous trouverez plus loin le nom de la capitale (et sa population), la (ou les) langue(s) officielle(s) du pays, les principales religions, le régime politique, le nom du chef du gouvernement, le produit national brut (PNB) et la monnaie nationale. Les données générales sont réactualisées annuellement et un article signale le cas échéant les principaux événements politiques et économiques survenus au cours de l'année 1987. Une information détaillée est proposée dans la partie principale de ce supplément « Chronique 1987 ».

Afghanistan

AFG
Asie centrale
647 497 km²
18,6 M. hab.
ONU

Capitale : Kaboul (2,2 M. hab.)
Langues officielles : pachto, dari
Religion : islam
Régime polit. : rép. populaire
Chef de l'Etat : Mohammed Najibullah (depuis 1986)
Chef du gouv. : sultan Ali Kishtmand (depuis 1981)
PNB : 3,5 milliards de $ (1984)
Monnaie : 1 afghani (Af) = 100 puls

En dépit d'une nouvelle résolution votée en novembre par 123 délégations de l'ONU (sur 158) demandant le départ immédiat des troupes soviétiques d'Afghanistan, la question du calendrier du retrait de l'Armée rouge n'a pas été résolue. Mohammed Najibullah, confirmé sans surprise dans sa fonction de président de la République le 30 novembre (fonction qu'il exerçait de fait depuis décembre 1986), a proposé une conférence internationale sur la situation en Afghanistan, ainsi qu'un nouveau calendrier d'évacuation en douze mois des forces soviétiques. Ces propositions paraissent insuffisantes à la résistance qui, soutenue par le Pakistan, réclame un retrait en huit mois. Equipés de mortiers, de roquettes, de mitrailleuses lourdes et surtout de missiles antiaériens Stinger, les rebelles afghans ont inligé des pertes non négligeables aux troupes soviétiques. Forts de leurs succès, la résistance et son leader, Maulawi Mohammed Yunnus Khales, refusent de conclure un accord avec Kaboul.

Afrique du Sud

ZA
Afrique australe
1 221 037 km²
33 M. hab.
ONU

Capitales : Pretoria (650 000 hab.), Le Cap (1,5 M. hab.)
Langues officielles : afrikaans, anglais
Religion : surtout protestants, catholiques, musulmans, animistes
Régime polit. : rép. féd. parlem.
Chef de l'Etat : Pieter Willem Botha (depuis 1984)
Chef du gouv. : Pieter Willem Botha (depuis 1978)
PNB : 58,9 milliards de $ (1986)
Monnaie : 1 rand (R) = 100 cents

L'intervention militaire en Angola, les violentes émeutes raciales, les attentats à Johannesburg, la grève massive des mineurs ont marqué l'année 1987. Aux élections générales du 6 mai, le parti de Pieter Botha, le Parti national, a conservé la majorité en dépit d'une importante avancée de l'extrême-droite qui a remporté 30% des suffrages. Le Parti conservateur d'Afrique du Sud (CPSA), parti d'extrême-droite, est devenu la principale formation de l'opposition au sein du Parlement « blanc ». Cette évolution politique a retardé la tentative de Pretoria de mettre en œuvre des réformes raciales. En novembre, les autorités ont relâché un leader du parti illégal noir, le Congrès national africain (ANC). Cette libération est apparue comme un essai (test) pour celle de Nelson Mandela, le chef de l'ANC. Mais, en décembre, le gouvernement, sous la pression des conservateurs et de la police, a fait marche arrière sur la mise en liberté de ce dernier. En août, la grève des 250 000 mineurs a révélé la tension sociale qui a marqué l'année. Les Noirs sud-africains n'avaient jamais suivi auparavant une grève aussi importante. Le conflit a été brisé par des renvois massifs de grévistes. Le gouvernement, par la suite, a annoncé l'adoption d'une législation tendant à réduire le pouvoir des syndicats d'appeler à la grève.

Albanie

AL
Europe du Sud-Est
28 748 km²
2,9 M. hab.
ONU

Capitale : Tirana (250 000 hab.)
Langue officielle : albanais
Religion : musulmans 70%, mais pratique interdite
Régime politique : rép. pop. social.
Chef de l'Etat : Ramiz Alia (depuis *1982*)
Chef du gouv. : Adil Carcani (depuis *1982*)
PNB : 2,5 milliards de $ (1984)
Monnaie : 1 lek = 100 quindarka

100% des électeurs albanais inscrits ont participé aux élections législatives et aucun suffrage ne s'est porté contre le parti unique. L'état de guerre entre l'Albanie et la Grèce, déclaré le 28 octobre 1940, a officiellement été levé en août.

Algérie

DZ
Afrique du Nord
2 381 741 km²
22,4 M. hab.
ONU, LA, OUA, OPEP

Capitale : Alger (2,1 M. hab.)
Langue officielle : arabe
Religion : musulmans
Régime politique : rép. pop. dém.
Chef de l'Etat : Chadli Bendjeddid (depuis 1979)
Chef du gouv. : Abdelhamid Brahimi (depuis 1984)
PNB : 57 milliards de $ (1986)
Monnaie : 1 dinar algérien (DA) = 100 cent.

Dépendante à 98 % des hydrocarbures pour ses exportations, l'Algérie a durement ressenti la dévalorisation du pétrole et celle du dollar. Avec des fortunes diverses, elle s'efforce de trouver de nouveaux marchés pour son gaz naturel. Au printemps 1987, elle a passé un accord avec la Yougoslavie et la CEE lui achète 28% de son gaz. La situation de l'agriculture est encore loin d'être satisfaisante puisque l'autonomie alimentaire n'est que de 40%. Quant à l'industrie, elle s'ouvre au privé, favorise l'autonomie des entreprises et intéresse les travailleurs. Sur le plan politique, l'élection d'une nouvelle Assemblée nationale populaire a représenté un progrès considérable. De nouveaux parlementaires jeunes et diplômés se sont assis sur ses bancs. On s'efforce aussi de promouvoir une libéralisation tout en réprimant les menées intégristes et celles des partisans de l'ancien président Ahmed Ben Bella, regroupés dans le Mouvement pour la démocratie en Algérie. En janvier, la police a démantelé le réseau intégriste de Mustapha Bouïali, mais lors du procès des intégristes, les observateurs étrangers, la presse et Amnesty International furent admis. Il en alla de même lors du procès au cours duquel comparurent les Benbellistes. 186 personnes condamnées lors des émeutes de Sétif et de Constantine ont été libérées et une nouvelle ligue des droits de l'homme distincte de celle qui était infiltrée par les partisans de Ben Bella a été autorisée. En matière de politique étrangère, la diplomatie algérienne commence à mériter véritablement son nom. Entre l'Iran et l'Irak, le Tchad et la Libye, elle a œuvré pour la réconciliation et a joué un rôle essentiel dans la libération des otages français détenus au Liban.

Allemagne (RDA)

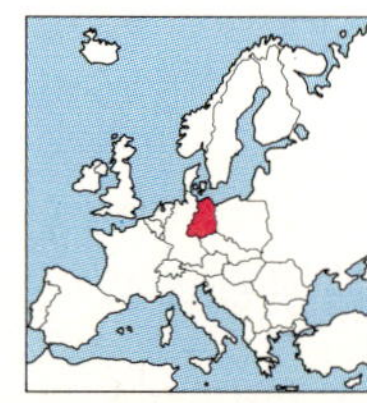

DDR
Europe centrale
108 178 km²
16,7 M. hab.
ONU, Comecon, PV

Capitale : Berlin-Est (1,15 M. hab.)
Langue officielle : allemand
Religions : prot. (59%), athées (32%), cath. (8%)
Régime polit. : rép. socialiste
Chef de l'Etat : Erich Honecker (depuis 1976)
Chef du gouv. : Willi Stoph (depuis 1976)
PNB : 140 milliards de $ (1983)
Monnaie : 1 mark-RDA (M) = 100 pfennig

La visite du président Erich Honecker en RFA en septembre a suscité l'espoir de relations moins tendues entre Bonn et Berlin. L'Eglise évangélique est-allemande, critique à l'égard du gouvernement, prend sous sa protection les activités des groupes pacifistes et écologistes. En novembre, la police a perquisitionné l'un de ses centres paroissiaux de Berlin-Est et a saisi des brochures sur le droit des citoyens de la RDA à voyager librement. Plusieurs personnes ont été arrêtées. La police a également fait irruption au domicile de plusieurs dissidents connus.

Allemagne (RFA)

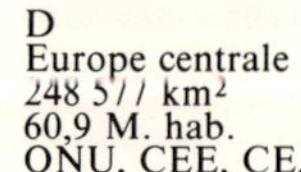

D
Europe centrale
248 577 km²
60,9 M. hab.
ONU, CEE, CE, OTAN, OCDE

Capitale : Bonn (300 000 hab.)
Langue officielle : allemand
Religions : cath. (43%), prot. (42%)
Régime polit. : Etat féd. parlem. et démocratique
Chef de l'Etat : Richard von Weizsacker (depuis 1984)
Chef du gouv. : Helmut Kohl (depuis 1982)
PNB : 611,8 milliards de $ (1985)
Monnaie : 1 deutschemark (DM) = 100 pfennig

Sur le plan politique, les élections (législatives) de janvier ont été marquées par la montée du parti écologiste et pacifiste des Verts, aux dépens de la coalition démocrate-chrétienne (CDU-CSU) au pouvoir. L'aile droite (CSU) a en particulier connu un fléchissement. Son chef, Franz Josef Strauss, semble effrayer l'électorat centriste. La visite de Ronald Reagan à Berlin-Ouest, au moment où la ville célébrait son 750e anniversaire, a été perturbée par des manifestations anti-américaines. Au sein de l'Europe, la RFA a renforcé ses liens économiques et militaires avec la France.

Andorre

AND
Europe méridionale
453 km²
40 000 hab.

Capitale : Andorra la Vella
Langue officielle : catalan
Religion : cath. (99%)
Régime politique : principauté
Chefs de l'Etat (coprinces) : l'évêque espagnol d'Urgel Juan M. Alanis et le président de la République française François Mitterrand
Chef du gouv. : Josep Pintat Solans (depuis mai 1984)
PNB : 56 800 F par habitant
Monnaie : franc français et peseta espagnole

Angola

Afrique australe
1 246 700 km²
8,9 M. hab.
ONU, OUA

Capitale : Luanda
Langue officielle : portugais
Religions : animistes (45%), chrét. (40,5%)
Régime politique : rép. pop. social.
Chef de l'Etat : José E. dos Santos (depuis 1979)
Chef du gouv. : José E. dos Santos (depuis 1979)
PNB : 6,9 milliards de $ (1984)
Monnaie : 1 kwanza (Kz) = 100 lwei

Le gouvernement marxiste angolais, appuyé par les Soviétiques et les Cubains, a lancé sa plus grande offensive, en douze ans de guerre civile, contre les rebelles de l'UNITA (Union nationale pour l'indépendance totale de l'Angola), soutenus par les Etats-Unis et l'Afrique du Sud. L'objectif du gouvernement : prendre Mavinga, dernier obstacle avant Jamba, quartier général de l'UNITA, à 200 km au sud-est. Cette offensive a échoué. En novembre, l'UNITA a mis en déroute les troupes de Luanda et de ses alliés. Les combattants de l'UNITA, inférieurs en nombre, sont équipés de missiles américains sol-air Stinger et de missiles antichars Tow. Jonas Sawimbi, chef de l'UNITA, a proclamé que son mouvement contrôlait un tiers du territoire.

Antigua et Barbuda

440 km²
86 000 hab.
Amérique Centrale
ONU, OEA, CARICOM, CW

Capitale : Saint John's (25 000 hab.)
Langue officielle : anglais
Religion : anglicans (85%)
Régime politique : monarchie parlem.
Chef de l'Etat : reine Elisabeth II
Chef du gouv. : Vere Cornwall Bird (depuis 1976)
PNB : 1,5 million de $ (1984)
Monnaie : 1 dollar est-car. (EC$) = 100 cents

Arabie Saoudite

Proche Orient
2 149 690 km²
12 M. hab.
ONU, LA, GCC, OPEP

Capitale : Riyad (1,5 M. hab.)
Langue officielle : arabe
Religion : musulmans (98%)
Régime polit. : monarchie absolue islamique
Chef de l'Etat : roi Fadh ibn Abd el Aziz (depuis 1982)
Chef du gouv. : roi Fadh ibn Abd el Aziz (depuis 1982)
PNB : 86 milliards de $ (1986)
Monnaie : 1 rial-saoudi (S.RI) = 20 qirshes

Les sanglants affrontements à La Mecque qui ont opposé le 31 juillet manifestants iraniens et policiers saoudiens ont fait 402 morts et entraîné une très vive tension entre Téhéran et Riyad. Les autorités saoudiennes ont accusé les pèlerins iraniens de vouloir faire de l'ayatollah Khomeiny le leader spirituel de tous les musulmans. A la suite de ces émeutes, l'Iran a bloqué l'ambassade d'Arabie Saoudite à Téhéran, provoquant la mort d'un diplomate saoudien. Après la clôture du sommet d'Amman, en novembre, l'Arabie Saoudite a repris ses relations diplomatiques (suspendues depuis 1979) avec l'Egypte, marquant ainsi sa volonté de renforcer la cohésion arabe dans le conflit du Golfe.

Argentine

RA
Amérique du Sud
2 776 889 km²
31 M. hab.
ONU, ALADI, OEA

Capitale : Buenos Aires (3 M. hab.)
Langue officielle : espagnol
Religions : cath. (90%), prot. (1,3%)
Régime politique : rép. présid.
Chef de l'Etat : Raul Alfonsin (depuis 1983)
Chef du gouv. : Raul Alfonsin (depuis 1983)
PNB : 60,6 milliards de $ (1985)
Monnaie : 1 austral = 1000 pesos anciens = 100 centavos

La montée des péronistes aux élections de septembre a encore affaibli le gouvernement radical de M. Raul Alfonsin, qui a repoussé ses projets de réforme de la Constitution. Par ailleurs, une armée aigrie par le désastre de la guerre des Malouines constitue une véritable épée de Damoclès pour le régime. En matière de dette extérieure (52 milliards de dollars), l'Argentine se situe en troisième position après le Brésil et le Mexique. Elle évite cependant tout conflit avec le FMI. Même s'il a spectaculairement diminué, le taux d'inflation n'en dépasse pas moins 90%.

Australie

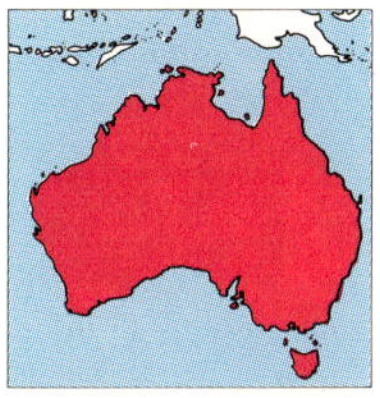

AUS
Océanie
7 686 848 km²
15,7 M. hab.
ONU, ANZUS, CW, OCDE

Capitale : Canberra (264 000 hab.)
Langue officielle : anglais
Religion : chrét. (98,9%)
Régime polit. : monarchie const. féd.
Chef de l'Etat : reine Elisabeth II
Chef du gouv. : Robert James Lee Hawke (depuis 1983)
PNB : 161,4 milliards de $ (1986)
Monnaie : 1 dollar austr. ($A) = 100 cents

Les élections de juillet ont reconduit pour la troisième fois les socialistes au pouvoir. Le Premier ministre, M. Robert Hawke, s'est engagé à diminuer les dépenses de l'Etat et à ouvrir le pays aux capitaux étrangers. En matière de politique étrangère, l'Australie maintient son opposition aux essais nucléaires français à Mururoa et condamne la présence « coloniale » en Nouvelle-Calédonie.

Autriche

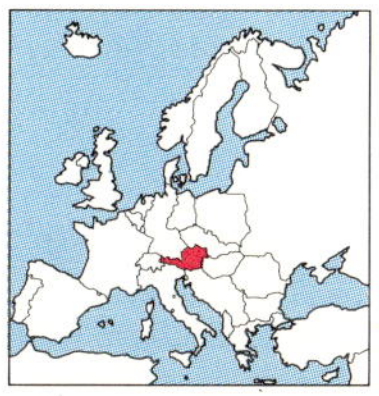

83 949 km²
7,5 M. hab.
ONU, EFTA, CE, OCDE

Capitale : Vienne (1,5 M. hab.)
Langue officielle : allemand
Religions : cath. (89%), prot. (6,2%)
Régime polit. : rép. féd. parlem. et démocratique
Chef de l'Etat : Kurt Waldheim (depuis 1986)
Chef du gouv. : Franz Vranitzky (depuis 1986)
PNB : 94 milliards de $ (1986)
Monnaie : 1 shilling (S) = 100 groschen

Les attaques contre M. Kurt Waldheim, accusé d'avoir commis des atrocités nazies lors de la Seconde Guerre mondiale, ne cessent d'avoir des retombées sur la politique intérieure. Lors des législatives (anticipées) du 23 novembre 1986, on avait assisté au recul conjoint des conservateurs populistes et des sociaux-démocrates (SPO) et à la montée du FPO ultra-conservateur de Jörg Haider. Le chancelier Vranitzky a dû créer un gouvernement de coalition avec les populistes. Ceux-ci ont voulu rappeler que la guerre était terminée depuis plus de quarante ans et ont exigé Aloïs Mock, le ministre des Affaires étrangères, pour chef. Ce retour aux affaires des populistes aux côtés de son propre parti a vivement mécontenté Bruno Kreisky, l'ancien chancelier socialiste. Ce dernier a démissionné de son poste de président d'honneur du SPO afin de protester contre la coalition. En janvier, les Autrichiens ont accueilli avec satisfaction une baisse des impôts sur le revenu.

Bahamas

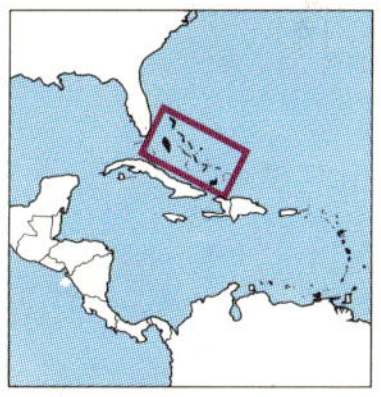

BS
Amérique Centrale
13 935 km²
240 000 hab.
ONU, OEA, CW, OCDE

Capitale : Nassau (140 000 hab.)
Langue officielle : anglais
Religion : chrét. (61%)
Régime polit. : monarchie const.
Chef de l'Etat : reine Elisabeth II
Chef du gouv. : Lynden O. Pindling (depuis 1973)
PNB : 1,6 milliard de $ (1985)
Monnaie : 1 $ bahama (B$) = 100 cents

Bahrein

BRN
Asie Mineure
622 km²
440 000 hab.
ONU, LA, GCC

Capitale : Manama (110 000 hab.)
Langue officielle : arabe
Religions : musulm. (91%), chrét. (4%)
Régime politique : émirat
Chef de l'Etat : Issa ibn Salman al Khalifa (depuis 1961)
Chef du gouv. : Khalifa ibn Salman al Khalifa
PNB : 4,1 milliards de $ (1985)
Monnaie : 1 dinar bahrein (BD) = 1000 fils

Bangla Desh

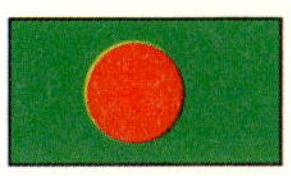

BD
Asie du Sud-Est
143 998 km²
100,6 M. hab.
ONU, CW

Capitale : Dacca (3,5 M. hab.)
Langue officielle : bengali
Religion : musulm. (85%)
Régime polit. : rép. pop. présidentielle
Chef de l'Etat : Hussain Muhammed Ershad (depuis 1983)
Chef du gouv. : Abdur Rahman Khan (depuis 1984)
PNB : 17 milliards de $ (1986)
Monnaie : 1 taka (TK) = 100 poisha

Le Bangla Desh traverse une nouvelle crise politique. Les violentes manifestations de l'opposition pour tenter d'obtenir la démission du chef de l'Etat, le général Ershad, ont fait plusieurs morts. Au plan de la politique extérieure, le gouvernement de Dacca enregistre quelques succès : l'Inde a accepté une rectification de frontière et le partage des eaux du Gange. Quant au Pakistan, il a consenti à une normalisation de ses rapports avec le Bangla Desh qu'il considéra longtemps comme une province sécessionniste.

Barbade

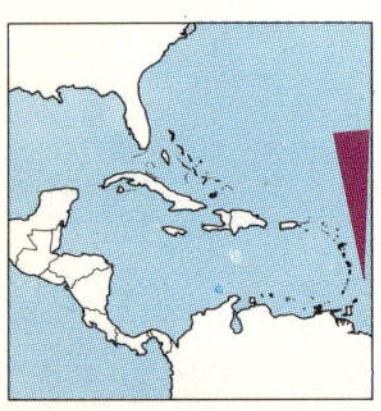

BDS
Amérique Centrale
431 km^2
270 000 hab.
ONU, CW, OEA
CARICOM

Capitale : Bridgetown
Langues officielles : anglais, français
Religion : anglicans (70%)
Régime politique : monarchie const.
Chef de l'Etat : reine Elisabeth II
Chef du gouv. : Erskine Sandiford (depuis 1.7.1987)
PNB : 1,1 milliard de $ (1984)
Monnaie : 1 dollar barbade (BDS$) = 100 cents

Belgique

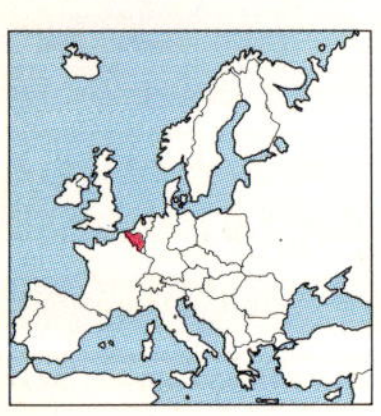

B
Europe occidentale
30 513 km^2
9,86 M. hab.
ONU, CEE, CE,
OTAN, OCDE

Capitale : Bruxelles (1 M. hab.)
Langues officielles : français, néerlandais, allemand
Religion : catholique
Régime politique : monarchie const.
Chef de l'Etat : roi Baudouin Ier (depuis 1951)
Chef du gouv. : Wilfried Martens (depuis 1981)
PNB : 76,3 milliards de $ (1984)
Monnaie : 1 franc belge (FB) = 100 centimes

A une moindre échelle, la Belgique peut être considérée comme une Italie en réduction. Sur le plan économique elle ne cesse de progresser tandis que sur celui de la politique les crises gouvernementales se succèdent. L'inflation est faible (autour de 1%), le franc a été réévalué de 2% en janvier, le taux de croissance dépasse les 2% et les investissements industriels sont en progression. Mais le chômage reste au-dessus de la barre des 10%. En matière politique, la question linguistique continue à jouer un rôle explosif. C'est toujours la petite commune francophone des Fourons qui fait fonction de détonateur. Elle a déjà fait voler en éclat deux gouvernements et un ministre de l'Intérieur. Elle a été la dernière secousse qui a entraîné la chute du gouvernement chrétien-libéral de Wilfried Martens, le 15 octobre. Aux élections législatives de décembre, les partis socialistes francophone et flamand ont enregistré un net succès et sont devenus la première force politique du pays. Wilfried Martens est sorti grand perdant de ce scrutin : son parti, le parti social-chrétien, a marqué un net recul et sa politique de rigueur économique serait remise en cause. Lors du premier semestre, la Belgique a occupé la présidence de la CEE. Il se dessine dans le pays un mouvement réclamant l'élévation de Bruxelles au titre de seule capitale européenne, ce qui impliquerait l'abandon de Strasbourg par le Parlement européen.

Belize

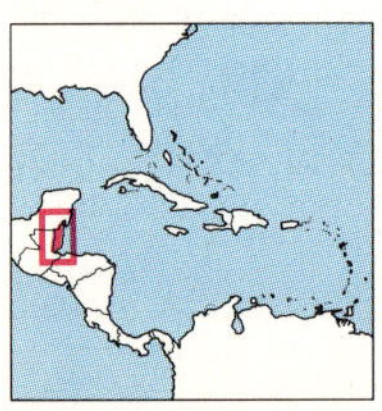

BH
Amérique Centrale
22 965 km^2
175 000 hab.
ONU,
CARICOM, CW

Capitale : Belmopan (8 000 hab.)
Langue officielle : anglais
Religions : cath. (67%), prot. (30%)
Régime polit. : monarchie const.
Chef de l'Etat : reine Elisabeth II
Chef du gouv. : Manuel Esquivel (depuis 1985)
PNB : 180 millions de $ (1985)
Monnaie : 1 beliza $ (Bz$) = 100 cents

Bénin

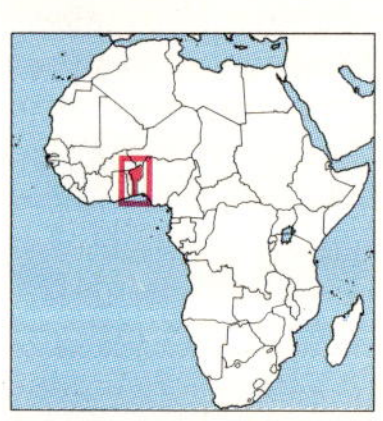

DY
Afrique (occid.)
122 622 km^2
4 M. hab.
ONU,
CEDEAO, OEA

Capitale : Porto Novo (160 000 hab.)
Langue officielle : français
Religions : animistes (70%)
Régime polit. : rép. social. pop.
Chef de l'Etat : Mathieu Kérékou (depuis 1972)
Chef du gouv. : Mathieu Kérékou (depuis 1972)
PNB : 1,02 milliard de $ (1985)
Monnaie : 1 franc CFA = 100 centimes

Bhoutan

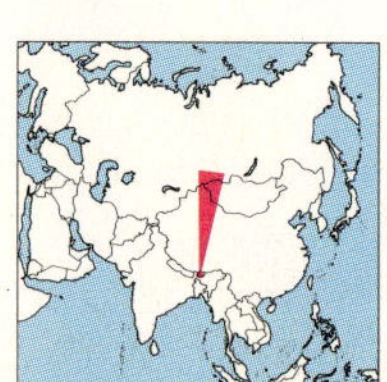

Asie du Sud-Est
47 000 km^2
1,4 M. hab.
ONU

Capitale : Thimphu (20 000 hab.)
Langue officielle : dzongkha
Religions : bouddh. (75%), hind. (25%)
Régime polit. : monarchie const.
Chef de l'Etat : Jigma Singye Wangchuk (depuis 1972)
Chef du gouv. : Conseil ministériel
PNB : 190 millions de $ (1985)
Monnaie : 1 ngultrum (NU) = 100 centrum

Birmanie

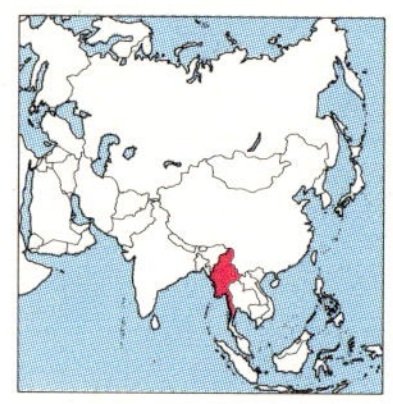

BUR
Asie du Sud-Est
676 552 km^2
37,1 M. hab.
ONU

Capitale : Rangoon (3,5 M. hab.)
Langue officielle : birman
Religions : bouddh. (85%), musulm., hind
Régime polit. : rép. socialiste
Chef de l'Etat : San Yu
Chef du gouv. : Maug Kha
PNB : 7,07 milliards de $ (1986)
Monnaie : 1 kyat (K) = 100 pyas

Le véritable homme fort du pays, le général Ne Win, président du parti unique PPSB (Parti du programme socialiste birman), a obtenu des succès dans ses combats contre les maquis insurrectionnels. En septembre, sa décision de supprimer les gros billets, ne laissant en circulation que la monnaie, a provoqué des émeutes estudiantines dans les universités de la capitale, qui ne s'étaient pas produites depuis 1974. Cette mesure, officiellement pour lutter contre le marché noir, vise à priver les contrebandiers et maquisards d'une bonne part de leurs ressources. Face à l'aggravation de la crise économique, le pays a demandé aux Nations unies de figurer parmi les pays les moins développés du globe.

Bolivie

BOL
Amérique du Sud
1 098 581 km^2
6,5 M. hab.
ONU, AILA,
OEA

Capitale : La Paz (916 000 hab.)
Langues officielles : espagnol, quechua
Religion : catholique (93%)
Régime polit. : rép. présid.
Chef de l'Etat : Victor Paz Estenssoro (depuis août 1985)
Chef du gouv. : Victor Paz Estenssoro
PNB : 3,1 milliards de $ (1985)
Monnaie : 1 peso boliviano ($b) = 100 centavos

Une économie ultralibérale a été mise en place dès le 1er janvier avec la nouvelle unité monétaire, le boliviano, qui est échangé contre un million de pesos. Dans une Bolivie en état de cessation de paiement, le FMI a repris les choses en main. On dénationalise à tour de bras. Les mines d'étain, dont les cours mondiaux se sont effondrés, ont été fermées. Certes l'inflation, qui atteignait 15 000% en 1985, n'est plus que de 50%. Mais le chômage s'intensifie (20%). Le PIB aura certainement connu une chute d'environ 5% au cours de 1987. Les ressources tirées de la production de la cocaïne atteignent environ 700 millions de dollars. La drogue fait vivre directement 600 000 personnes. Aussi, le plan de suppression des cultures de coca prévu pour trois ans ne saurait être suivi sérieusement, à moins que la communauté internationale ne propose une aide accrue en échange de l'éradication de la coca.

Bostwana

RB
Afrique australe
582 000 km^2
1,05 M. hab.
ONU, CW,
OUA

Capitale : Gaborone (70 000 hab.)
Langues officielles : anglais, tswana
Religions : animistes, prot.
Régime polit. : rép. présid.
Chef de l'Etat : Quet Masire (depuis 1980)
Chef du gouv. : Quet Masire
PNB : 950 millions de $ (1986)
Monnaie : 1 pula (P) = 100 thebe

Economiquement, le pays bénéficie et pâtit en même temps des liens qui l'unissent à l'Afrique du Sud. La monnaie nationale, le pula, qui est jumelée avec le rand sud-africain, a subi les conséquences de la baisse de ce dernier. Inconvénient relativement mineur car ce pays, en grande partie couvert par le désert, n'en connaît pas moins une prodigieuse expansion économique depuis près de vingt ans. Troisième pays producteur du monde pour le diamant, le Botswana a la chance de posséder la célèbre mine de Jwaneng. Parfaitement exploitée, elle allie qualité et quantité et ses diamants sont destinés à la joaillerie. Si, en raison de la nature du sol, l'agriculture se limite au sorgho et au maïs, l'élevage est loin d'être négligeable et les exportations de viande constituent 9% du PNB.
Politiquement, le Botswana, s'il clame haut et fort son opposition à l'Afrique du Sud devant les instances internationales, reste beaucoup plus modéré sur le terrain.

Brésil

Amérique du Sud
8 511 965 km^2
139 M. hab.
ONU, AILA,
OEA

Capitale : Brasilia (1,2 M. hab.)
Langue officielle : portugais
Religions : cath. (92%), prot. (5%)
Régime politique : rép. fédérale
Chef de l'Etat : José Sarney (depuis avril 1985)

Chef du gouv. : José Sarney (depuis avril 1985)
PNB : 222 milliards de $ (1985)
Monnaie : 1 cruzado = 100 centavos

Dans tous les domaines, ce pays géant est tiré à hue et à dia. Nation la plus endettée du monde, le Brésil a connu une année paradoxale. En avril, le président José Sarney a démissionné son ministre des Finances, Dilson Funaro, parce que ce dernier avait deux mois auparavant arrêté les remboursements d'une dette extérieure qui atteint 100 milliards de dollars. Le président Sarney a dû le remplacer par Luis Carlo Bresser Pereira, ancien président de la banque d'Etat de Sao Paulo. A l'inverse de son prédécesseur, ce dernier est favorable à un plan conforme aux recommandations du FMI. Pourtant, un an après sa mise en application, le plan « tropical » approuvé par le même FMI apparaissait comme un échec. Les blocages des prix avaient amené commerçants et agriculteurs à stocker les produits et une sorte de marché noir commençait à voir le jour. Le gouvernement dut céder et fut contraint d'accepter des augmentations allant de 20 à 30% sur les produits de première nécessité. Dans certains secteurs, le Brésil obtient d'étonnants résultats. Il est le sixième exportateur d'armement et construit d'excellents avions de transport de moyen courrier, les Bandeirantes.

Brunei

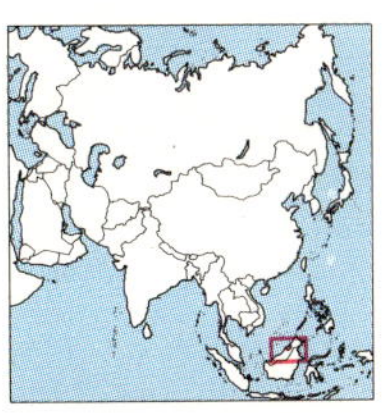

BRU
Asie du Sud
5 765 km^2
220 000 hab.
ONU, CW, ASEAN

Capitale : Bandar Segi Begawan (75 000 hab.)
Langue officielle : malais
Religion : musulmans
Régime polit. : sultanat
Chef de l'Etat : sultan Hassanal Bolkiah (depuis 1967)
Chef du gouv. : sultan Hassanal Bolkiah (depuis 1967)
PNB : 3,1 milliards de $ (1985)
Monnaie : 1 dollar-Brunei (BR$) = 100 cents

Bulgarie

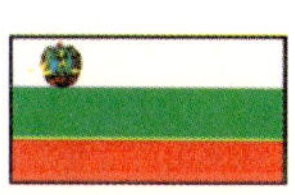

BG
Europe du Sud-Est
110 912 km^2
9 M. hab.
ONU, COMECON, PV

Capitale : Sofia (1,1 M. hab.)
Langue officielle : bulgare
Religions : athées (60%), orthod., musulm.
Régime polit. : rép. pop. social.
Chef de l'Etat : Todor Jivkov (depuis 1971)
Chef du gouv. : Georgui Atanasov
PNB : 52 milliards de $ (1984)
Monnaie : 1 lev (Lv) = 100 stotinki

Burkina Faso

Afrique occidentale
274 200 km^2
6,7 M. hab.
ONU, CEDEAO, OUA

Capitale : Ouagadougou (360 000 hab.)
Langue officielle : français
Religions : animistes (70%), musulm. (25%), chrétiens (5%)
Régime polit. : rép. présid.
Chef de l'Etat : Blaise Compaoré (depuis oct. 1987)
Chef du gouv. : Blaise Compaoré (depuis oct. 1987)
PNB : 1,08 millard de $ (1985)
Monnaie : 1 franc CFA = 100 centimes

L'événement marquant aura été en octobre l'élimination du dictateur Thomas Sankara par son propre second, le capitaine Blaise Compaoré, 35 ans. En fait, la disparition physique du capitaine Sankara a davantage été la conséquence d'un contentieux « sentimental » avec l'un de ses subordonnés que la résultante d'un projet politique élaboré. Dès ses débuts, le nouveau pouvoir a traversé des difficultés. Le Parlement européen a décidé de suspendre toute aide de la CEE au Burkina Faso. Aussi M. Compaoré semble vouloir mener une politique plus pragmatique que celle conduite par son prédécesseur.

Burundi

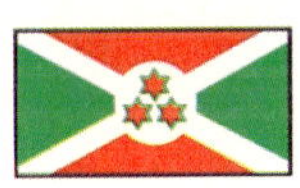

RU
Afrique orientale
27 834 km^2
4,8 M. hab.
ONU,OUA

Capitale : Bujumbura (250 000 hab.)
Langues officielles : kirundi, français
Religions : cath. (60%), animistes (30%)
Régime polit. : rép. présid.
Chef de l'Etat : Pierre Buyoya (depuis 9.9.1987)
Chef du gouv. : Pierre Buyoya (depuis le 9.9.1987)
PNB : 1,02 milliard de $ (1986)
Monnaie : 1 franc-burundi (FBu) = 100 centimes

Le coup d'Etat du 3 septembre à l'issue duquel le major Pierre Buyoya a renversé le colonel Jean-Baptiste Bagaza a résulté en apparence du divorce entre le colonel Bagaza et l'Eglise catholique, c'est-à-dire de la séparation de l'Église et de l'État, dont l'enjeu est le contrôle de l'appareil scolaire : en fait, il s'agit d'une résurgence des querelles ethniques entre Hutus et Tutsis et, à l'intérieur de ce dernier groupe, entre « petits » et « grands » Tutsis. Après le coup d'Etat, on a enregistré un réalignement de la politique étrangère du Burundi sur celle de ses voisins le Zaïre et le Rwanda, c'est-à-dire une attitude pro-occidentale.

Cameroun

Afrique équatoriale
475 442 km^2
10,4 M. hab.
ONU, OUA

Capitale : Yaoundé (580 000 hab.)
Langues officielles : français, anglais
Religions : animistes (plus de 45%), cath. (21%), musulm. (20%)
Régime politique : rép. présid.
Chef de l'Etat : Paul Biya (dep. 1982)
Chef du gouv. : Paul Biya (dep. janvier 1985)
PNB : 11,5 milliards de $ (1986)
Monnaie : 1 franc CFA = 100 centimes

Canada

CDN
Amérique du Nord
9 976 139 km^2
25,6 M. hab.
ONU, OTAN, OCDE

Capitale : Ottawa (717 000 hab.)
Langues off. : anglais, français
Religions : cath. (46,2%), United Church (17,5%), presbytériens (11,8%)
Régime polit. : monarchie parlem.
Chef de l'Etat : Reine Elisabeth II (depuis 1952)
Chef du gouv. : Brian Mulroney (depuis 1984)
PNB : 358,8 milliards de $ (1986)
Monnaie : 1 dollar canadien ($ can.) = 100 cents

La disparition de l'ancien Premier ministre québécois René Lévesque coïncide avec une nouvelle donnée politique. L'action de M. Lévesque et des militants québécois n'aura pas été vaine puisque le gouvernement fédéral du Canada et ensuite ses dix homologues provinciaux reconnaissent au Québec le statut de « société distincte », ce qui a amené le Québec à adhérer à la Constitution canadienne. L'attitude du pouvoir fédéral canadien à l'égard de la langue française a même évolué à un tel point qu'Ottawa a largement augmenté sa contribution financière à la francophonie. L'augmentation du produit national brut, en termes réels, est passée de 4,5% en 1985, à 3,3% en 1986. Elle devrait n'être que de 2,8% cette année. Le budget 1987, axé sur la réduction du déficit de la balance des paiements (2 milliards de dollars) a amené une hausse des impôts indirects.

Cap-Vert

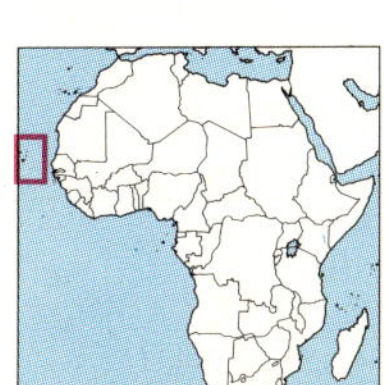

Afrique occidentale
4 033 km^2
335 000 hab.
ONU, CEDEAO, OUA

Capitale : Praia (40 000 hab.)
Langue officielle : portugais
Religion : cath. (90%)
Régime polit. : république
Chef de l'Etat : Aristedes M. Pereira (depuis 1975)
Chef du gouv. : Pedro Pires (depuis 1975)
PNB : 97 millions de $ (1986)
Monnaie : 1 escudo du Cap-Vert (K Esc) = 100 centavos

Chili

RCH
Amérique du Sud
756 945 km^2
12,2 M. hab.
ONU, AILA, OEA

Capitale : Santiago (3,9 M. hab.)
Langue officielle : espagnol
Religions : cath. (90%), prot. (5%)
Régime polit. : rép. présid. pouvoir autoritaire
Chef de l'Etat : Augusto Pinochet Ugarte (depuis 1973)
Chef du gouv. : Augusto Pinochet Ugarte (depuis 1973)
PNB : 16,8 milliards de $ (1986)
Monnaie : 1 peso chilien (chil$) = 100 centavos

Au début de l'année et en prévision de la visite du pape Jean-Paul II, le général Augusto Pinochet s'est efforcé de lâcher du lest. 500 des 3 500 Chiliens interdits de séjour ont eu le droit de revenir. On a rédigé une loi sur les partis politiques, laquelle n'a pas été jusqu'à légaliser le Parti communiste. On a commencé à reconstituer les listes électorales qui avaient été détruites par les militaires en 1974. Le général Pinochet envisage de solliciter un nouveau mandat de huit ans en 1989. En avril, la visite du souverain pontife a provoqué de violents incidents au stade O'Higgins de Santiago. Le pape s'est efforcé avec succès de n'être « récupéré » ni par les militaires, ni par l'opposition.

Chine populaire

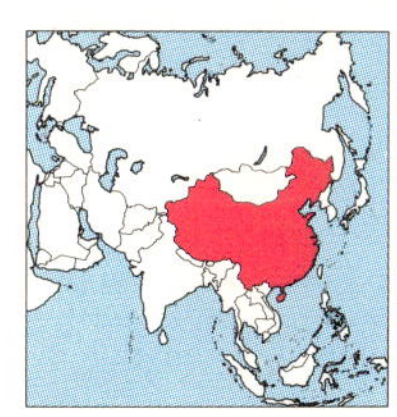

TJ, RPC
Asie
9 560 779 km^2
1,072 milliard hab.
ONU

Capitale : Pékin (12,9 M. hab.)
Langue officielle : chinois
Religions : bouddh., confuc., taoïstes
Régime politique : rép. pop.
Chef de l'Etat : Li Xiannian (dep. 1983)
Chef du gouv. : Li Peng (depuis nov. 1987)
PNB : 270 milliards de $ (1985)
Monnaie : 1 ren minbi yuan (RMBY) = 10 yao yuan

Le seul aspect des participants au XIIIe Congrès du Parti communiste chinois a été révélateur de l'évolution de la Chine depuis Mao. Les héritiers de ce dernier ont oublié la vareuse à col fermé au profit du complet cravate et le style technocratique a prévalu sur le militantisme politique. Le fait marquant aura été la confirmation de M. Zhao Ziyang, dauphin de Deng Xiaoping, au poste de chef de parti. Zhao Ziyang a présenté un projet de réforme sans utiliser la terminologie maoïste et, s'il a fait l'éloge de Deng Xiaoping, il s'est gardé de toute allusion à Mao Zedong et Zhou En-Lai. Il s'en est pris au « bureaucratisme » du parti et à la corruption tout en essayant de ne pas heurter de front les « orthodoxes ». Fin novembre, Zhao Ziyang a préféré démissionner de son poste de Premier ministre. Son remplaçant est Li Peng, 59 ans, fils adoptif de Zhou En-Lai. C'est un homme de compromis. Le plein succès de la politique agricole et le véritable boom économique connu de manière générale par le pays ont agi plus que tout discours en faveur de la poursuite de la réforme. En mai, l'immense incendie qui s'est produit dans le nord de la Chine a tué des centaines de personnes et fait 50 000 sans-abri.

Chine (Taiwan)

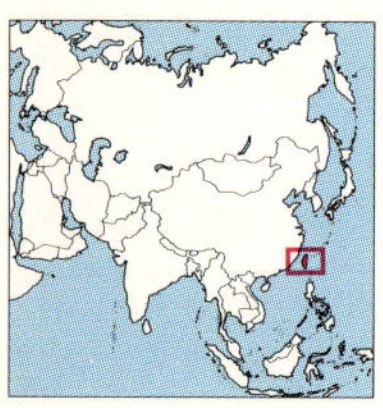

RC
Asie orientale
35 966 km²
19,6 M. hab.

Capitale : Taipei (2,5 M. hab.)
Langue officielle : chinois
Religions : bouddh. (50%), taoïstes
Régime polit : rép. autoritaire
Chef de l'Etat : Chiang Ching-kuo (dep. 1978)
Chef du gouv. : Yu Kuo-hua (dep. 1984)
PNB : 60,1 milliards de $ (1985)
Monnaie : 1 nouveau dollar de Taiwan (NT$) = 100 cents

Contrairement à certaines prévisions et grâce à une forte reprise des exportations, Taiwan a eu une croissance économique de 9,5% en 1986. La république de Chine a, en outre, bénéficié de la hausse du Yen japonais par rapport à sa monnaie. Tout comme sa sœur ennemie la Chine de Pékin, la Chine de Taiwan s'oriente vers une certaine libéralisation. En juin, le Parlement a approuvé une loi sur la sécurité destinée à remplacer la loi martiale en vigueur depuis trente-huit ans. Toutefois, ce libéralisme est à double tranchant car il oblige les partis politiques à renoncer explicitement au communisme et à jurer allégeance à la Constitution.

Chypre

CY
Europe méridionale
9 251 km²
680 000 hab.
ONU, CW, CE

Capitale : Nicosie (122 000 hab.)
Langues officielles : grec, turc
Religions : chrét. orthod. (80%), musulm. (18%)
Régime polit. : république
Chef de l'Etat : Spiros Kyprianou (dep. 1977)
Chef du gouv. : Spiros Kyprianou (dep. 1977)
PNB : 2,06 milliards de $ (1984)
Monnaie : 1 livre cypriote (Zi) = 1000 mies

Colombie

CO
Amérique du Sud
1 138 914 km²
29,1 M. hab.
ONU, ALADI, OEA

Capitale : Bogota (5 M. hab.)
Langue officielle : espagnol
Religions : cath. (plus de 90 %), prot. (5 %)
Régime polit. : rép. présid.
Chef de l'Etat : Virgilio Barco (dep. mai 1986)
Chef du gouv. : Virgilio Barco
PNB : 34,2 milliards de $ (1983)
Monnaie : 1 peso colombien (kol.$) = *100 centavos*

De plus en plus, le pays devient producteur d'énergie et la mise en exploitation du gisement charbonnier de Cerrejon classe la Colombie au dixième rang mondial. Le café demeure cependant la première des ressources. Par ailleurs, le gouvernement n'a nullement réussi à éradiquer la culture de la marijuana et le trafic de drogue, lequel rapporte autant que le café. Du reste, après l'arrestation le 21 novembre du grand trafiquant Ochoa Vasquez, la mafia s'efforça d'éviter son extradition vers les Etats-Unis. Le problème majeur demeure la guérilla menée par les marxistes de la Coordination nationale de la guérilla dont les forces sont évaluées à 27 000 hommes. En juin, une embuscade tendue par la guérilla a coûté la vie à 32 militaires.

Comores

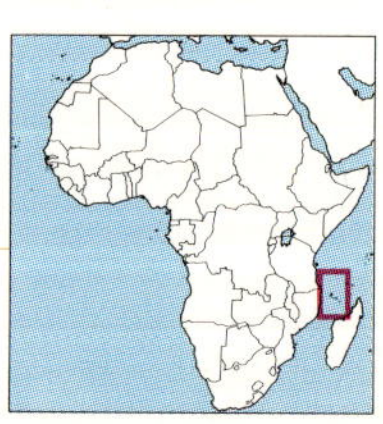

F
Afrique orientale
2 171 km²
480 000 hab.
ONU, OUA

Capitale : Moroni (25 000 hab.)
Langue officielle : français
Religion : musulm. (95 %)
Régime polit. : rép. féd. islamique
Chef de l'Etat : Ahmed Abdallah Abderemane (dep. 1978)
Chef du gouv. : Ahmed Abdallah Abderemane (dep. janvier 1985)
PNB : 180 millions de $ (1984)
Monnaie : 1 franc comorien (FC) = 100 centimes

Le cyclone dévastateur de janvier n'a pas arrangé la situation économique. Si la France fournit toujours aux Comores 30 % de son PNB, l'Afrique du Sud exerce une influence croissante et sa chaîne hôtelière Sun International investit massivement dans un tourisme qui a fait la fortune des voisins seychellois. Le mercenaire Bob Denard joue toujours un rôle d'éminence grise auprès du président Abdallah. La tension croissante entre Anjouan et la Grande Comore démontre que le particularisme n'est pas le monopole de l'île de Mayotte, laquelle entend rester française.

Congo

RCB
Afrique équatoriale
342 000 km²
1,79 M. hab.
ONU, OUA

Capitale : Brazzaville (600 000 hab.)
Langue officielle : français
Religions : animistes (45 %), cath. (40 %), prot. (10 %)
Régime polit. : république pop.
Chef de l'Etat : Denis Sassou-Nguesso (dep. 1979)
Chef du Gouv. : Ange Edouard Pongui (dep. 1984)
PNB : 1,2 milliard de $ (1986)
Monnaie : 1 franc CFA = 100 centimes

L'amélioration des relations entre Brazzaville et Paris découle d'un sinistre record mondial : une chute du PNB de 25 % au cours de l'année 1986. Les recettes pétrolières, représentant 80 % des revenus du pays ont, en effet, chuté de moitié. D'autre part, le gouvernement a dû faire face à la rébellion de l'ancien capitaine Pierre Anga dans la région d'Owando. La garde présidentielle, comprenant des mercenaires cubains, a dû donner l'assaut, tuant 50 civils et en blessant 150 autres. Jusqu'au sein du parti unique, le marxiste PCT, le malaise va croissant.

Corée du Nord

Asie orientale
120 538 km²
20,8 M. hab.

Capitale : Pyeong Yang (1,5 M. hab.)
Langue officielle : coréen
Religion : bouddh.
Régime polit. : rép. dém. pop.
Chef de l'Etat : Kim Il Sung (dep. 1972)
Chef du gouv. : Li Gun Mo
PNB : 31 milliards de $ (1984)
Monnaie : 1 won (W) = 100 chon

Par d'incessants remaniements ministériels, le président Kim Il Sung s'efforce d'organiser sa succession en faveur de son fils Kim Jong Il. Le rapprochement avec l'Union soviétique s'est accentué et a été concrétisé par la visite de Kim Il Sung à Moscou puis, en mai, par l'inauguration d'une voie ferrée reliant Pyeong Yang et Moscou sans passer par le territoire chinois. Le manque d'hydrocarbure a stimulé la production d'hydroélectricité (60 % de l'électricité). Mais en Corée du Nord, tout comme en Albanie, l'information statistique est un secret d'Etat.

Corée du Sud

ROK
Asie orientale
98 484 km²
41,4 M. hab.

Capitale : Seoul (9,6 M. hab.)
Langue officielle : coréen
Religions : bouddh. (36 %), confuc. (22 %), prot. (16 %)
Régime polit. : rép. présid.
Chef de l'Etat : Chun Doo Hwan (dep. 1980)
Chef du gouv. : Kim Chong Yul (depuis juillet 1987)
PNB : 87,5 milliards de $ (1986)
Monnaie : 1 won (W) = 100 chon

Ici, l'expression « pays en voie de développement » est à prendre au pied de la lettre car le pays est devenu mondialement compétitif avec ses produits industriels tel l'avion et les voitures. En revanche, la situation politique aura été et demeure préoccupante. La dictature du président Chun Doo Hwan a été sérieusement ébranlée par une révolte qui, au départ estudiantine, s'est étendue par la suite à l'ensemble de la nation. Sous la pression de la rue et celle du gouvernement des Etats-Unis, le président a dû promettre une nouvelle Constitution. En outre, à un an des Jeux olympiques de Seoul, le pays ne pouvait se permettre l'installation d'un climat de révolte permanente. Les événements ont mis en relief la personnalité de Roh Tae Woo, dauphin désigné du président Chun Doo Hwan. C'est lui qui a en quelque sorte joué les pompiers en annonçant un programme de démocratisation qui va au-delà des espoirs que pouvaient nourrir les plus optimistes. Au moment de la campagne électorale pour le référendum de la nouvelle Constitution, les contestataires se sont radicalisés et des manifestations houleuses ont eu lieu à Seoul.

Costa Rica

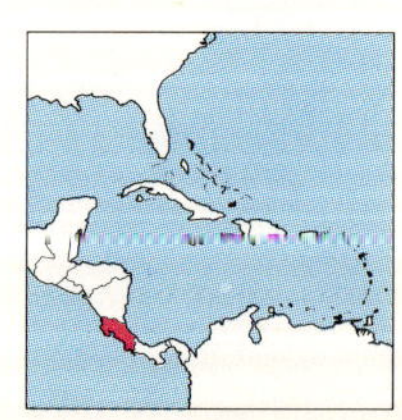

CR
Amérique Centrale
51 100 km²
2,5 M. hab.
ONU, OEA, CARICOM

Capitale : San José (600 000 hab.)
Langue officielle : espagnol
Religions : cath. (95 %), prot. (1,8 %)
Régime polit. : rép. présid.
Chef de l'Etat : Oscar Arias (dep. février 1986)
Chef du gouv. : Oscar Arias (dep. février 1986)
PNB : 3,2 milliards de $ (1984)
Monnaie : 1 Costa Rica-colon (C) = 100 centimos

A l'image de plusieurs pays d'Amérique latine, le Costa Rica est malade de sa dette extérieure dont il avait suspendu le paiement dès 1986. Le fait qu'il abrite quelque 200 000 réfugiés dont un sixième seulement est pris en charge par les Nations unies n'est fait ni pour améliorer son économie ni pour développer d'harmonieuses relations avec son voisin nicaraguayen. On estime du reste à 3 000 le nombre d'opposants armés nicaraguayens stationnés au Costa Rica. Le président Oscar Arias Sanchez a proposé un plan de paix pour l'Amérique Centrale, projet qui a obtenu de nombreux soutiens dont celui du parti démocrate américain. Ses efforts lui ont même valu le prix Nobel de la paix décerné par un comité parlementaire norvégien.

Cote-d'Ivoire

CI
Afrique occidentale
322 463 km²
10,1 M. hab.
ONU, CEDEAO, OUA

Capitale : Abidjan (1,9 M hab.)
Langue officielle : français
Religions : animistes (65 %), musulm. (23 %)
Régime polit. : rép. présid.
Chef de l'Etat : Félix Houphouët-Boigny (dep. 1960)
Chef du gouv. : Félix Houphouët-Boigny (dep. 1960)
PNB : 6,4 milliards de $ (1985)
Monnaie : 1 franc CFA = 100 centimes

Très dépendante des fluctuations des cours du café, du cacao et de l'huile de palme, la Côte-d'Ivoire s'efforce en permanence de réajuster une agriculture essentiellement tournée vers l'exportation. Le 28 mai, conséquence de l'effondrement du cours mondial du café et de la baisse de celui du cacao, la Côte-d'Ivoire a décidé de ne pas honorer ses paiements extérieurs. Décision qui fut difficile à prendre pour le président Houphouët-Boigny, habituellement attaché à la ponctualité des règlements. 1987 a vu l'installation d'une grande usine de produits pharmaceutiques en association avec Roussel-Uclaf, Rhône-Poulenc et Sanofi. Le plus important plan informatique d'Afrique occidentale a été mis en œuvre. En l'espace de dix ans, le parc informatique devrait être décuplé.

Cuba

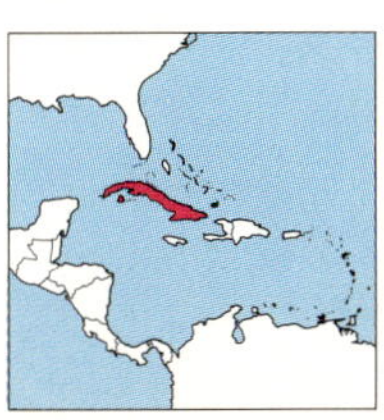

C
Amérique Centrale
110 861 km²
10,1 M. hab.
ONU, OEA
COMECON

Capitale : La Havane (2 M. hab.)
Langue officielle : espagnol
Religion : cath. (90 %)
Régime polit. : rép. social.
Chef de l'Etat : Fidel Castro Ruz (dep. 1959)
Chef du gouv. : Fidel Castro Ruz (dep. 1959)
PNB : 9,4 milliards de $ (1984)
Monnaie : 1 peso cubain ($ cub.) = 100 centavos

Pour Fidel Castro, la demande d'asile politique faite le 28 mai par le général Rafael del Pino Diaz, premier adjoint du ministre de la Défense, a représenté un coup terrible. Le fugitif a dévoilé que le moral des « 30 000 combattants internationalistes » était au plus bas et que les pertes éprouvées notamment en Angola suscitaient des désertions. La « location » de ces soldats permet à l'Union soviétique d'intervenir en Afrique par personne interposée. Elle doit, en revanche, assurer par son aide 50 % du PNB cubain. Au cours de l'année, les restrictions ont été encore accrues. Le tarif des transports a doublé, l'essence a été rationnée aux automobilistes et les importations d'Occident réduites de moitié. La baisse du pétrole, considérée comme bénéfique ailleurs, a diminué les revenus de Cuba qui réexporte le pétrole soviétique et obtient ainsi 40 % de ses rentrées de devises. La récolte sucrière a été mauvaise et l'Union soviétique a diminué de 10 % son prix d'achat du sucre cubain. Les relations avec Washington se sont quelque peu normalisées avec l'accord sur l'émigration. 20 000 Cubains seront autorisés à émigrer aux Etats-Unis chaque année. En échange, Cuba a accepté de rapatrier 2 700 de ses citoyens qui étaient entrés illégalement aux Etats-Unis. Parmi eux se trouvent des détenus incarcérés au centre d'Oakdale en Louisiane. En apprenant leur renvoi à Cuba, ils ont déclenché une mutinerie.

Danemark

DK
Europe du Nord
43 074 km²
5,1 M. hab.
ONU, EFTA, CEE, CE, OTAN, CN, OCDE

Capitale : Copenhague (1,2 M. hab.)
Langue officielle : danois
Religion : évangél-luthér. (97 %)
Régime polit. : monarchie const.
Chef de l'Etat : reine Margrethe II (dep. 1972)
Chef du gouv. : Poul Schluter (dep. 1982)
PNB : 80,4 milliards de $ (1986)
Monnaie : 1 couronne danoise (DKR) = 100 ore

Les élections du 8 septembre ont amené un recul de la coalition de centre droit du Premier ministre Poul Schulter au pouvoir depuis 1982 au profit du Parti du progrès de Mogens Glistrup. On appelle ce dernier « Monsieur antitout ». Au début des années 70, il avait proposé la suppression de l'armée danoise et son remplacement par des répondeurs automatiques qui diraient en russe « nous nous rendons »! Il est encore hostile aux impôts, aux fonctionnaires, à l'immigration, et... à la faculté des lettres qu'il juge inutile. Le Premier ministre a présenté la démission de son cabinet à la reine Margrethe qui l'a aussitôt reconduit. Il va se retrouver aux prises avec ses difficultés coutumières. Ayant en 1986 emprunté à l'extérieur 9,63 milliards de dollars, soit 12 % de son PNB, le Danemark vit au-dessus de ses moyens et les Danois refusent l'austérité. Aux mesures de rigueur, ils ont répondu en diminuant leur épargne. Les relations avec la Pologne ont connu un froid après l'arrestation à Koszalin de deux citoyens danois accusés d'espionnage. Ils devaient être libérés six mois plus tard contre une caution (ou rançon) d'un montant de 500 000 dollars.

Djibouti

Nord-Est africain
23 000 km²
460 000 hab.
ONU, LA, OUA

Capitale : Djibouti (70 000 hab.)
Langues officielles : français, arabe
Religions : musulm. (90 %), chrét.
Régime polit. : rép. présid.
Chef de l'Etat : Hassan Gouled Aptidon (dep. 1977)
Chef du gouv. : Barakat Gourad Hamadou (dep. 1978)
PNB : 340 000 millions de $ (1984)

La tragédie aura été l'attentat du 18 mars commis en plein centre de Djibouti contre le café « L'Historial », faisant 11 morts et 40 blessés. Il est possible que les succès obtenus par le président Hassan Gouled, tant en politique économique qu'en politique étrangère, irritent des groupes extrémistes, libyens ou autres, et que la réconciliation somalo-éthiopienne, conséquence de l'accord sur la lutte contre la sécheresse signé à Djibouti par les chefs d'Etat des six pays de la corne de l'Afrique, lèse certains intérêts. Peut-être a-t-on voulu s'en prendre aux intérêts français. La France entretient d'importants effectifs militaires à Djibouti qui est une des bases de la flotte de l'océan Indien. Présence qui non seulement assure la sécurité de la petite république mais représente encore un apport financier équivalent à 50 % du PNB. L'intérêt de sa position stratégique, à l'entrée de la mer Rouge et terminus du chemin de fer d'Addis Abbeba, en fait un territoire convoité par tout le monde.

Dominique

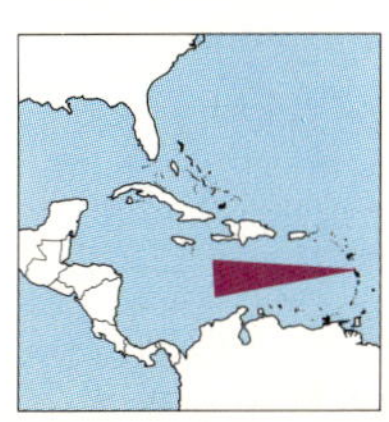

WD
Amérique Centrale
440 km²
77 000 hab.
ONU, OEA
CARICOM

Capitale : Roseau (20 000 hab.)
Langue officielle : anglais
Religion : cath. (plus de 80 %)
Régime polit. : rép.
Chef de l'Etat : Clarence A. Seignoret
Chef du gouv. : Mary Eugenia Charles (dep. 1980)
PNB : 80 millions de $
Monnaie : 1 dollar est-caraïbe (EC$) = 100 cents

Ancienne colonie britannique, l'île n'a pas su comme ses voisines se doter d'une infrastructure hôtelière afin de profiter du tourisme. La culture de la banane constitue sa ressource principale et les habitants continuent à émigrer clandestinement vers les Antilles françaises. En matière de politique étrangère, le chef de gouvernement, Eugenia Charles, se veut résolument pro-occidentale.

Egypte

ET
Afrique du N-E
1 001 440 km²
49,6 M. hab
ONU, LA, OUA, OPEP

Capitale : Le Caire (12 M. hab.)
Langue officielle : arabe
Religions : musulm. (93 %), coptes (6,8 %)
Régime polit. : rép. présid.
Chef de l'Etat : Muhammed Hosni Moubarak (depuis 1981)
Chef du gouv. : Atef Sidki
PNB : 34 milliards de $ (1985)
Monnaie : 1 livre égyptienne = 100 *piastres*

Conséquence des élections d'avril et de la victoire de son Parti national démocratique (330 sièges sur 400), M. Moubarak a été réélu pour six ans à la présidence de l'Egypte et a prêté serment le 16 octobre. Son principal problème est la montée de l'islamisme, illustrée par la présence au Parlement de 37 députés apparentés aux frères musulmans. Ils se battent entre autres pour le remplacement de la législation laïque par la Charia, loi coranique. Déjà, cet objectif heurte les 12% d'Egyptiens coptes (chrétiens d'Egypte et d'Ethiopie). Chez les coptes existe du reste une tendance à l'émigration vers la France et le Canada. Les affrontements entre musulmans et coptes se multiplient. Si le gouvernement affirme son intention d'être ferme à l'égard des extrémistes, peu à peu l'Egypte connaît une réislamisation de la vie quotidienne et les activistes s'infiltrent à l'université, dans les organisations professionnelles et tentent de le faire dans l'armée et la police. La situation économique génératrice de mécontentement risque d'alimenter le mouvement : dette extérieure de 38,5 milliards de dollars, déficit de 7 milliards de dollars en 1986, démographie galopante. Indirectement, l'Egypte souffre de la crise du pétrole car les pays producteurs utilisaient de la main-d'œuvre égyptienne dont les transferts de fonds atteignaient 4 milliards de dollars (chiffre tombé à 2). Le tourisme périclite car le détournement de l'« Achille Lauro » et la révolte des supplétifs de la police en 1986 ont fait fuir les étrangers. Cependant, la situation générale tend vers une légère amélioration.

El Salvador

ES
Amérique Centrale
21 041 km²
5,6 M. hab.
ONU, OEA,
SELA

Capitale : San Salvador
Langue officielle : espagnol
Religion : catholique
Régime polit. : rép. présid.
Chef de l'Etat : José Napoléon Duarte (dep. 1984)
Chef du gouv. : José Napoléon Duarte (dep. 1984)
PNB : 4 milliards de $ (1984)
Monnaie : 1 El Salvador-comon (C) = 100 centavos

La guérilla marxiste que mène le Front Farabundo Marti de libération nationale a déjà fait 60 000 morts en 6 ans parmi les civils non combattants. Aucune des parties en présence ne semble devoir l'emporter. Entre le Nicaragua et le Salvador, qui soutient les contras, existe une guerre larvée. Tout ceci explique que la majeure partie du budget 1987 ait été consacrée aux dépenses de défense et de sécurité publique. L'Amérique soutient le président Napoléon Duarte qui a quadruplé les effectifs de l'armée (50 000 hommes). Sur le plan économique, les séquelles financières du séisme de 1986 aggravent encore les problèmes.

Emirats arabes unis

Asie Mineure
83 600 km²
1,41 M. hab.
ONU, LA,
GCC, OPEP

Capitale : Abu Dhabi (350 000 hab.)
Langue officielle : arabe
Religion : musulm. (97%)
Régime polit. : féd. de 7 émirats
Chef de l'Etat : Cheikh Zayed ibn Sultan al Nahayan (depuis 1971)
Chef du gouv. : Rachid ibn Saïd al Maktum (depuis 1979)
PNB : 27,1 milliards de $ (1984)
Monnaie : 1 dirham (DH) = 100 fils

La sévère récession imputable à la chute des cours du pétrole a eu pour effet secondaire de distendre les liens entre les sept membres de la fédération. Longtemps Abu Dhabi assura le budget fédéral. Or l'émir d'Abu Dhabi, cheikh Zayed, a demandé aux autres membres de verser 50% de leurs revenus à la collectivité. Le très riche émirat de Dubaï a surtout été visé par cette demande. Autre problème : en juin, le Conseil suprême de l'Etat des Emirats arabes unis s'est prononcé contre l'abdication de l'émir de Chardja, en fait déposé et remplacé par son frère.

Equateur

EC
Amérique du Sud
283 561 km²
9,65 M. hab.
ONU, AILA,
OEA

Capitale : Quito (1 M. hab.)
Langue officielle : espagnol
Religion : cath. (85%)
Régime polit. : rép présid.
Chef de l'Etat : Leon Febres Cordero (dep. 1984)
Chef du gouv. : Leon Febres Cordero (dep 1984)
PNB : 9,7 milliards de $ (1985)
Monnaie : 1 sucre = 100 centavos

Le tremblement de terre du 5 mars a fait 1 600 morts dans la province de Napo et les dégâts sont estimés à 1,6 milliard de dollars. L'oléoduc, qui acheminait le pétrole vers la côte, a été détruit. Cette catastrophe, ajoutée à une baisse de 40% des recettes pétrolières, débouche sur une situation politique inquiétante. Déjà, au mois de janvier, le président Léon Febres Cordero et vingt-deux personnes de sa suite, parmi lesquelles le commandant en chef des armées, avaient été séquestrés par des commandos parachutistes exigeant la libération du général Frank Vargas Pazzos, lequel s'était soulevé en mars 1986 et était détenu sur une base militaire. La tension est omniprésente. A Quito, des affrontements violents ont opposé des centaines d'étudiants à la police. A la suite de la catastrophe naturelle, le coût de la vie a brutalement augmenté. L'Equateur a décidé unilatéralement de ne régler que les deux tiers de sa dette en 1987.

Espagne

E
Europe du S-O
504 782 km²
38,8 M. hab.
ONU, EFTA, CE,
OTAN, OCDE

Capitale : Madrid
Langue officielle : espagnol
Religion : cath. (près de 100%)
Régime polit. : monarchie parlem.
Chef de l'Etat : roi Juan Carlos Ier (depuis 1975)
Chef du gouv. : Felipe Gonzalez (depuis 1982)
PNB : 167,5 milliards de $ (1985)
Monnaie : 1 peseta (Pta) = 100 centimos

Pour Felipe Gonzalez et le Parti socialiste espagnol, les élections européennes et régionales du 11 juin ont confirmé la décélération déjà observée lors des législatives de 1986. 48% des voix en 1982, 44% en 1986, 39% en juin 1987. Ce ne sont ni la droite de l'Alliance populaire ni les communistes qui bénéficient de la fonte des effectifs socialistes qui n'est pas encore une défaite mais le Centre démocratique et social de l'ancien Premier ministre Adolfo Suarez. Dès le début de l'année, Felipe Gonzalez a eu à affronter une grève touchant un million et demi de lycéens. Ils exigeaient la suppression de la sélection à l'entrée des universités. Le taux de chômage dépassant 21%, les études garantissent de moins en moins l'accès à un emploi. La contestation des syndicats a emboîté le pas. Ils ont réclamé des relèvements de salaires supérieurs aux 5% admis par le gouvernement. Et le syndicat socialiste UGT s'est joint en l'occurence aux Commissions ouvrières communistes. Le mécontentement latent perce ça et là à tout moment. Cela va des ouvriers agricoles d'Andalousie à la révolte des musulmans dans l'enclave espagnole de Melilla au Maroc. Un succès éclatant ne peut cependant être contesté au gouvernement espagnol : en rétablissant des liens étroits avec son homologue français en matière de lutte contre le terrorisme, il est parvenu à asséner de durs coups aux extrémistes basques de l'ETA.

Etats-Unis d'Amérique

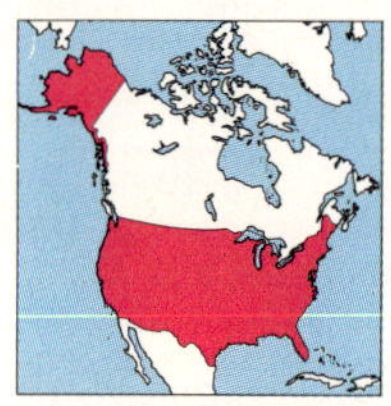

USA
Amérique du Nord
9 363 123 km²
239 M. hab.
ONU, OTAN,
OEA, OCDE

Capitale : Washington
Langue officielle : anglais (américain)
Religions : prot. (55,7%), cath. (36,7%), juifs
Régime polit. : rép. féd. présid.
Chef de l'Etat : Ronald Reagan (depuis 1981)
Chef du gouv : Ronald Reagan (depuis 1981)
PNB : 4 166,8 milliards de $ (1986)
Monnaie : 1 dollar US (US$) = 100 cents

Dure année pour Ronald Reagan bien que la signature, le 10 décembre 1987 du traité INF sur la réduction des armements nucléaires à portée intermédiaire en Europe et en Asie, aille dans le sens qu'il souhaite : celui de rester, pour la postérité, un président ayant œuvré pour la paix. Cela redore quelque peu son blason entaché par l'affaire des ventes d'armes à l'Iran. La collusion entre Washington et Téhéran sape le plan proposé par l'Amérique à ses alliés afin de combattre le terrorisme. Le refroidissement des relations américano-européennes s'étend à bien d'autres domaines. Dans le secteur des industries de pointe, par exemple. Le Premier ministre français, Jacques Chirac, a menacé Washington de représailles économiques si les Etats-Unis continuaient à faire obstacle à la vente d'Airbus sur les marchés internationaux. Sur un plan diplomatique, la politique de Reagan n'a donné que de piètres résultats tant au Moyen-Orient qu'en Afghanistan et en Amérique latine. Sur le plan intérieur, le nouveau déficit record fragilise plus que jamais les bourses mondiales (exceptées peut-être celles de Tokyo et de RFA) et l'économie américaine. Quant à la course à la Maison Blanche, elle a déjà usé, chez les démocrates, trois candidats. La défection en particulier de Gary Hart, que les journalistes ont surpris chez sa maîtresse, a donné lieu à un vaste débat sur le rôle et le pouvoir de la presse dans la vie politique américaine.

Ethiopie

ETH
Afrique du Nord-Est
1 221 900 km²
44,2 M. hab
ONU, OUA

Capitale : Addis-Abeba (1,5 M. hab.)
Langues officielles : amharique, galla
Religions : chrét. (55%), musulm. (35%)
Régime politique : rép. pop. social.
Chef de l'Etat : Mengistu Haile Mariam (depuis 1977)
Chef du gouv. : Mengistu Haile Mariam
PNB : 4,6 milliards de $ (1986)
Monnaie : 1 birr (Br) = 100 cents

Le pays, dévasté par les guerres civiles et désorganisé par les déportations massives de population, souffre toujours de la famine en dépit d'une moins mauvaise récolte en 1986 et de l'aide internationale. Le seul domaine où l'Ethiopie progresse est celui de l'armée. Septième armée du continent africain en 1971 avec 248 unités de matériels majeurs, elle est aujourd'hui la quatrième avec 5 192 unités. Pour 34,5 millions d'habitants, l'armée compte 500 000 militaires (France, 290 000 hommes pour 55 millions d'habitants). Le 1er février, un référendum a eu lieu afin de transformer l'Ethiopie en « République populaire et démocratique » sur le modèle des États d'Europe orientale. Une mascarade à base de slogans, de portraits et d'emblèmes envahit le pays exsangue. Le rapprochement avec la Somalie, commencé avec l'affaire de l'enlèvement de l'équipe de « Médecins sans frontières » en Somalie et sa libération en Ethiopie après négociations, apparaît précaire. Fin octobre, Addis-Abeba accusait Mogadiscio d'avoir recruté de force des réfugiés qui se trouvaient dans leurs camps, officiellement sous protection internationale. Le Haut-Commissariat à la Croix-Rouge de Genève a du reste confirmé que de 5 000 à 7 000 réfugiés Ethiopiens avaient été incorporés à l'armée somalienne.

Fidji

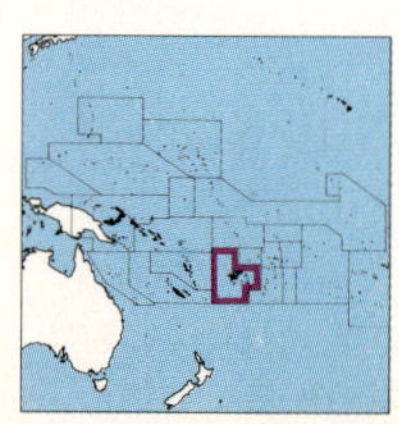

FJI
Océanie
18 274 km²
700 000 hab.
ONU, CW

Capitale : Suva (80 000 hab.)
Langue officielle : anglais
Religions : chrét. (50%), hind (40%), musulm.
Régime polit. : mon. parlem. et dém.
Chef de l'Etat : Ratu Ganilau
Chef du gouv. : Kamisese Mara
PNB : 1,18 milliard de $ (1984)
Monnaie : 1 Fidji-dollar ($F) = 100 *cents*

L'archipel des Fidji, membre du Commonwealth, a été tout au long de l'année le théâtre de rebondissements politico-ethniques graves. Le 12 avril, la victoire travailliste aux élections législatives amène Timoci Bavadra au poste de Premier ministre, en remplacement de Kamisese Mara, conservateur. Ce ne sont pas tant les positions antinucléaires du parti travailliste que l'appartenance de M. Bavadra à l'importante communauté indienne qui a entraîné le mécontentement des Mélanésiens de souche. Le 14 mai, le colonel Rabuka provoque un coup d'Etat militaire afin de restaurer la souveraineté de la communauté mélanésienne, estimant que les Indiens ne peuvent cumuler un pouvoir économique qu'ils détiennent en grosse partie et le pouvoir politique. Le colonel Rabuka a vainement tenté d'obtenir l'approbation du gouverneur des Fidji, représentant de la couronne d'Angleterre, sir Ratu Ganilau, quant à la légitimité du gouvernement issu du putsch, d'autant plus que le vaincu des élections d'avril, Kamisese Mara, y détenait les Affaires étrangères. Dès lors, la situation d'incertitude s'est prolongée, provoquant l'inquiétude des pays occidentaux. Le 25 septembre, le colonel Rabuka effectue un nouveau coup d'Etat et menace de proclamer la république et de destituer le gouverneur, Ratu Ganilau, qui était demeuré chef d'Etat en titre. Or, la proclamation d'une république aux mains de militaires est incompatible avec le rattachement au Commonwealth. Ce n'est que le 5 décembre qu'un compromis est adopté. Le pouvoir est rendu aux civils, mais aux civils mélanésiens: Ratu Ganilau devient président de la République, Kamisese Mara retrouve son poste de Premier ministre. La communauté indienne est sortie perdante de l'épreuve, ainsi que la démocratie.

Finlande

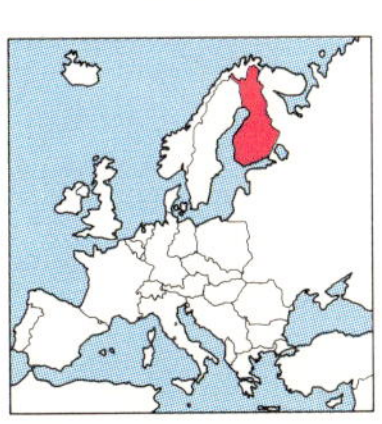

SF
Europe du Nord
337 032 km²
4,9 M. hab.
ONU, CN, OCDE

Capitale : Helsinki (750 000 hab.)
Langues officielles : finnois, suédois
Religion : évang-luthér. (92%)
Régime polit. : rép. parlem. et dém.
Chef de l'Etat : Mauno Koivisto (dep. 1982)
Chef du gouv. : Harri Holkeri (depuis avril 1987)
PNB : 70,5 milliards de $ (1986)
Monnaie : 1 finnmark (FmK) = 100 pennia

Après une cure de 21 ans dans l'opposition, les conservateurs reviennent au pouvoir pour former une coalition avec les sociaux démocrates. Pour la première fois depuis 1945, un conservateur, M. Harri Holkeri, 50 ans, ancien gouverneur de la Banque centrale, occupe le poste de Premier ministre. Ses difficultés seront infiniment moins lourdes que celles connues par M. Paasikivi en 1945. Ce dernier héritait alors d'un pays vaincu devant payer un énorme tribut de réparations à l'Union soviétique et ne disposant d'aucune marge d'autonomie en matière de politique étrangère. Aujourd'hui, ce pays écrasé par la guerre a un PNB par habitant supérieur à celui de la France. Pour le budget 1987, on a ajusté le barême des impôts pour favoriser les familles et les prestations de la sécurité sociale ont été accrues. Fait notable, la réduction des exportations à destination de l'URSS pour des raisons de clearing (le pétrole a baissé et la Finlande payait en marchandises ses importations de pétrole soviétique) va contraindre la Finlande à améliorer encore la qualité de sa production afin d'être compétitive sur les marchés occidentaux. Pour cette raison, le budget 1987 a privilégié la recherche.

France

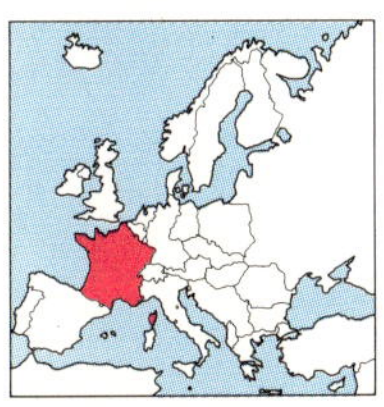

F
Europe occidentale
547 026 km²
55,4 M. hab.
ONU, CEE, CE, OCDE, OTAN

Capitale : Paris
Langue officielle : français
Religions : cath. (90%), musulm. juifs, prot.
Régime polit. : rép. parlem. et dém.
Chef de l'Etat : François Mitterrand (dep. 1981)
Chef du gouv. : Jacques Chirac (depuis 1986)
PNB : 705,5 milliards de $ (1986)
Monnaie : 1 franc français (FF) = 100 centimes

Politique intérieure : l'année a mal commencé pour le gouvernement avec les grèves du service public entâmées dès décembre 1986. Elles ne se termineront que pour laisser place à une vague de froid qui reparalysera les transports. Et chez les instituteurs le malaise va grandissant. En revanche, les privatisations démarrent sur les chapeaux de roue, qu'il s'agisse de Paribas ou de Saint-Gobain. Ayant été obligé de retirer son projet de réforme universitaire, le gouvernement Chirac repousse aux calendes grecques l'examen du Code de la nationalité. Le seul domaine dans lequel il puisse se targuer de remporter de spectaculaires succès est celui de la lutte contre le terrorisme: arrestation des chefs d'Action directe mais aussi renforcement de la collaboration franco-espagnole pour l'éradication d'un terrorisme basque aussi redoutable pour Paris que pour Madrid à plus ou moins brève échéance. 1987 va être avant tout une année médiatique, tout d'abord parce qu'intervient la privatisation de TF1 vendue à M. Francis Bouygues, nº1 mondial de la construction, puis parce que la CNCL, héritière de la Haute Autorité de l'audiovisuel, encourt des reproches de partialité. L'approche des présidentielles fait fleurir dans les médias toute une série de scandales, lesquels en arrivent toujours à poser la question du financement des partis politiques. Autre phénomène: M. Le Pen, chef du Front national, fait souvent, bien malgré lui, la une de l'actualité. Après sa fortune, son passé militaire, son divorce, ses opinions sur le Sida, on le présente comme révisionniste à la suite d'une interview au cours de laquelle il avait qualifié de « détail » le fait que le génocide du peuple juif ait été perpétré dans les chambres à gaz ou autrement. Si le président Mitterrand se garde d'annoncer sa candidature aux prochaines élections, à droite comme à gauche, chacun y va de sa petite phrase. La véritable surprise sera lorsque M. Jacques Delors, ancien ministre socialiste des Finances, annoncera qu'il se verrait bien Premier ministre de M. Raymond Barre dans l'éventualité où celui-ci regrouperait une large majorité des Français. Dans les DOM-TOM, l'approbation du projet gouvernemental en Nouvelle-Calédonie représente un succès, bien qu'il soit contesté par la gauche. Les principaux craquements que connut la cohabitation entre MM. Mitterrand et Chirac eurent pour motifs déclarés la Nouvelle-Calédonie et la CNCL.
Politique extérieure: cette cohabitation aura été globalement positive hors de nos frontières. L'heureux épilogue du conflit entre le Tchad et la Libye en fournit la démonstration. Et en Afrique comme à la Conférence de la francophonie (ce fut l'occasion pour la France de réchauffer ses relations avec le Canada), le président et son Premier ministre parlèrent d'une seule et même voix.

Gabon

Afrique équatoriale
267 667 km²
1,15 M. hab.
ONU, OUA, OPEP

Capitale : Libreville (350 000 hab.)
Langue officielle : français
Religions : cath. (50%), animistes (30%)
Régime polit. : rép. présid.
Chef de l'Etat : Omar Bongo (depuis 1967)
Chef du gouv. : Léon Mébiame (depuis 1975)
PNB : 2,8 milliards de $ (1985)
Monnaie : 1 franc-CFA (FCFA) = 100 centimes

L'actuelle conjoncture ne favorise guère plus le Gabon que les autres pays producteurs de pétrole. Seulement, ses richesses minières ne se limitent pas au pétrole : il possède d'importants gisements de manganèse et d'uranium. Les profits pétroliers permirent néanmoins les grandes réalisations tel le chemin de fer transgabonais inauguré le 30 décembre 1986. Avec un réalisme total, le président Omar Bongo a choisi de placer 1987 sous le signe de l'austérité. Le budget passant de 670 milliards à 360 milliards de francs CFA, les salaires des fonctionnaires ont été baissés de 15 à 30%, les investissements pour les infrastructures routières ont subi des coupes sombres et les subventions aux entreprises en difficulté ont été supprimées ou presque. En matière de politique étrangère, le Gabon applique une politique d'indépendance. S'il avait attiré l'attention en renouant avec Israël, Omar Bongo a surpris cette année en recevant Yasser Arafat en mai à Libreville.

Ghana

GH
Afrique de l'Ouest
238 537 km²
14 M. hab.
ONU, CW, CEDEA, OUA

Capitale : Accra (1,2 M. hab.)
Langue officielle : anglais
Religions : animistes (60%), chrét., musulm.
Régime polit. : république
Chef de l'Etat : Jerry John Rawlings (dep. 1981)
Chef du gouv. : Jerry John Rawlings (dep. 1981)
PNB : 4 millards de $ (1985)
Monnaie : 1 cedi (C) = 100 pesewas

L'application des mesures d'austérité recommandées par le Fonds monétaire international a donné d'heureux résultats. Le gouvernement de Jerry Rawlings a pu annoncer d'importantes mesures sociales : 25% de hausse des salaires et réduction des droits de douane. Au terme de 1987, le Ghâna aura remboursé au FMI 180 millions de dollars venant s'ajouter aux 203 millions versés en 1985. L'économie du pays est assez diversifiée: cacao, maïs, or, pétrole et manganèse. Sur le plan politique, les liens sont étroits avec la Libye du colonel Kadhafi et le gouvernement redoute un coup d'Etat. En février, une tentative de débarquement d'opposants a échoué.

Grèce

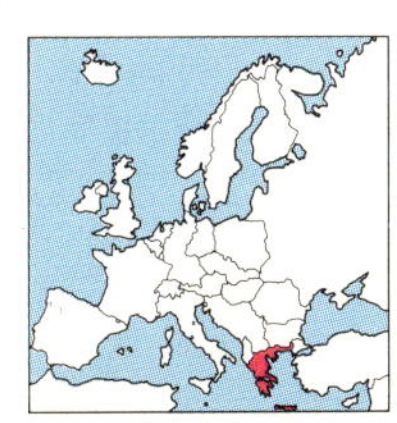

GR
Europe du S.E.
131 944 km²
10 M. hab.
ONU, CEE, CE, OTAN, OCDE

Capitale : Athènes
Langue officielle : grec moderne
Religions : grec-orthod. (96,7%), musulm.
Régime polit. : rép. parlem. et démocratique
Chef de l'Etat : Christos Sartsetakis (dep. mars 1985)
Chef du gouv. : Andreas Papandréou (dep. 1981)
PNB : 39,1 milliards de $ (1986)
Monnaie : 1 drachme = 100 lepta

L'échec de la politique socialiste devient flagrant et dans les couches populaires au sein desquelles on attendait un miracle consécutif à l'adhésion de la Grèce au Marché commun, la déception est considérable. En effet, des mesures impopulaires ont dû être prises afin d'adapter le pays à la CEE : réaménager la TVA, contenir les salaires et contrôler l'inflation. Quant à l'industrie grecque, elle est obsolète et ne peut être compétitive. M. Andreas Papandréou, Premier ministre, a remanié son gouvernement et l'a débarrassé des éléments durs tel son fils Georges. Le Parti socialiste (PASOK) n'est plus crédité que de 34% des intentions de vote. En matière de politique étrangère règne la confusion. Dans la rue, les manifestants réclament la fermeture des bases américaines. Les relations avec la Turquie ne s'améliorent pas et l'on reproche aux Etats-Unis de trop favoriser Ankara.

Grenade

WG
Amérique Centrale
344 km²
112 000 hab.
ONU, CW, CARICOM, OEA

Capitale : Saint-Georges
Langue officielle : anglais
Régime polit. : monarchie parlem.
Chef de l'Etat : reine Elisabeth II
Chef du gouv. : Herbert Blaise (dep. 1985)
PNB : 80 millions de $ (1985)
Monnaie : 1 dollar est-caraïbe (EC$) = 100 cents

Guatemala

GCA
Amérique Centrale
108 889 km²
8,15 M. hab.
ONU, OEA, SELA

Capitale : Ciudad de Guatemala (2 M hab.)
Langue officielle : espagnol
Religion : cath. (96%)
Régime polit. : rép. présid.
Chef de l'Etat : Vinicio Cerezo
Chef du gouv. : Vinicio Cerezo
PNB : 9,5 milliards de $ (1985)
Monnaie : 1 quetzal (Q) = 100 centavos

En l'espace de deux ans, M. Vinicio Cerezo a fait effectuer au Guatemala un grand pas sur le chemin de la démocratie et de la prospérité. Si elle sévit encore sous forme de coups de mains, la guérilla de l'URNG a considérablement reflué. Elle n'en refuse pas moins le dialogue proposé par le chef de l'Etat et proteste contre les violations des droits de l'homme imputées aux militaires dans les campagnes. Le Guatemala entretient de bonnes relations avec le Nicaragua et a amélioré ses rapports avec le Mexique. En juin, le président Cerezo a organisé un sommet des chefs d'Etat centre-américains à Esquipulas dans le dessein de ramener la paix dans la région. La longue période d'insécurité qu'a connu le pays a eu pour conséquence qu'au début de 1987, le PNB par habitant était égal à celui de 1970. Mais aujourd'hui le Guatemala, outre son agriculture, peut développer un important tourisme avec ses vestiges Mayas.

Guinée-Bissau

Afrique occidentale
36 125 km²
900 000 hab.
ONU, CEDEAO, OUA

Capitale: Bissau (110 000 hab.)
Langue officielle : portugais
Religions : animistes (plus de 60%), musulm. (30%)
Régime politique : rép.
Chef de l'Etat : Joao Bernardo Vieira (depuis 1980)
Chef du gouv. : Joao Bernardo Vieira (depuis 1980)
PNB : 147 millions de $ (1985)
Monnaie : 1 peso guinéen (PG) = 100 centavos

Le marasme est illustré par la situation d'un pays où l'agriculture remplit toutes les conditions pour être florissante mais où la bureaucratie, l'inquisition policière, le lamentable état des communications empêchent l'acheminement de l'arachide, du riz et du millet. Joao Bernardo Vieira, le chef de l'Etat, a décidé de renoncer à la mainmise de l'Etat sur l'économie et de faire appel aux investissements étrangers. Mais il faut se donner les moyens d'une telle politique en allégeant les structures administratives. La Guinée-Bissau envisage d'entrer dans la zone franc.

Guinée équatoriale

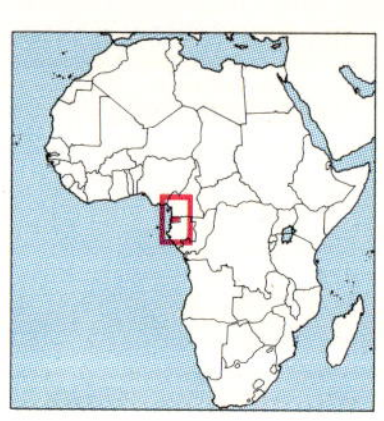

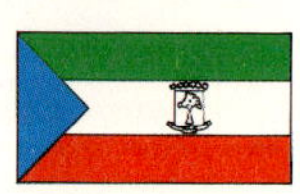

Afrique occidentale
28 051 km²
400 000 hab.
ONU, CEDEAO, OUA

Capitale : Malabo (33 000 hab.)
Langue officielle : espagnol
Religion : cath. (plus de 80%)
Régime politique : rép. présid.
Chef de l'Etat : lieutenant-colonel Teodoro Obiang Nguema Mbasogo (depuis 1979)
Chef du gouv. : lieutenant-colonel Teodoro Obiang Nguema Mbasogo
PNB : 131 millions de $ (1984)
Monnaie : 1 ekwele

Guinée (république de)

Afrique occidentale
245 857 km²
5,52 millions hab.
ONU, CEDEAO, OUA

Capitale : Conakry (750 000 hab.)
Langue officielle : français
Religions : musulm. (65%), animistes (30%)
Régime polit. : rép. présid. social.
Chef de l'Etat : Lansana Conté (depuis 1984)
Chef du gouv. : Lansana Conté (depuis 1984)
PNB : 1,96 milliard de $ (1984)
Monnaie : 1 syli (SY) = 100 cauris

Sortie depuis peu du système marxiste, la Guinée doit faire l'apprentissage de l'économie de marché. Elle multiplie les démarches pour obtenir des prêts et dons ou signer des accords de coopération. Si l'aide de la France se manifeste surtout au niveau de la fourniture d'enseignants et de livres scolaires tout en aidant au démarage de l'Ecole normale supérieure de Conakry, Washington a fourni 23 millions de dollars pour l'achat de riz et la relance de l'économie, et l'Allemagne fédérale 68 millions de marks pour l'extension du port de Conakry et l'hydraulique villageoise. La Guinée est le second producteur mondial de bauxite, fabrique de l'alumine mais pas d'aluminium. Le fait que 70% de la population travaille dans l'agriculture n'empêche pas la balance agricole d'être déficitaire.

Guyana

GUY
Amérique du Sud
214 969 km²
790 000 hab.
ONU, CARICOM, CW

Capitale : Georgetown (170 000 hab.)
Langue officielle : anglais
Religions : chrét. (57%), hind. (33%), musulm.
Régime polit. : rép. présid.
Chef de l'Etat : Hugh Desmond Hoyte (depuis août 1985)
Chef du gouv. : Hamilton Green (depuis août 1985)
PNB : 360 millions de $ (1986)
Monnaie : 1 dollar guyanais (G$) = 100 cents

C'est le type même de l'Etat qui, après avoir connu le fiasco à la suite d'une expérience de marxisme tropical, tente de se tourner vers l'Occident. Le président Desmond Hoyte s'estime satisfait par le nouveau cours des choses, satisfaction prématurée sauf si l'on se fonde sur les statistiques gouvernementales. Le dollar guyanais est surévalué. Le riz et le sucre ont été exportés dans de mauvaises conditions. En revanche, la pêche aux crustacés se développe. La production de la bauxite est en baisse de 12% par rapport à l'année précédente. Lors de la période de gouvernement ultra-marxiste du précédent président, 400 000 Guyanais (50% de la population actuelle) se sont expatriés et le pays en est arrivé à l'état de cessation de paiement et détient le triste privilège d'être la nation la plus pauvre d'Amérique du Sud. En matière de politique étrangère, la Guyana est restée fidèle à ses attaches passées. Elle entretient d'étroites relations avec Fidel Castro et sa capitale, Georgetown, a accueilli une réunion ministérielle des non-alignés.

Haïti

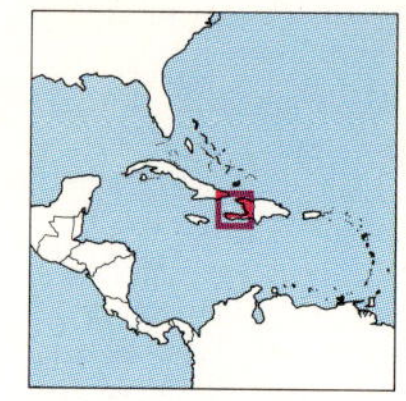

RH
Amérique Centrale
27 750 km²
5,5 M. hab.
ONU, OEA, SELA

Capitale : Port-au-Prince (800 000 hab.)
Langue officielle : français
Religions : cath. (plus de 70%), prot. (10%)
Régime politique : rép. présid.
Chef de l'Etat : (provisoire) Henri Namphy
Chef du gouv. (provisoire) : Henri Namphy
PNB : 1,91 milliard de $ (1985)
Monnaie : 1 gourde (gde) = 100 centimes

Référendum sur la nouvelle constitution, élections municipales, présidentielles et législatives si l'on s'en tenait aux apparences, Haïti aurait retrouvé la démocratie depuis le départ de Baby Doc. Or, il s'agit des grimaces de la liberté et à Port-au-Prince on vit le duvaliérisme sans les Duvalier. Avec la bénédiction tacite du triumvirat militaire mené par le général Namphy, les tontons macoutes (garde prétorienne de la famille Duvalier) sont revenus d'exil. Et ils ont su recréer un climat de terreur et de guerre civile. Lors des réunions électorales, il est fréquent que les orateurs soient tués à coups de bâton et de machette. Un camion transportant 40 cadavres est intercepté par la foule, l'armée tire et fait 4 morts supplémentaires. L'attitude souvent passive et insidieusement répressive de l'armée pourrait surprendre si l'on ne savait que ses officiers supérieurs furent des produits du duvaliérisme. La décision d'annuler le scrutin, prise arbitrairement par la junte le jour même de la consultation électorale, a suscité de violentes réactions à l'étranger. Washington a immédiatement suspendu « toute assistance militaire ainsi que tous les programmes d'aide économique non humanitaire ». La dégradation de l'économie se poursuit. La reconstitution du cheptel porcin, décimé au début des années 80 à la suite d'une épidémie, est très lente alors que le porc constitue souvent l'unique bien des paysans. Ces derniers sont encore lésés par le riz de contrebande importé des Etats-Unis et meilleur marché que le leur. Quant aux 120 millions de dollars détournés par l'ex-président Jean-Claude Duvalier, tout espoir de les récupérer semble perdu.

Honduras

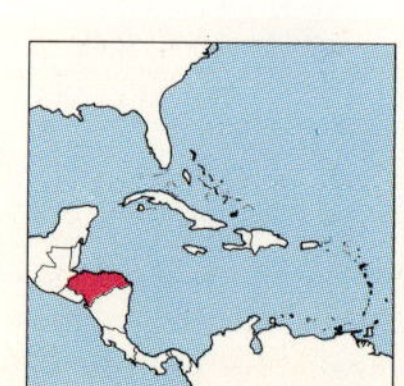

Amérique Centrale
112 088 km²
4,4 M. hab.
ONU, OEA

Capitale : Tegucigalpa (600 000 hab.)
Langue officielle : espagnol
Religion : cath. (plus de 90%)
Régime politique : rép. présid.
Chef de l'Etat : José Simon Azcona Hoyo (dep. janvier 1986)
Chef du gouv. : José Simon Azcona Hoyo (dep. janvier 1986)
PNB : 3,1 milliards de $ (1985)
Monnaie : 1 lempisa (L) = 100 centavos

D'une étendue inférieure à un quart de la France, le Honduras souffre d'un lourd handicap politico-militaire. Sur son territoire séjournent deux armées étrangères, celle des Etats-Unis et celle des « contras » nicaraguayens hostiles au gouvernement sandiniste. Sa propre armée n'évite les incidents ni avec les troupes de Managua ni avec celles du Salvador (un litige frontalier oppose ce pays au Honduras). Afin de faire bon poids, un mouvement de guérilla marxiste tente de faire surface. Mais à part cela, le Honduras se porte relativement mieux que ses voisins centre-américains alors qu'il était naguère le plus pauvre des sept. Le chef de l'Etat, José Simon Azcona, est un homme intègre et adroit. L'inflation est passée en quatre ans de 9,3% à 1,4% et l'aide américaine est importante. En 1987, le gouvernement a lancé un plan d'industrialisation comportant des avantages fiscaux pouvant attirer les capitaux étrangers. Cependant, l'agriculture (bananes, café, maïs, bois) reste l'activité dominante et comme dans le reste de l'Amérique latine se pose le problème de la redistribution des terres.

Hongrie

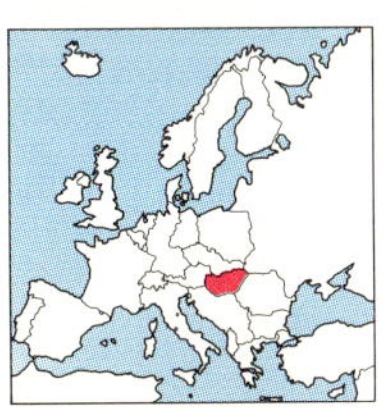

H
Europe centrale
93 130 km²
10,7 M. hab.
ONU, Comecon, PV

Capitale : Budapest (2,1 M. hab.)
Langue officielle : hongrois
Religions : cath (54%), prot. (24%)
Régime polit. : rép. pop. social.
Chef de l'Etat : Pal Losonczi (depuis 1967)
Chef du gouv. : Karoly Grosz
PNB : 19,66 milliards de $ (1984)
Monnaie : 1 forint (Ft) = 100 filler

Des changements importants ont eu lieu au sein de l'équipe dirigeante. Les nouveaux technocrates auront du pain sur la planche car le « modèle hongrois » tend à s'effriter. La Hongrie va même, en raison de son économie mixte, faire face à un phénomène officiellement inconnu à l'Est : le chômage. Parmi les mesures adoptées afin de lutter contre le déficit budgétaire, figure la suppression des subventions accordées à des entreprises non rentables. En 1988, la Hongrie sera la première nation communiste à introduire la TVA et l'impôt sur le revenu. Mais le principal point noir demeure une dette extérieure de 13 milliards de dollars. Reste le côté positif: la Hongrie est la seule nation « socialiste » à fournir à ses habitants des produits de qualité et a vaincu la pénurie.

Inde

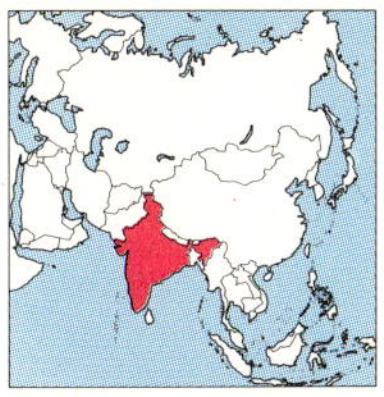

IND
Asie du Sud
3 287 590 km²
769,7 M. hab.
ONU, CW

Capitale : New Dehli (6,2 M. hab.)
Langues officielles : hindi, anglais
Religions : hind. (82%), musulm. (11%)
Régime polit. : féd. parlem.
Chef de l'Etat : Ramaswami Venkatamaran (dep. juillet 1987)
Chef du gouv. : Rajiv Gandhi (depuis 1984)
PNB : 160 milliards de $ (1985)
Monnaie : 1 roupie indienne (IR) = 100 paise

Plus que centenaire, le Parti du Congrès a enregistré une série d'échecs électoraux et ne détient plus le pouvoir que dans les États du nord. Les dissensions entre le Premier ministre Rajiv Gandhi et le président de la république Zail Singh (qui, en juillet 1987, cède la place à Ramaswami Venkatamaran) n'ont fait qu'aggraver les choses. Atteignant un déficit budgétaire de 6,5 milliards de dollars, l'augmentation des dépenses militaires ne fait que secouer davantage l'économie indienne. Cependant, le problème majeur demeure celui des conflits ethniques : 760 millions d'habitants sont divisés en 25 Etats et parlent 850 langues différentes. Il se trouve en outre que deux ethnies très présentes dans l'armée indienne demandent une totale refonte de l'Union indienne. Si les sikhs revendiquent un Khalestan indépendant, les Gurkhas se contenteraient d'un Gurkhaland autonome. Sur le terrain, ces aspirations se sont concrétisées sous forme d'assassinats. Dans le Pendjab où les sikhs représentent 51% de la population, les 49% d'hindous sont soumis à une campagne de terreur visant à les faire quitter le pays. Quant aux Gurkhas, proches des Népalais, dont le centre culturel est Darjeeling, ils refusent leur intégration à un Bengale au gouvernement marxiste. Pour ce qui est du problème tamoul, il sort du cadre de l'Union indienne puisque c'est sous la pression des 40 millions de Tamouls vivant dans l'Etat du Tamil-Nadu, que New Dehli est intervenue activement au Sri Lanka pour soutenir les revendications des 2,5 millions de Tamouls immigrés dans l'île et entrés en lutte ouverte avec la majorité cinghalaise.

Indonésie

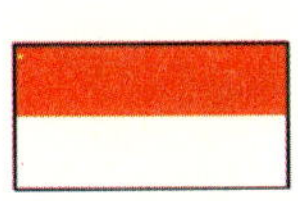

RI
Asie du S-E
1 919 345 km²
166,9 M. hab.
ONU, ASEAN, OPEP

Capitale : Djarkata (6,9 M. hab.)
Langue officielle : indonésien
Religions : musulm. (91,3%), chrét.
Régime polit. : rép. présid.
Chef de l'Etat : général Kemusu Suharto (depuis 1967)
Chef du gouv. : général Kemusu Suharto
PNB : 74,29 milliards de $ (1985)
Monnaie : 1 rupiah (Rp) = 100 sen

Irak

IRQ
Proche Orient
434 924 km²
16,4 M. hab.
ONU, LA, OPEP

Capitale : Bagdad (3,5 M. hab.)
Langue officielle : arabe
Religions : musulm. (93%), chrét. (5%)
Régime polit. : rép. présid. social.
Chef de l'Etat : Saddam Hussein al-Takriti (depuis 1979)
Chef du gouv. : Saddam Hussein al-Takriti
PNB : 29,7 milliards de $ (1984)
Monnaie : 1 dinar irakien (ID) = 1 000 fils

Le printemps aura été marqué par l'attaque, par erreur, de l'aviation irakienne contre une frégate américaine faisant 37 morts. Mais ce sont les attaques de pétroliers qui, depuis 1984, ont fait le plus de dégâts (98 morts et 44 navires détruits, 62 navires ont été touchés en 1984-85, 85 en 1986 et plus de 100 au 1er novembre 1987). Au total, 181 attaques ont eu lieu d'avril 1984 jusqu'au 12 mai 1987 dont 108 irakiennes et 73 iraniennes. De manière générale, la guerre avec l'Iran tend vers l'escalade de la terreur avec la guerre des villes. La chute sur une école de Bagdad d'un missile iranien a provoqué une profonde colère au sein de la population irakienne. C'était la onzième fusée depuis le début de l'année mais celle-ci tua 30 enfants et en blessa 228. Si, avec l'utilisation des missiles de conception soviétique Scud B, Téhéran tente de compenser son infériorité aérienne, Bagdad, en maîtrisant la technique du ravitaillement en vol, peut attaquer des objectifs situés très loin de ses bases tel le terminal pétrolier de Larak à l'entrée du détroit d'Ormuz. Mais la guerre Iran-Irak est aussi économique et l'Irak dispose depuis le mois d'août d'un avantage de poids : un nouvel oléoduc transporte son pétrole vers le port turc de Ceyhan. Ajouté à celui qui conduit à Yanbu, terminal saoudien riverain de la mer Rouge, l'Irak est en mesure d'exporter 2,5 millions de barils par jour. La saison des pluies risque d'inciter Téhéran à profiter de sa supériorité terrestre pour pousser une offensive vers Bassorah. A cette époque, l'aviation irakienne se trouve en effet gênée par le climat.
Pour ce qui concerne les relations extérieures, on doit souligner le spectaculaire rapprochement de la Libye du colonel Kadhafi qui veut s'entendre avec l'Irak pour « établir des relations fraternelles ».

Iran

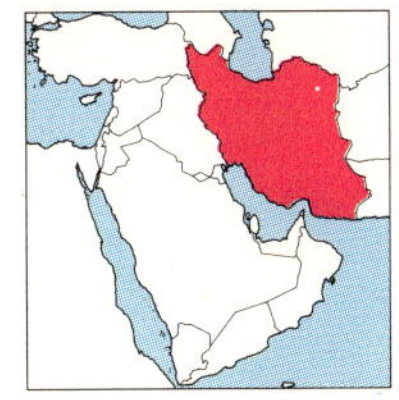

IR
Proche-Orient
1 648 000 km²
45 M. hab.
ONU, OPEP

Capitale : Téhéran (4,7 M. hab.)
Langue officielle : persan
Religions : musulm. (plus de 95%), bahaïstes (1,5%)
Régime polit. : rép. islamique
Chef de l'Etat : Seyed Ali Khomeiny (depuis 1981)
Chef du gouv. : Hussein Moussavi (depuis 1981)
PNB : 132 milliards de $ (1985)
Monnaie : 1 rial (RI) = 100 dinars

Malgré un gigantesque effort de guerre, l'ayatollah Khomeiny ne parvient pas à terrasser son ennemi irakien Saddam Hussein. Conséquence : de moins en moins, la guerre parvient à cimenter l'unité iranienne, ce qui était pourtant sa finalité profonde. Dans leur grand dessein, les ayatollahs de Qom ont trouvé un nouveau vecteur en organisant des émeutes à La Mecque à l'aide de « pèlerins » iraniens. Lorsque, dès le 1er août, un bilan de 402 morts fut publié, l'hodjatoleslam Rafsandjani, président du Parlement, invita les Iraniens à protester, ce qui devait aboutir au sac des ambassades d'Arabie Saoudite et du Koweit. L'extrême chiite, s'il obtient des succès au Liban, amène en revanche les pays arabes à adopter une attitude commune de répression contre l'intégrisme. Sur le plan international, la vapeur a également été inversée. La résolution de l'ONU datant du 20 juillet n'a pas désigné Bagdad comme agresseur et a implicitement condamné l'Iran pour son intransigeance.

Irlande

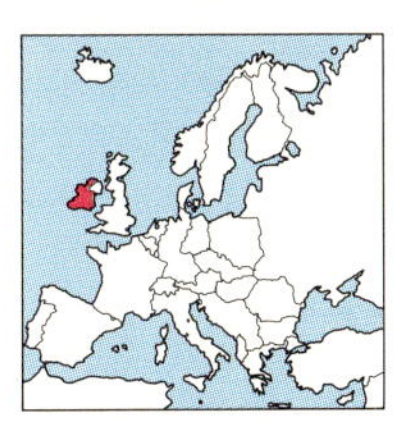

EIR
Europe de l'Ouest
70 283 km²
3,6 M. hab.
ONU, CEE, CE, OCDE

Capitale : Dublin (920 000 hab.)
Langues officielles : irlandais (gaélique), anglais
Religions : cath. (94%), anglic. (4%)
Régime polit. : rép. parlem.
Chef de l'Etat : Patrick Hillery (depuis 1976)
Chef du gouv. : Charles Haughey (depuis février 1987)
PNB : 25,1 milliards de $ (1986)
Monnaie : 1 livre irlandaise (Ir) = 100 pence

Après quatre ans d'opposition, M. Charles Haughey, chef du « Fianna Fail », a repris le pouvoir à Garret Fitzgerald, chef du « Fine Gael ». A ce dernier revient le mérite d'avoir réduit l'inflation de 13,5% à 4%. L'accord signé entre Dublin et Londres à Hillsborough en 1985, accordant un certain droit de regard à la République sur l'Ulster restée province du Royaume Uni, semble avoir réactivé l'activisme de l'IRA (armée républicaine irlandaise). Le lâche attentat d'Enniskilen en Irlande du Nord, perpétré le 8 novembre (11 morts et 63 blessés), a démontré que l'explosif utilisé était le même que celui trouvé à bord de l'Eksund II, cargo arraisonné le 30 octobre par la France et transportant 200 tonnes d'armes envoyées par la Libye à l'IRA. Dublin a considérablement raidi son attitude à l'égard de Tripoli et Téhéran. La Garda, police irlandaise et la Royal Ulster Constabulary, son homologue de l'Irlande du Nord, vont renforcer leur coopération pour mieux verrouiller la frontière.

Islande

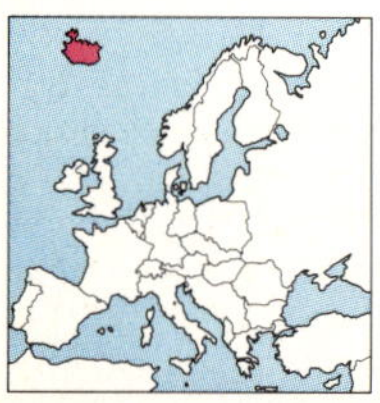

Europe du Nord
103 000 km²
240 000 hab.
ONU, OCDE, OTAN, CN, CE

Capitale : Reykjavik (130 000 hab.)
Langue officielle : islandais
Religion : luthér. (97%)
Régime polit. : rép. parlem.
Chef de l'Etat : Vigdis Finnbogadottir (depuis 1980)
Chef du gouv. : Gunnar Thorodsen
PNB : 3,6 milliards de $ (1986)
Monnaie : 1 couronne islandaise = 100 aurar

Israël

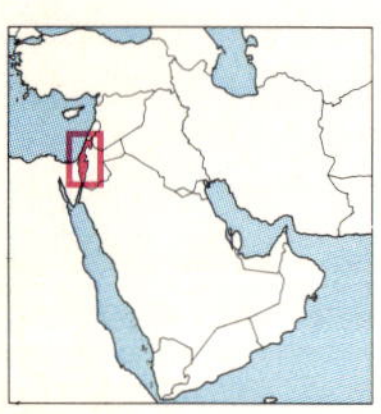

IL
Proche-Orient
20 770 km²
4,25 M. hab.
ONU

Capitale : Jérusalem (465 000 hab.)
Langue officielle : hébreu
Religions : juifs (84%), musulm. (12%), chrét. (2,5%)
Régime polit. : rép. parlem.
Chef de l'Etat : Chaim Herzog (depuis 1983)
Chef du gouv. : Itzhak Shamir (depuis octobre 1986)
PNB : 20 milliards de $ (1986)
Monnaie : 1 nouveau schekel (IS) = 10 agorots

Pour la bonne conduite de sa politique de « transparence », M. Mikhaïl Gorbatchev a besoin d'exclure tout hiatus de la campagne de charme médiatique entreprise à travers le monde. Force lui a été de tenter de renouer avec l'Etat hébreu les liens qui furent rompus vingt ans plus tôt. Le 14 juillet, MM. Harrez et Antipon, diplomates soviétiques, ont été reçus en Israël. Des protestataires, dont le dissident soviétique Nathan Chtcharansky, manifestent contre leur venue. Chef du Likoud (conservateur) et Premier ministre ayant succédé à Shimon Perès (travailliste) en octobre 1986, Yitzhak Shamir est un homme heureux. Le schekel a été dévalué de 10% mais l'inflation a poursuivi sa régression (500% en 1985, 20% en 1986, 2% pour les premiers mois de 1987), le déficit budgétaire évalué à 17% du PNB voici deux ans est tombé à 3%. Certes, Israël a bénéficié d'une aide américaine de 1,5 milliard de dollars mais doit consacrer à la défense 25% de son PNB.

Italie

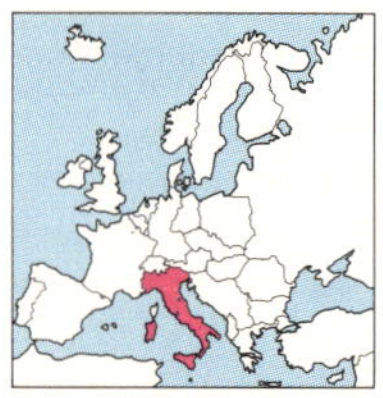

I
Europe du Sud
301 225 km²
57,1 M. hab.
ONU, CEE, CE, OTAN, OCDE

Capitale : Rome (3 M. hab.)
Langue officielle : italien
Religion : cath. (plus de 99%)
Régime polit. : rép. parlem.
Chef de l'Etat : Francesco Cossiga (depuis juin 1985)
Chef du gouv. : Giovanni Goria (depuis 27.7.87)
PNB : 354 milliards de $ (1985)
Monnaie : 1 lire ital. (Lit) = 100 centisimi

L'incohérence continue à marquer la vie politique italienne avec ses crises à répétitions et ses élections ne servant qu'à remettre en présence les géants démocrates-chrétiens et socialistes, ces derniers bénéficiant de la popularité de Bettino Craxi. Même les référendums comme celui des 8 et 9 novembre ont été l'occasion de « combinazione » politiques. Le référendum proposant l'abrogation des limitations de la responsabilité des juges sauf dans les cas de « vol, omission d'enquête » n'a mobilisé que 45% des électeurs inscrits. 80% des votants ont dit oui. Heureusement, sur le plan économique, le pays compense largement ses lacunes (pourtant aggravées par des conflits sociaux). Baisse de l'inflation (- 2,7%) et croissance du PNB (+ 2,7%), chiffres auxquels il convient d'ajouter que l'Italie a dépassé le Royaume-Uni et est devenu la cinquième puissance industrielle mondiale.

Jamaïque

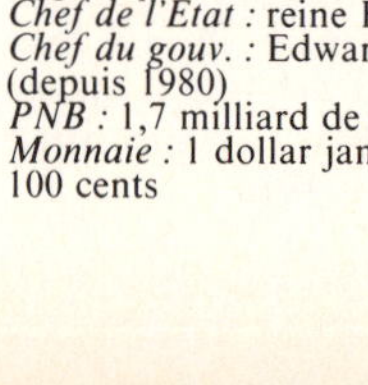
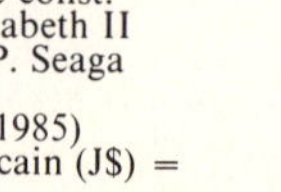

JA
Amérique Centrale
10 991 km²
2,36 M. hab.
ONU, OEA, CARICOM, CW

Capitale : Kingston (700 800 hab.)
Langue officielle : anglais
Religions : prot. (78%), cath. (8%)
Régime polit. : monarchie const.
Chef de l'Etat : reine Elisabeth II
Chef du gouv. : Edward P. Seaga (depuis 1980)
PNB : 1,7 milliard de $ (1985)
Monnaie : 1 dollar jamaïcain (J$) = 100 cents

Japon

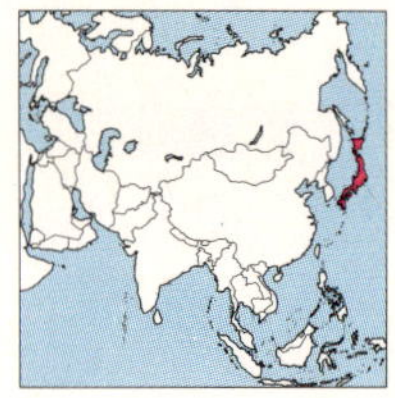
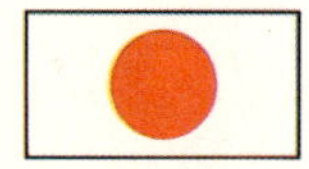

J
Extrême-Orient
372 313 km²
121,5 M. hab.
ONU, OCDE

Capitale : Tokyo (8,4 M. hab.)
Langue officielle : japonais
Religions : bouddh., shint.
Régime polit. : monarchie parlem.
Chef de l'Etat : empereur Hirohito (depuis 1926)
Chef de gouv. : Noborutu Takeshita (dep. le 7.11.1987)
PNB : 1 958,5 milliards de $ (1986)
Monnaie : 1 yen (Y) = 100 sen

Dix-septième chef de gouvernement après la guerre, M. Noborutu Take shita a succédé à M. Yasuhiro Nakasone. Il se trouve à la tête d'une nation en voie de devenir la première puissance économique mondiale et capable selon certains experts de « racheter » l'ensemble de l'économie américaine. De plus en plus, le Japon sort de chez lui et investit à l'étranger. En 1980, il y avait 200 usines japonaises aux Etats-Unis, elles étaient 546 au début de l'année. Matsushita est présent dans 28 pays avec 51 usines. De 1979 à 1986, l'excédent commercial a été multiplié par 45. Qu'il s'agisse d'automobile, de composants électroniques, de haute fidélité ou de vidéo, le raz de marée est planétaire.

Jordanie

HKJ
Proche-Orient
97 740 km²
3,5 M. hab.
ONU, LA

Capitale : Amman (1 M. hab.)
Langue officielle : arabe
Religions : musulm. (plus de 90%), chrét. (6%)
Régime polit. : monarchie const.
Chef de l'Etat : roi Hussein II (depuis 1952)
Chef du gouv. : Said Rifai (depuis avril 1985)
PNB : 4,7 milliards de $ (1986)
Monnaie : 1 dinar jordanien = 1 000 fils

Désormais Talleyrand aura un égal arabe : le roi Hussein de Jordanie. Dans les missions impossibles qui lui étaient imparties, il a réalisé un sans faute. réconcilier deux ennemis tels le Syrien Hafez el Assad et l'Irakien Saddam Hussein, unifier la position arabe à propos de la guerre du Golfe, réintégrer l'Egypte au sein de la famille arabe et préserver les chances de dialogue sur le problème palestinien. La conférence d'Amman aura été un plein succès. Dans ses efforts, le souverain hachémite aura été épaulé par le prince saoudien Abdallah et par le président algérien Chadli Ben Djedid dont la vocation diplomatique ne cesse de s'affirmer. En matière économique, la Jordanie mène une politique d'austérité car les rapatriements financiers des travailleurs jordaniens immigrés dans les pays du Golfe (40% de la population active) ont chuté de 1,5 à 1 milliard de dollars de 1980 à 1986.

Kampuchéa

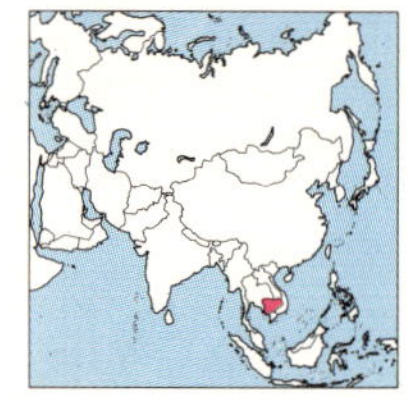

K
Asie du S-E
181 035 km²
7,2 M. hab.
ONU

Capitale : Phnom Penh (500 000 hab.)
Langue officielle : khmer
Religions : bouddh (90%), musulm. (1%)
Régime politique : rép. dém. pop.
Chef de l'Etat : Heng Samrin (depuis 1979)
Chef du gouv. : Hun sen (depuis janvier 1985)
PNB : 1,1 milliard de $ (1984)
Monnaie : 1 riel (J) = 100 sen

Kenya

EAK
Afrique orientale
582 646 km²
20,8 M. hab.
ONU, CW, OUA

Capitale : Nairobi (1,5 M. hab.)
Langue officielle : swahili
Religions : animistes (40%), prot. (35%), cath. (20%)
Régime polit. : rép. présid.
Chef de l'Etat : Daniel Arap Moi (depuis 1978)
Chef du gouv. : Daniel Arap Moi (depuis 1978)
PNB : 5,75 milliards de $ (1984)
Monnaie : 1 shilling kenyan = 100 cents

Le fait qu'un film consacré à un pays puisse avoir des incidences sur son économie aura été illustré par la projection de « Out of Africa » en Europe et en Amérique. Il a développé au cours de l'année un fort courant touristique.

Kiribati

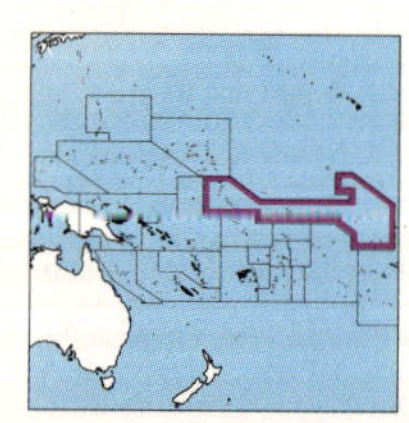

Océanie
886 km²
65 000 hab.
CW

Capitale : Bairiki
Langue officielle : anglais
Religions : prot. (plus de 50%), cath. (30%)
Régime polit. : rép. présid.
Chef de l'Etat : Jeremia Tabia (depuis 1979)
Chef du gouv. : Jeremia Tabia (depuis 1979)
PNB : 30 millions de $
Monnaie : dollar australien

Le groupe d'îles aura été la première implantation soviétique au cœur du Pacifique. De 1982 à 1984, les pêcheries américaines versaient un million de dollars par an au Kiribati pour s'assurer le droit de pêcher dans ses eaux territoriales. En 1985, l'Amérique ne reconduisit pas le traité et M. Tabia, Premier ministre, accusa Washington d'avoir l'intention « de pêcher comme des braconniers ». Peu de temps après, les Soviétiques arrivèrent à Bairiki, la capitale, et signèrent un accord pour deux millions de dollars. Depuis, bardés d'antennes, les chalutiers soviétiques patrouillent sans relâche dans la zone.

Koweit

KWT
Proche-Orient
17 818 km^2
1,85 M. hab.
ONU, LA,
CCG, OPEP

Capitale : Koweit (1,1 M. hab.)
Langue officielle : arabe
Religions : musulm. (plus de 90%), chrét (4%)
Régime polit. : émirat
Chef de l'Etat : cheikh Jaber al-Ahmed as-Sabah (depuis 1978)
Chef du gouv. : cheikh Saad al-Abdallah al-Salem as-Sabah (depuis 1978)
PNB : 20,5 milliards de $ (1986)
Monnaie : 1 dinar koweïtien (KD) = 1 000 fils

De manière croissante, l'émirat aura été concerné par la guerre Iran-Irak et par les combats se déroulant dans le Chott-el-Arab. Les dissensions entre musulmans sunnites et chiites (30%) tendent à s'aggraver et cela d'autant plus que les étrangers représentent 70% de la population. Le 24 juillet, le « Bridgetown », pétrolier koweitien naviguant sous le pavillon américain, a heurté une mine au large de l'île iranienne de Farscya dans le Golfe. Deuxième au monde par l'importance de ses gisements pétroliers, le Koweit a moins souffert de la baisse que les autres pays producteurs dans la mesure où le coût d'extraction y est peu élevé.

Laos

LAO
Asie du S-E
236 800 km^2
4,2 M. hab.
ONU, Comecon (observateur)

Capitale : Vientiane (300 000 hab.)
Langue officielle : laotien
Religion : bouddh. (plus de 90%)
Régime politique : rép. dém.
Chef de l'Etat : Phoumi Vongvichit
Chef du gouv. : Kayson Phomvihan (depuis 1975)
PNB : 1,76 milliard de $ (1984)
Monnaie : kip

Lesotho

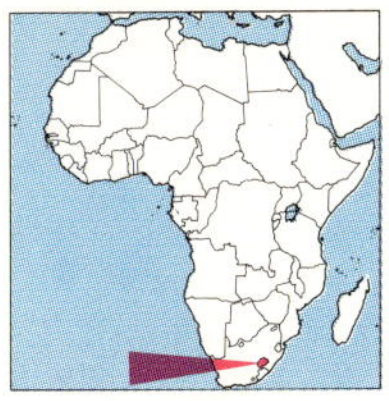

LS
Afrique australe
30 355 km^2
1,5 M. hab.
ONU, CW,
OUA

Capitale : Maseru (45 000 hab.)
Langue officielle : sesotho
Religions : confessions chrét. (plus de 74%)
Régime polit. : monarchie const.
Chef de l'Etat : roi Moshoeshoe II (depuis 1966)
Chef du gouv. : général Justin Lekhanya (depuis janvier 1986)
PNB : 560 millions de dollars (1984)
Monnaie : 1 lothi (M) = 100 lisente

Les travaux du Highland Water Project ont commencé. Ils doivent durer 25 ans et représentent un investissement de deux milliards de dollars, soit plus de trois fois le PNB du pays. En été 1987, le Lesotho a souffert par ricochet de la grève des mineurs en Afrique du Sud. Dans ces mines travaille 25% de la population active et y gagne la moitié du PNB du Lesotho. L'ancien chef du gouvernement, Lebua Jonathan, renversé en 1986 par le coup d'Etat du général Justin Lekhanya, est décédé de maladie.

Liban

RL
Proche-Orient
10 452 km^2
2,6 M. hab.
ONU, LA

Capitale : Beyrouth (900 000 hab.)
Langue officielle : arabe
Religions : musulm. (58%), chrét. (41%)
Régime polit. : rép. parlem.
Chef de l'Etat : Amine Gemayel (depuis 1982)
Chef du gouv. (provisoire) : Selim Hoss
PNB : 3 milliards de $ (1986)
Monnaie : 1 livre libanaise (L) = 100 piastres

A 87 ans, l'ancien président de la République et actuel ministre des Finances Camille Chamoun s'est éteint. Ce chef des chrétiens maronites n'accepta jamais la tutelle que Damas prétendait exercer sur le Liban. En revanche, Rachid Karamé, le Premier ministre assassiné le 1er juin, déclarait volontiers : « Je suis Syrien. Nous sommes un seul peuple dans deux Etats. » Revenant en pacificateurs quatre ans après avoir été chassés par l'armée israélienne, les soldats syriens du général Ghazzi Kanaan ont occupé Beyrouth à l'exception du faubourg méridional de Bir-el-Abed, fief intégriste des Hezbollah pro-iraniens. Ceux-ci ont particulièrement été visés lors de l'arrivée des Syriens et une patrouille syrienne a abattu 23 « fous de Dieu ». En fait, le Liban n'est plus qu'une juxtaposition de « seigneuries » évoquant l'Italie du XVIe siècle. Cela va du réduit chrétien (Beyrouth-Est et mont-Liban) couvrant quelques centaines de kilomètres carrés aux enclaves druzes du Chouf. Dans l'extrême sud du pays, une « seigneurie » à direction chrétienne mais à population majoritairenment chiite s'est établie avec l'aide des Israéliens. Un réseau d'alliances sans cesse rediscutées réunit ces groupes contre l'adversaire provisoire qui deviendra l'allié de demain. Le renversement de situation le plus spectaculaire aura été au début de l'année le retour à Saida des Palestiniens de Yasser Arafat, alors qu'en 1982 ils avaient été expulsés du Liban-Sud et de Beyrouth-Ouest. Quant à l'organisation de la justice révolutionnaire qui a libéré fin novembre les otages français Roger Auque et Jean-Louis Normandin, elle comprend à la fois des pro-iraniens, des opposants irakiens et des militants influencés par les Syriens.

Libéria

LB
Afrique occidentale
111 369 km^2
2,25 M. hab.
ONU,
CEDEAO, OUA

Capitale : Monrovia (800 000 hab.)
Langue officielle : anglais
Religions : animistes (70%), musulm. (20%), chrét.
Régime polit. : rép. présid.
Chef de l'Etat : Samuel Kanyon Doe (depuis 1980)
Chef du gouv. : Samuel Kanyon Doe (depuis 1980)
PNB : 1 milliard de $ (1984)
Monnaie : 1 dollar libérien = 100 cents

Heureusement pour l'économie libérienne, les Etats-Unis réaccordent l'aide qu'ils avaient supprimée au début de l'année 1986 en raison des violations répétées des droits de l'homme. Le montant de l'aide spéciale accordée par Washington à Monrovia pour que le Libéria puisse servir ses dettes a atteint 52 millions de dollars en 1986. Le président Samuel Doe a préconisé pour 1987 la « révolution verte ». Il s'agit d'assurer l'autosuffisance alimentaire. Il faudra pour cela améliorer le rendement car pour le riz il est de 1 200 kg à l'hectare contre une moyenne africaine de 1 835 kg. Les plantations d'hévéas, spécialité du Libéria, appartiennent pour les trois quarts aux multinationales américaines.

Libye

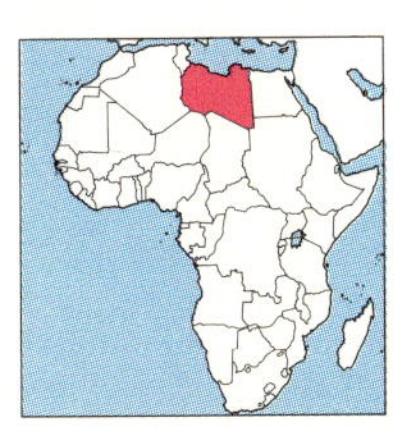

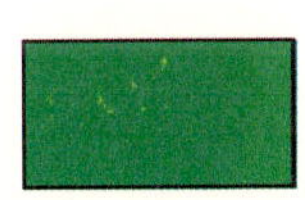

LAR
Afrique du Nord
1 759 540 km^2
3,7 M. hab.
ONU, LA,
OUA, OPEP

Capitale : Tripoli (1 M. hab.)
Langue officielle : arabe
Religions : musulm. (97,2%), chrét. (2,4%)
Régime polit. : rép. pop. social.
Chef de l'Etat : Muammar al-Kadhafi
Chef du gouv. : Muhammar al-Kadhafi
PNB : 20 milliards de $ (1986)
Monnaie : 1 lib. dinar (LD) = 1 000 dirhams

1987 aura été marqué par la déroute libyenne au Tchad. Dès le début de l'année et consécutivement à la rupture entre Tripoli et ses alliés tchadiens du GOUNT dirigé par Goukouni Weddei, le corps expéditionnaire libyen s'est vu infliger des pertes sévères par les attaques surprises, puis à Fada et Ouadi Doum a connu le désastre. Rien que dans la base de Ouadi Doum, construite par les Allemands de l'Est, les troupes du colonel Kadhafi ont abandonné aux Tchadiens 11 bombardiers légers de fabrication tchèque, 2 avions d'appui Marchetti, 3 hélicoptères d'assaut soviétique M.I.24, 12 chars T62, 40 T.55 et 10 radars. Le tout pour une valeur d'un milliard de dollars. En se laissant prendre ce matériel, Kadhafi a également rendu un piètre service à ses alliés soviétiques car des spécialistes occidentaux ont eu tout loisir pour examiner cet armement. Le chef libyen doit également subir, comme les autres producteurs, une baisse de ses revenus pétroliers aggravée par la rupture des accords avec les compagnies américaines. Un budget militaire pouvant être évalué à 20% du PNB et le financement des actions subversives à travers le monde ont de sérieuses répercussions sur le niveau de vie des Libyens. Les biens de consommation viennent à manquer et les traitements des fonctionnaires tout comme les soldes des militaires sont versés avec de longs retards. Muammar al-Kadhafi n'en continue pas moins à nourrir de belliqueux projets. Au début décembre, profitant de ses bons rapports avec le Soudan, Tripoli a infiltré 5 000 hommes de sa « Légion islamique » dans la province soudanaise du Darfour et peut tenter ainsi de prendre les Tchadiens à revers par l'est. Sur le plan de la politique intérieure, Kadhafi a fait porter par ses officiers supérieurs la responsabilité de la défaite tchadienne et s'efforce de disperser les centres de décision afin de prévenir toute révolte organisée. La complexité de l'organisation administrative libyenne, avec ses comités révolutionnaires et ses comités populaires, a pour effet que les décisions prises par les uns annulent les mesures adoptées par les autres. Une grande partie du budget est occulté, notamment le montant de l'aide libyenne aux groupements étrangers de déstabilisation. Selon des experts arabes, il pourrait atteindre un montant de deux milliards de dollars pour la seule année 1985.

Liechtenstein

FL
Europe centrale
160 km^2
26 680 hab.
EFTA, CE

Capitale : Vaduz (4 900 hab.)
Langue officielle : allemand
Religions : cath. (85,2%), prot. (8,7%)
Régime polit. : monarchie const.
Chef de l'Etat : prince Hans Adam (depuis 1984)
Chef du gouv. : Hans Brunhart (dep. 1978)
Monnaie : franc suisse

Lié douanièrement à la Suisse, le Liechtenstein n'entretient plus d'excellentes relations avec son « grand » voisin. A Vaduz, on ne pardonne pas l'incendie de forêt provoqué par de malencontreuses manœuvres de l'armée suisse et le prince Hans Adam envisage de demander l'admission de son pays aux Nations unies en se fondant sur le fait que des Etats moins étendus (Tuvalu, 24,6 km²), et infiniment moins prospères, en sont membres.

Luxembourg

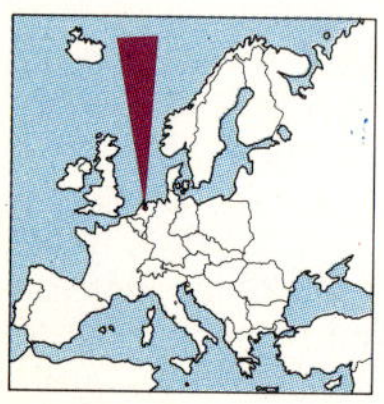

L
2 586 km²
370 000 hab.
ONU, CEE, CE, OTAN, OCDE

Capitale : Luxembourg (81 000 hab.)
Langues officielles : luxembourgeois, allemand, français
Religion : cath. (95 %)
Régime polit. : grand-duc Jean (dep. 1964)
Chef du gouv. : Jacques Santer (dep. 1984)
PNB : 5,1 milliards de $ (1986)
Monnaie : 1 franc luxemb. (FL) = 100 centimes

Pour ses voisins, le Luxembourg offre l'exemple d'un pays ayant su reconvertir son économie. Naguère fondée sur une sidérurgie aujourd'hui en crise, elle s'est recyclée dans les services financiers internationaux comme en témoigne l'implantation de la principale banque commerciale japonaise. Les relations avec la France se sont assombries par la suite de l'installation de la centrale nucléaire de Cattenom, à quelques kilomètres de la frontière luxembourgeoise.

Madagascar

RM
Afrique du S E
587 041 km²
10,06 M. hab.
ONU, OUA

Capitale : Tananarive (820 000 hab.)
Langues officielles : français, malgache
Religions : animistes (plus de 60 %), chrét. (28%)
Régime polit. : rép. pouvoir autoritaire
Chef de l'Etat : Didier Ratsiraka (depuis 1975)
Chef du gouv. : Désiré Rakotoarrijaona (dep. 1977)
PNB : 2,23 milliards de $ (1984)
Monnaie : 1 franc malgache = 100 centimes

Malaisie

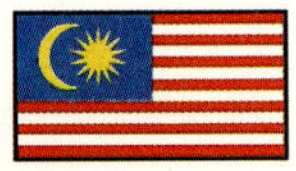

MAL
Asie du Sud
329 749 km²
16,1 M. hab.
ONU, ASEAN, CW

Capitale : Kuala Lumpur (1,1 M. hab.)
Langue officielle : malais (bahasa)
Religions : musulm. (50%), chrét., bouddh., hind.
Régime polit. : monarchie élective const.
Chef de l'Etat : sultan Mahmoud Iskandar (dep. 1984)
Chef du gouv. : Mohamad Mahatir (dep. 1981)
PNB : 25,4 milliards de $ (1984)
Monnaie : 1 ringitt mal. (M$) = 100 sen

Malawi

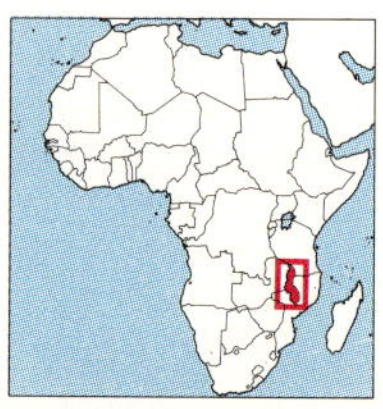

MW
Afrique du S.-E.
118 484 km²
7,5 M. hab.
ONU, CW, OUA

Capitale : Lilongwe (157 000 hab.)
Langues officielles : anglais, chichewa
Religions : animistes, chrét., musulm.
Régime polit. : rép. présid.
Chef de l'Etat : Hastings Kamuzu Banda (depuis 1974)
Chef du gouv. : Hastings Kamuzu Banda (depuis 1974)
PNB : 1,14 milliard de $ (1986)
Monnaie : 1 kwacha malawi (MK) = 100 tambala

Le Malawi a essayé d'améliorer ses relations avec ses voisins. Ils lui reprochent de servir de sanctuaire au mouvement de résistance mozambicain Renamo que l'on accuse d'être soutenu par l'Afrique du Sud, laquelle entretient des relations diplomatiques avec Lilongwe. Les rumeurs d'un coup d'Etat suscité par la Zambie et le Mozambique afin de renverser le président Hastings Banda ont à nouveau détérioré les relations. N'ayant pas de façade maritime, le Malawi doit en outre renoncer à l'utilisation des voies ferrées conduisant vers Beira au Mozambique car la ligne est mise pratiquement hors d'usage par les maquisards du Renamo. C'est donc par le Zimbabwe et le port de Durban, en Afrique du Sud, que s'effectuent les transports.

Maldives

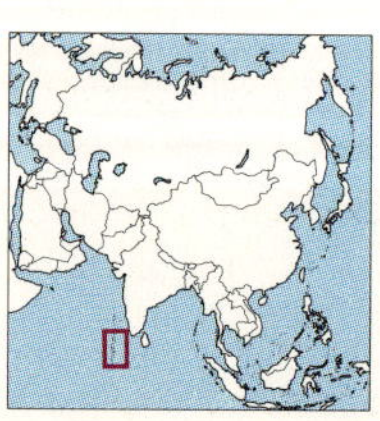

Asie du Sud
298 km²
180 000 hab.
ONU

Capitale : Malé (45 000 hab.)
Langue officielle : maldévien (divehi)
Religion : musulm. (98%)
Régime polit. : rép. présid.
Chef de l'Etat : Maumoon Abdul Gayyoom (depuis 1978)
Chef du gouv. : Maumoon Abdul Gayyoon (depuis 1978)
PNB : 110 millions de $ (1985)
Monnaie : 1 rufiyaa (Rf) = 100 lari

Mali

RMM
Afrique occid.
1 240 142 km²
8,2 M. hab.
ONU, CEDEAO, OUA

Capitale : Bamako (650 000 hab.)
Langue officielle : français
Religions : musulm. (75%), chrét. (10%)
Régime politique : rép. présid.
Chef de l'Etat : général Moussa Traoré (depuis 1986)
Chef du gouv. : général Moussa Traoré (depuis 1986)
PNB : 1,06 milliard de $ (1985)
Monnaie : 1 franc malien (FM) = 100 centimes

Malte

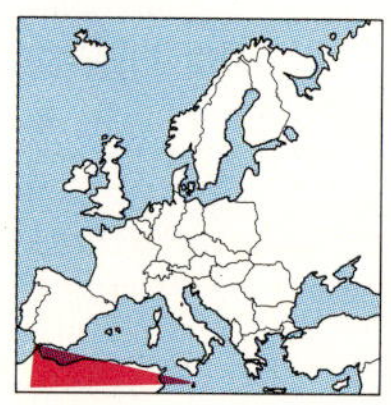
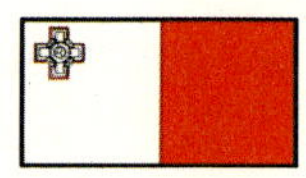

M
Europe du Sud
316 km²
380 000 hab.
ONU, CW, CE

Capitale : La Valette (25 000 hab.)
Langues officielles : maltais, anglais
Religion : cath. (98%)
Chef de l'Etat : Aghata Barbara (dep. 1982)
Chef du gouv. : Eddie Fenech Adami
PNB : 1,1 milliard de $ (1985)
Monnaie : 1 livre malt. (M) = 100 cent

En mai, après 16 années de pouvoir ininterrompu, les travaillistes ont été battus aux élections. Chef du parti nationaliste, M. Fenech Adami succède à M. Milsud Boccini. Pro-occidental, le nouveau pouvoir entend demander l'adhésion du pays à la CEE. Il faudra donc remettre en question les liens privilégiés existant depuis 1984 entre Malte et la Libye. Kadhafi a en effet implanté dans l'île dix firmes à capitaux libyens et 1500 de ses nationaux y résident.

Maroc

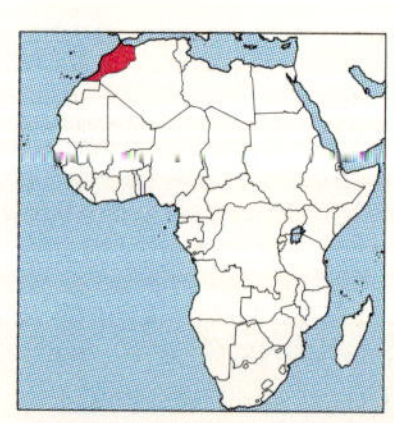

MA
Afrique du Nord-Ouest
446 550 km²
22,4 M. hab.
ONU, LA

Capitale : Rabat-Salé (950 000 hab.)
Langue officielle : arabe
Religion : musulm. (95%)
Régime polit. : monarchie const.
Chef de l'Etat : Hassan II (dep. 1961)
Chef du gouv. : Azzedine Laraki
PNB : 12,8 milliards de $ (1985)
Monnaie : 1 dirham (DH) = 100 centimes

La politique de fortification menée par le roi Hassan II dans le dessein de barrer la route aux bandes du Polisario a été un plein succès. Cette stratégie a eu l'heureux effet de réduire le coût de la guerre de moitié depuis deux ans. En conjuguant rigueur et libéralisme, le Maroc se trouve en parfait accord avec le Fonds monétaire international. La baisse du pétrole et une pluviosité accrue ont eu d'heureuses retombées sur la vie économique.

Maurice (île)

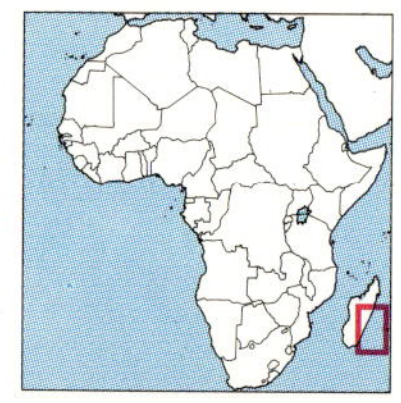

MS
Afrique du Sud-Est
2 045 km²
1 M. hab.
ONU, CW

Capitale : Port-Louis (146 000 hab.)
Langue officielle : anglais
Religions : hind. (54%), chrét. (30%), musulm.
Régime polit. : monarchie parlem.
Chef de l'Etat : reine Elisabeth II
Chef du gouv. : Anerood Jugnauth (dep. 1982)
PNB : 1,02 milliard de $ (1984)
Monnaie : 1 roupie mauric. (MR) = 100 cents

Mauritanie

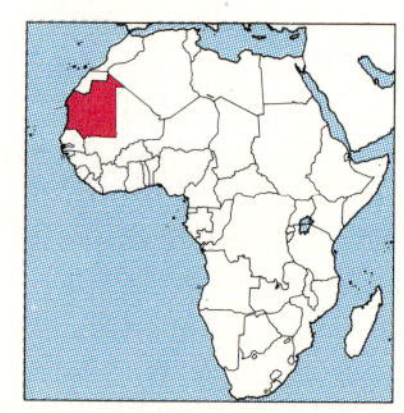

RIM
Afrique du N.-O.
1 030 700 km²
1,85 M. hab.
ONU, LA, CEDEAO, OUA

Capitale : Nouakchott (350 000 hab.)
Langues officielles : arabe, français
Religion : musulm. (99%)
Régime polit. : rép. présid.
Chef de l'Etat : Maoya Ould Sid' Ahmed Taya (dep. décembre 1984)
Chef du gouv. : Maoya Ould Sid' Ahmed Taya
PNB : 650 millions de $ (1985)
Monnaie : 1 ouguiya (UM) = 5 khoums

La tension raciale entre les Baydanes (Maures arabo-berbères) et les Negro-africains a pris des proportions inquiétantes. Représentant 25% de la population, les Noirs ont cependant un taux de fécondité plus élevé. Ils reprochent aux Maures de mal partager le pouvoir et de s'établir dans le sud du pays que jadis les Noirs cultivaient. Un mouvement clandestin, les « Forces de libération africaines de Mauritanie », affirme qu'au mois d'octobre deux cents officiers et sous-officiers, le plus souvent d'ethnies noires, ont été arrêtés. Déjà, en 1986, des troubles ethniques étaient survenus à Nouakchott et des tracts dénonçant « l'apartheid en Mauritanie » avaient été distribués. Les agitateurs ayant des complicités au Sénégal, les rapports entre Nouakchott et Dakar se sont détériorés.

Mexique

MEX
Amérique Centrale
1 972 547 km^2
81 M. hab.
ONU, ALADI, OEA, SELA

Capitale : Ciudad de Mexico (15 M. hab.)
Langue officielle : espagnol
Religion : cath. (95%)
Régime polit. : rép. présid.
Chef de l'Etat : Miguel de la Madrid Hurtado (dep. 1982)
Chef du gouv. : Miguel de la Madrid Hurtado
PNB : 161,3 millards de $ (1984)
Monnaie : 1 peso mexicain (Mx$) = 100 centavos

Un accord a été passé avec le FMI pour rééchelonner 12 milliards de dollars. Le gouvernement de Miguel de la Madrid s'active à privatiser et à réduire le secteur public. Une grève de deux mois a touché l'Université, les étudiants s'opposant à la sélection accrue et à l'augmentation des droits d'inscription. A noter qu'en 3 ans, 1,6 million de personnes ont été alphabétisées, ce qui ramène le pourcentage des illettrés de 14 à 9,2%. Le 1er décembre 1988, M. Carlos Salinas de Gortari succèdera à M. de la Madrid à la présidence de la République.

Monaco

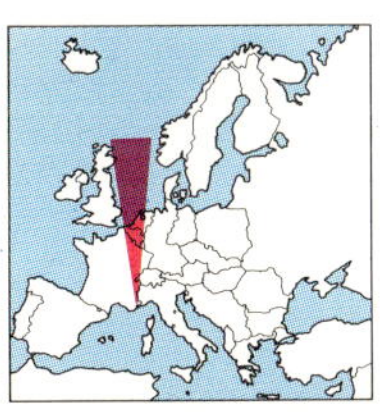
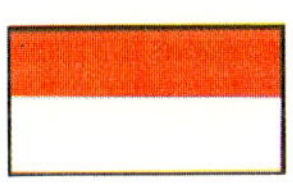

MC
Europe du S-O
1,95 km^2
27 000 hab.

Capitale : Monaco (2 000 hab.)
Langue officielle : français
Religion : cath. (90%)
Régime polit. : principauté const.
Chef de l'Etat : prince Rainier III (dep. 1949)
Chef du gouv. : Jean Ausseil (dep. 1985)
PNB : env. 270 millions de $ (1984)
Monnaie : franc français

Mongolie

Asie centrale
1 565 000 km^2
1,9 M. hab.
ONU, Comecon, PV

Capitale : Ulan Bator (465 000 hab.)
Langue officielle : mongol
Religion : bouddh.-lamaïstes
Régime politique : rép. pop. communiste
Chef de l'Etat : Jambyn Batmönh (dep. 1984)
Chef du gouv. : Doumaguin Sodnom (dep. 1985)
PNB : 1,45 milliard de $ (1984)
Monnaie : 1 tugrug (Tug) = 100 mongo

Mozambique

Afrique australe
799 380 km^2
14 M. hab.
ONU, OUA

Capitale : Maputo (800 000 hab.)
Langue officielle : portugais
Religions : animistes (65%), chrét. (23%), musulm.
Régime polit. : rép. pop.
Chef de l'Etat : Joaquim Chissano (dep. nov. 1985)
Chef du gouv. : Joaquim Chissano (dep. 1985)
PNB : 1,6 milliard de $ (1984)
Monnaie : 1 metica (Mt) = 100 centavos

Les accords de Nkomatipoort entre le Mozambique et l'Afrique du Sud prévoyaient que Prétoria n'aiderait plus les maquisards du Renamo opposés au gouvernement marxiste de Maputo. En fait, l'aide sud-africaine, si elle a diminué, n'a pas en revanche complètement disparu. Le voisinage du Malawi pose également des problèmes car son territoire sert de centre d'entraînement et de base de ravitaillement au Renamo. Toutefois, le Malawi a décidé de mieux contrôler ses frontières dans l'espoir de pouvoir un jour réutiliser le port mozambicain de Beira. Au terme de 1987, le Renamo contrôle la plus grande partie du nord du pays et est activement présent dans l'ouest et le centre. Pourtant, 9 000 soldats cubains prêtent mainforte aux troupes gouvernementales et la Grande-Bretagne assiste Maputo par l'envoi d'instructeurs britanniques. La France, à la suite de la visite de M. Jacinto Veloso à Paris, envisage une aide qui porterait sur l'entraînement de l'armée mozambicaine et la fourniture de matériel.

Namibie

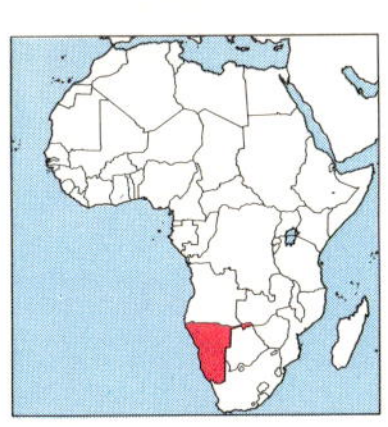

Afrique australe
823 168 km^2
1,6 M. hab.

Capitale : Windhoek (96 000 hab.)
Langues officielles : afrikaans, anglais
Religions : prot. (45%), cath. (15%), animistes
Régime politique : territoire en voie d'indépendance
Chef de l'Etat : Louis Pienaar (dep. 1985)
Chef du gouv. : Louis Pienaar (dep. 1985.
PNB : 1,2 milliard de $ (1985)
Monnaie : rand sud-africain

Les Nations-Unies s'entêtent à n'accorder de représentativité qu'à l'organisation terroriste marxiste SWAPO. L'Afrique du Sud, chargée d'administrer cette ancienne colonie allemande par la Société des Nations, organise l'indépendance d'un pays dont le 1,6 million d'habitants se subdivisent en 11 ethnies. La SWAPO recrute le gros de ses troupes au sein de l'ethnie Ovambo dans le nord. Cette année, l'armée sud-africaine et les forces namibiennes ont porté de rudes coups à la SWAPO, la poursuivant jusque dans ses bases d'Angola.

Nauru

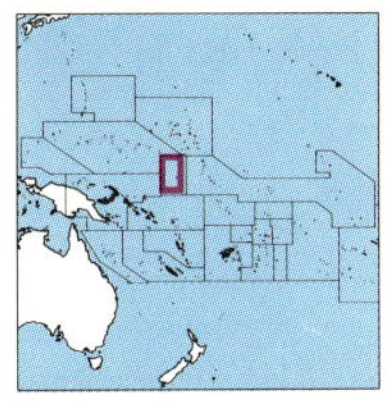

Océanie
21,4 km^2
8 000 hab.
CW

Capitale : Yaren (4 000 hab.)
Langues officielles : anglais, naurunien
Religion : protestants
Régime politique : rép. parlem.
Chef de l'Etat : Hammer De Robürt (depuis 1978)
Chef du gouv. : Hammer De Robürt (depuis 1978)
PNB : 60 millions de $ (1984)
Monnaie : dollar australien

Népal

Asie du Sud
140 797 km^2
16,7 M. hab.
ONU

Capitale : Katmandou (1 M. hab.)
Langue officielle : nepali
Religions : hind. (78%), bouddh (18%)
Régime politique : monarchie const.
Chef de l'Etat : roi Birenda Bir Bikram (depuis 1973)
Chef du gouv. : Marich Man Singh (13.6.1986)
PNB : 2,13 milliards de $ (1986)
Monnaie : 1 roupie népalaise (NR) = 100 paisa

Nicaragua

NIC
Amérique Centrale
130 000 km^2
3,3 M. hab.
ONU, OEA, SELA

Capitale : Managua (1 M. hab.)
Langue officielle : espagnol
Religion : cath. (90%)
Régime polit. : rép. populaire
Chef de l'Etat : Daniel Ortega (depuis 1984)
Chef du gouv. : Daniel Ortega (depuis 1984)
PNB : 2,8 milliards de $ (1984)
Monnaie : 1 cortoba (C$) = 100 centavos

A grand renfort de publicité au mois de septembre, le gouvernement sandiniste a annoncé la restauration de la liberté de la presse. Il s'agissait d'enlever un argument à Ronald Reagan, lequel utilisait la censure de la presse à Managua pour demander la poursuite de l'aide aux contras. Mais l'affaire de l'année aura été le « plan de paix » élaboré à l'initiative du président costaricain Oscar Arias, prix Nobel de la paix, et sous l'égide des chefs d'Etat d'Amérique Centrale. L'accord a été signé le 7 août à Esquipulas, au Guatemala. S'il a eu des effets dans les autres pays, il est appliqué en traînant des pieds à Managua. Comme l'établit la Commission des droits de l'homme, l'arbitraire, la torture et les disparitions continuent comme aux heures sombres du régime de Somoza.

Niger

RN
Afrique occid.
1 267 000 km^2
6,15 M. hab.
ONU, CEDEAO, OUA

Capitale : Niamey (400 000 hab.)
Langue officielle : français
Religions : musulm. (85%), animistes (14%)
Régime polit. : rép. présid. sous autorité militaire
Chef de l'Etat : colonel Seyni Kountché (depuis 1974)
Chef du gouv. : Hamid Algabid (depuis 1983)
PNB : 1,1 milliard de $ (1984)
Monnaie : 1 franc CFA = 100 centimes

Nigeria

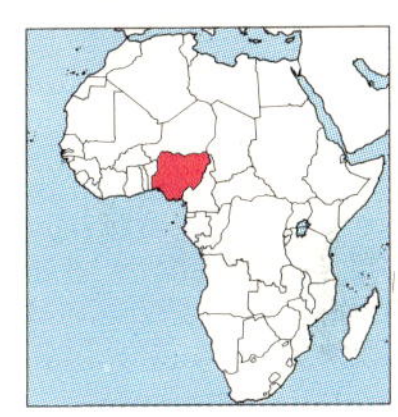

WAN
Afrique occid.
923 768 km^2
96,4 M. hab.
ONU, CEDEAO, CW, OUA, OPEP

Capitale : Lagos (3,5 M. hab.)
Langue officielle : anglais
Religions : animistes (40%), musulm. (34%), chrét. (24%)
Régime politique : rép. féd. présid.
Chef de l'Etat : Ibrahim Babangida (depuis 1985)
Chef du gouv. : Ibrahim Babangida (depuis 1985)
PNB : 70,7 milliards de $ (1985)
Monnaie : 1 naira (N) = 100 kobo

Norvège

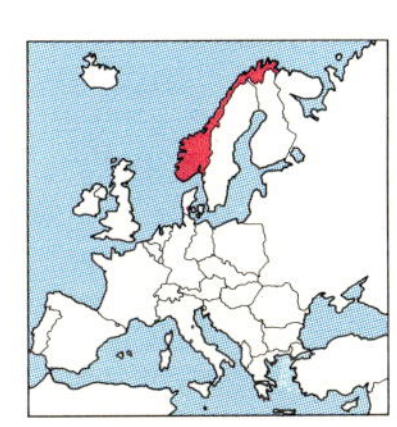

N
Europe du Nord
324 219 km^2
4,16 M. hab.
ONU, EFTA, CE, OTAN, CN, OCDE

Capitale : Oslo (800 000 hab.)
Langue officielle : norvégien
Religion : prot. (87,7%)
Régime polit. : monarchie const.
Chef de l'Etat : roi Olav V (dep. 1957)
Chef du gouv. : Gro Harlem Bruntland (dep. 1986)
PNB : 68,7 milliards de $ (1986)
Monnaie : 1 couronne norv. (NKR) = 100 ore

A la différence des Danois, les Norvégiens ont assez bien accepté le budget d'austérité voté en décembre 1986. Les dépenses ont été réduites de 1,5%, sauf dans les secteurs de la santé et de la recherche. Curieusement, c'est sur son plan d'austérité que M. Kaare Willoch, prédécesseur centre droit de l'actuel Premier ministre social démocrate, Madame Gro Bruntland, avait été battu au Parlement. En 1987, la Norvège a collaboré avec l'OPEP en réduisant de 7,5% sa production pétrolière.

Nouvelle-Guinée-Papouasie

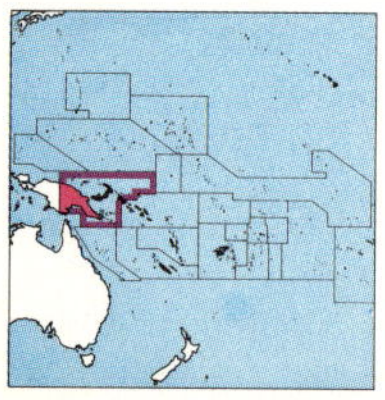

PNG
Océanie
461 961 km²
3,3 millions hab.
ONU, CW

Capitale : Port Moresby (135 000 hab.)
Langue officielle : anglais
Religions : chrét. (62%), animistes (38%)
Régime polit. : monarchie parlem.
Chef de l'Etat : reine Elisabeth II
Chef du gouv. : Paias Wingti
PNB : 2,4 milliards de $ (1984)
Monnaie : 1 kina (K) = 100 toea

Démocratie pluraliste, la Papouasie devient de plus en plus un asile pour les réfugiés de la province indonésienne d'Irian (La Nouvelle-Guinée occidentale). Leur nombre est estimé à 10 000.

Nouvelle-Zélande

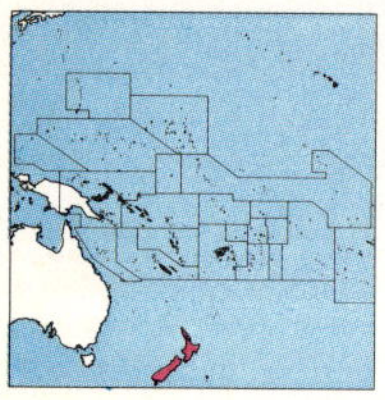

NZ
Océanie
268 677 km²
3,3 M. hab.
ONU, CW,
OCDE, ANZUS

Capitale : Wellington (310 000 hab.)
Langue officielle : anglais
Religion : chrétiens
Régime polit. : monarchie parlem. et dém.
Chef de l'Etat : reine Elisabeth II
Chef du gouv. : David Lange (dep. 1984)
PNB : 25,9 milliards de $ (1986)
Monnaie : 1 $ néo-zél. (NZ$) = 100 cents

Le gouvernement travailliste de M. David Lange a été réélu pour la seconde fois. Grand contempteur du « colonialisme français » dans le Pacifique, il n'a pas su résoudre les problèmes que connaît son pays avec une minorité maorie forte de 300 000 personnes. Ceux-ci demandent la citoyenneté à part entière. A travail égal, les salaires annuels des Maories, sont de 2 000 dollars inférieurs à ceux des Blancs et le chômage les affecte dans une proportion de 14,1% contre 3% pour le reste de la population. En fait, le gouvernement a été assez habile pour inclure quatre Maoris lesquels cautionnent la politique ségrégationniste de M. David Lange. La confiscation des terres communautaires par les entreprises d'Etat augmente le malaise, tout comme le fait que les usines polluantes soient de préférence installées dans le voisinage des communautés indigènes. Sur le plan économique, la Nouvelle-Zélande connaît des difficultés croissantes pour trouver des débouchés commerciaux capables d'absorber ses excédents de viande, de lait et de beurre.

Oman

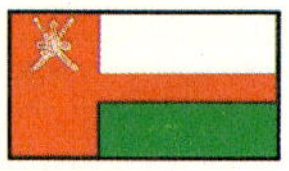

Asie occidentale
212 457 km²
1,18 M. hab.
ONU, LA, GCC

Capitale : Maskat (100 000 hab.)
Langue officielle : arabe
Religion : musulm. (99%)
Régime polit. : sultanat
Chef de l'Etat : sultan Kabous ibn Saïd ibn Taymour (dep. 1970)
Chef du gouv. : sultan Kabous ibn Saïd ibn Taymour (dep. 1970)
PNB : 7,18 milliards de $ (1984)
Monnaie : 1 rial omani (RO) = 1 000 baïzas

Ouganda

EAU
Afrique de l'Est
236 036 km²
16 M. hab.
ONU, CW,
OUA

Capitale : Kampala (460 000 hab.)
Langues officielles : anglais, swahili
Religions : animistes (40%), cath. (30%), prot. (18%)
Régime polit. : rép. présid.
Chef de l'Etat : Yoweri Museveni (depuis 1986)
Chef du gouv. : Simon Kisseka
PNB : 3,46 milliards de $ (1983)
Monnaie : 1 shilling oug. = 100 cents

Au lieu de prendre les mesures draconiennes qui s'imposaient pour tirer le pays de l'ornière économique, le gouvernement de Yoweri Musevini a mené une politique hésitante, heureusement corrigée après la passation d'un accord avec le FMI en mai. Le shilling ougandais a été dévalué de 328,5% par rapport au dollar. La guérilla menée par l'UPDM a subi une sévère défaite en janvier lorsqu'elle se heurta, à Corner Kilak, aux forces gouvernementales de l'armée nationale de résistance.

Pakistan

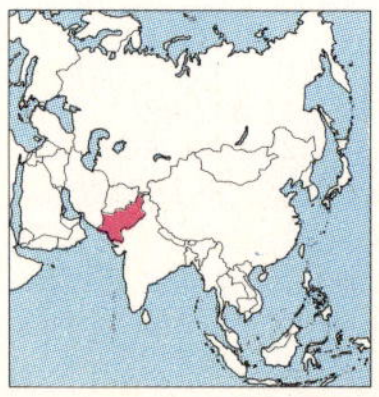

PAK
Asie du Sud
803 943 km²
98 M. hab.
ONU

Capitale : Islamabad (320 000 hab.)
Langue officielle : ourdou
Religions : musulm. (97,2%), hind. (1,5%)
Régime polit. : rép. islam. féd.
Chef de l'Etat : général Mohammed Zia ul-Haq (dep. 1977)
Chef du gouv. : général Mohammed Zia ul-Haq (dep. 1977)
PNB : 35,5 milliards de $ (1986)
Monnaie : 1 roupie pakist. (PR) = 100 paisa

Tout comme sa voisine l'Inde, le Pakistan connaît une recrudescence des conflits ethniques et religieux. Au début de l'année, Karachi a vécu des troubles sanglants opposants les Pathans, immigrés du Nord-Ouest, et les Mohajer rapatriés de l'Inde en 1947 lors de la partition des ex-Indes britanniques. La tension persiste toujours entre Pashtounes et Baloutches. Par ailleurs, le gouvernement se heurte aux tribus vivant près de la frontière afghane. Ces populations tirent l'essentiel de leur subsistance de la culture du pavot et les mesures anti-drogues prises par Karachi créent un climat insurrectionnel. En revanche, sur le plan économique, le Pakistan enregistre depuis trois ans une régulière croissance du PNB et la libéralisation de l'économie donne des résultats positifs comme la création d'entreprises afin d'assurer l'autosuffisance.

Palau

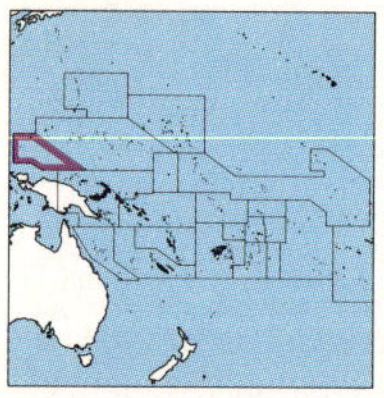

Océanie
487 km²
15 000 hab.

Capitale : Koror (8 000 hab.)
Langue officielle : anglais
Religions : prot., cath.
Régime polit. : rép. associée aux USA
Chef de l'Etat : Haruo I. Remelik (depuis 1981)
Chef du gouv. : Haruo I. Remelik
Monnaie : dollar US

Panama

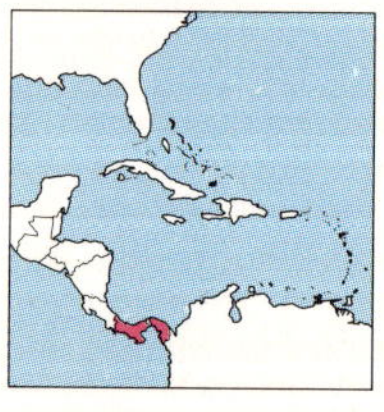

PA
Amérique Centrale
77 082 km²
2,7 M. hab.
ONU, OEA,
SELA

Capitale : Ciudad de Panama (765 000 hab.)
Langue officielle : espagnol
Religions : cath. (93%), prot. (6%)
Régime polit. : rép. présid.
Chef de l'Etat : Eric Arturo Delvalle (depuis sept. 1985)
Chef du gouv. : Eric Arturo Delvalle
PNB : 4,94 millards de $ (1986)
Monnaie : 1 balboa (BI) = 100 centisemos

Pas de chômage, une inflation égale à 0,1%, 3% de croissance, Panama offre, et de loin, le meilleur bilan de santé économique de la région centre-américaine. Ses services bancaires observant un secret identique à celui de la Suisse, la pratique du pavillon de complaisance et enfin la domiciliation d'entreprises à la manière liechtensteinoise représentent 77% du PNB. La zone franche de Colon joue un rôle considérable pour l'importation et la réexportation.

Paraguay

PY
Amérique du Sud
406 752 km²
3,75 M. hab.
ONU, ALADI,
OEA, SELA

Capitale : Asuncion (600 000 hab.)
Langues officielles : espagnol, guarani
Religions : cath. (plus de 92%), prot. (2%)
Régime polit. : rép. présid.
Chef de l'Etat : général Alfredo Stroessner (depuis 1954)
Chef du gouv. : général Alfredo Stroessner (depuis 1954)
PNB : 5,8 milliards de dollars (1986)
Monnaie : 1 guarani (G) = 100 centimos

Le 4 mai 1987, le général Alfredo Stroessner a fêté le 33e anniversaire de son coup d'Etat. A 75 ans, il s'apprête du reste à briguer un nouveau mandat lors des présidentielles de février 1988. Au terme de dix ans de travail effectué conjointement avec le Brésil, le barrage d'Italpu est le premier au monde pour la quantité d'électricité produite par an (70 milliards de kWh soit autant que tous les barrages français réunis). 18 milliards de kWh s'y ajouteront lorsque le barrage de Yacireta construit avec l'Argentine sera achevé. La consommation annuelle du Paraguay étant de 1,3 milliard de kWh, ses exportations vont considérablement enrichir le pays.

Pays-Bas

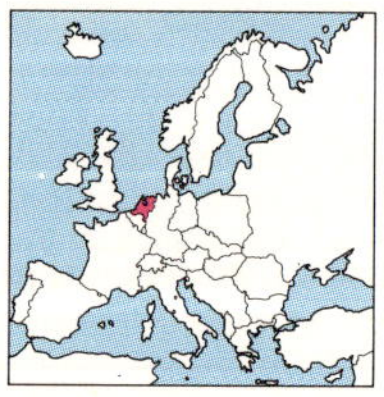

NL
Europe de l'Ouest
40 844 km²
14,55 M. hab.
ONU, CEE, CE,
OTAN, OCDE

Capitale : Amsterdam (940 000 hab.)
Langue officielle : néerlandais
Religions : cath. (40%), prot. (33%)
Régime polit. : monarchie const.
Chef de l'Etat : reine Beatrix
Chef du gouv. : Ruud Lubbers (dep. 1982)
PNB : 122,3 milliards de $ (1985)
Monnaie : 1 gulden holl. = 100 cents

La considérable baisse des recettes provenant de la vente du gaz naturel a amené le gouvernement de centre droit du Premier ministre Ruud Lubbers a renforcer la pression fiscale et à diminuer les dépenses publiques. En janvier, le Florin a été réévalué de 3% à la suite du réaménagement des parités au sein du système monétaire européen.

Pérou

PE
Amérique du Sud
1 285 216 km²
20,1 M. hab.
ONU, ALADI, OEA, SELA

Capitale : Lima (4,6 M. hab.)
Langue officielle : espagnol
Religions : cath. (75%), animistes (plus de 20%)
Régime polit. : rép. présid.
Chef de l'Etat : Alan Garcia Perez (depuis 1985)
Chef du gouv. : Guillermo Larco Cox (depuis juin 1987)
PNB : 16,5 milliards de $ (1984)
Monnaie : 1 sol (SI) = 100 centavos

Les coups de main de la guérilla maoïste « Le Sentier Lumineux » deviennent de plus en plus audacieux. En mars les « senderistes » sont parvenus à s'introduire dans un club militaire de Lima et à y tuer huit personnes. Cela eut pour effet de rendre encore plus difficile pour le président Alan Garcia le contrôle d'une armée exaspérée. Sa tentative de remplacer les trois généraux qui siègent au Conseil des ministres par un ministre des Armées a presque débouché sur une révolte. Les divergences entre le président et son Premier ministre, Alva Castro, ont entraîné la démission de ce dernier au mois de juin. Alan Garcia a constaté lui-même que « depuis deux ans, le Pérou avait avancé de 100 mètres, puis reculé de 40 mètres ». L'inflation, ramenée de 180 à 60%, atteindra 90% en 1987. Afin de relancer la demande, on a procédé à une augmentation générale des salaires (35% pour le SMIG). Il est vrai qu'au mois de mai, Lima avait connu des grèves mouvementées. Les policiers exigeaient une révision de leur salaire et le respect de la journée de huit heures. L'armée dut faire usage de ses armes afin de disperser les policiers manifestants.

Philippines

RP
Asie du Sud-Est
300 000 km²
55,8 M. hab.
ONU, ASEAN

Capitale : Manille (8 M. hab.)
Langue officielle : pilipino
Religions : cath. (plus de 80%), prot. (5%)
Régime polit. : rép. présid.
Chef de l'Etat : Corazon Aquino (depuis mai 1986)
Chef du gouv. : Corazon Aquino (depuis mai 1986)
PNB : 31,98 milliards de $ (1985)
Monnaie : 1 peso philippin (P) = 100 centavos

L'actualité a soufflé alternativement le froid et le chaud sur le jeune régime démocratique de Mme Corazon Aquino. Manifestement, les élections lui réussissent. Au début de l'année, le référendum sur le projet de Constitution a été approuvé par 76% des Philippins, ce qui est revenu à confirmer Mme Aquino à la tête de l'Etat jusqu'en 1992. Fait significatif, l'armée, surtout l'armée de l'air et les cadets de l'Académie militaire, s'étaient lors de la campagne prononcés, pour le « non » au référendum. Il ne leur avait pas plu que la présidente exige des militaires qu'ils prêtent serment à la Constitution. Autre succès devant les urnes : en mai, son parti, le « Lakos Bayan » (Force du peuple), a écrasé ses adversaires. Conduite par M. Enrile, ancien Premier ministre de la Défense, l'« alliance démocratique » a échoué, tout comme les partisans de Marcos et l'« Alliance pour une politique nouvelle », infiltrée par le PC. Sur le terrain, Mme Aquino est moins heureuse. Elle fait face à une rébellion active dans 63 des 74 provinces du pays. Alors que le nombre des rebelles qui se sont rendus n'a pas excédé 500 en quinze mois, la « Nouvelle armée du peuple » (marxiste) a accru ses effectifs et compte 2 500 hommes. Une autre armée, l'officielle, a donné presqu'autant de fil à retordre à la présidente. Le 30 août, elle faillit être renversée par un putsch. Il fallut faire venir des troupes loyalistes de province afin d'attaquer le camp Aguinaldo où se trouvait le QG rebelle. Puis, en septembre, de nouvelles rumeurs de putsch sont venues et le 10 septembre, la présidente a exigé la démission des 27 membres du gouvernement. Tout réformisme est difficile dans un pays où 10% de la population dispose de 40% du PNB et de 90% de la terre cultivable. 75% des Philippins vivent en dessous du seuil de la pauvreté. Les Philippines espèrent une aide massive de l'OCDE, des Etats-Unis et du Japon.

Pologne

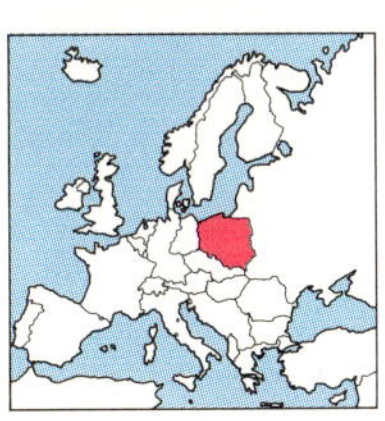
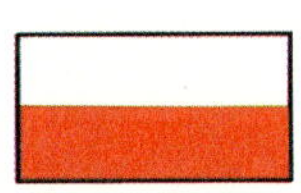

PL
Europe de l'Est
312 677 km²
37,5 M. hab.
ONU, Comecon, PV

Capitale : Varsovie (1,63 M. hab.)
Langue officielle : polonais
Religion : cath. (97%)
Régime polit. : rép. pop. social.
Chef de l'Etat : général Wojciech Jaruzelski (depuis 1985)
Chef du gouv. : Zbigniew Messner (depuis 1985)
PNB : 188,9 milliards de $ (1984)
Monnaie : 1 zloty (Zl) = 100 groszy

Tout au long de l'année, le général Jaruzelski avait promis des réformes. Il a partiellement tenu parole en en effectuant une de taille : annoncer que 44,28% de l'électorat avait, le 29 novembre, dit « oui » au programme de restructuration économique et qu'il n'y en avait que 46,29% pour accepter les réformes politiques. Jamais un gouvernement communiste n'avait fait preuve d'une telle sincérité. Lointaine apparaît l'époque où tout résultat avoisinait les 100%. Il est certain que la nouvelle donnée économique proposée aux électeurs polonais n'avait rien pour les ravir. Le retour prévu à la liberté des prix débouchait sur une hausse de 60% de ces derniers alors que le niveau de vie des Polonais est inférieur à ce qu'il était en 1980. Dès la proclamation des résultats, Lech Walesa, leader de Solidarnosc, a tendu la main à l'homme qui le mit en prison. Cependant, il semble difficile à Jaruzelski d'accepter une sorte d'union sacrée avec celui qui symbolise tout ce à quoi il s'est toujours opposé. En outre, au sein du comité central du parti, la branche dure ne saurait souscrire à une telle compromission.

Portugal

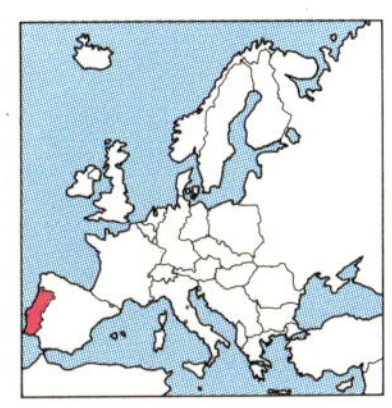

P
Europe du S-O
92 082 km²
10,25 M. hab.
ONU, EFTA, CE, OTAN, OCDE, CEE

Capitale : Lisbonne (2 M. hab.)
Langue officielle : portugais
Religion : cath. (95%)
Régime polit. : rép. parlem. et dém.
Chef de l'Etat : Mario Soares (depuis fév. 1986)
Chef du gouv. : Anibal Cavaco Silva (depuis 1985)
PNB : 20,4 milliards de $ (1985)
Monnaie : 1 escudo = 100 centavos

Le parti social démocrate (centre droit) du Premier ministre sortant, M. Anibal Cavaco Silva, a remporté les élections du 19 juillet. Avec 50,2% des voix, un Premier ministre portugais a, pour la première fois depuis la révolution des Œillets de 1974, la majorité absolue et n'est pas obligé de constituer un gouvernement de coalition. D'autre part, l'une des figures marquantes de 1974, le lieutenant-colonel Otelo de Carvalho a été condamné à 15 ans de prison, accusé d'être l'un des dirigeants du groupe d'extrême-gauche FP-25, responsable de plusieurs attentats. Dans un Portugal où le revenu moyen est le quart de celui d'un Français, le gouvernement Caraco Silva est parvenu en dix-huit mois à réduire l'inflation et le chômage en maintenant à 4% (le taux le plus élevé d'Europe occidentale) la croissance de l'économie.

Qatar

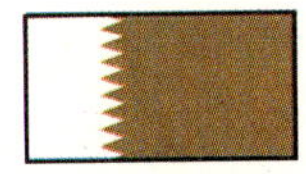

Q
Proche-Orient
11 427 km²
280 000 hab.
ONU, LA, CCG, OPEP

Capitale : Doha (209 000 hab.)
Langue officielle : arabe
Religion : musulm.
Régime polit. : émirat
Chef de l'Etat : Cheihk Kahlifa ibn Ahmed at-Thani (depuis 1972)
Chef du gouv. : Cheihk Khalifa ibn Ahmed at-Thani (depuis 1972)
PNB : 4,7 milliards de $ (1985)
Monnaie : 1 rial Qatar (QR) = 100 dirhams

République centrafricaine

RCA
Afrique centrale
622 984 km²
2,74 M. hab.
ONU, OUA

Capitale : Bangui (187 000 hab.)
Langue officielle : français
Religions : animistes (60%), chrét. (35%)
Régime polit. : rép. présid.
Chef de l'Etat : général André Kolingba (depuis 1981)
Chef du gouv. : général André Kolingba (depuis 1981)
PNB : 660 millions de $ (1985)
Monnaie : 1 franc CFA = 100 centimes

En juin 1987, au terme d'un procès étendu sur plusieurs mois, l'ancien empereur Bokassa a été condamné à mort. Cette condamnation n'a pas eu de suite et Bangui cherche avec difficulté une nation qui accepterait d'accueillir l'ex-souverain. Lentement, les civils reviennent au pouvoir même si le colonel Grélombé conserve son influence au ministère de l'Intérieur. Depuis trois ans, la République centrafricaine s'efforce de suivre les directives du FMI mais les fonctionnaires acceptent mal les sacrifices recommandés.

République dominicaine

DOM
Amérique Centrale
48 734 km²
6,3 M. hab.
ONU, OEA

Capitale : Saint-Domingue (1,5 M. hab.)
Langue officielle : espagnol
Religion : catholiques
Régime polit. : rép. présid.
Chef de l'Etat : Joaquin Balaguer
Chef du gouv. : Joaquin Balaguer
PNB : 5,55 milliards de $ (1986)
Monnaie : 1 peso dominicain = 100 centavos

Le retour au pouvoir des conservateurs de M. Joaquin Balaguer a débouché sur une politique fondée sur une redistribution des terres appartenant à l'Etat, une baisse de la TVA et une augmentation des impôts directs. La dette extérieure du pays atteint 80% du PNB dont la chute a été arrêtée en 1986. Le gouvernement veut installer une dizaine de zones franches. Réouverte en avril 1987, les voies de communication avec Haïti ont été refermées le 30 novembre après l'assassinat d'un journaliste dominicain à Port-au-Prince.

Roumanie

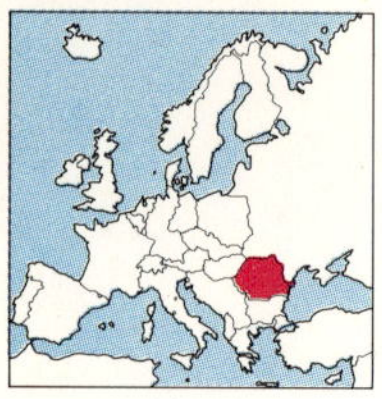

RO
Europe du S.-E.
237 500 km^2
22,9 M. hab.
ONU,
COMECON, PV

Capitale : Bucarest (2,2 M. hab.)
Langue officielle : roumain
Religion : roumains-orthod. (80%)
Régime polit. : rép. social. pop.
Chef de l'Etat : Nicolae Ceaucescu (dep. 1967)
Chef du gouv. : Constantin Dascalescu (dep. 1982)
PNB : 38,59 milliards de $ (1984)
Monnaie : 1 lei (L) = 100 bani

Tout comme Hitler était le « Führer » et Mussolini le « Duce », Nicolas Ceaucescu est le « Conducator ». En dépit de la chape de plomb que fait peser sur le pays sa police politique, la Securitate, l'explosion a eu lieu le 15 novembre à Brasov, seconde ville du pays. A l'usine de camions « Etendard rouge » après avoir promis de verser une indemnité pour un travail dominical, la direction invoque la fermeture des banques pour ne pas payer puis annonce qu'en raison d'une baisse de la productivité, les salaires seront amputés. Furieux, 700 ouvriers vont saccager un bureau de vote car les élections municipales ont lieu ce jour là. Rapidement, le cortège grossit et 10 000 manifestants se retrouvent devant l'hôtel de ville. Les locaux de la mairie et ceux du parti sont saccagés et les portraits de Ceaucescu brûlés. Une fois la foule dispersée par les blindés de la police, cette dernière boucle le quartier afin de gommer toute trace de l'affrontement. Puis, pendant quelques jours, les boutiques de Brasov vont regorger de denrées habituellement introuvables. Tout cela résulte du déséquilibre mental d'un Ceaucescu prêt à engloutir le revenu national afin de satisfaire à ses deux idées fixes : raser Bucarest et reconstruire la ville à sa façon et rembourser la dette extérieure. Conséquence: la Roumanie connaît un état de pénurie inconnu ailleurs en Europe sinon peut-être en Albanie. Aux restrictions alimentaires s'est ajouté en novembre un ukase réduisant de 30% la fourniture du courant électrique. Dans les logements, le thermomètre se bloque sur 12° C et la télévision n'émet que deux heures par jour pour diffuser la propagande officielle. Paradoxalement, le pays dispose de ressources naturelles, d'un équipement industriel réel quoiqu'obsolète et d'une main-d'œuvre de bon niveau. Cependant, une bureaucratie byzantines s'infiltre dans les moindres rouages de l'économie. Un népotisme pyramidal au sommet duquel trône la famille Ceaucescu a créé une nomenklatura dont le luxe contraste avec le dénuement ambiant. En matière de politique étrangère, les relations avec les pays frères se détériorent. Bucarest s'efforce de roumaniser la forte minorité magyar de Transylvanie et provoque ainsi l'ire de Budapest. Quant à Mikhaïl Gorbatchev, lorsqu'il vint en mai à Bucarest, il ne se gêna pas pour déclarer que « la pensée personnelle d'un homme ne pouvait tout résoudre et qu'en Union soviétique, on se séparait des cadres corrompus ou touchés par le népotisme ». Ceaucescu n'a pas réagi car la « glasnost » le laisse de glace.

Royaume-Uni

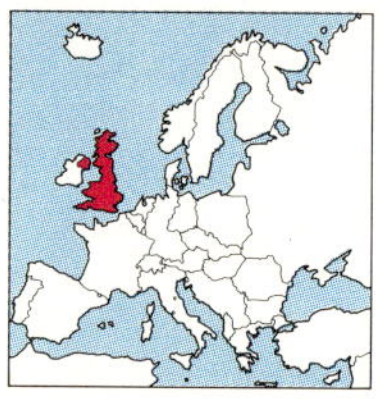

GB
Europe de l'Ouest
244 046 km^2
55,8 M. hab.
ONU, CW, CEE, CE, OTAN, OCDE

Capitale : Londres (8 M. hab.)
Langue officielle : anglais
Religions : anglic., prot., cath.
Régime polit. : monarchie const.
Chef de l'Etat : reine Elisabeth II
Chef du gouv. : Margaret Thatcher (dep. 1979)
PNB : 438,4 milliards de $ (1985)
Monnaie : 1 livre sterling = 100 pennies

L'usure du pouvoir ne concerne pas Mme Margaret Thatcher puisque, plus de huit ans après son entrée au 10 Downing Street, la Dame de fer a été reconduite pour un troisième mandat. Large victoire des conservateurs avec 376 sièges contre 229 au Labour et 22 aux libéraux. Tout juste ces élections auront-elles accentué le clivage Nord/ Nord-Ouest et Sud/ Sud-Ouest. En Ecosse, le Labour a gagné 10 sièges et les conservateurs en ont perdu 9. Le Sud, moins touché par le chômage, vote conservateur. Selon le député Joe Ashton, un trait tiré entre Coventry et Cardiff permettrait de séparer les deux « pays » politiques. Outre son succès militaire dans le conflit des Malouines, le bilan de Mme Thatcher est positif. En huit ans, elle a ramené l'inflation de 18% à 4%. La livre est revenue à un haut niveau. Plus d'un million d'emplois ont été créés et 500 nouvelles entreprises naissent chaque semaine. En revanche, le nombre des chômeurs, s'il tend à fléchir, dépasse trois millions et a triplé par rapport à 1979. La baisse de prix du brut a été compensée par les dénationalisations qui ont rapporté 21 milliards de dollars au Trésor. Le 29 juillet, Mme Margaret Thatcher et le président François Mitterrand ont ratifié le traité portant sur la liaison trans-Manche. En mai 1993, la Grande-Bretagne sera reliée au continent européen par un tunnel de 50 kilomètres de long.

Ruanda

RWA
Afrique orientale
26 338 km^2
6,3 M. hab.
ONU, OUA

Capitale : Kigali (155 000 hab.)
Langues officielles : français, kinyarwanda
Religions : anim. (50%), cath. (40%)
Régime polit. : rép. présid.
Chef de l'Etat : Juvenal Habyarimana (depuis 1973)
Chef du gouv. : Juvenal Habyarimana (depuis 1973)
PNB : 1,61 milliard de $ (1984)
Monnaie : 1 franc ruandais = 100 cent.

Saint Kitts-Nevis

Amérique Centrale
267 km^2
60 000 hab.
ONU, CW,
CARICOM

Capitale : Basseterre (16 000 hab.)
Langue officielle : anglais
Religions : cath., prot.
Régime polit. : monarchie const.
Chef de l'Etat : reine Elisabeth II
Chef du gouv. : Kennedy Alphonse Simmonds (dep. 1980)
PNB : 40 millions de $ (1983)
Monnaie : 1 dollar est-car (EC$) = 100 cents

Sainte-Lucie

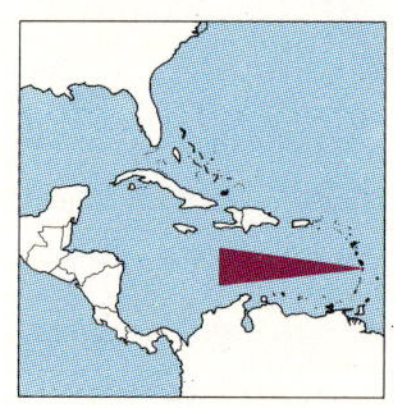

WL
Amérique Centrale
616 km^2
130 000 hab.
ONU, OEA,
CARICOM, CW

Capitale : Castries (45 000 hab.)
Langue officielle : anglais
Religion : cath.
Régime polit. : monarchie const.
Chef de l'Etat : reine Elisabeth II
Chef du gouv. : John Compton (dep. 1982)
PNB : 160 millions de $ (1985)
Monnaie : 1 dollar est-car (EC$) = 100 cents

Salomon (Iles)

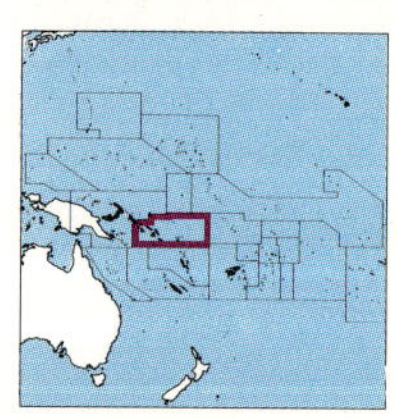

Océanie
28 446 km^2
280 000 hab.
ONU, CW

Capitale : Honiara (23 000 hab.)
Langue officielle : anglais
Religion : prot.
Régime polit. : monarchie const.
Chef de l'Etat : reine Elisabeth II
Chef du gouv. : Peter Kenilorea (dep. octobre 1984)
PNB : 170 millions de $ (1984)
Monnaie : 1 dollar Salomon = 100 cents

Saint-Marin

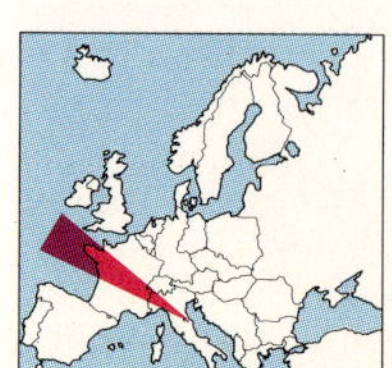

RSM
Europe du Sud
61 km^2
22 000 hab.

Capitale : Saint-Marin (4 700 hab.)
Langue officielle : italien
Religion : cath.
Régime polit. : rép. parlem.
Chef de l'Etat : deux capitaines gouverneurs
Chef du gouv. : conseil d'Etat
Monnaie : lire italienne

Saint-Vincent

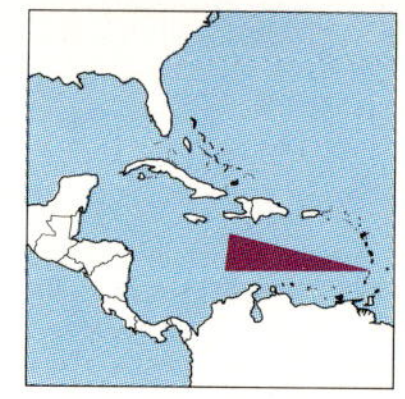

WV
Amérique Centrale
389 km^2
123 000 hab.
ONU, OEA,
CARICOM, CW

Capitale : Kingstown (32 000 hab.)
Langue officielle : anglais
Religion : prot.
Régime polit. : monarchie const.
Chef de l'Etat : reine Elisabeth II
Chef du gouv. : James Mitchell (dep. 1984)
PNB : 105 millions de $ (1986)
Monnaie : 1 dollar est-car (EC$) = 100 cents

Samoa occidentales

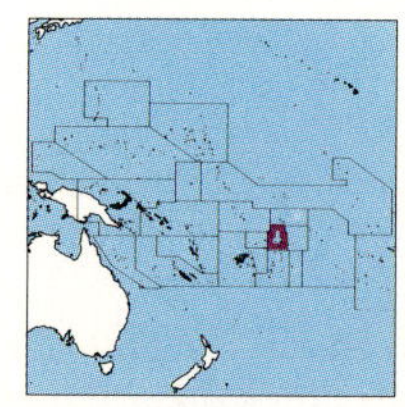

WS
Océanie
2 842 km^2
165 000 hab.
ONU, CW

Capitale : Apia
Langues officielles : amoanien, anglais
Religions : prot. (75 %), cath. (23 %)
Régime polit. : aristocratie tribale
Chef de l'Etat : Malietoa Tanumafili II (dep. 1963)
Chef du gouv. : Tofilau Eti Alesana (dep. 1982)
PNB : 110 millions de $ (1985)
Monnaie : 1 tala = 100 sene

Sao Tomé et Principe

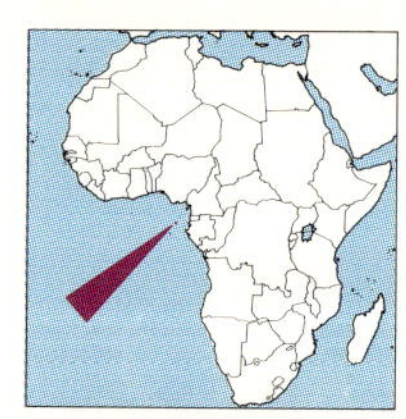

Afrique de l'Ouest
964 km^2
102 000 hab.
ONU, OUA

Capitale : Sao Tomé (17 000 hab.)
Langue officielle : portugais
Religion : cath.
Régime polit. : rép.
Chef de l'Etat : Manuel Pinto Da Costa (dep. 1975)
Chef du gouv. : Manuel Pinto Da Costa (dep. 1975)
PNB : 30 millions de $ (1984)
Monnaie : 1 dobra (Db) = 100 centimos

Sénégambie

SN
Afrique de l'Ouest
207 487 km^2
7 300 000 hab.
ONU,
CEDEAO, OUA

Capitale : Dakar (550 000 hab.)
Langues officielles : franç., wolof et anglais (Gambie)
Religions : musulm (75 %), chrét. (5 %)
Régime polit. : rép. présid.
Chef de l'Etat : Abdou Diouf (dep. 1981) (Gambie : Sir Daouda Diawara)
Chef du gouv. : Abdou Diouf
PNB : 2,3 milliards de $ (1985)
Monnaie : 1 franc CFA = 100 cent.

L'Union confédérale Sénégal et Gambie ne se concrétisera que lorsque les problèmes monétaires que pose cette union seront résolus. En Gambie, le mois de juin a vu la réélection du président Daouda Diawara pour la quatrième fois. L'adoption des mesures préconisées par le FMI, notamment la réduction des dépenses publiques, commence à avoir des effets bénéfiques. En revanche, le Sénégal se trouve en période préélectorale. A la suite des grèves de la police, le président Diouf a limogé le ministre de l'Intérieur et suspendu les 6 265 agents de police du pays. Leur réintégration se fait après étude de chaque dossier. L'ouverture du barrage antisel de Diawa, sur le fleuve Sénégal, doit permettre l'irrigation de 120 000 hectares.

Seychelles

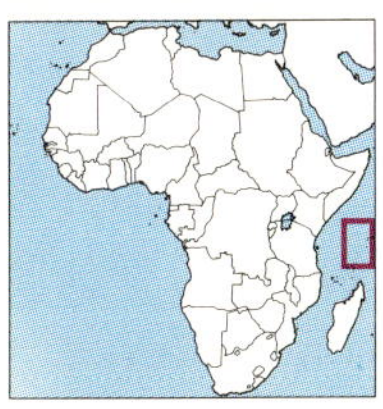

SY
Afrique de l'Est
280 km^2
70 000 hab.
ONU, CW, OUA

Capitale : Victoria (23 000 hab.)
Langues officielles : créole, angl., franç.
Religion : cath.
Régime polit. : rép. présid.
Chef de l'Etat : France-Albert René (dep. 1977)
PNB : 160 millions de $ (1983)
Monnaie : 1 roupie-seych. (SR) = 100 cents

Sierra Leone

WAL
Afrique de l'Ouest
71 740 km^2
3,67 M. hab.
ONU, CEDEAO, CW, OUA

Capitale : Freetown (480 000 hab.)
Langue officielle : anglais
Religions : animistes (65 %), musulm. (25 %)
Régime polit. : rép. présid.
Chef de l'Etat : Joseph Momoh (dep. 1985)
Chef du gouv. : Joseph Momoh (dep. 1986)
PNB : 1,2 milliard de $ (1985)
Monnaie : 1 leone (Le) = 100 cents

Singapour

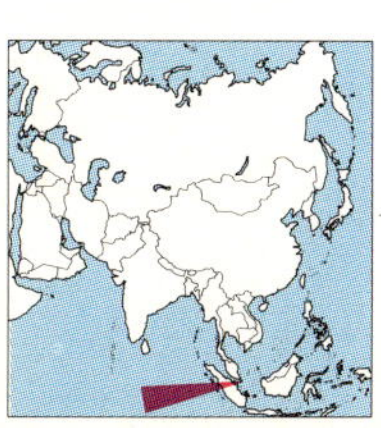

SGP
Asie du Sud-Est
618 km^2
2,59 M. hab.
ONU, ASEAN, CW

Capitale : Singapour (2,5 M. hab.)
Langues officielles : anglais, maltais
Religions : bouddh., taoïstes, confuc.
Régime polit. : rép. parlem.
Chef de l'Etat : Wee Kim Wee (dep. 1985)
Chef du gouv. : Lee Kuan Yew (dep. 1970)
PNB : 17,7 millards de $ (1985)
Monnaie : 1 dollar de Singap. = 100 cents

Somalie

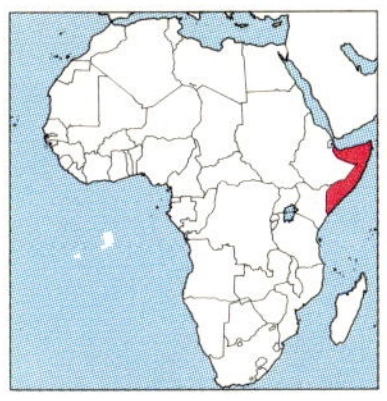

SP
Afrique du Nord-Est
637 657 km^2
5,8 M. hab.
ONU, LA, OUA

Capitale : Mogadiscio (460 000 hab.)
Langue officielle : somali
Religion : musulm.
Régime polit. : rép.
Chef de l'Etat : Mohammed Siyaad Barre (dep. 1969)
Chef du gouv. : Mohammed Siyaad Barre (dep. 1969)
PNB : 1,49 milliard de $ (1985)
Monnaie : 1 shilling somalien = 100 centesimi

Le mouvement national somalien, hostile au pouvoir du général Siyaad Barre, a attiré sur lui l'attention en faisant enlever une équipe de « Médecins sans frontière » au camp de Tugwajale. Les libérant ensuite en Ethiopie, il a ainsi accru la tension entre Addis-Abeba et Mogadiscio. La reprise des exportations de bétail vers l'Arabie Saoudite et l'abandon du système marxiste ont donné un léger coup de fouet à l'économie. La France construit une cimenterie à Berbera.

Soudan

Afrique du Nord-Est
2 505 813 km^2
22 M. hab.
ONU, LA, OUA

Capitale : Khartoum (1,5 M. hab.)
Langue officielle : arabe
Religions : musulm. (67 %), animistes (28 %)
Régime polit. : rép. présid.
Chef de l'Etat : Ahmed Ali el-Mirghani
Chef du gouv. : Sadek el-Mahdi
PNB : 10,9 milliards de $ (1984)
Monnaie : livre soudanaise

La partie de bras de fer entre le gouvernement de Khartoum dirigé par Sadek el-Mahdi et l'Armée de libération populaire du Soudan, conduite par John Garang, se poursuit. Le mouvement de Garang recrute désormais des sympathisants dans d'autres régions que le Sud chrétien et animiste et propose un programme en trois points : substitution d'une fédération à l'actuel Etat permettant de respecter les différentes composantes ethniques, abolition formelle de la Charia (loi islamique) et fin de l'arabisation et de l'islamisation forcées et création d'un socialisme proprement soudanais. L'ALPS de Garang, en dépit de sa pauvreté en matériel, étend son contrôle et, plutôt que de les investir, encercle les villes tenues par des garnisons gouvernementales. Soutenu au départ par la Libye, John Garang compte désormais Kadhafi parmi ses ennemis. Tripoli a offert à Khartoum 4 Mig 23. Cadeau non dénué d'arrière-pensées car le colonel Kadhafi escompte prendre sa revanche sur le Tchad d'Hissène Habré en l'attaquant sur son flanc oriental via le Soudan. La guerre civile a de catastrophiques incidences sur la vie économique. Dans cette nation agricole, le Sud connaît la famine. Un féroce marché noir amène des enrichissements spectaculaires chez les officiers corrompus. Le dollar, qui est coté officiellement à 4 livres soudanaises à Khartoum, s'échange contre 7 livres à Juba.

Sri Lanka

CL
Asie du Sud
65 610 km^2
16 M. hab.
ONU, CW

Capitale : Colombo (1,5 M. hab.)
Langue officielle : cinghalais
Religions : bouddh. (70 %), hind. (14 %)
Régime polit. : rép. présid.
Chef de l'Etat : Junius R. Jayawardene (dep. 1978)
Chef du gouv. : Ranasinghe Premadasa (dep. 1978)
PNB : 5,37 milliards de $ (1985)
Monnaie : 1 roupie de Sri Lanka = 100 SL cents

Les « Tigres », mouvement tamoul d'obédience marxiste, ont eu largement recours au terrorisme urbain. Le 21 avril, 115 personnes furent déchiquetées lors de l'attentat de la gare routière de Colombo. L'armée et la police sri-lankaises font de plus en plus appel à des spécialistes israéliens, anglais et sud-africains pour entraîner leur « special task force ». Dans le nord du pays, à forte majorité tamoule, l'intervention indienne n'aguère clarifié les données. Les troupes de New Dehli ont, en octobre, mené une offensive contre les repères des « Tigres » tamouls dans le nord de l'île et le 18 Jaffna est tombée dans leurs mains. Au parlement de Colombo, l'opposition a accusé l'armée indienne de tuer indifféremment Cinghalais, musulmans et Tamouls et de se livrer à des exactions dans les provinces tenues par elle. L'attentat survenu le 18 août au Parlement, tuant un ministre adjoint, a fait douze blessés. Il a été revendiqué par le « Mouvement patriotique du peuple », lequel exige l'abrogation de l'accord de compromis du 29 juillet et le départ des troupes d'occupation que l'Inde entretient dans le nord de l'île. De manière croissante, la majorité cinghalaise rejette la partition de son propre pays au profit d'une minorité immigrée.

Suède

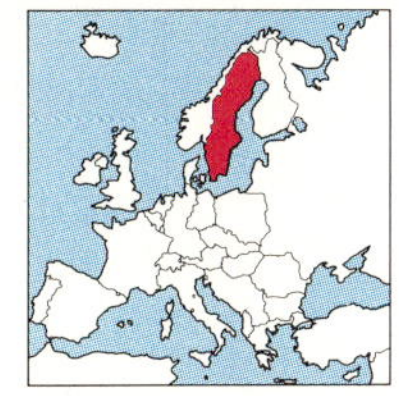

S
Europe du Nord
449 964 km^2
8,35 M. hab.
ONU, EFTA, CE, CN, OCDE

Capitale : Stockholm (1,5 M. hab.)
Langue officielle : suédois
Religions : prot.
Régime polit. : monarchie parlem. et dém.
Chef de l'Etat : roi Carl XVI Gustave (dep. 1978)
Chef du gouv. : Ingvar Carlsson (dep. mars 1986)
PNB : 99 milliards de $ (1985)
Monnaie : 1 couronne (SKR) = 100 öre

Pas davantage que la marine suédoise n'obtient de succès dans sa chasse aux sous-marins soviétiques croisant près des côtes suédoises, la police nationale ne parvient à élucider le mystère de l'assassinat du Premier ministre Olof Palme. Elle s'est encore illustrée en laissant évader lors d'une permission un dangereux espion, Stig Bergling, lequel œuvrait pour le compte de Moscou. L'actuel Premier ministre social démocrate, Ingvar Carlsson, continue de restreindre les dépenses publiques. On s'attend à ce qu'en 1987, le taux d'inflation dépasse celui de 1986 (4,2%).

Suisse

CH
Europe Centrale
41 293 km^2
6,46 M. hab.
EFTA, CE, OCDE

Capitale : Berne (290 000 hab.)
Langues officielles : allem., franç., italien, romanche
Religions : cath. (47,6%), prot. (44%)
Régime polit. : Etat féd. rép.
Chef de l'Etat : conseil fédéral, le président est élu chaque année.
PNB : 91,5 milliards de $ (1985)
Monnaie : 1 franc suisse (FS) = 100 rappen

Economiquement parlant, l'année 1987, si elle a été excellente semble ne pas atteindre les performances de 1986 où le taux d'inflation était descendu à 0,8%, suite à l'effet déflationniste de la baisse des produits pétroliers. Sur le plan social et communautaire, certains malaises pointent à l'horizon. Un fossé commence à se creuser entre les cantons germanophones majoritaires et la Suisse d'expression française, italienne et romanche. De plus en plus, les citoyens de Suisse alémanique préfèrent l'apprentissage de l'anglais à celui des autres langues nationales. Curieusement, la langue allemande n'y gagne pas car les dialectes schwyzerdütsch prennent une importance croissante et la poussée urbaine de Zurich peut laisser penser qu'à moyen terme, le dialecte parlé à Zurich deviendra le principal mode d'expression helvétique. On constate par ailleurs que les mouvements écologistes ont le vent en poupe et qu'un fort courant se dessine pour l'abandon du nucléaire. Il est à signaler que la Suisse est un des pays européens les plus touchés par le Sida avec 20 000 cas recensés.

Surinam

SME
Amérique du Sud
163 265 km²
380 000 hab.
ONU, OEA, SELA

Capitale : Paramaribo (200 000 hab.)
Langue officielle : néerlandais
Religions : prot (30%), hind. (27%), musulm.
Régime politique : république
Chef de l'Etat : lieutenant-colonel Desi Bouterse (dep. août 1985)
Chef du gouv. : W. Uden Hout (depuis 1984)
PNB : 1,03 milliard de $ (1985)
Monnaie : 1 florin du Surinam (Sf) = 100 cents

A son ancienne métropole, la Hollande, le Surinam doit son aspect ethniquement composite. D'autres possessions de l'ancien empire néerlandais, des émigrés débarquèrent à Paramaribo. Si aujourd'hui, une guérilla s'oppose au chef de l'Etat marxiste Desi Bouterse, le soulèvement procède en grande partie de divergences ethniques. La mosaïque comprend 37% d'Indiens, 31% de créoles, 15% de javanais et 8% de Noirs de la brousse. Depuis sa prise de pouvoir en 1980, le colonel Bouterse a conforté sa puissance en versant le sang. Il lui en a couté l'arrêt des subventions néerlandaises. Dans un premier temps, Bouterse a pallié cette carence en faisant appel à l'aide brésilienne. Puis à son tour Brasilia commença à renâcler. Certes, on envisageait de transformer en protectorat l'ex-colonie hollandaise mais il était difficile de cautionner les exactions commises par son gouvernement. Pour ce dernier, les difficultés économiques s'ajoutèrent au marasme politique. La chute des cours mondiaux de la bauxite (le Surinam est le 6e producteur mondial) s'aggrava du fait de l'occupation des lieux de production par la rébellion dirigée par Ronnie Brunswijk. Desi Bouterse se tourna alors vers La Havane et fit surtout appel au colonel Kadhafi. 250 Libyens s'installèrent à Paramaribo. Leur présence dépasse le cadre des intérêts locaux. De leur nouvelle base, ils appuient les mouvements indépendantistes de la Guyane française. Objectif important dans la mesure où la base spatiale de Kourou se trouve à cent kilomètres de la frontière du Surinam. Alors que Paramaribo accuse Paris d'aider la rébellion, le flot des réfugiés demandant asile à la France (5 000 personnes) permet d'infiltrer des agents. Or, les échecs subis par le rebelle Ronnie Brunswijk ne permettent plus à ses troupes de faire écran entre le gouvernement marxiste du Surinam et la Guyane.

Swaziland

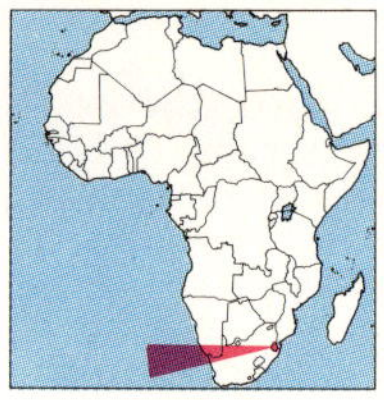

Afrique australe
17 363 km²
670 000 hab.
ONU, OUA, CW

Capitale : Mbabane (23 109 hab.)
Langues officielles : swazi, anglais, afrikaans, zoulou
Religions : chrét. (77 %), animistes (23 %)
Régime polit. : monarchie absolue
Chef de l'Etat : roi Mswati III (dep. avril 1986)
Chef du gouv. : Sotsha Dlamini
PNB : 400 millions de $ (1985)
Monnaie : le lilangeni

Malgré l'arrivée sur le trône du jeune roi Mswati III, le Swaziland reste très dépendant de l'Afrique du Sud.

Syrie

SYR
Proche Orient
185 180 km²
10,5 M. hab.
ONU, LA

Capitale : Damas (1,25 M. hab.)
Langue officielle : arabe
Religions : musulm. (80%), chrét. (10%)
Régime polit. : rép. présid.
Chef de l'Etat : général Hafez el-Assad (depuis 1971)
Chef du gouv. : Mahmoud al-Zombi (dep. novembre 1987)
PNB : 19,8 milliards de $ (1985)
Monnaie : 1 livre syrienne (syr) = 100 piastres

Les données ont considérablement changé par rapport à 1986. D'Etat soupçonné de terrorisme international, la Syrie a fait figure de pacificateur en rentrant à Beyrouth sur requête d'autorités musulmanes. En fait, en venant à l'aide des milices Amal acquises au président Hafez el-Assad, la Syrie rabaissait le mouvement Hezbollah pro-iranien. Du reste, les relations entre Damas et Téhéran se sont rafraîchies au point de favoriser une spectaculaire réconciliation entre Hafez el-Assad et Saddam Hussein, chef de l'Etat irakien, lors de la conférence interarabe d'Aman. Dans le nord du Liban, les soldats syriens ont eu des accrochages avec les intégristes sunnites et les relations avec les chrétiens libanais ont empirées depuis l'élimination du chef des milices, Elie Hobeika. Lors de la libération des otages français Auque et Normandin, l'armée syrienne s'est occupée de leur reprise en mains. Damas n'est pas parvenue toutefois à diminuer l'influence de Yasser Arafat, puisqu'à la conférence d'Alger en avril, l'ensemble des organisations palestiniennes se sont regroupées autour du vieux leader. Périclitante, l'économie syrienne doit supporter le poids des dépenses militaires représentant 15 % du PNB.

Tanzanie

Afrique du Sud-Est
945 087 km²
22,15 M. hab.
ONU, CW, OUA

Capitale : Dar es-Salaam (1,3 M. hab.)

Langue officielle : swahili
Religions : animistes (40 %), musulm. (30 %), cath. (20 %)
Régime polit. : rép. féd. présid.
Chef de l'Etat : Ali Hassan Mwingyi (depuis octobre 1985)
Chef du gouv. : Joseph Warioba (depuis oct. 1985)
PNB : 3,81 milliards de $ (1984)
Monnaie : 1 shilling tanzanien = 100 cents

Tchad

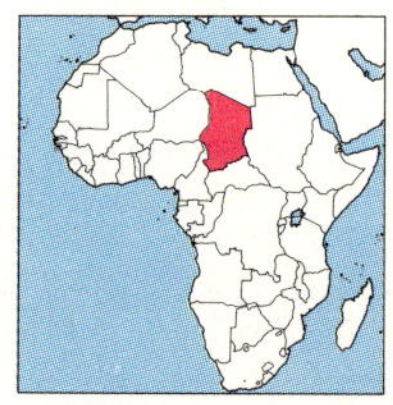

Afrique centrale
1 284 000 km²
5,1 M. hab.
ONU, OUA

Capitale : N'Djamena (300 000 hab.)
Langues officielles : français, arabe
Religions : musulm. (52 %), animistes (43 %), chrét. (5 %)
Régime polit. : rép. présid.
Chef de l'Etat : Hissène Habré (depuis 1982)
Chef du gouv. : Hissène Habré (depuis 1982)
PNB : 400 millions de $ (1985)
Monnaie : 1 franc CFA = 100 centimes

Les succès remportés par Hissène Habré contre le corps expéditionnaire libyen ont découlés de plusieurs facteurs : la mobilité et la légèreté des soldats tchadiens, le divorce entre Kadhafi et l'ex-adversaire d'Hissène Habré, Goukouni Oueddei, et surtout le dispositif français « Epervier » (2 500 hommes appuyés par 12 jaguar de la force tactique aérienne). Informés par la DGSE française, les Tchadiens ont pu faire preuve de leurs qualités militaires. Paris a en outre livré des missiles sol-air « Milan » et Washington des « Redeye ». Ils permirent aux Tchadiens d'abattre une vingtaine d'appareils et d'hélicoptères libyens. Contraints dès lors à voler à une altitude de 5 000 mètres, les pilotes libyens ne purent atteindre leurs objectifs avec précision. Après avoir évacué la bande d'Aouzou qu'il considère comme partie intégrante du territoire libyen, Kadhafi est cependant parvenu à la reprendre le 29 août. Le risque actuel est que Tripoli entreprenne une nouvelle offensive sur les frontières orientales du Tchad via le Soudan qu'il soutient dans sa lutte contre les rebelles du sud. Sur le plan économique, le Tchad, pays essentiellement agricole et dénué de ressources minières, a, outre les dévastations apportées par la guerre, connu une invasion de sauterelles. Le pays subsiste grâce à l'aide française et internationale.

Tchécoslovaquie

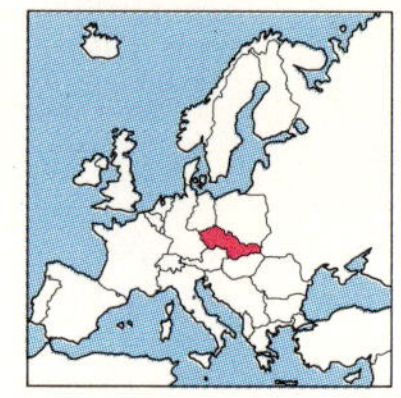

CS
Europe centrale
127 869 km²
16 M. hab.
ONU, Comecon, PV

Capitale : Prague (1,25 M. hab.)
Langues officielles : tchèque, slovaque
Religions : cath. (80 %), prot.
Régime polit. : rép. social. féd.
Chef de l'Etat : Gustav Husak (depuis 1975)
Chef du gouv. : Lubomir Strougal (depuis 1970)
PNB : 118,4 milliards de $ (1984)
Monnaie : 1 couronne tchèque = 100 haleru

Pays « normalisé » depuis 1968, la Tchécoslovaquie dispute à la République démocratique allemande la palme de l'orthodoxie marxiste. En avril, la visite de Mikhaïl Gorbatchev avait donné quelques espoirs aux réformistes. Ce fut cependant un accueil glacial que réserva le chef de l'Etat Gustav Husak au no 1 soviétique. L'économie se trouve au diapason de la politique et aucune libéralisation à la manière hongroise ne peut être entrevue dans un proche avenir.

Thaïlande

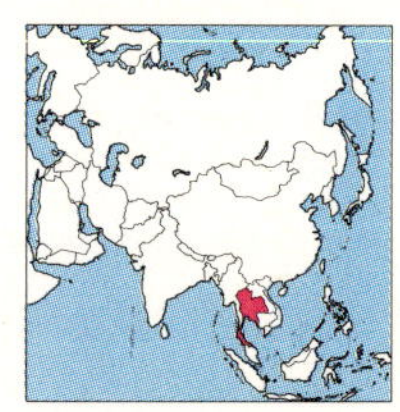

THA
Asie du Sud-Est
514 610 km2
52,9 M. hab.
ONU, ASEAN

Capitale : Bangkok (5,8 M. hab.)
Langue officielle : thaï
Religions : bouddh. (95 %), musulm.
Régime polit. : monarchie const.
Chef de l'Etat : roi Bhumibol (depuis 1946)
Chef du gouv. : Prem Tinsulanond (depuis 1980)
PNB : 37,2 milliards de $ (1985)
Monnaie : 1 bant (B) = 100 stangs

Togo

TG
Afrique occid.
56 785 km²
3 M. hab.
ONU, CEDEAO, OUA

Capitale : Lomé (370 000 hab.)
Langue officielle : français
Religions : animistes (plus de 50%), chrét., musulm.
Régime polit. : rép. présid.
Chef de l'Etat : général Gnassingbé Eyadéma (depuis 1967)
Chef du gouv. : général Gnassingbé Eyadéma (depuis 1967)
PNB : 680 millions de $ (1985)
Monnaie : 1 franc CFA = 100 *centimes*

Afin de fêter le vingtième anniversaire de sa prise de pouvoir, le général Eyadéma a décidé une augmentation de 5 % des salaires ainsi que de 25 % de supplément pour les allocations familiales. Légère dérogation à la politique de rigueur observée depuis 1982 sur recommandation du FMI. Une bonne pluviosité a amélioré les résultats d'une agriculture habituellement très déficitaire. En 1987, le barrage de Nangbero, construit en commun avec le Bénin, a été mis en service.

Tonga

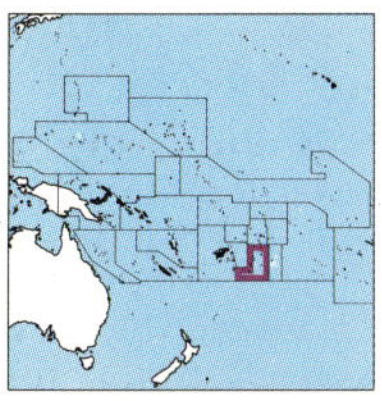

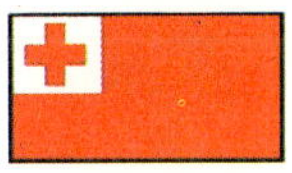

Océanie
699 km²
110 000 hab.
CW

Capitale : Nukualofa (25 000 hab.)
Langues officielles : tonga, anglais
Religions : protestants méthodistes (plus de 80 %), cath. (15 %)
Régime polit. : monarchie const.
Chef de l'Etat : roi Taufa'ahau Tupou IV (depuis 1970)
Chef du gouv. : Fatafehi Tu'ipelehake (depuis 1970)
PNB : 115 millions de $ (1985)
Monnaie : 1 pa'anga (T$) = 100 sepiti

Trinité et Tobago

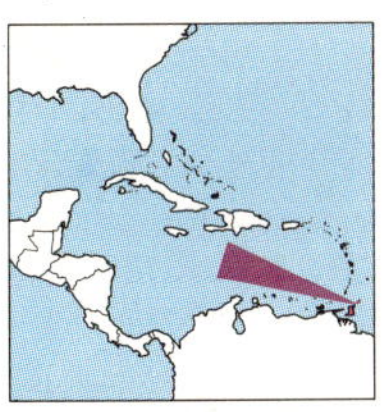

TT
5 128 km²
1,2 M. hab.
ONU, CARICOM, CW, OEA

Capitale : Port of Spain (350 000 hab.)
Langue officielle : anglais
Religions : cath. (36 %), prot. (30%), hindouistes (23 %)
Régime polit. : rép. présid.
Chef de l'Etat : Noor Hassanali
Chef du gouv. : Arthur Napoléon Robinson
PNB : 8,9 milliards de $ (1985)
Monnaie : 1 trinité et tobago $ = 100 cents

Tunisie

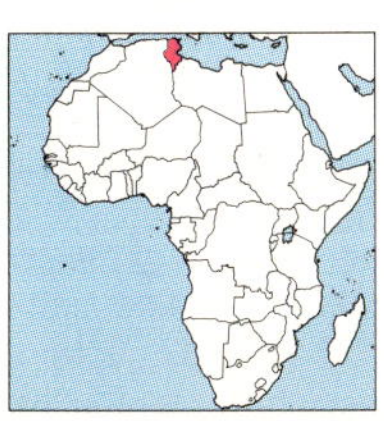

TN
163 610 km²
7,4 M. hab.
ONU, LA, OUA

Capitale : Tunis (1,2 M. hab.)
Langue officielle : arabe
Religion : musulm. (96 %)
Régime polit. : rép. présid.
Chef de l'Etat : général Zin El Abidine Ben Ali (depuis nov. 1987)
Chef du gouv. : Hedi Baccouche (depuis nov. 1987)
PNB : 8,3 milliards de $ (1985)
Monnaie : 1 dinard tunisien (Td) = 1000 millimes

Tout au long de l'année, le pays a connu un crescendo de tension de tous ordres. En dépit de la baisse de ses facultés, le président Habib Bourguiba sent monter le péril fondamentaliste et le réprime avec des méthodes qui font frémir les démocraties occidentales. Le fait que deux des intégristes condamnés par la Cour de sûreté de l'Etat aient été pendus le 8 octobre à Tunis porte à son comble l'indignation de la conscience universelle. C'est oublier que le MIT (mouvement de la tendance islamique), comptant de 4 000 à 6 000 membres, pratique l'escalade dans le domaine de l'activisme. Le 2 août, 4 bombes ont explosé dans des hôtels de la région de Mowastir et de Sousse, blessant 13 personnes dont 11 touristes italiens et britanniques. Or, le tourisme représente la seconde source de devises de la Tunisie et l'insécurité déboucherait immanquablement sur son tarissement. Habib Bourguiba a rompu les relations diplomatiques avec Téhéran puis, à la tête du gouvernement, a remplacé M. Rachid Sfar par le ministre de l'Intérieur, le général Zine el-Abidine Ben Ali, lequel va assumer le secrétariat général du Parti socialiste destourien. Désormais, il fait figure de dauphin et avec Mme Saïda Sassi, nièce du « Combattant suprême », est l'une des rares personnes à rencontrer quotidiennement le chef de l'Etat. Puis, le 7 novembre, le monde apprend que le général a déposé Habib Bourguiba en faisant état de sénilité du président. Il promet toute une série de mesures de libéralisation politique. Agé de 51 ans, le nouveau président est un brillant officier : ancien élève de Saint-Cyr et de l'Ecole d'artillerie de Chalon-sur-Saône et de deux écoles militaires américaines. Les réformes promises sont en partie déjà effectives: loi réglementant la durée de la garde à vue, lois portant sur la suppression de la Cour de sûreté de l'Etat et la suppression de la charge de procureur général de la République. Sans aller jusqu'à proclamer l'amnistie générale réclamée par l'opposition, le gouvernement a fait procéder à certaines libérations de militants islamiques et a libéré une centaine d'étudiants d'un service militaire disciplinaire et les a réintégrés dans l'université.

Turquie

TR
Asie antérieure
780 576 km²
50,8 M. hab.
ONU, CE, OTAN, OCDE

Capitale : Ankara (2,5 M. hab.)
Langue officielle : turc
Religion : musulm. (98 %)
Régime polit. : république
Chef de l'Etat : général Kenan Evren (dep. 1980)
Chef du gouv. : Turgut Ozal (dep. 1983
PNB : 53 milliards de $ (1985)
Monnaie : livre turque (1 TL) = 100 Kurus

Les fringales refoulées de démocratie éprouvées par les Turcs depuis le coup d'Etat réussi du général Kenan Evren en septembre 1980 ont enfin été comblées par les élections du 29 novembre. Le 6 septembre, elles avaient été précédées par un référendum autorisant les anciens responsables à remonter sur scène. 50,16 % des électeurs turcs répondirent « oui ». On a ainsi vu Soleyman Demirel, ancien Premier ministre renversé par les militaires en 1980, faire une ardente campagne. Une inflation en baisse mais dépassant toujours 35 % lui sert d'argument tout comme le maintien de l'emprisonnement politique. Cependant, Turgut Ozal, Premier ministre sortant en place depuis 1983 et chef du parti de la mère patrie peut faire état de réalisations concrètes. En quatre années, les biens de consommation se sont multipliés et les restrictions alimentaires ont disparu. Si le parti communiste et les partis fondés sur l'extrémisme religieux demeurent interdits par une Constitution remontant à l'avant-guerre, la presse est redevenue libre et ne se prive pas de critiquer le gouvernement. Le retour à la sécurité n'a pas fait oublier aux Turcs l'époque où les affrontements entre extrémistes de droite et de gauche faisaient une moyenne quotidienne de vingt morts. Ce sont de tels arguments qui ont amené le succès de Turgut Ozal, lequel a remporté 294 sièges sur les 450 à pourvoir, ce qui lui a permis de former un gouvernement homogène. Il lui faudra un immense talent pour atteindre un but cher aux Turcs : l'admission du pays au sein de la CEE. L'Europe est moins que chaude à ce sujet et le plus farouche adversaire de cette admission reste le voisin grec car le contentieux chypriote demeure, pour ne pas parler du problème des eaux territoriales.

Tuvalu

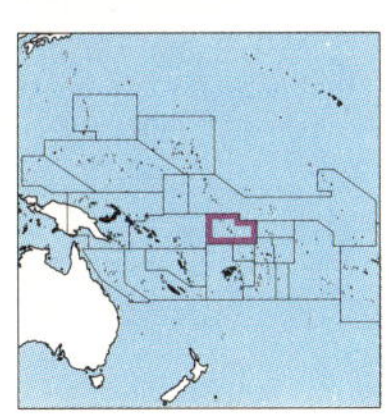

Océanie
24,6 km²
7 300 hab.
CW

Capitale : Funufati (2 100 hab.)
Langues officielles : anglais, tuvalu
Religion : prot.
Régime polit. : monarchie parlem.
Chef de l'Etat : reine Elisabeth II
Chef du gouv. : Tomasi Puapua (dep. 1981)
PNB : 5 millions de $ (1983)
Monnaie : dollar australien

Union soviétique

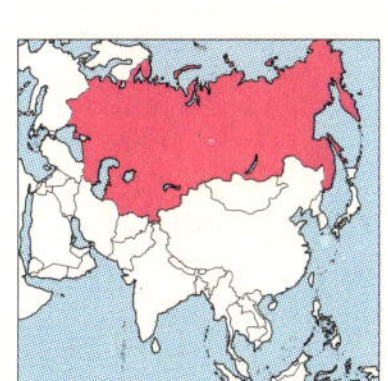

SU
Eurasie
22 402 200 km²
279,5 M. hab.
ONU, COMECON, PV

Capitale : Moscou (8,7 M. hab.)
Langue officielle : russe
Religions : orthod., musulm.
Régime polit. : féd. de rép. social.
Chef de l'Etat : Andréï Gromyko (dep. 1985)
Chef du gouv. : Nicolaï Rychkov (dep. 1985)
Chef du parti : Mikhaïl Gorbatchev (dep. 1985)
PNB : 1 732 milliards de $ (1985)
Monnaie : 1 rouble (Rbl) = 100 kopeks

« Glasnost » (transparence) et « perestroïka » (restructuration) ont été les maîtres mots du discours soviétique au cours de l'année. Le dernier vocable est même le titre d'un livre de Mikhaïl Gorbatchev sorti en automne sur tous les continents. Avec maestria, le chef de l'orchestre rouge joue alternativement ou conjointement sur le registre étranger et intérieur afin de balayer ce qu'il nomme « les forces d'inertie et d'apathie sociale ». Elles ne sont pas négligeables au sein d'un pays où le système directif avait exclu la responsabilité individuelle. Entrent aussi en ligne de compte les résistances d'une « nomenklatura » peu disposée à abandonner ses privilèges. Grand adepte de la « perestroïka », Boris Elstine, patron du PC moscovite en a fait les frais. En deux ans, il entreprit d'épurer l'administration de Moscou de ses magouilleurs et de ses paresseux. Homme de tous les courages, il osa attaquer de front Igor Ligatchev, nº 2 du parti. La mort dans l'âme, Gorbatchev dut accepter le limogeage de son plus fidèle soutien. A l'étranger, le nº 1 soviétique rencontre paradoxalement davantage de succès en Occident qu'auprès des dirigeants du camp socialiste. M. Husak à Prague et M. Ceaucescu à Bucarest lui réservèrent un accueil glacial lors de son passage dans les capitales tchèque et roumaine. Dans les négociations avec Washington, pour la redisposition des armes nucléaires, Mikhaïl Gorbatchev apparaît en vainqueur. De fait, il en arrive à une élimination de l'OTAN et à une neutralisation de l'Europe de l'Ouest face à un Kremlin dont les forces armées conventionnelles conservent une écrasante supériorité. Sur les autres continents, l'expansion soviétique se poursuit. L'Australie et la Nouvelle-Zélande rejettent de plus en plus la présence des forces navales américaines dans le Pacifique Sud et réclament la dénucléarisation de la zone. En revanche, en passant un traité avec le minuscule Etat de Kiribati, la marine soviétique est désormais chez elle sur cinq millions de km² en plein cœur du Pacifique. Par ailleurs, les concessions faites par Moscou demeurent essentiellement verbales. La promesse d'une évacuation de l'Afghanistan appartient à un futur incertain. Sans doute fut-elle faite en raison des difficultés que connaît l'URSS dans les républiques asiatiques de son propre territoire tel le Kazakstan où le sentiment national tend à s'exacerber tout comme en Europe dans les républiques baltes (Esthonie, Lettonie et Lithuanie).
L'année se termine par le retour du cosmonaute Youri Romanenko, après onze mois passés dans l'espace. C'est le nouveau record de durée de vol dans l'espace à ce jour.

Uruguay

ROU
Amérique du Sud
177 508 km²
3 M. hab.
ONU, ALADI, OEA

Capitale : Montevideo (1,24 M. hab.)
Langue officielle : espagnol
Régime polit. : rép. présid.
Chef de l'Etat : Julio Maria Sanguinetti (depuis 1985)
Chef du gouv. : Julio Maria Sanguinetti (depuis 1985)
PNB : 4,7 milliards de $ (1985)
Monnaie : 1 nouveau peso urug. = 100 centesimos

Vanuatu

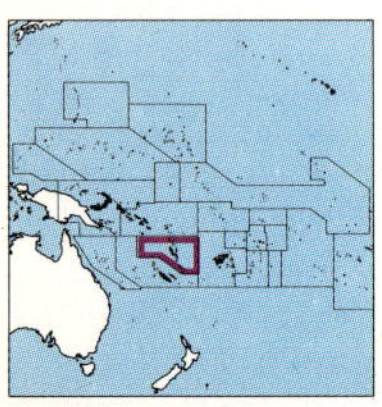

Océanie
14 763 km²
134 000 hab.
ONU

Capitale : Port Vila (35 000 hab.)
Langues officielles : bichlamar, anglais, français
Religion : prot.
Régime polit. : république
Chef de l'Etat : Georges Ati Sokomanu
Chef du gouv. : Walter Hadye Lini (dep. 1980)
PNB : 115 millions de $ (1985)
Monnaie : le vatu

Vatican (Etat de la cité du)

V
Europe du Sud
0,44 km²
1000 hab.

Langues officielles : italien, latin
Religion : cath.
Régime polit. : monarchie
Chef de l'Etat : pape Jean-Paul II (depuis 1978)
Chef du gouv. : cardinal Agostino Casaroli (depuis 1979)
Monnaie : lire italienne

Venezuela

Amérique du Sud
912 050 km²
17,8 M. hab.
ONU, ALADI, OEA, OPEP, CELA

Capitale : Caracas (3,5 M. hab.)
Langue officielle : espagnol
Religions : cath. (90 %), prot. (2%)
Régime polit. : rép. présid.
Chef de l'Etat : Jaime Lusinchi
Chef du gouv. : Jaime Lusinchi (dep. 1983)
PNB : 49,84 milliards de $ (1985)
Monnaie : 1 bolivar (Bs) = 100 centimos

Vietnam

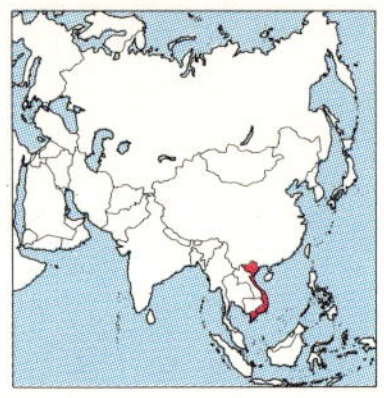

VN
Asie du Sud-Est
329 556 km²
61,5 M. hab.
ONU, COMECON

Capitale : Hanoi (2,6 M. hab.)
Langue officielle : vietnamien
Religions : bouddh., cath.
Régime polit. : rép. pop. communiste
Chef de l'Etat : Truong Chin (depuis 1981)
Chef du gouv. : Pham Hung (depuis juin 1987)
PNB : 11 milliards de $ (1985)
Monnaie : 1 nouv. dong (D) = 100 hao

En 1987, 2 500 boat people par mois fuient encore le Vietnam. Le ministère remanié doit tenter de redresser une économie catastrophique. La dette extérieure du Vietnam s'élève à 3 milliards de dollars, l'inflation tourne autour de 100 %. La ration alimentaire du Vietnamien, dont le revenu annuel ne dépasse pas 170 dollars, est inférieure à 2 000 calories quotidiennes. L'armée (1 155 000 hommes) dépense 40 % du PNB, soit le taux le plus élevé du monde. Une grande disparité de conditions de vie existe à travers le pays. Ho-Chi-Minh ville (ex-Saïgon) conserve le droit à la petite entreprise et la pauvreté y est relative tandis qu'elle est totale dans le nord.

Yémen

Proche-Orient
195 000 km²
6,6 M. hab.
ONU, LA

Capitale : Sanaa (300 000 hab.)
Langue officielle : arabe
Religion : musulm.
Régime polit. : rép. islamique
Chef de l'Etat : Ali Abd Allah Saleh (depuis 1978)
Chef du gouv. : Abdel Al Aziz Albdel Ghani (dep. 1983)
PNB : 3,72 milliards de $ (1985)
Monnaie : 1 rial yéménite = 100 fils

Yémen (sud)

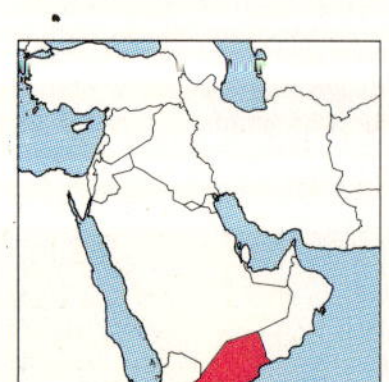

ADN
Proche-Orient
332 968 km²
2,3 M. hab.
ONU, LA, Comecon (obs.)

Capitale : Aden (300 000 hab.)
Langue officielle : arabe
Religion : musulm.
Régime polit. : rép. pop.
Chef de l'Etat : Haïdar Abou Bakrel-Attas
Chef du gouv. : Yassine Saïd Noomane
PNB : 1,09 million de $ (1985)
Monnaie : 1 dinar yéménite (YD) = 1000 fils

Yougoslavie

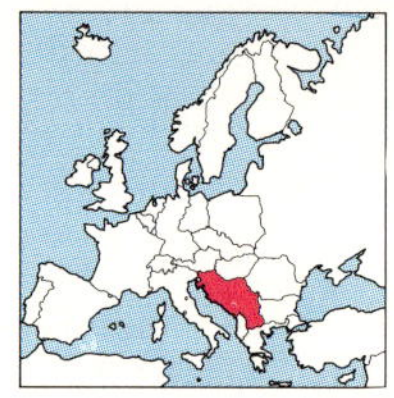

YU
Europe du Sud-Est
255 804 km²
23,25 M. hab.
ONU, OCDE

Capitale : Belgrade (1,4 M. hab.)
Langues officielles : serbo-croate, slovène, macédonien
Religions : grec-orthod. (41,5%), cath. (31,8 %), musulm.
Régime polit. : féd. social.
Chef de l'Etat : Radovan Vlajkovic (depuis mai 1985)
Chef du gouv. : Branco Mikulic
PNB : 44,48 milliards de $ (1985)
Monnaie : 1 dollar youg. (Din) = 100 para

La simple velléité de vouloir renforcer le pouvoir central, et donc de diminuer les attributions régionales, devait suffire à provoquer des secousses dans une Yougoslavie artificiellement créée après la Première Guerre mondiale. Les injustices que l'on reprochait à l'Empire austro-hongrois s'y retrouvent. De plus en plus, la situation régnant au Kosovo en est l'illustration. Région autonome de Serbie, elle est à 77 % peuplée d'Albanais. L'ethnie majoritaire accroît ses pressions sur la minorité serbe dans le dessein de l'amener à quitter la région. Le fait que les Albanais soient de confession islamique, à l'inverse des serbes chrétiens, exacerbe l'hostilité. Meurtres, incendies, profanations d'églises et de cimetières se multiplient. En Bosnie-Herzégovine, un gigantesque scandale a éclaté, entraînant la démission du vice-président de la République Hamdija Pozderac. Le combinat agro-alimentaire avait, pour son développement, émis des lettres de change sans provision dont le montant annoncé, 2 milliards de francs, aurait pu être triplé en réalité. Dans l'ensemble du pays, la situation économique est catastrophique. Pour 1987, le taux d'inflation pourrait atteindre 150 % et celui du chômage 16 % de la population active. En février, l'annonce du blocage des salaires a entraîné des troubles en Croatie et en Macédoine. La division du pouvoir en huit régions, tirant chacune à hue et à dia, ne facilite guère la résolution des problèmes. L'endettement atteint 50 % du PNB.

Zaïre

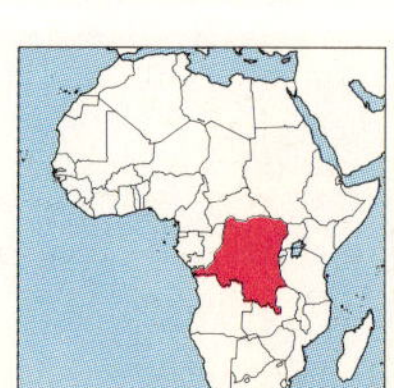

ZRE
Afrique centrale
2 345 409 km²
34 M. hab.
ONU

Capitale : Kinshasa (2,4 M. hab.)
Langue officielle : français
Religions : animistes (40 %), cath. (42 %), prot. (7 %)
Chef de l'Etat : Sese Seko Mobutu (depuis 1965)
Chef du gouv. : Mabi Mulumba
PNB : 2,6 milliards de $ (1985)
Monnaie : 1 zaïre (Z) = 100 makuta

Zambie

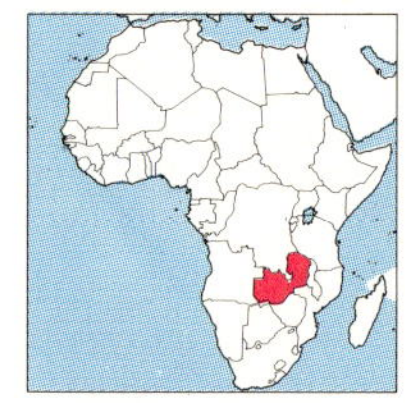

Z
Afrique australe
752 614 km²
6,8 M. hab.
ONU, CW, OUA

Capitale : Lusaka (641 000 hab.)
Langue officielle : anglais
Religions : animistes (60 %), catholiques (20 %), prot.
Régime polit. : rép. présid.
Chef de l'Etat : Kenneth David Kaunda (dep. 1984)
Chef du gouv. : Kely Musokotwanae (dep. 1985)
PNB : 2,25 milliards de $ (1985)
Monnaie : 1 kwacha (K) = 100 ngwel

Zimbabwe

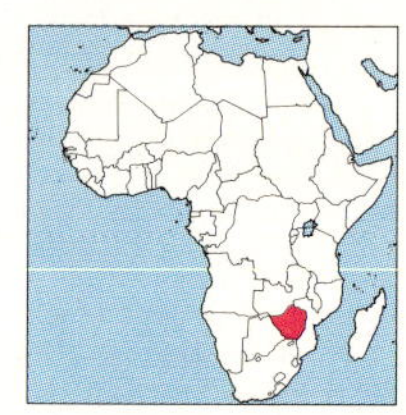

ZW
Afrique australe
390 580 km²
8,4 M. hab.
ONU, CW

Capitale : Harare (627 000 hab.)
Langue officielle : anglais
Religions : animistes (65 %), chrét. (34 %)
Régime polit. : rép. présid.
Chef de l'Etat : Canaan Banana (depuis 1980)
Chef du gouv. : Robert Gabriel Mugabe (dep. 1983)
PNB : 4,45 milliards de $ (1985)
Monnaie : 1 $ zimbabwe (Z$) = 100 cents

M. Robert Mugabe, chef du gouvernement, a retiré à la minorité blanche la représentation parlementaire que lui accorda la Constitution de 1980. Erreur au moment où le Zimbabwe a besoin de toutes les forces vives de la nation. Harare doit, en effet, entretenir un corps expéditionnaire de 10 000 hommes au Mozambique afin d'empêcher les rebelles mozambicains du Renamo de couper la voie ferrée reliant le Zimbabwe au port de Beira, ce dernier servant de débouché au Zimbabwe dénué de façade maritime. La voie ferrée est doublée d'un oléoduc et d'une route. Les hostilités entre Ndebeles de M. Joshua Nkoma et les Shonas, ethnie à laquelle appartient M. Mugabe, connaissent une recrudescence au Matabeleland. A la fin de l'année, une communauté blanche pentecôtiste de 16 personnes a été massacrée près de Bulawayo. Hostile à l'Afrique du Sud, le Zimbabwe n'en est pas moins subordonné économiquement à Prétoria et sa monnaie, le dollar zimbabwéen, suit la valeur du rand sud-africain.

INDEX GENERAL

L

M

N

O

P

Q

R

Index photographique